邵雍全集

[宋] 邵雍 著
郭彧 于天寶 點校

邵雍資料彙編

邵堯夫
朱子贊先生像曰天挺人豪英邁蓋世駕風鞭霆歷覽無際手探月窟
足躡天根閒中今古醉裏乾坤

伍

上海古籍出版社

邵雍資料彙編

目録

墓誌銘、行狀、傳記、年表

邵伯温、邵博論邵雍

二程、朱熹論邵子之學

文淵閣四庫全書所見邵雍資料

宋元學案之百源學案

墓誌銘、行狀、傳記、年表

邵古墓誌銘①

陳繹

河南邵堯夫執親喪之三月，泣爲書以告其里人陳繹曰：「我先君以壽考終，以士禮葬。葬有日，願鑿文以識其墓。」余與堯夫游，知堯夫者。從而知其先君，亦隱君子也。銘固不讓。君諱古，字天叟，其姓姬，出自召公，别封燕，世爲燕人不絶。祖諱令進，善騎射，歷事太祖皇帝，以軍校尉老歸。范陽戎難，避居上谷，又徙中山，轉衡漳而家焉。父諱德新，讀書爲儒者，早卒。君生衡漳，纔十一歲而孤，能事母孝，力貧且養。長益好學，必求義理之盡。餘二十年而終母喪於衛。天聖中，嘗登蘇門山，顧謂其子雍曰：「若聞孫登之爲人乎？吾所尚也。」遂卜隱居於山下。異時，堯夫侍親往來洛陽，見山川水竹之勝，人情舒暇，始得閑曠之地架屋。竹間水流其門，浩然其趣也，因自號「伊川丈人」。忽一日得小疾，逮旬浹，飲水不食，謂其家曰：「吾今七十九矣，逢時太平，而康而壽。有子若孫，貧且自如，没無恨矣。雖然，身無有於物，慎勿爲浮屠事以薦吾死，惟擇高塏地藏焉，幸速朽爾。」言絶而逝。實治平元年正月朔日也。君性簡寡，獨喜文字，學用聲律韻類、古今切正爲之解，曰「正聲」、「正字」、「正音」者，合三十篇。先娶李氏，

① 録自《四部叢刊》初編本吕祖謙編《皇朝文鑑》卷一百四十三。

生子雍，即堯夫也。再娶楊氏，次子睦，舉進士，一女，適盧氏。孫男三人，皆幼。嗚呼，先生有道者歟，有子而賢。葬之祭之，其可無銘。銘曰：

「出范陽，家伊川。卒十月，葬乙未。神陰原，原西南。」

邵堯夫先生墓誌銘①

程顥

熙寧丁巳孟秋癸丑，堯夫先生疾終于家。洛之人弔哭者，相屬於途，其尤親且舊者，又聚謀其所以葬。先生之子泣以告曰：「昔先人有言，誌於墓者，必以屬吾伯淳。」噫！先生知我者，以是命我，我何可辭？

謹按：邵本姬姓，系出召公，故世爲燕人。大王父令進，以軍職逮事藝祖，始家衡漳。祖德新，父古，皆隱德不仕。母李氏，其繼楊氏。先生之幼，從父徙共城，晚遷河南，葬其親於伊川，遂爲河南人。先生生於祥符辛亥，至是蓋六十七年矣。雍，先生之名，而堯夫其字也。娶王氏。伯温、仲良，其二子也。

先生之官，初舉遺逸，試將作監主簿，後又以爲潁州團練推官，辭疾不赴。

先生始學於百原，勤苦刻厲，冬不爐，夏不扇，夜不就席者數年，衛人賢之。先生歎曰：「昔人尚友於古，而吾未嘗及四方，遽可已乎？」於是走吴適楚，過一作「寓」。齊、魯，客梁、晋。久之而歸，曰「道其在是矣」，蓋始有定居之意。

① 録自《四部叢刊》初編本吕祖謙編《皇朝文鑑》卷一百四十四。

先生少時，自雄其材，慷慨有大志。既學，力慕高遠，謂先王之事爲可必致。及其學益老，德益邵，玩心高明，觀於天地之運化，陰陽之消長，以達乎萬物之變，然後頹然其順，浩然其歸。在洛幾三十年，始至，蓬蓽環堵，不蔽風雨，躬爨以養其父母，居之裕如。講學於家，未嘗强以語人，而就問者日衆。鄉里化之，遠近尊之，士人之道洛者，有不之公府，而必之先生之廬。

先生德氣粹然，望之可知其賢，然不事表暴，不設防畛，正而不諒，通而不汙，清明坦夷，洞徹中外，接人無貴賤親疏之間，羣居燕飲，笑語終日，不取甚異於人，顧吾所樂何如耳。病畏寒暑，常以春秋時行遊城中，士大夫家聽其車音，倒屣迎致，雖兒童奴隸，皆知懽喜尊奉。其與人言，必依於孝弟忠信，樂道人之善，而未嘗及其惡，故賢者悦其德，不賢者服其化，所以厚風俗、成人材者，先生之功一有「爲」字。多矣。

昔七十子學於仲尼，其傳可見者，惟曾子所以告子思，而子思所以授孟子者耳。其餘門人，各以其材之所宜一有「者」字。爲學，雖同尊聖人，所因而入者，門户則衆矣。況後此千餘歲，師道不立，學者莫知其從來。獨先生之學爲有傳也。先生得之於李挺之，挺之得之於穆伯長，推其源流，遠有端緒。今穆、李之言及其行事，概可見矣。而先生淳一不雜，汪洋浩大，乃其所自得者多矣。然而名其學者，豈所謂門户之衆，各有所因而入者歟？語成德者，昔難其居。若先生之道，就所至而論之，可謂安且成矣。

先生有書六十卷①，命曰《皇極經世》；古律詩二千篇，題曰《擊壤集》。先生之葬，附於先塋，實其終之年孟冬丁酉也。銘曰：

「嗚呼先生，志豪力雄；闊步長趨，凌高厲空；探幽索隱，曲暢旁通。在古或難，先生從容；有《問》有《觀》，以飫以豐。天不慭遺，哲人之凶；鳴皋在南，伊流在東；有寧一宫，先生所終。」

① 「六十」，《二程全書》作「六十二」。

康節先生行狀略①

張　峋

先生治《易》、《書》、《詩》、《春秋》之學，窮意言象數之藴，明皇帝王霸之道，著書十餘萬言。研精極思三十年，觀天地之消長，推日月之盈縮，考陰陽之度數，察剛柔之形體，故經之以元，紀之以會，參之以運，終之以世。又斷自唐虞，迄于五代，本諸天道，質以人事。興廢治亂，靡所不載。其辭約，其義廣，其書著，其旨隱。嗚呼！美矣，至矣，天下之能事畢矣。

先生少事北海李之才挺之，挺之聞道於汶陽穆修伯長，伯長以上雖有其傳，未之詳也。先生既受其學，則又遊於河汾之曲，以至淮海之濱，涉於濟汶，達於梁宋。苟有達者必訪以道，無常師焉。迺退居共城，廬于百原之上。大覃思於《易經》，夜不設寢，日不再食，三年而學以大成。大名王豫天悦，博達之士，尤長於《易》，聞先生之篤志，愛而欲教之。既與之語三日，得所未聞，始大驚服，卒捨其學而學焉，北面而尊師之。衛人乃知先生之爲有道也。年三十餘，來遊于洛，以爲洛邑天下之中，可以觀四方之士，乃定居焉。先生清而不激，和而不流。遇人無貴賤賢不肖，一接以誠。長者事之，少者友之，善者與之，不善者矜之，故洛人久而益尊信之。四方

① 録自同治正誼堂本朱熹撰《伊洛淵源録》卷五。

之學者與士大夫之過洛者，莫不慕其風而造其廬。先生之教人，必隨其才分之高下，不驟語而强益之。或聞其言，若不適其意，先生亦不屑也。故來者多而從者少，見之者衆而知之者尚寡。及接之久，察其所處無不中于理；叩其所有愈久而愈新，則皆心悦而誠服。先生未嘗有求于人，或饋之以禮者亦不苟辭。洛人爲買宅，丞相富公爲買園以居之。

仁宗嘉祐中，詔舉遺逸，留守王公拱辰以先生應詔，授將作監主簿。今上熙寧之初，復求逸士，御史中丞呂公誨、龍圖閣直學士祖公無擇與今丞相吳公充又以先生爲言，補潁川團練推官，皆三辭不獲而後從命，然卒稱疾不之官。先生年六十始爲隱者之服，曰：「病且老矣，不復能從事矣。」隆寒盛暑，閉門不出，曰：「非退者之宜也。」其於書無所不讀，諸子百家之學，皆究其本原，而釋老技術之説，一無所惑其志。晚尤喜爲詩，平易而造於理，有《擊壤集》二十卷，自爲之《序》。熙寧十年春得疾，踰百日，氣益耗而神益明矣。七月癸丑，啟手足於天津之南道德坊之第。

初，先生葬其父於伊闕神陰原，今從其兆。父以明經教授鄉里，及先生之長，退老於家。先生雖貧，養之終身致其樂。弟睦事先生甚謹，飲食起居，必身臨之，惟恐不得其意。蓋如先生之事其父母也。不幸早亡。

宋史邵雍傳①

邵雍字堯夫。其先范陽人，父古徙衡漳，又徙共城。雍年三十，游河南，葬其親伊水上，遂爲河南人。

雍少時，自雄其才，慷慨欲樹功名。於書無所不讀，始爲學，即堅苦刻厲，寒不爐，暑不扇，夜不就席者數年。已而歎曰：「昔人尚友於古，而吾獨未及四方。」於是踰河、汾，涉淮、漢，周流齊、魯、宋、鄭之墟，久之，幡然來歸，曰：「道在是矣。」遂不復出。

北海李之才攝共城令，聞雍好學，嘗造其廬，謂曰：「子亦聞物理性命之學乎？」雍對曰：「幸受教。」乃事之才，受《河圖》、《洛書》、宓羲八卦六十四卦圖像。之才之傳，遠有端緒，而雍探賾索隱，妙悟神契，洞徹蘊奥，汪洋浩博，多其所自得者。及其學益老，德益邵，玩心高明，以觀夫天地之運化，陰陽之消長，遠而古今世變，微而走飛草木之性情，深造曲暢，庶幾所謂不惑，而非依倣象類、億則屢中者。遂衍宓羲先天之旨，著書十餘萬言行于世，然世之知其道者鮮矣。

① 録自《宋史》卷四百二十七《列傳第一百八十六》。

初至洛，蓬蓽環堵，不芘風雨，躬樵爨以事父母，雖平居屢空，而怡然有所甚樂，人莫能窺也。及執親喪，哀毀盡禮。富弼、司馬光、吕公著諸賢退居洛中，雅敬雍，恒相從遊，爲市園宅。雍歲時耕稼，僅給衣食。名其居曰「安樂窩」，因自號安樂先生。旦則焚香燕坐，晡時酌酒三四甌，微醺即止，常不及醉也，興至輒哦詩自詠。春秋時出遊城中，風雨常不出。出則乘小車，一人挽之，惟意所適。士大夫家識其車音，争相迎候，童孺廝隸皆驩相謂曰：「吾家先生至也。」不復稱其姓字。或留信宿乃去。好事者别作屋如雍所居，以候其至，名曰「行窩」。

司馬光兄事雍，而二人純德尤鄉里所慕嚮。父子昆弟每相飭曰：「毋爲不善，恐司馬端明、邵先生知。」士之道洛者，有不之公府，必之雍。雍德氣粹然，望之知其賢，然不事表襮，不設防畛，羣居燕笑終日，不爲甚異。與人言，樂道其善而隱其惡。有就問學則答之，未嘗强以語人。人無貴賤少長，一接以誠，故賢者悦其德，不賢者服其化。一時洛中人才特盛，而忠厚之風聞天下。

熙寧行新法，吏牽迫不可爲，或投劾去。雍門生故友居州縣者，皆貽書訪雍。雍曰：「此賢者所當盡力之時，新法固嚴，能寬一分，則民受一分賜矣。投劾何益耶？」

嘉祐詔求遺逸，留守王拱辰以雍應詔，授將作監主簿，復舉逸士，補潁州團練推官，皆固辭乃受命，竟稱疾不之官。熙寧十年，卒，年六十七，贈秘書省著作郎。元祐中賜謚康節。

雍高明英邁，迥出千古，而坦夷渾厚，不見圭角，是以清而不激，和而不流，人與交久，益尊信之。河南程顥初侍其父，識雍，論議終日，退而歎曰：「堯夫，内聖外王之學也。」

雍知慮絶人，遇事能前知。程頤嘗曰：「其心虚明，自能知之。」當時學者因雍超詣之識，務高雍所爲，至謂雍有玩世之意；又因雍之前知，謂雍於凡物聲氣之所感觸，輒以其動而推其變焉。於是摭世事之已然者，皆以雍言先之。雍蓋未必然也。

雍疾病，司馬光、張載、程顥、程頤晨夕候之。將終，共議喪葬事外庭，雍皆能聞衆人所言。召子伯温謂曰：「諸君欲葬我近城地，當從先塋爾。」既葬，顥爲銘墓，稱雍之道純一不雜，就其所至，可謂安且成矣。所著書曰《皇極經世》、《觀物内外篇》、《漁樵問對》，詩曰《伊川擊壤集》。

子伯温，别有傳。

宋史紀事本末邵雍傳①

邵雍，字堯夫，范陽人。雍少篤學，堅苦刻厲，冬不爐，夏不扇，卧不就枕席者數年。嘗以爲學者之患，在於好惡先成乎心，而挾其私智以求於道，則蔽於所好而不得其真。故其求之至於四方萬里之遠，天地陰陽屈伸消長之變，無所不通，而必折衷於聖人。雖深於象數，先見默識，未嘗以自名也。其學純一而不雜，居之而安，行之而成，平易渾大，不見圭角，其自得深矣。程顥初侍其父，識雍，論議終日，退而嘆曰：「堯夫，内聖外王之學也。」雍自著《無名公傳》，曰：「無名公生於冀方，老於豫方。年十歲求學於里人，遂盡里人之情，己之滓十去其二三矣。年二十求學於鄉人，遂盡鄉人之情，己之滓十去其三四矣。年三十求學於國人，遂盡國人之情，己之滓十去其五六矣。年四十求學於古今，遂盡古今之情，己之滓十去其八九矣。五十求學於天地，遂盡天地之情，欲求己之滓無得而去矣。始則里人疑其僻，問於鄉人，曰：『斯人善與人羣，安得謂之僻！』既而鄉人疑其泛，問於國人，曰：『斯人不妄與人交，安得謂之泛！』既而國人疑其陋，問於四方之人，曰：『斯人不器，安得謂之陋！』既而四方之人又疑之，質之於古今之人，終始無可與同者。又考

① 録自陳邦瞻撰《宋史紀事本末》卷八十《道學崇詘》。

之於天地，天地不對。當是時也，四方之人迷亂，不復得知，因號爲無名公。無名者，不可得而名也。凡物有形則可器，可器斯可名，然則斯人無體乎？曰：『有體，有體而無迹者也。』斯人無用乎？曰：『有用，有用而無心者也。』夫有跡有心者，斯可得而知也。無跡無心者，雖鬼神亦不可得而知，不可得而名，而況於人乎！故其詩曰：『思慮未起，鬼神莫知。不由乎我，更由乎誰？』能造萬物者天地也，能造天地者太極也。太極者其可得而知乎？故强名之曰太極。太極者，其無名之謂乎！」

藏書邵雍傳①

李　贄

邵雍，字堯夫。雍學于百原，堅苦刻厲，冬不爐，夏不扇，夜不就席者數年。衛人善之，始居衛，師事李之才。後居洛幾三十年，築安樂窩以居，自號安樂先生。病畏寒暑，嘗以春秋時行遊。每出乘小車，士大夫家聽其車音，倒屣迎致。雖兒童奴隸，皆知歡喜尊奉。遇主人喜客，則留三五宿，或經月忘返。與富弼早相知，富弼初入相，謂門下士田棐曰：「爲我問邵堯夫，可出，當以官職起之。不，即爲先生處士。」雍謝曰：「若進豈能禁吏責？見平生矣。既閑安更用名爲？」弼乃因明堂袷享，赦詔天下舉遺逸。王拱辰尹洛，以雍應詔，除試將作監主簿，不就。熙寧二年，吕誨、吴充、祖無擇薦雍，除潁州團練推官，辭不許。既受命，即引疾。雍於是始爲隱者之服，烏帽緇褐，見卿相不易也。司馬光依《禮記》作深衣，雍曰：「某爲今人，當服今人之服。」富弼自汝州請歸洛養疾，築第與雍天津隱居相邇。曰：「自此可時相招矣。」雍曰：「公相招未必來，不召或自至。」弼謝客，嘗令一青衣蒼頭掖之以行。一日與雍論天下事，弼喜甚，不覺獨步下堂。雍戲曰：「忘卻柱杖矣。」弼以雍年高，勸學修養。雍曰：「不能學人胡走亂走也。」熙寧十年夏，感

① 録自《藏書》卷三十二《儒臣傳·德業儒臣》。

微疾。雍笑謂司馬温公曰：「雍欲觀化一巡。」程頤曰：「先生至此，他人無以爲力，願自主張。」雍曰：「無可主張者。」至七月四日夜五更捐館。雍卒，程顥志其墓曰：「昔七十子學于仲尼，其傳可見者，惟曾子所以告子思，子思所以授孟子者耳。其餘門人，各以其材之所宜爲學。雖同尊聖人，所因而入者，門户則衆矣。況後此千餘歲，師道不立，學者莫知其從來。獨先生之學爲有傳也。語成德者，昔難其居。若先生之道，就所至而論之，可謂安且成矣。」元祐中，韓維尹洛，請謚於朝。歐陽修之子棐，時在太常，謂人曰：「裴昔入洛，先公正參大政，臨行告戒曰：『洛中有邵堯夫，吾獨不識之。』棐至洛，見先生。先生特爲棐徐道其立身本末甚詳。出門揖送，猶曰：『足下其無忘鄙野之人於異日。』棐伏念先生未嘗辱教一言，雖欲不忘，亦何事耶？後二十年，棐入太常爲博士，次當作謚議，乃恍然周省先生當時之言。落筆若先生之自序，無待其家所上文字也。」謝良佐云：「堯夫直是偏霸手段，如富公身都將相，嚴重有威，他將做小兒樣看。」明道云：「堯夫欲傳數于某兄弟。一日因監試無事，以其説推算之，皆合。出謂堯夫曰：『堯夫之數只是加一倍法。』堯夫驚拊其背曰：『大哥恁地聰明。』」雍疾革，頤問：「從此永訣，更有見告乎？」雍舉兩手示之曰：「面前路徑須令寬。路窄則自無著身處，頂門一針。況能使人行也？」一日頤又往視之，曰：「堯夫平日所學，今無事否？」答曰：「你道生薑樹上生，我也只得依你説。」一人云有新報，堯夫問有甚事，曰某事。堯夫曰：「我將爲收卻幽州也。」治平間，雍與客散步天津橋上，聞杜鵑聲，慘然不樂。客問其故，雍曰：「洛陽舊無杜鵑，今始有之。」客曰：「何也？」雍曰：「不二年，上用南士爲相。多引南人，專務變更。天下自此多事矣。」客問：「何以知之？」雍曰：「天下將治，地氣自北而南；將亂，自南而北。今南方地氣至矣。禽鳥飛類，得氣之先者也。《春秋》書『六鷁退飛』、『鴝鵒來巢』，氣使之也。自此南方草木皆可移，南方疾病瘴虐之類，北入皆苦之矣。」熙寧初，其言乃驗。熙寧三年，初行新法，天下騷然。門生故舊仕宦四方者，皆欲投劾而去。雍曰：「正賢者所當盡力之時，新法固嚴，能寬一分，則民受一分之賜，投劾而去何益！」雍與商州趙守有舊，時章惇作商州令。一日守請雍與惇會。惇縱橫議論，初不知雍。因語及洛中牡丹。守謂惇曰：「先生洛人也，知花爲甚。」雍乃言曰：「洛人以見根撥而別花之高下者爲上，見枝葉而知者次之，見蓓蕾而後知者下也。」惇默然。惇後欲從雍傳數學，雍謂須十年不仕乃可。伯溫云：「邢和叔欲從先君學。先君略爲開其端倪，和叔接引古今不已。先君曰：『姑置是。此先天學，未有許多言語。』故和叔《留別詩》有云：『坦下每慚呼孺子，床前時得拜龐公。』先君亦云：『覩君自比諸葛亮，顧我殊非黄石公。』」謝顯道云：「堯夫之數，邢七要字，堯夫不肯，曰徒長奸雄。」

邵雍年表

郭彧編

宋真宗大中祥符四年辛亥（一〇一一年）　先生生。

辛丑月甲子日甲戌辰，先生生於河南衡漳。今河南省林州市。曾祖父邵令進曾事宋太祖，善騎射，官軍校尉，老歸范陽，今河北省涿州市。後避戰亂徙上谷、中山，又轉徙衡漳。祖父邵德新讀書爲儒者。父邵古字天叟，生衡漳，十一歲而孤。喜儒學，尤善文字聲音韻律，古今切正爲解三十篇。後經邵伯温整理加入《皇極經世》書中，即今見《道藏·皇極經世》卷七至卷十一内容。慕西晉孫登之爲人，崇尚隱逸之風，不仕，自號伊川丈人。

乾興元年壬戌（一〇二二年）　十二歲。

先生舉家遷共城，今河南省輝縣市。父古卜居蘇門山下。先生青年時代，一心於科舉之學。嘗築廬蘇門山百源之上，冬不爐，夏不扇，刻苦鑽研。後遇共城縣令李挺之，遂從業，受物理之學、性命之學。雍遂三年不設榻，晝夜危坐以思。寫《周易》一部貼於牆上，日誦熟十遍。待李挺之改任河陽司户曹，雍亦從之，寓州學，以飲食易燈油，刻勵爲學。

宋仁宗景祐三年丙子（一〇三六年）　二十六歲。

先生生母李氏亡故，葬伊水原上。父古續弦楊氏。

景祐四年丁丑（一〇三七年）　二十七歲。
先生異母弟邵睦生。
慶曆七年丁亥（一〇四七年）　三十七歲。
先生遊歷過洛陽，愛其山水風俗之美，始有遷居之意。先生居共城時，有大名人王豫字天悦者執弟子禮，從學《易》，得先生所授《伏羲八卦圖》。其後是圖流入南人鄭夬手中，見於朱震《周易圖》。
皇祐元年己丑（一〇四九年）　三十九歲。
先生奉父伊川丈人遷居洛陽。初寓天宫寺三學院，僧宗顥待之甚厚。先生登寺閣，嘗作《洛陽懷古賦》，有「時若傷之于隨，失之于寬，始則廢事，久則生姦。既利不能勝言，故冗得以疾賢。是必薄其賦斂，欲民不困而民愈困。省其刑罰，欲民不殘而民愈殘。蓋致之之道，失其本矣」等句。時與劉君玉、吕静居、張師錫、張景伯、張景憲、王勝之、張師雄、劉伯壽、劉明復、李景真、吴執中、王仲儒、李仲象、李端伯、姚周輔等人交遊，或爲門生。後洛人爲買宅於履道坊西天慶觀東，王不疑同鄉人買田於河南延秋莊。先生作《新居成呈劉君玉殿院》詩。
至和二年乙未（一〇五五年）　四十五歲。
先生家貧不能娶，經太學博士姜子發與潞州張穆之爲媒，聘王允修之妹爲妻。
嘉祐二年丁酉（一〇五七年）　四十七歲。

先生生子伯温。作《生男吟》詩，有「我今行年四十七，生男方始爲人父」句。是年重陽日曾訪共城百源故居，有「山川一夢外，風月十年期」詩句。有張㟢字子望者師事之，得先天學之傳。後邵伯温得㟢所記先生講學語録，整理作《觀物外篇》。又有秦玠者長先生一歲，亦稱門生。

嘉祐三年戊戌（一〇五八年）　四十八歲。

先生出遊陝西。作《過陝》、《題黄河》、《過潼關》、《題華山》、《宿華清宫》、《長安道路作》、《題留侯廟》、《題淮陰侯廟》等詩。

嘉祐五年庚子（一〇六〇年）　五十歲。

先生春遊洛陽，正月賞梅花，二月看杏花，寒食乘馬踏輕草，三月賞盛開牡丹。夏日不出。秋日長遊商山道中。冬日登樓看雪，至旅中歲除。

嘉祐六年辛丑（一〇六一年）　五十一歲。

先生新歲在商洛，作《和商守新歲》、《題四皓廟》等詩，後經天柱山返回洛陽。登山臨水，春遊盡興。龍門看勝，伊川賞景，太室觀旭，天壇望雲，泛舟夜裏，垂釣月下。有「此身已許陪真侶，不爲錙銖起重輕」詩句。是年丞相富弼薦於朝，朝廷命先生爲將作監主簿，命者特有「如不欲仕，亦可奉致一閑名目」之語。先生均婉言謝絶，不仕亦不奉閑官職。作《謝富丞相招出仕》詩二首，有「願同巢由稱臣日，甘老虞唐比屋時」、「鵷鴻自有江湖樂，安用區區設網羅」詩句。

嘉祐七年壬寅（一〇六二年）　五十二歲。

先生王宣徽尹洛陽，就天宫寺西天津橋南五代節度使安審珂宅故基，以郭崇韜廢宅餘材建屋三十間，請先生居之。辛相富弼爲買對宅一園。作《天津新居成謝府尹王君貺尚書》詩，有「嘉祐壬寅歲，新巢始僝功」句。

嘉祐八年癸卯（一〇六三年）　五十三歲。

先生春秋出遊，飲酒作詩。有《後園即事》、《觀棊長吟》、《秋日登崇德閣》、《秋日飲後晚歸》等詩，得「詩狂」雅號。

宋英宗治平元年甲辰（一〇六四年）　五十四歲。

正月朔日，先生父古逝世，享年七十九歲，遺囑「慎勿爲浮屠事以薦吾死，惟擇高塏地藏焉」。三月，先生請同里人陳繹爲《墓誌》。先生與程顥同卜葬地，不盡用葬書，亦不拘陰陽之説，用五音之法擇地，以昭穆序葬。十月初三日，葬父古於伊川神陰原西南。

治平三年丙午（一〇六六年）　五十六歲。

先生春秋出，訪友遊山。登嵩頂，觀少室。代書寄友，依韻和詩。有「惟我敢開無意口，對人高道不妨言」、「每恨性昏聞道晚，長慚智短適時難」絶句。

治平四年丁未（一〇六七年）　五十七歲。

先生秋遊伊洛二川半月有餘，作詩三十餘首。有「一簞雞黍一瓢酒，誰羨王公食萬錢」等言志詩句。

宋神宗熙寧元年戊申（一〇六八年）　五十八歲。

先生同父異母弟睦年三十二，四月八日忽殯東籬下。先生傷痛作《傷二弟無疾而化》、《聽杜鵑思亡弟》、《書亡弟殯所》、《南園晚步思亡弟》詩。

熙寧二年己酉（一〇六九年）　五十九歲。

先生冬夏不出，春秋出遊。作詩近五十首。有「只恐身閑心未閑，心閑何必住雲山」等句。神宗詔天下舉遺逸，御史中丞呂誨叔、三司副使吳充等皆舉薦先生，詔下除秘書省校書郎、潁州團練推官，辭不許，既受命而引疾不起。作《詔三下答鄉人不起之意》詩，有「幸逢堯舜爲真主，且放巢由作外臣」句。

熙寧三年庚戌（一〇七〇年）　六十歲。

先生作詩五十餘首。有「自從會得環中意，閑氣胸中一點無」等句。王安石行新法，天下騷然。先生門生故舊仕宦四方者，皆欲投劾而歸，以書問於先生。先生答曰：「正賢者所當盡力之時，新法固嚴，能寬一分則民受一分之賜矣。投劾而去何益？」先生作《無酒吟》詩：「自從新法行，常苦罇無酒。每有賓朋至，盡日閑相守。必欲丐於人，交親自無有。必欲典衣買，焉能得長久。」預見新法不會長久。司馬光以議新法不合求去，遂居洛陽，買園於尊賢坊，命名獨樂園。從此與先生過從甚密。富弼亦自汝州得請歸洛陽養疾，築大第與先生居相邇，與先生相招往來，先生詩遂有「三朝爲宰相，四水作閑人」語。

熙寧四年辛亥（一〇七一年）　六十一歲。

先生作詩近三十首。其《感事吟》詩，有「蛇頭蝎尾不相同，毒殺人多始是功」句，隱喻行新法之革新派上下荼毒百姓。給兵部侍郎秦玠詩中有「天心復處是無心，心到無時無處尋」句。是年，所著《皇極經世》書成，上起帝堯甲辰，下至後周顯德六年己未，簡括三千三百餘年歷史大事記。其《書皇極經世後》詩有「樸散人道立，法始乎羲皇」、「善設稱周孔，能齊是老莊」句。

熙寧五年壬子（一〇七二年）　六十二歲。

先生作詩八十餘首。與司馬光、富弼互有詩歌呈答。

熙寧六年癸丑（一〇七三年）　六十三歲。

先生作詩四十餘首。作《安樂窩中好打乖吟》，富弼、王拱辰、司馬光、程顥、吕希哲等人均以詩和之。又作《年老逢春》十三首，中有「大凡尤物難分付，造化從來不負人」、「世態不堪新間舊，物情難免假疑真」、「大都美物天長惜，非是吾儕曲主張」佳句。所作《天意吟》詩有「天意無他只自然，自然之外更無天」、「聖人能事人難繼，無價明珠正在淵」句，表達其志向。其《老去吟》詩有「行年六十有三歲，二十五年居洛陽」句。

熙寧七年甲寅（一〇七四年）　六十四歲。

先生作詩三百六十餘首。有觀物有感者，有與友人對答者，有闡述哲理者，有以詩言志者，有簡括著作主題者等。從其詩中有「閉目眼前都是暗，開懷天外更無他」。若由智數經營得，大有英雄善揣摩」句，知先生不搞術數。從「少日掛心唯《帝典》，老年留意只《羲經》」，知先生年青時曾用心於科舉之學，而年老則專於易學研究。其「窺牖知天乃常事，不窺牖見是知天」句，本於《老子》「不出於户，以知天下；不窺於牖，以知天道」思想而發。其「只有一般無對處，都如天地未分時」句，闡太極之道爲一而無對。其「仲尼生魯在吾先，去聖千餘五百年。今日誰能知此道，當時人自比於天」句，以「五百年必有聖者出」暗喻自己向聖人看齊的志向。其《皇極經世一元吟》詩「中間三千年，迄今之陳迹。治亂與廢興，著見于方策。吾能一貫之，皆如身所歷」句，則概括了《皇極經世》一書的主題。是年王安石新法行買官田之法，先生所居亦官地。出榜三月，無人認買。先生之諸友相謀曰：「使先生之宅他人居之，吾輩蒙恥矣。」於是司馬光等二十餘家集錢買之。先生作《天津敝居蒙諸公共爲成買作詩以謝》詩，有「重謝諸公爲買園」、「二十餘家争出錢」句。先生居宅爲司馬光户名，遊園爲富弼户名，收租河南延秋莊爲王朗中户名，至終而不改。

熙寧八年乙卯（一〇七五年）　六十五歲。

先生作詩百餘首。其《安樂吟》詩有「不侫禪伯，不諛方士。不出户庭，直際天地」句，知先生不近禪學與方術。《觀易吟》有「天向一中分體用，人於心上起經綸。天人焉有兩般義，道不虚行只在人」句。《觀三皇吟》有「初分大道非常道，才有先天未後天」句。

熙寧九年丙辰（一〇七六年）　六十六歲。

先生作詩近三百首。有「惟願朝廷省徭役，庶幾天下少安息」、「痛矣時難得，悲哉道未傳」等句，從中可見其情其志。先生時臂痛，又患「頭風」，身瘦髭白，亦由其詩中有所表白。

熙寧十年丁巳（一〇七七年）　六十七歲。

先生作詩八十餘首。其《窺開吟》詩十三首中有「能將函谷塞，只用一丸泥」、「能將一個字，善解百年迷」、「情中明事體，理外見天機」、「敢言天下事，到手又何難」句。其《先天吟》詩有「先天事業有誰爲，爲者如何告者誰」、「眼前伎倆人皆知，心上功夫世莫知」句。是年三月先生感疾，氣日益耗，值張載歸陝過洛問疾於榻前。載喜論命，曰：「先生信命乎？載試爲先生推之。」先生曰：「世俗所謂命者，某所不知。若天命，則知之矣。」載曰：「既曰天命，則無可言者。」不意張載歸途至潼關暴卒於驛中，先生聞訊作《和鳳翔橫渠張子厚學士亡後篇》詩。進七月病篤，程頤顧謂先生曰：「先生至此，他人無以爲力，願自主張。」先生曰：「平生學道，豈不知此？然亦無可主張。」頤猶相問難不已，先生戲曰：「正叔可謂生薑樹頭生，必是生薑樹頭出也。」頤曰：「從此與先生訣矣，更有可以見告者乎？」時先生聲氣已微，舉兩手以示之，徐曰：「面前路徑常令寬，路徑窄則之無著身處，況能使人行耶？」又司馬光來問疾，先生曰：「某疾勢必不起，且試與觀化一巡也，願君實自愛。」光曰：「堯夫未應至此。」先生曰：「死生亦常事耳。」時諸人議後事於外廳，有欲擇葬地於近洛城者，先生囑伯温「當從伊川先塋」。先生重病中猶作《病中吟》、《重病吟》、《天人吟》、《疾革吟》、《聽天吟》、《得一吟》、《答客問病》等詩。其中「湯劑功非淺，膏肓疾已深。然而猶灼艾，用慰友朋心」句令人感動。至七月四日，大書《病亟吟》詩：「生於太平世，長於太平世，老於太平世，死於太平世。客問年幾何，六十有七歲。俯仰天地間，浩然無所愧。」入夜至天明五更捐館，時當熙寧丁巳孟秋癸丑。熙寧十年七月五日。是年孟冬丁酉，衆人葬先生於伊川神陰原伊川丈人塋旁。今河南伊川縣西村山上，東臨伊水，西依紫荆山。

邵伯温、邵博論邵雍

易學辨惑

邵伯温

沈存中《筆談》象數一篇内言：江南人鄭夬，曾爲一書談易，其間一説曰：乾坤大父母也，復姤小父母也。乾一變生復，得一陽；坤一變生姤，得一陰。乾再變生臨，得二陽；坤再變生遯，得二陰。乾三變生泰，得四陽；坤三變生否，得四陰。乾四變生大壯，得八陽；坤四變生觀，得八陰。乾五變生夬，得十六陽；乾五變生剥，①得十六陰。乾六變生歸妹，本得三十二陽；坤六變生漸，本得三十二陰。乾坤錯綜，陰陽各三十二，生六十四卦。夬之爲書，皆荒唐之論，獨有此變卦之説，未知其是非。予後因見兵部員外郎秦玠，論夬所談，駭然曰何處得此法。玠云嘗遇一異人，受此曆數，推往古興衰運曆，無不皆驗。嘗恨不能盡其術。西都邵某亦知大略，已能洞吉凶之變。此人乃形之於書，必有天譴，此非世人所得聞也。予聞其言怪兼復甚祕，不欲深詰之。今邵某與夬、玠已皆死，終不知何術也。

竊惟我先君易學微妙玄深，不肖所不得而知也。其傳授次第，前後數賢者，本末在昔，過庭則嘗聞其略矣。懼世之士大夫但見存中所記有所惑也，乃作辨惑。

① 「乾」，《夢溪筆談》作「坤」。

先君受易於青社李之才，字挺之，爲人倜儻不羣，師事汶陽穆修伯長，性嚴急，少不如意或至呵叱。挺之左右承順如事父兄，略無倦意。登科任孟州司户，挺之坦率，不事儀矩，太守范忠獻公，以此頗不悦。後忠獻建節移鎮延安，郡僚多送至境外，挺之但别於近郊。衆或讓之，挺之曰：「異時送太守止於是，且情文貴稱范公，實不我知，而出疆遠送非情，豈敢以不情事范公。」未幾，忠獻責守安陸，過洛三城，故吏無一人往者，獨挺之泝檄往省之。忠獻始稱嘆，遂受知焉。又嘗爲衛州共城令。先君築室蘇門山百源之上，時丁先祖母李夫人喪，布衣蔬食三年，躬爨以養先祖。挺之聞先君好學，苦心志，自造其廬，問先君曰：「子何所學？」先君曰：「爲科舉進取之學耳。」挺之曰：「科舉之外有義理之學，子知之乎？」先君曰：「未也，願受教。」挺之曰：「義理之外有物理之學，子知之乎？」先君曰：「未也，願受教。」「物理之外有性命之學，子知之乎？」先君曰：「未也，願受教。」於是先君傳其學。挺之簽書澤州判官廳公事，澤州人劉羲叟晚出其門，受曆法，亦爲知名士，易學則唯先君得之也。挺之後終殿中丞。

按：原本作終殿中丞簽書澤州判官廳公事。據《宋史》李之才傳，石延年調兵河東辟之才澤州簽書判官轉殿中丞，則澤州判官當書在前，今依《宋史》改正。熙寧中，其姪君翁嘗請文於先君，以表其墓。挺之之師即穆修也。

修字伯長，汶陽人，後居蔡州，遂葬於蔡。師事華山處士陳摶圖南，而傳其學。修少豪放，性褊少合，多游京洛間。人嘗書其詩于禁中壁間，真廟見之，深加歎賞，問侍臣曰：「此爲誰詩？」或以穆修對。上曰：「有文如是，公卿何不薦？」丁晉公在側曰：「此人行不逮文。」

由是上不復問。蓋伯長與晉公有布衣舊，晉公頃赴夔漕，伯長猶未仕，相遇漢上，晉公意欲伯長先致禮，伯長竟不一揖而去。晉公銜之，由是短於上前。後晉公貶朱崖徙道州，有詩云：「却訝有虞刑政失，四凶何事不量移。」可見其不相善也。伯長祥符二年，梁固榜登進士第，調海州理掾，以忤通判，遂爲捃摭，由是削籍隸池州。其集中有《秋浦會遇》詩，自叙甚詳。後遇赦，叙潁州文學參軍，故當時呼之曰穆參軍。老益貧，家有唐本韓柳集，乃丐於所親厚者，得金，募工鏤板，印數百帙，携入京師相國寺，設肆鬻之。伯長坐其旁，有儒生數輩至其肆輒取閱，伯長奪取，怒視謂曰：「先輩能讀一篇，不失句讀，當以一部爲贈。」自是經年不售。時學者方從事聲律，未知爲古文，伯長首爲之倡，其後尹源子漸洙師魯兄弟，始從之學古文，又傳其春秋學。伯長，國史有傳，其師即陳摶也。

摶字圖南，亳州真源人。蓋唐末進士，負經綸之才，歷五季亂離，游行四方，志不遂入武當山，後隱居華山。自晉、漢已後，每聞一朝革命，顰蹙數日，人有問者，瞪目不答。一日，方乘驢遊華陰市，聞太祖登極，圖南驚喜大笑。人問其故，曰：「天下自此定矣。」蓋太祖方潛龍時，圖南常見天日之表，知太平之有自矣。遯跡之初，有詩云：「十年蹤跡走紅塵，回首青山入夢頻。紫陌縱榮争及睡，朱門雖貴不如貧。愁聞劒戟扶危主，悶見笙歌聒醉人。携取舊書歸舊隱，野花啼鳥一般春。」豈淺丈夫哉！周世宗召見，問以黄白，對曰：「陛下爲四海之主，當以治政爲念。奈何留意於小道耶？」世宗不以爲忤，拜諫議大夫，固辭，賜號「白雲先生」。太平興國初，太宗皇帝召至闕，求一静室休息，乃賜館於建隆觀。扃户熟寐，月餘方起，詔以野服見於延英殿，賜坐延問甚久。上方欲征河東，圖南諫止之，會軍已興，詔復令寢於御園，及兵還經百餘日方寤，乞歸山。九年復來朝，始陳河東可取，暨王師再舉，果降劉繼元，北漢平。按：《宋史·北漢劉氏世家》，開寳二年春，太祖親征繼元。閏五月，班師。太平興國四年，太宗復親征繼元。繼元窮蹙，五月甲申送降。此云圖南九年來朝始陳河東可取，暨王師再舉云云。太平興國無九年，已改元爲雍熙。《太宗紀》雍熙元年冬十月，賜華山隱士陳摶號「希夷先生」，與此合。若初召諫征河東及陳河東可取事，《太宗紀》與摶傳俱不載，而劉繼元之降又非雍熙元年事。或伯温追述所聞，於歲時前後不能無誤也。上謂宰相宋琪等曰：「摶方外之士，在華山四十餘載。度其年，蓋百餘歲矣。語論甚高。」因送至中書，琪等問曰：「先生得玄默修養之道，可以教人乎。」對曰：「摶不知吐納養性之理，神僊黄白之事，非有方術可傳。假令白日冲天，何益於聖世。聖上博通古今，深究治亂，真有道仁明之主，是君臣同德致理之時，勤行修煉無出於此。」琪等稱嘆。以其語白上，上益重之。太宗問曰：「昔在堯舜之爲天下，今可致否。」圖南對曰：「堯舜土階三尺，茅茨不翦，其迹自不可及。然能以清静爲治，即今之堯舜也。」上善其對，亦拜諫議大夫，固辭，乞歸。上知其不可留，即賜宴便殿，詔宰執禁從作詩，以寵，賜號「希夷先生」。後再召，辭曰：「九重僊詔休教丹鳳銜來，一片野心已被白雲留住。」將終，預知死期，上表云：「臣大數有終，聖朝難戀。已取某年七月二十二日，化形於蓮花峯下張超谷中。」又草疏，遣其徒詣闕上之，莫得而見也。种放明逸表其墓，能述其大略。明逸亦傳其象學，明逸授廬江許堅，堅授范諤，由此一枝傳於南方也。世但以爲學神仙術、善人倫風鑒而已，非知圖南者也。獨先君知之爲詳數，數有詩及之。圖南以上傳授不可悉考，蓋自伏羲以至文王、周公、孔子以來，世世相傳，或隱或顯，未嘗絶也。如揚子雲、關子明、王仲淹，皆其所從來者也。其學主於意、言、象、數，四者不可闕一，其理具見於聖人之經。不煩文字解説，止有一圖以寓其陰陽消長之數與卦之生變。圖亦非創意以作，孔子繫辭述之明矣。嗚呼，真窮理盡性之學也。

先君之學雖有傳授，而微妙變通蓋其所自得也。能兼明意言象數之藴，而知易之體用，成卦立爻之所自。嘗有詩曰：「誰信畫前元有易，須知删後更無詩。」然其學卒無所傳，平時未嘗妄以語人，故當時人亦鮮克知之者，唯以自樂而已。有大名王豫及其甥滎陽張峄，雖嘗從學而又皆早死。

王豫字天悦，樞密直學士沿之子，丁父憂，居衛之新鄉，先君居共城，初未知先君有是學也。以詩招先君曰：「邵子著書十萬許，圖得聖人心甚苦。何時惠然肯訪來，吾當爲君具雞黍。」先君欣然就之，天悦曰：「聞子好學，未知讀何書？」先君曰：「平時居家，讀五經，泛觀諸子百家之書。然無師匠，未有所得也。」天悦曰：「子能相從乎？」先君曰：「固所願也。」天悦蓋魁偉豪傑之士，雄辨該博，先君但唯諾而已。後及於易，先君不復假借，舉奥義數條，皆不能答，乃徐爲解説，天悦得所未聞，茫然自失，遽反席再拜，執古弟子之禮焉。有時同行道路，雖沽酒，必具衣冠捧觴跪獻爲先生壽。先生居百源，迥絶四鄰，居數年未嘗設榻，天悦不以時造，隆冬深夜，外户不扃，但見燈下默坐，或時諷誦，天悦於是尤加敬服。每有所得，筆而書之，貯一錦囊中，出入起居，須臾造次，必以自隨也。一日有清河役卒不以時放，監護者又苦之，衆怒，持畚牐將入縣，剽劫以起事，吏民大恐，莫知所爲。天悦白令，願自往，令欲多假之從者，天悦曰：「不可，非獨無益，且有害也。」乃衣衰絰，步出郭外，遇其衆，諭以禍福，皆不敢動，捨杖羅拜，以至感泣，遣還役次。州郡監司欲以其事上聞，天悦力止之。後簽書河陽節度判官廳公事，有武臣爲守，豪横傲慢，以至乾元節謝恩祝聖，一切輒罷。天悦告之曰：「乾元之儀，天下所同，不以臣之大小爲異。公被遇兩朝，歷位將相，尚乖恭事，若元昊賊，如何更可責以臣節？」守怒，乃求他官以避之。景祐、慶曆中，屢上書言事，召赴資善堂，命近臣詢訪，語太激切，爲所沮抑，送政府問狀，又以辭不屈忤時，相報罷以太常寺太祝，知河陽府伊闕縣事。會甘陵妖賊王則爲變，所在告捕黨與甚急，洛之諸邑皆以獲捕爲功，有以妖書告者，株連蔓延凡二百餘人。天悦至邑按問，得情皆無狀，但爲浮圖事所惑，夜聚衆規利而已。天悦歎曰：「亂甘者，王則也，斯民何罪？」乃盡釋之。其間豪强數十人，皆先已竄伏山谷，結集旁邑，儕輩皆巨盜。天悦聞之，遣其徒中一人，遺以所衣布袍，曰：「爲我告若曹，兹事已十年矣，縱長詿誤，亦屢經赦宥，可以自新。俾令觀此取信。」其人奔往，以天悦之言諭之曰：「我令賜汝活。」具道天悦意，將所得袍遍示之。衆皆相賀，歡欣從命。又語旁邑人，亦皆散去。天悦素不能諂事上位，尹雅不悦，捃摭以故縱妖黨聞于朝，執政者以宿怒深中之，坐是奪兩官，隸海州。先君送至海上。

後得放還，監亳州明道宮，丁母憂以卒。

張峄字子望，樞密直學士逸之孫，比部員外郎廣西轉運使道宗之子。與其兄岣子堅同年登科。兄弟皆有文學，子望尤喜窮經而恬於仕進。少從先君學，嘗語人曰：「峄師事先生二十年，未嘗見先生説重復語。先生之道，深不可測，亹亹日新如此。」有《洛中遊春》詩云：「平生自是愛花人，到處尋芳不遇真。誰謂人間無正色，今朝始見洛陽春。」言學於先君而方有所得也。先君和之曰：「造物從來不負人，萬般紅紫見天真。滿城車馬空撩亂，未必逢春便是春。」恐其自畫而勉之使進也。先君行狀，子望所撰，今載于《褒德集》。元豐官制行，神宗皇帝以吴丞相充嘗薦，諭執政除太常丞，蔡確言資淺，乃以爲寺簿，未幾感疾，卒于京師，官纔宣義郎。子望平時記録先君議論爲多，家人但見其素所寶惜，納之棺中。其後子堅得其遺藁見授，今《觀物外篇》是也，蓋十纔一二。又嘗著《易説》藏於家。熙寧初，其父領漕廣西時，初置常平使者，兄子堅首除兩浙，宰相欲見子望，父兄强之，不得已而往，宰相欲留子望，辭以父遠官嶺外。當時行其難進易退如此。若假之以年，先君之學必有所傳，惜哉。子望有二子夭折，平生著述散落。陳恪叔猶能頌其遺詩，情致深遠，不愧前人之作也。

秦玠字伯鎮，未詳何處人，後居亳社，有吏才，善書翰，亦好學問。嘗以屯田員外郎知懷州，長先君一歲，亦稱門人。在河南日，欲從先君學，先君以其人頗好任數，未之許也。嘗有書與先君云先生鍵道彌固，意謂先君靳其學不以告。先君答書，其略曰：「道滿天下，何物不有之，豈容人關鍵耶?」後歷兵部郎中，判三司理欠憑，由司遂退歸於亳。書問常不絶，先君亦寄之以詩。先君既没，洛人李籲端伯守官于亳，見之尚無恙，每語及先君之學也。

鄭夬字揚廷，後以字爲名，江東人，客遊懷衛間，依大姓宗氏。亦嘗欲受教於先君，先君曰：「吾學於李挺之也，忘寒暑，忘晝夜，忘寢食，忘進取。挺之有所言，吾必曰願略開端，無竟其説，請退而思之。幸得之，以爲然，方敢自言。或未也，歸而再思之，得之而後已。又走四方，就有道而正焉，凡山川風俗人情物理，吾皆究觀之。有益於吾學者，必取焉。今足下，志在口耳，又多外慕，能去是而誠心一意，然後可以語此學。」夬固不能也。後秦玠在河内嘗語：「夬以王天悦傳授先君之學，有所記録，夬力求之，天悦惡夬浮薄，不與。不幸天悦感疾且卒，夬聞之，賂其僕，就卧内竊得之，遂自以爲己學，著《易傳》、《易測》、《明範》、《五經明用》數書。皆破碎妄作，穿鑿不根。」嘗以變卦圖示秦玠。夬既竊天悦書，遂去宗氏，入京師，補國子監生，得解省試策，問八卦次序，夬以所得之説對，主司異之，擢在優等。既登第，遊公卿門，以其所著書爲投贄焉。後調太原府司録執政，薦館職者數人，將召試爲轉運，李遇卿發其贓罪，投竄南方。遇赦得自便，復事遊謁。嘗過洛來見先君，慚怍引咎，先君曰：「足下向以拙者之言爲然，不至此也。」不肖時在童稚，尚能記其狀貌，白皙短小，輕獧人也。後卒以窮死。秦謂必有天譴，恐指此而言也。夬之所著易圖非是，其説或有然者。竊書，秦實知之，乃駭然嘆曰：「夬何處得此法。又謂自得之異人西都邵某，聞其大略，已能洞吉凶之變，近乎自欺矣。」先君易學淵源傳授本末，秦不能知，獨以爲洞吉凶之變，何其小也。謂得之異人，非世人所聞，尤爲怪誕。然亦有謂，蓋指陳希夷而言也。自伏犧已來，大中至正之道，昭昭然具在易中，孔子爲《彖》、《象》、《繫辭》，言之盡矣。但世人信之者寡，知之者鮮。若謂非世人所聞，將使誰聞之耶？先君既謝世，秦爲此言，存中又不得其詳，但記秦所聞耳，此不得不辨也。不肖既爲此，述先君易學傳授次第，及諸人事跡大略，以解世惑，因更記昔所聞見者。於後頃年見章相，言：「初任商洛令時，鄭人宋孝孫爲太守。宋與先生有契，分招先生自洛來遊商山。惇由是識先生。時預坐席，宋因話洛陽牡丹之盛，未知名品共有幾何。惇率爾而對曰：『惇婦家在緱山，故多游洛。所謂牡丹，惇皆識之矣。』宋曰：『先生洛陽人也。』先生曰：『洛中識花者三等，有嗅根莖而識花，識花之上也；見芽葉而識花，識花之次也；見花識花，識之下也。如長官，止可謂見花識花者也。』惇固已異其言。宋又言：『先生易學妙于世，不可不傳。』先生留商甚久，惇數聽餘論，知先生爲有道者，遂拜之。商洛罷，屢過洛，欲遂從先生學，惇問：『先生之學，幾日可盡？』先生曰：『本無多事，以子厚之才，頃刻可盡也。但子厚心志未定，要須相從林下數月，使塵慮消散，然後可告。』是時，惇少年好游，不能留也。今且爲恨。如先生易學，舉世莫比，始可謂知《易》。王輔嗣輩以臆説配合人事，惇一日可作百部竟，何益也。」因以存中所記秦伯鎮言爲問，章相云：「先生易學，秦、沈所不知也。」

西河人李周，字道濟，平生不婚宦，獨居陋巷。先君一日訪之，道濟方讀《易》。先君笑曰：

「易果在是乎。只守此以求易，恐終身未見。」道濟不知所以。聞先君既没，方深悔之。白述古明之，篤實純厚之士也。嘗云：「述古聞先生論《洪範》，古今人未嘗到此。但自恨不曉數學，不能傳授，實與易道相通也。」

邢和叔亦欲從先君學，先君略爲開其端倪，和叔援引古今不已。先君曰：「姑置是。此先天學，未有許多語。既得此理，則左右逢原矣。和叔且當虚心，使胷中蕩蕩然無一事，然後可以學此。」故有詩云：「若問先天一字無，後天方始有功夫。拔山蓋世稱才力，到此分毫强得乎。」先君一日有小疾，和叔親爲嘗粥藥。先君笑曰：「不必如是，吾非黄石癡老子，被子房跪進一雙履便能取得，但悠久至誠足矣。苟無誠心，去道已遠，何所學乎？」和叔笑曰：「恕纔萌此心，早被先生捉着。」和叔留别詩「圯下每慙知孺子，牀前時得拜龐公」之句，先君和曰：「觀君自比諸葛亮，顧我殊非黄石公。」其斷章云「出人才業尤須惜，慎勿輕爲西晉風」，示勸戒也。

程明道先生同弟伊川先生侍其親太中公，秋日訪先君於天津舊廬，先君以酒與之同遊月陂上，歡飲劇談。翌日，明道謂周純甫曰：「昨日陪堯夫先生遊月陂，自來聞堯夫議論，未嘗至此，振古之豪傑也。」純甫曰：「所言如何？」明道曰：「内聖外王之道也。」惜其老矣，無所用於世。」先君嘗有詩云：「草軟波平風細細，雲輕日淡柳低摟。狂吟不記道何句，初云「狂言不記道何事」，後改作此。劇飲未嘗如此盃。景好只知閑信步，朋歡那覺太開懷。必期快作賞心事，却恐賞心難便來。」明道有詩和云：「先生相與賞西街，小子親携几杖來。行處每容參極論，坐隅還許侍餘盃。檻前流水心同樂，林外青山眼重開。時泰心閒難兩得，直須乘興數追陪。」又云：「月陂隄上四徘徊，北有中天百尺臺。萬物已隨秋色改，一樽聊爲晚凉開。水心雲影閑相照，林下泉聲静自來。世事無端何足計，但逢嘉日約重陪。」先君有《安樂窩中好打乖》詩，明道亦和詩云：「聖賢事業本經綸，肯爲巢由繼舊塵。三幣未回伊尹志，萬鍾難换子輿貧。客求墨妙多携卷，天爲詩豪剩借春。時止時行皆有命，先生不是打乖人。」唯明道知先生爲深，故先君之葬，不肖請志其墓焉。

異時，伊川同朱公掞訪先君，先君留之飲酒。因以論道，伊川指向前食卓曰：「此卓安在地上，不知天地安在何處。」先君爲之極論天地萬物之理以及六合之外，伊川歎曰：「平生唯見周茂叔論至此，周茂叔，道州人，名敦頤，二程之師也。然不及先生之有條理也。」伊川又同張子堅來，方春時，先君率同遊天門街看花，伊川辭曰：「平生未曾看花。」先君曰：「庸何傷乎物，物皆有至理。吾儕看花異於常人，自可以觀造化之妙。」伊川曰：「如是，則願從先生遊。」先君病且革，鄉人聚議後事於後，有欲葬近洛城者，時先君卧正寢，已知之，曰：「祇從伊川先塋可也。」伊川曰：「先生至此，他人無以致力，願先生自主張。」先君曰：「平生學道固至此矣，然亦無可主張。」伊川猶相問難不已，先君戲之曰：「正叔可謂生薑樹頭生，必是生薑樹頭出也。」伊川曰：「從此與先生訣矣，更有可以見告者乎？」先君聲氣已微，舉張兩手以示之，伊川曰：「何謂也？」先君曰：「面前路徑常令寬，路徑窄則自無着身處，况能使人行也。」亦有詩云：「面前路徑無令窄，路徑窄時無過客。過客無時路徑荒，人間大率多荆棘。」

前此横渠先生自關中被召還館，過洛見先君。值感疾，横渠診其脉曰：「先生脉息不虧，自當勿藥。」仍問先君曰：「先生信命乎，載試爲先生推之。」先生曰：「世俗所謂命者，某所不知。若天命，則知之矣。」横渠先生曰：「既曰天命，則無可言者。」又數日，司馬温公來問疾，先君曰：「某疾勢必不起，且試與觀化一巡也，願君實自愛。」温公曰：「堯夫未應至此。」先君曰：「死生亦常事耳。」故臨終有詩云：「生于太平世。長于太平世，老于太平世，死于太平世。客問幾何年，六十有七歲。俯仰天地間，浩然無所愧。」遂啟手足。實熙寧十年七月五日也。

熙寧初，歐陽文忠公遣其子棐叔弼來洛，省王宣徽夫人之疾。將行，謂叔弼曰：「到洛唯可見邵先生，爲致吾嚮慕之意。」叔弼既見，先君從容與語出處以及學術大槩。後十年先君捐館，又八年，韓康公尹洛，請謚于朝。叔弼時爲太常博士，適當議謚，叔弼嘗謂晁説之以道云：「棐作邵堯夫謚議，皆往昔親聞於先生者，當時棐少年，先生一見，欣然延接，遂及平生事故，得其詳如此。豈非先生道學絶世，微妙元通，前知來物，預以相告耶？」

先君之葬，吕希純子進有挽詩，云黔婁有謚合稱康。叔弼謚曰康節，時子進同爲博士，其驗乃在八九年後。嗚呼，異哉。永唯先君與四方鄉里名公賢大夫遊，平時話言不可勝記，此獨舉其與道相發明者，以系于後。仍録先君與伯鎮書、李挺之墓表，詩篇中及陳希夷與秦伯鎮者，庶幾可以考證焉。案，此所云書表及詩，原本俱未經附録。今惟《擊壤集》載《觀陳希夷先生真及墨蹟》詩三首、《寄亳州秦伯鎮兵部》詩六首。其與伯鎮書及挺之墓表，撿邵氏諸書俱不載，無從補入，今並依原本闕之。

邵氏聞見録（摘録）①

邵伯温

卷第十五

程宗丞先生名顥字伯淳，弟侍講先生名頤字正叔。康節先公以兄事其父太中公，二先生皆從康節遊。其師曰周敦頤茂叔。宗丞爲人清和，侍講爲人嚴峻，每康節議論，宗丞心相契，若無所問，侍講則時有往復。故康節嘗謂宗丞曰：「子非助我者。」然相知之盡，二先生則同也。横渠張先生名載字子厚，弟戩字天祺，爲二程先生之表叔。子厚少豪其才，欲結客取熙河湟鄯之地。范文正公帥延安，聞之，館於府第，俾修制科，與天祺皆登進士第。方同二程先生修《中庸》、《大學》之道，尤深於《禮》。熙寧初，子厚爲崇文院校書，天祺與伯淳同爲監察御史。時介甫行新法，伯淳自條例司官爲御史，與臺諫官論其不便，俱罷。上猶主伯淳，介甫亦不深怒之。除京西北路提點，伯淳力辭，乞與同列俱貶，改澶州簽判。天祺尤不屈，一日至政事堂言新法不便，介甫不答，以扇障面而笑。天祺怒曰：「參政笑某，不知天下人笑參政也。」趙清獻公同參大政，從旁解之，天祺曰：「公亦不可謂無罪。」清獻有愧色。謫監鳳翔府司竹監，舉家不食

① 底本爲民國涵芬樓夏敬觀校本，參考中華書局一九八三年版《邵氏聞見録》。

筍，其清如此。未幾，卒於官。子厚亦求去。熙寧十年，吴充丞相當國，復召還館。康節已病，子厚知醫，亦喜談命，診康節脈曰：「先生之疾無慮。」又曰：「頗信命否？」康節曰：「天命某自知之，世俗所謂命，某不知也。」子厚曰：「先生知天命矣，尚何言。」子厚入館數月，以病歸，過洛，康節已捐館，折簡慰撫伯温勤甚。見二程先生曰：「某之病必不起，尚可及長安也。」行至臨潼縣，沐浴更衣而寢，及旦視之，亡矣。門生衰絰挽車，葬鳳翔之横渠，是謂横渠先生。伯淳自澶州請監洛河木竹務以便親。除判式學，未赴，以中丞李定言罷，知開封府扶溝縣，失囚，謫汝州監酒。元祐初，以宗正丞召，將大用。未赴，卒，葬伊川。文潞公表其墓曰：「明道先生正叔，元祐初用司馬温公、吕申公薦，召對，初除職官，再除館職，除崇政殿説書，歲餘出判西京國子監，兩除直秘閣，不拜。紹聖中，坐元祐黨謫涪州，遇上皇即位，赦得歸。久之復官，以卒。是謂伊川先生。」三先生俱從康節游，康節尤喜明道，其譽之與富韓公、司馬温公、吕申公相等。故康節《四賢詩》云：「彦國之言鋪陳，晦叔之言簡當，君實之言優遊，伯淳之言調暢。四賢洛之觀望，是以在人之上。有宋熙寧之間，大爲一時之狀。」則康節之所以處明道者盛矣。一日，二程先生侍太中公訪康節於天津之廬，康節攜酒飲月陂上，歡甚，語其平生學術出處之大。明日，悵然謂門生周純明曰：「昨從堯夫先生游，聽其論議，振古之豪傑也。惜其老矣，無所用於世。」純明曰：「所言如何？」明道曰：「内聖外王之道也。」是日，康節有詩云：「草軟波平風細溜，雲輕日淡柳低摧。狂言不記道何事，劇飲未嘗如此盃。好景只知閒信步，朋歡那覺大開懷。必期快作賞心事，卻恐賞心難便來。」明道和云：「先生相與賞西街，小子親攜几杖來。行處每容參劇論，坐隅還許瀝餘盃。檻前流水心同樂，林外青山眼重開。時泰心閒兩難得，直須乘興數追陪。」明道敬禮康節如此。故康節之葬，伯溫獨請志其墓焉。悲夫，先生長者已盡，其遺言尚存。伯溫自念暮景可傷，不可使後生無聞也，因具載之。

卷第十八

伯溫曾祖母張夫人御祖母李夫人嚴甚，李夫人不能堪。一夕，欲自盡，夢神人令以玉箸食羹一杯，告曰：「無自盡，當生佳兒。」夫人信之。後夫人病瘦，醫者既投藥，又夢寢堂門之左右木瓜二株，左者俱已結，右者已枯，因爲大父言。大父遽取藥令覆之。及期，生康節公，同墮一死胎，女也。後十餘年，夫人病卧堂上，見月色中一女子拜庭下，泣曰：「母不察庸醫，以藥毒兒，可恨！」夫人曰：「命也。」女子曰：「若爲命，何兄獨生？」夫人曰：「汝死兄獨生，乃命也。」女子涕泣而去。又十餘年，夫人再見女子來，泣曰：「一爲庸醫所誤，二十年方得受生。與母緣重，故相別。」又涕泣而去。則知釋氏輪回鬼神之説有可信者，康節知而不言者也。親謂伯溫云。

伊川丈人與李夫人因山行，於雲霧間見大黑猿有感，夫人遂孕。臨蓐時，慈烏滿庭，人以爲瑞，是生康節公。公初生，髮被面，有齒，能呼母。七歲戲於庭，從蟻穴中豁然別見天日，雲氣往來。久之以告夫人，夫人至無所見，禁勿言。既長，遊學，夜行晉州山路，馬突，因墜深澗中。從者攀緣下尋公，無所傷，唯壞一帽。熙寧十年，公年六十七矣。夏六月，屬微疾，一日晝睡，覺且言曰：「吾夢旌旗鶴鴈自空而下，下導吾行亂山中，與司馬君實、吕晦叔諸公相分別於一驛亭。回視其壁間，有大書四字曰『千秋萬歲』。吾神往矣，無以醫藥相逼也。」嗚呼，異哉！

太學博士姜愚字子發，京師人，長康節先公一歲，從康節學，稱門生。先公年四十五未娶。潞州張仲賓太博，字穆之，未第，亦從康節學。二君同白康節曰：「不孝有三，無後爲大。先生年逾四十不娶，親老無子，恐未足以爲高。」康節曰：「貧不能娶，非爲高也。」子發曰：「某同學生王允修頗樂善，有妹甚賢，似足以當先生。」穆之曰：「先生如婚，則某備聘，令子發與王允修言之。」康節遂娶先夫人。後二年，伯温始生。故康節有詩云：「我今行年四十五，生男方始爲人父。鞠育教誨誠在我，壽夭賢愚繫於汝。我若壽命七十歲，眼見吾兒二十五。我欲願汝成大賢，未知天意肯從否？」子發本京師富家，氣豪樂施，登進士第，月分半俸奉康節。治平間知壽州六安縣，以目疾分司，居新鄉。子發死，康節以其女嫁河間進士紀輝，視之如己女，伯温以姊事之。元符三年，紀輝與姜女俱亡，今二子依吾家避亂入蜀，伯温亦以子姪處之。王觀文樂道未遇時，與子發交遊甚善。樂道苦貧，教小學京師，居州西，子發居州東，相去遠。一日大雪，子發念樂道與其母寒饑，自荷一鍤，剗雪以行。至樂道之居，扣門，久之方應。樂道同母凍坐，日已過高，未飯。子發惻然，亟出買酒肉薪炭，往復同樂道母子附火飲食。樂道覺子發衣單，問之，以綿衣質錢買飯食也。子發説《論語》，士人樂聽之，爲一講會，得錢數百千，爲樂道娶妻。樂道登第，調睦州判官。妻卒，子發又爲求范文正公夫人姪汶陽李氏以繼，其負義如此。熙寧初，樂道以翰林侍讀學士爲西京留守。子發老益貧，且喪明，自新鄉駕小車來見樂道，意樂道哀之也。樂道遺酒三十壺而已，子發殊悵然。康節館於天津之廬，典衣贐其行，歸新鄉，未幾卒。

康節先公少日遊學，先祖母李夫人思之恍惚，至倒誦佛書。康節亟歸，不復出。夫人捐館，康節持喪毁甚，躬自爨以養。祖父置家蘇門山下，康節獨築室於百源之上。時李成之子挺之，東方大儒也，權共城縣令，一見康節心相契，授以《大學》。康節益自克勵，三年不設榻，晝夜危坐以思。寫《周易》一部，貼屋壁間，日誦數十徧。聞汾州任先生者有易學，又往質之。挺之去爲河陽司户曹，康節亦從之，寓州學，貧甚，以飲食易油貯燈讀書。一日有將校自京師出戍者，見康節曰：「誰苦學如秀才者。」以紙百幅、筆十枝爲獻。康節辭而後受。每舉此語先夫人曰：「吾少日艱難如此，當爲子孫言之。」康節又嘗謂伯温曰：「吾早歲徒步遊學至有所立，艱哉。程伯淳、正叔雖爲名士，本出貴家，其成就易矣。」因泣書之以示子孫。

康節先公慶曆間過洛，館於水北湯氏，愛其山水風俗之美，始有卜築之意。至皇祐元年，自衛州共城奉大父伊川丈人遷居焉。門生懷州武陟知縣侯紹曾，字孝傑，助其行。初寓天宫寺三學院。劉諫議元瑜字君玉，吕諫議獻可静居，張少卿師錫及其子職方君景伯，狀元師德之子諫議君景憲，王諫議益柔字勝之，子中散兄弟慎言不疑、慎行無悔、慎術子重，劉大夫師旦子絢，張諤字師柔及其子孫，南國張大丞師雄及諸子，劉龍圖之子秘監幾字伯壽，修撰忱字明復，侍講李寔字景真，吴少卿執中，王學士起字仲儒，李侍講育字仲象，子籲字端伯，姚郎中奭字周輔，交遊最密，或稱門生。洛人爲買宅於履道坊西天慶觀東，趙諫議借田於汝州葉縣，後王不疑同鄉人買田于河南延秋村。康節復還葉縣之田。嘉祐七年，王宣徽尹洛，就天宫寺西天津橋南五代節度使安審琦宅故基，以郭崇韜廢宅餘材爲屋三十間，請康節遷居之。富韓公命其客孟約買對宅一園，皆有水竹花木之勝。熙寧初，行買官田之法，天津之居亦官地。牓三月，人不忍買。諸公曰：「使先生之宅他人居之，吾輩蒙恥矣。」司馬温公而下，集錢買之。康節先生以詩謝王宣徽曰：「嘉祐壬寅歲，新巢始孱功。正分道德里，更近帝王宫。檻仰端門峻，軒迎兩觀雄。窗虚響瀍澗，臺迥粲伊嵩。好景尤難得，昌辰豈易逢？無才濟天下，有分樂年豐。水竹腹心裏，鶯花淵藪中。老萊歡不已，靖節歎何窮。嘯傲陪真侣，經營荷府公。丹誠徒自寫，匪報厚恩隆。」後以詩謝温公諸公曰：「重謝諸公爲買園，洛陽城裏占林泉。七千來步平流水，二十餘家争出錢。嘉祐卜居終是僦，熙寧受券遂能專。鳳凰樓下新閑客，道德坊中舊散仙。洛浦清風朝滿袖，嵩岑皓月夜盈軒。接羅倒載芰荷畔，談塵輕摇楊柳邊。陌徹銅駝花爛漫，堤連金穀草芊綿。青春未老尚可出，紅日已高猶自眠。洞號長生宜有主，窩名安樂豈無權？敢於世上明開眼，會向人間别看天。盡送光陰歸酒盞，都移造化入詩篇。也知此片好田地，消得堯夫筆似椽。」今宅契司馬温公户名，園契富韓公户名，莊契王郎中户名，康節初不改也。康節蓋曰：「貧家未嘗求於人，人饋之，雖少必受。」嘗謂伯温曰：「名利不可兼也。吾本求名，既爲世所知矣，何用利哉？故甘貧樂道，平生無不足之意。」嗟夫！洛陽風俗之厚，人物之盛，此不可見矣。重念老境可傷，因詳書之以示子孫云。

康節先公謂本朝五事，自唐虞而下所未有者：一，革命之日，市不易肆；二，克服天下在即位後；三，未嘗殺一無罪；四，百年方四葉；五，百年無心腹患。故《觀盛化》詩曰：「紛紛五代亂離間，一旦雲開復見天。草木百年新雨露，車書萬里舊山川。尋常巷陌猶簪紱，取次園亭亦管絃。人老太平春未老，鶯花無害日高眠。」又曰：「吾曹養拙賴明時，爲幸居多寧不知。天下英才中遁跡，人間好景處開眉。生來只慣見豐稔，老去未嘗經亂離。五事歷將前代舉，帝堯而下固無之。」伯温竊疑「未嘗經亂離」爲太甚，先公曰：「吾老且死，汝輩行自知之。」永念先公當本朝太平盛時，隱居求志，謝聘不屈，其發爲詩章每如此。

康節先公與富文忠公早相知。文忠初入相，謂門下士田棐大卿曰：「爲我問邵堯夫，可出，當以官職起之；不，即命爲先生處士，以遂隱居之志。」田大卿爲康節言，康節不答，以詩二章謝之曰：「相招多謝不相遺，將爲胸中有所施。若進豈能禁吏意，既閑安用更名爲？願同巢許稱臣日，甘老唐虞比屋時。滿眼清賢在朝列，病夫無以繫安危。」又云：「欲遂終焉老閑計，未知天意果如何？幾重軒冕酬身貴，得此雲山到眼多。好景未嘗無興詠，壯心都已入消磨。鷦鴻自有江湖樂，安用區區設網羅。」文忠公終不相忘，乃因明堂袷享，赦詔天下舉遺逸人，公意謂河南府必以康節應詔。時文潞公尹洛，以兩府禮召見康節，康節不屈，遂以福建黄景應詔。

景字子蒙，亦從康節遊，客李邯鄲公家，公之子壽朋薦於潞公。時天下應詔者二十八人，同見宰執於政事堂。至河南，黄景以閩音自通姓名，文忠不樂。各試論一首，命官爲試銜知縣。文忠奏天下尚有遺材，乞再令舉。詔從之。王拱辰尚書尹洛，乃以康節應詔。潁川薦常秩，皆先除試將作監主簿，不理選限。文忠招康節而不欲私，故以天下爲請。知制誥王介甫不識康節，繳還辭頭曰：「使邵某常民，一試銜亦不可。與果賢者，不當止與試銜，宜召試然後官之。」上不納，下知制誥祖無擇，除去「不理選限」行詞，然康節與常秩皆不起。是時富公已丁太夫人憂去位矣。熙寧二年，神宗初即位，詔天下舉遺逸。御史中丞吕誨、三司副使吴充、龍圖閣學士祖無擇皆薦康節。時歐陽公作參知政事，素重常秩，故潁川亦再以秩應詔。康節除秘書省校書郎、潁州團練推官。辭，不許。既受命，即引疾不起。答鄉人二詩，一曰：「平生不作皺眉事，天下應無切齒人。斷送落花安用雨，裝添舊物豈須春？幸逢堯舜爲真主，且放巢由作外臣。六十病夫宜揣分，監司何用苦開陳？」二曰：「卻恐鄉人未甚知，相知深後又何疑？貧時與禄是可受，老後得官難更爲。白有林泉安素志，況無才業動丹墀。荀、揚若守吾儒分，免被韓文議小疵。」常秩以職官起，時王介甫方行新法，天下紛然以爲不便，思得山林之士相合者。常秩賜對，神宗問曰：「仁宗召卿何故不起？朕召何故起？」秩曰：「仁宗容臣不起，陛下不容臣不起。」因盛言新法之便，乃除諫官，以至待制，帝浸薄之。介甫主之不忘，然亦知其爲人矣。熙寧初，介甫之弟安國，字平甫，爲西京國子監教授，從康節遊。歸以出處語介甫，介甫歎曰：「邵堯夫之賢不可及矣。」《神宗正史·康節列傳》史臣書云：「與常秩同召，某卒不起。」有以也夫。

康節先公與富韓公有舊，公自汝州得請歸洛養疾，築大第，與康節天津隱居相邇。公曰：「自此可時相招矣。」康節曰：「某冬夏不出，春秋時，間過親舊間。公相招未必來，不召或自至。」公謝客戒子曰：「先生來，不以時見。」康節一日過之，公作詩云：「先生自衛客西畿，樂道安閑絶世機。再命初筵終不起，獨甘窮巷寂無依。貫穿百代嘗探古，吟詠千篇亦造微。珍重相知忽相訪，醉和風雨夜深歸。」康節和曰：「道堂閒話儘多時，塵外盃觴不浪飛。初上小車人已静，醉和風雨夜深歸。」又題康節《擊壤詩集》云：「黎民於變是堯時，便字堯夫德可知。更覽新詩名《擊壤》，先生全道略無遺。」其知康節如此。公嘗令二青衣蒼頭掖之以行，一日，與康節會後園中，因康節論天下事，公喜甚，不覺獨步下堂。康節不爲起，徐指二蒼頭戲公曰：「忘卻拄杖矣。」富公深居，托疾謝客，而嘗苦氣痞。康節曰：「好事到手畏甚？不爲他人做了，鬱鬱何益？」公笑曰：「此事未易言也。」蓋爲嘉祐建儲耳。公雖剛勇，遇事詳審，不萬全不發，康節因戲之。公一日有憂色，康節問之，公曰：「先生度某之憂安在？」康節曰：「豈以王安石罷相，吕惠卿參知政事，惠卿凶暴過安石乎？」公曰：「然。」康節曰：「公無憂。安石、惠卿本以勢利合。惠卿、安石勢利相敵，將自爲仇矣，不暇害他人也。」未幾，惠卿果叛安石，凡可以害安石者，無所不至。公謂康節曰：「先生識慮絶人遠矣。」一日薄暮，司馬温公見康節曰：「明日僧顯修開堂説法，富公、吕晦叔欲偕往聽之。晦叔貪佛已不可勸，富公果往，於理未便。某後進，不敢言，先生曷止之？」康節曰：「恨聞之晚矣。」明日，公果往。後康節因見公，謂公曰：「聞上欲用裴晉公禮起公。」公笑曰：「先生以爲某衰病能起否？」康節曰：「固也。或人言上命公，公不起，一僧開堂，公乃出，無乃不可乎？」公驚曰：「我未之思也。」公與康節食筍，康節曰：「筍味甚美。」公曰：「未如中堂骨頭之美也。」康節曰：「野人林下食筍三十年，未嘗爲人所奪。公今日可食以中堂骨頭乎？」公笑而止。康節疾病，公日遣其子偕醫者來饋藥物不絕。康節捐館，公賻贈之，遺禮甚厚。伯温除喪往拜公，公惻然曰：「先生年未高，嘗勸之學修養。」復曰：「不能學胡走亂走也。」問伯温年幾何，娶未？伯温對：「年二十四，未娶。」公曰：「未娶甚善，可以保養血氣，專意學問。吾年二十八登科方娶。嘗白先公先夫人，未第決不娶，弟妹當先嫁娶之。故田氏妹先嫁元鈞也。」伯温自此得出入公門下。悲夫，今海内之士嘗獲拜公牀下，唯伯温一人。想公英偉之姿，凜然如在世也。

熙寧三年，司馬温公與王荆公議新法不合，不拜樞密副使，乞守郡，以端明殿學士知永興軍。後數月，神宗思之，曰：「使司馬在朝，人主自然無過舉。」移許州，令過闕上殿。公力辭，乞判西京留司御史臺。遂居洛，買園於尊賢坊，以獨樂名之，始與伯温先君子康節游。嘗曰：「某陝人，先生衛人，今同居洛，即鄉人也。有如先生道學之尊，當以年德爲貴，官職不足道也。」公一日著深衣，自崇德寺書局散步洛水堤上，因過康節天津之居，謁曰程秀才云。既見，温公也。問其故，公笑曰：「司馬出程伯休父，故曰程。」留詩云：「拜罷歸來抵寺居，解鞍縱馬罷傳呼。紫衣金帶盡脱去，便是林間一野夫。」「草軟波清沙路微，手攜筇杖著深衣。白鷗不信忘機久，見我猶穿岸柳飛。」康節和曰：「冠蓋紛華塞九衢，聲名相軋在前呼。獨君都不將爲事，始信人間有丈夫。」「風背河聲近亦微，斜陽淡泊隔雲衣。一雙白鷺來煙外，將下沙頭卻背飛。」公一日登崇德閣，約康節久未至，有詩曰：「淡日濃雲合復開，碧伊清洛遠縈迴。林間高閣望已久，花外小車猶未來。」康節和云：「君家梁上年時燕，過社今年尚未迴。謂罰誤君凝竚久，萬花深處小車來。」又云：「天啟夫君八斗才，野人中路必須迴。神仙一語難忘處，花外小車猶未來。」康節有《安樂窩中》詩云：「半記不記夢覺後，似愁無愁情倦時。擁衾側臥未欲起，簾外落花撩亂飛。」公愛之，請書紙簾上，字畫奇古，某家世寶之。公與康節唱酬甚多，具載《擊壤集》。公嘗問康節曰：「某何如人？」曰：「君實腳踏實地人也。」公深以爲知言。至康節捐館，公作挽詩二章，其一曰：「慕德聞風久，論交傾蓋新。何須半面舊，不待一言親。講道切磋直，忘懷笑語真。重言蒙蹠實，佩服敢書紳。」記康節之言也。康節又曰：「君實九分人也。」其重之如此。後公以康節之故，遇其孤伯温甚厚。公無子，以族人之子康爲嗣。康字公休，其賢似公，識者謂天故生之也。公休與伯温交游益厚。公薨，公休免喪。元祐間方欲大用，亦不幸，特贈諫議大夫。公休有子植，方數歲，公休素以屬伯温。至范純夫内翰輩皆曰：「將以成温公之後者，非伯温不可。」朝廷知之，伯温自長子縣尉移西京國子監教授，俾植得以卒業，因經紀司馬氏之家。植字子立，既長，其賢如公休，天下謂真温公門户中人也。亦蚤死，無子，温公之世遂絶。

康節先生與趙宗道學士游，宗道年長，康節拜之，其諸子皆以父師之禮事康節。宗道早出富韓公門下。熙寧初，宗道自西都留臺領宫祠以卒。先是宗道季子濟爲提舉常平，劾富公不行新法，朝廷坐其言罷富公使相。宗道卒，富公以致政居洛，賻恤其家甚厚。其兄弟服除，欲往謝富公，濟獨未敢行，請於康節。康節曰：「以富公德度，尚何望於君？第往勿疑。諸兄行，君不行，是自處于不肖也。」明日，濟偕諸兄弟以進，富公撫之甚恩，濟不自安，起謝罪。公止之曰：「吾見故人子，前日公事不可論也。」濟歸謝康節曰：「微先生，濟之過不可贖也。」

熙寧癸丑春，大名王荀龍字仲賢入洛，見康節先公。其議論勁正有過人者，康節喜之，和其詩曰：「君從賞花來北京，耿君先期已馳情。此時隕霜奈何重？今歲花開徒有聲。既欲佳章當墜刺，寧無累句代通名。天之美才應自惜，料得不爲時虛生。」仲賢，魏公客也，因出魏公送行詩，顔體大書，極奇偉。康節曰：「吾少日喜作大字，李挺之曰『學書妨學道』。」故嘗有詩云：「憶昔初學大字時，學人飲酒與吟詩。若非益友推金石，四十五歲成一非。」仲賢又贈魏公詩云：「春去花叢蝴蝶亂，雨餘蔬圃桔槔閑。」康節愛之，曰：「怨而不傷，婉而成章之言也。」仲賢之子名巖叟，字彦霖，元祐初自知定州安喜縣召爲監察御史，有直聲，後位簽書樞密院。彦霖父子皆魏公之客，魏公鎮相州，薦彦霖爲屬。韓康公代魏公，康公欲留彦霖，彦霖謝曰：「某魏公之客，不願入它門也。」士君子稱之。

康節先公嘗言，李復圭龍圖臨事有斷。年二十八知滑州，與郡官夜會，有衙兵奪銀匠鐵槌殺人者，一府皆驚擾，公捕至，立斬之。上章待罪。諸司亦按公擅殺。仁宗曰：「李復圭，帥才也。」除知慶州。後責光化軍。有放停卒自陳乞添租剗佃某人官田者，公曰：「汝揀停之兵，如何能佃官田？」卒曰：「筋力未衰也。」公曰：「汝以衰故揀停，既未衰卻合充軍。」呼刺字人刺元軍分，人皆稱之。公才高，爲衆所忌，故仕宦數不進。公居多不樂，康節因和其詩，作《天吟》一篇曰：「一般顔色正蒼蒼，今古人曾望斷腸。日往月來無少異，陽舒陰慘不相妨。迅雷震後山川裂，甘露零時草木香。幽暗崑崖生鬼魅，清平郊野見鸞凰。千秋爛爲三春雨，萬木凋因一夜霜。此意分明難理會，直須賢者入消詳。」蓋廣其意，使有所感悟也。

康節先生赴河南尹李君錫會投壺，君錫末箭中耳。君錫曰：「偶爾中耳。」康節應聲曰：「幾乎敗壺。」坐客以爲的對，亦可謂善謔矣。

卷第十九

司馬温公初居洛，問士於康節，對曰：「有尹材字處初、張雲卿字伯純、田述古字明之，三人皆賢俊。」處初、明之得進於温公門下，獨伯純未見。康節以問公，公曰：「處初、明之之賢如先生言。張君者或聞旅殯其父於和州，久不省，未敢與見。」康節曰：「張雲卿可謂孝矣。雲卿之父謫官死和州，貧不能歸，因寓其喪。雲卿奉其母歸洛，貧甚。府尹哀之，俾爲國子監説書，得月俸七千以養。若爲和州一行，則罷俸數月，將饑其母矣。其故如此。」温公悵然曰：

「某之聽誤矣。」伯純自此亦從温公游。未幾，伯純之母死，徒步至和州迎父柩合葬。三君子既受知温公，公入相元祐，處初、明之以遺逸命官，伯純以累舉特恩，同除學官。温公好賢下士，尊用康節之言如此。伯純學問該洽，文潞公於經史注疏或有遺忘，多從伯純質之。

熙寧初，王宣徽之子名正甫字茂直，監西京糧料院。一日約康節先公同吴處厚、王平甫會飯，康節辭以疾。明日，茂直來，康節謂曰：「某之辭會有以，姑聽之。吴處厚者好議論，平甫者介甫之弟。介甫方執政行新法，處厚每譏刺之。平甫雖不甚主其兄，若人面罵之則亦不堪矣。此某所以辭會也。」茂直笑曰：「先生料事之審如此。昨處厚席間毁介甫，平甫作色，欲列其事於府。某解之甚苦，乃已。」嗚呼！康節以道德尊一代，平居出處一飲食之間，其慎如此，爲子孫者當念之。

熙寧中，洛陽以道德爲朝廷尊禮者，大臣曰富韓公，侍從曰司馬温公、吕申公，士大夫位卿監以清德早退者十餘人，好學樂善有行義者幾二十人。康節先公隱居謝聘皆相從，忠厚之風聞於天下。里中後生皆知畏廉恥，欲行一事，必曰：「無爲不善，恐司馬端明知，邵先生知。」嗚呼，盛哉！

康節先公嘉祐中朝廷以遺逸命官，辭之不從。河南尹遣官就第送告勑朝章，康節服以謝，即褐衣如初。至熙寧初，再命官，三辭，又不從。再以朝章謝，且曰：「吾不復仕矣。」始爲隱者之服，烏帽縚褐，見卿相不易也。司馬温公依《禮記》作深衣、冠簪、幅巾、縉帶。每出，朝服乘馬，用皮匣貯深衣隨其後，入獨樂園則衣之。常謂康節曰：「先生可衣此乎？」康節曰：「某爲今人，當服今時之衣。」温公歎其言合理。

富公未第時，家於水北上陽門外，讀書於水南天宫寺三學院。院有行者名宗顥，嘗給事公左右。及公作相，顥已爲僧，用公奏賜紫方袍，號「寶月大師」。公致政，築大第於至德坊，與天宫寺相邇。公以病謝客，宗顥來或不得前，則直入道堂，見公曰：「相公頗憶院中讀書時否？」公每爲之笑。時節送遺甚厚。康節先公自共城遷洛，未爲人所知也，宗顥獨館焉。可見宗顥非俗僧也。康節登其院閣，嘗作《洛陽懷古賦》曰：

洛陽之爲都也，地居天地之中，有中天之王氣在焉。予家此始半歲，會秋乘雨霽，與殿院劉君玉登天宫寺三學閣，洛之風景，因得周覽。惜其百代興廢以來，天子雖都之，而多不得其久居也。故有懷古之感，以通諷誦。君玉好賦，請以賦言之。

秋雨霽，日色清。萬景出，秋益明。何幽懷之能快，唯高閣之可憑。天之空廓，風之輕泠，覽三川之形勝，感千古之廢興。乃眷西北，物華之妍，雲情物態，氣象汪然。擁樓閣以高下，焕金碧之光鮮。當地勢之拱處，有王居之在焉。惜乎天子居東都，此邦若諸夏，不會要於方策，不號令於天下。聲明文物，不自此而出；道德仁義，不自此而化。宫殿森列，鞠而爲茂草；園囿棋布，荒而爲平野。鑾輿曾不到者三十餘年，使人依然而歎曰：虚有都之名也。噫！夏王之治水也，四海之内，列壤惟九，而居中者，實曰豫州。荆河之北，此爲上流。周公之卜宅也，率土之濱，達國爲萬，而居中者，實曰洛陽。瀍、澗之側，此唯舊邦。迄於今二千年之有餘，因興替之不定，故靡常其厥居。我所以作賦者，閱古今變易之時，述興亡異同之跡，追既失之君王，存後來之國家也。昔大昊始法，二帝成之，三王全法，參用適宜。伊六聖之經理，實萬世之宗師。我乃謂治民之道，於是乎大盡矣。逮夫五霸抗軌，七雄駕威，漢之興乘秦之弊，曹之擅幸漢之衰，始鼎立而治，終豆分而隳。晉中原之失守，宋江左之畫畿，或走齊而驛梁，或道陳而經隋。自元魏廓河南之土植，六朝之風物，李唐蟠關中之腹孕，五代之亂離，其間或道勝而得民，或兵彊而慴下，或虎吞而龍噬，或雞狂而犬詐，或創業於艱難，或守成於逸暇，或覆餗而終焉，或包桑而振者。故得陳其六事，雖善惡不同，其成敗一也。其一曰：大哉，德之爲大也！能潤天下，必先行之於身，然後化之於人。化也者，效之也，自人而效我者也。所以不嚴而治，不爲而成，不言而信，不令而行。順天下之性命，育天下之生靈。其帝者之所爲乎！其二曰：至哉，政之爲大也！能公天下，必先行之於身，然後教之於人。教也者，正之也，自我而正人者也。所以有嚴而治，有爲而成，有言而信，有令而行。拔天下之疾苦，遂天下之生靈。其王者之所爲乎！其三曰：壯哉，力之爲大也！能致天下，必先豐府庫，峙倉箱，鋭鋒鏑，峻金湯。嚴法令於烈火，肅兵刑於秋霜，竦民聽於上下，慴夷心於外荒。其霸者之所爲乎！其四曰：時若傷之於隨，失之於寬，始則廢事，久而生姦。既利不能勝害，故冗得以疾賢。是必薄其賦斂，欲民不困而民愈困；省其刑罰，欲民不殘而民愈殘。蓋致之之道，失其本矣。其五曰：時若任之以明，專之以察，始則烈烈，終焉闕闕。既上下以交虐，乃恩信之見奪。是以峻其刑罰，欲民不犯而民愈犯；厚其賦斂，欲國不竭而國愈竭。蓋致之之道，失其末矣。其六曰：水旱爲沴，年歲耗虛，此天地之常理，雖聖人不能無，蓋有備而無患。不得中者，加以寬猛失政，重輕逸權，不有水旱兵革而民已困，而況有水旱兵革者焉？所謂本末交失，不亡何待！天下有成敗六焉，此之謂也。君天下者得不用聖帝之典謨，行明王之教化？士可殺不可辱，民可近不可下。上能撫如子焉，下必戴其后也。仲尼所以陳革命，則抑爲人之匪君；明遜國，則杜爲人之不臣。定禮樂而一天下之政教，修《春秋》而罪諸侯之亂倫，删《詩》以揚文武之美，序《書》以尊堯舜之仁，贊大《易》以都括，與六經而並存。意者不可以地之重易民之教，不可以天之教悖天之時，必時教之各備，則居地而得宜，是故知地不可固有之也。君上必欲上爲帝事，則請執天道焉；中爲王事，則請執人道焉；下爲霸事，則請執地道焉。三道之間，能舉其一，千古之上猶反掌焉。則是洛之興也，又何計乎都與不都也？如欲用我，吾從其中。

康節先生經世之學蓋如此，託賦以自見耳。

熙寧間，宗顥尚無恙，伯温嘗就其院讀書，宗顥每以富公爲舉子事相勉，曰：「公夜枕圓枕，庶睡不能久。欲有所思，冬以冰雪，夏以冷水沃面。其勤苦如此。」康節先公《懷古賦》初無本，唯宗顥能誦之，年幾九十乃死。康節先公常言：「本朝祖宗立天下之士，非前代可比。内無大臣跋扈，外無藩鎮强横，亦無大盜賊，獨夷狄爲可慮。」故有《十六國》詩云：「普天之下號寰區，大禹曾經治水餘。衣到弊時多蟣虱，爪當爛處足蟲蛆。龍章本不資狂寇，象魏何嘗薦亂胡？尼父有言堪味處，當時欠一管夷吾。」又作《觀碁》詩，歷敍古今至西晉云：「二主蒙霜露，五胡犯鼎彝。世無管夷吾，令人重歔欷。」常曰：「孔子念管仲之功，自以不被髮左衽爲幸。若管仲者，可輕議哉！」嗚呼，有以也夫！

康節先公先天之學，伯温不肖，不敢稱贊。平居於人事機祥未嘗輒言。治平間，與客散步天津橋上，聞杜鵑聲，慘然不樂。客問其故，則曰：「洛陽舊無杜鵑，今始至，有所主。」客曰：「何也？」康節先公曰：「不三五年，上用南士爲相，多引南人，專務變更，天下自此多事矣！」客曰：「聞杜鵑何以知此？」康節先公曰：「天下將治，地氣自北而南；將亂，自南而北。今南方地氣至矣，禽鳥飛類，得氣之先者也。《春秋》書『六鷁退飛』、『鸜鵒來巢』，氣使之也。自此南方草木皆可移，南方疾病瘴瘧之類，北人皆苦之矣。」至熙寧初，其言乃驗，異哉！故康節先公嘗有詩曰：「流鶯啼處春猶在，杜宇來時春已非。」又曰：「幾家大第横斜照，一片殘春啼子規。」其旨深矣。伯温後聞熙州有唐碑，本朝未下時，一日有家雀數千集其上，人惡之曰：「豈此地將爲漢有耶？」因焚之。蓋夷中無此禽也。已而果然。因並記之，以信先君之説。

康節先公於書無所不讀，獨以六經爲本，蓋得聖人之深意。平生不爲訓解之學，嘗曰：

「經意自明，苦人不知耳。屋下蓋屋，牀上安牀，滋惑矣。」所謂陳言，生活者也。故有詩曰：「陳言生活不須矜，自是中才皆可了。」以老子爲知《易》之體，以孟子爲知《易》之用。論文中子謂佛爲西方之聖人，不以爲過。於佛老之學，口未嘗言，知之而不言也。故有詩曰：「不佞禪伯，不諛方士。不出户庭，直際天地。」其所著《皇極經世》書，以元會運世之數推之，千歲之日可坐致也。以太極爲堂奥，乾坤爲門户，包括六經，陰陽剛柔行乎其間，消息盈虚相爲盛衰，皇王帝伯相爲治亂，其肯爲訓解之學也哉！

康節先公出行不擇日，或告之以不利則不行。蓋曰：「人未言則不知，既言則有知，知而必行，則與鬼神敵也。」春秋祭祀，約古今禮行之，亦焚楮錢。程伊川怪問之，則曰：「明器之義也。脱有一非，豈孝子慈孫之心乎？」又曰：「吾高曾今時人，以籩豆簠簋薦牲不可也。」伯温謹遵遺訓而行之也。

伯温昔侍家庭，請於康節先公曰：「大人至和中，仁宗在御，富公當國，可謂盛矣，乃謝聘不起，何也？」先公曰：「本朝至仁宗，政化之美，人材之盛，朝廷之尊極矣。以前或未至，後有不及也。天之所命，非偶然者。吾雖出何益？是非爾所知也。」伯温再拜稽首，不知所以問。

康節先公遺訓曰：「汝固當爲善，亦須量力以爲之。若不量力，雖善亦不當爲也。」故有詩曰：「量力動時無悔吝，隨宜樂處省營爲。若求騏驥方乘馬，只恐終身無馬騎。」又嘗曰：「善人固可親，未相知不可急合；惡人固可疏，未能遠不可急去，必招悔吝也。」故《無名君》序曰："見善人未嘗急合，見不善人未嘗急去。"伯溫佩之，終身不敢忘。

康節先公言，頃京都有一道人，日飲酒於市。將出，謂其鄰曰："今日當有某人來。"已而果然。自此莫不然。或問："預知何術？"曰："無心耳。"曰："無心可學乎？"曰："才欲使人學無心，即有心矣。"又程伊川先生言，昔貶涪州，過漢江，中流船幾覆，舉舟之人皆號泣。伊川但正襟安坐，心存誠敬。已而船及岸，於同舟衆人中有老父問伊川曰："當船危時，君正坐色甚莊，何以？"伊川曰："心守誠敬耳。"老父曰："心守誠敬固善，不若無心。"伊川尚欲與之言，因忽不見。嗚呼！人果無心，險難在前猶平地也。老子曰："入水不濡，入火不熱。"唯無心者能之。

卷第二十

熙寧三年四月，朝廷初行新法，所遣使者皆新進少年，遇事風生，天下騷然，州縣始不可爲矣。康節先公閒居林下，門生故舊仕宦四方者皆欲投劾而歸，以書問康節先公。康節先公答曰："正賢者所當盡力之時，新法固嚴，能寬一分則民受一分之賜矣。投劾而去何益？"嗚呼！康節先公深達世務，不以沽激取虛名如此。世所謂康節先公爲隱者，非也。

熙寧中，有一道人，無目，以錢置手掌中，即知正背年號，人皆異之。康節先公問曰："以錢置爾之足，手則知之，置爾之亦能知之乎？"道人答曰："此吾師之言也。"愧謝而去。

伯溫少時，因讀《文中子》，至"使諸葛武侯無死，禮樂其有興乎"，因著論，以謂武侯霸者之佐，恐於禮樂未能興也。康節先公見之，怒曰：「汝如武侯猶不可妄論，況萬萬相遠乎？以武侯之賢，安知不能興禮樂也？後生輒議先賢，亦不韙矣。」伯温自此於先達不敢妄論。

伯温上世范陽，以中直篤實，讀書謹禮爲家法。大父伊川丈人尤質直，平生不妄笑語。年七十有九，以治平四年正月初一日捐館。初無疾，不食飲水者累日。除夜，康節先公以下侍立左右，伯温方七歲，大父鍾愛之，亦立其旁。大父曰：「吾及新年往矣。」康節先公以下皆掩泣，大父止之曰：「吾兒以布衣名動朝廷，子孫皆力學孝謹，吾瞑目無憾，何用哭？」大父平日喜用大杯飲酒，謂康節先公曰：「酌酒與爾别。」康節同叔父滿酌大杯以獻，大父一舉而盡，再酌，飲及半，氣息微矣。謂康節曰：「吾平生不害物，不妄言，自度無罪。即死當以肉祭，勿用佛事亂吾教。無令吾死婦人之手。汝兄弟候吾就小殮，方令家之人哭。勿叫號，俾我失路。」康節先公泣涕以從。康節謀葬大父，與程正叔先生同卜地於伊川神陰原。不盡用葬書，大抵以五音擇地，以昭穆序葬。陰陽拘忌之説，皆所不信。以是年十月初三日葬，開棺，大父顔貌如生，伯温尚記之。熙寧十年夏，康節先生感微疾，氣日益耗，神日益明，笑謂司馬温公曰：「某欲觀化一巡，如何？」温公曰：「先生未應至此。」康節先生曰：「死生常事耳。」張横渠先生喜論命，來問疾，因曰：「先生論命，來當推之。」康節先公曰：「若天命則知之，世俗所謂命則不知也。」横渠曰：「先生知天命矣，某尚何言？」程伊川曰：「先生至此，他人無以爲力，願自主張。」康節先公曰：「平生學道，豈不知此？然亦無可主張。」時康節正寢，諸公議後事於外，有欲葬近洛城者。康節先公已知，呼伯温入曰：「諸公欲以近城地葬我，不可，當從伊川先塋耳。」七月初四日，大書詩一章曰：「生於太平世，長於太平世，老於太平世，死於太平世。客問年幾何？六十有七歲。俯仰天地間，浩然獨無愧。」以是夜五更捐館，其治命如大父，伯温不敢違。先是康節先公每展伊川大父墓，至中途上官店，必過信孝傑殿丞家。孝傑從康節先公最早。孝傑死，有八子，康節先公遇之如子姪，每過之，則迎拜侍立左右甚恭。康節先公捐館之年，寒食過之，謂諸子曰：「吾再經此，與今日異矣。」諸子不敢問。至葬，喪車及上官店，諸子泣奠言之，以爲異。張景觀字臨之，學行甚高，康節先公喜之。將赴涪州武龍尉，告别，康節先公泣數行下，謂曰：「吾不見子之歸矣。」又張峋字子堅，康節先公於門弟子中謂可與語道者，赴調京師，康節先公愀然色變曰：「吾老矣，吾老矣，不復相見也。」皆是年之春也。嗚呼，康節先公所以預知者，何止知此哉！伯温不肖，不能有所述也，惟修身俟死下從九原耳。尚追憶其遺言，以示子孫。

康節先公與吕微仲丞相不相接，先公與横渠先生張子厚同以熙寧十年丁巳捐館。今《微仲文集》中有《和母同州丁巳吟》云：「行高名並美，命否數皆殂。嗟爾百君子，賢哉二丈夫。世方敦薄俗，邵堯夫樂道不仕。誰復距虛無？張子厚論佛老之失。望道咸瞠若，修梁遽壞乎？密章燔漢綬，環絰泣秦儒。賴有諸良友，能令紹不孤。」爲先公與子厚作也。蓋河南府以先公訃聞，詔贈著作郎，謚康節。子厚自秘閣病免西歸，及長安以殁，門人衰服挽車葬横渠云。伯温獲見公，每語先公，則悵然有不可及之歎。後伯温初仕長子縣尉，公入相元祐，改西京國學教授。未久，公罷政。嗚呼！亦所以爲不孤之惠歟？

康節先公居洛，凡交遊年長者拜之，年等者與之爲朋友，年少者以子弟待之，未嘗少異於人，故得人之歡心。每歲春二月出，四月天漸熱即止；八月出，十一月天漸寒即止。故有詩云：「時有四不出，大風、大雨、大寒、大暑。會有四不赴。公會、葬會、生會、醵會。」每出，人皆倒屣迎致，雖兒童奴隸皆知尊奉。每到一家，子弟家人争具其酒饌，問其所欲，不復呼姓，但名曰「吾家先生至也」。雖閨門骨肉間事，有未决者，亦求教。康節先公以至誠爲之開論，莫不悦服。十餘家如康節先公所居安樂窩起屋，以待其來，謂之「行窩」。故康節先公没，鄉人挽詩有云：「春風秋月嬉遊處，冷落行窩十二家。」洛陽風俗之美如此。

康節先公過士友家，晝卧，見其枕屏畫小兒迷藏，以詩題其上云：「遂令高卧人，欹枕看兒戲。」蓋熙寧間也。陳恬云《擊壤集》不載。

熙寧初，歐陽文忠公爲參知政事，遺其子棐叔弼來洛省王宣徽夫人之疾。將行，語叔弼曰：「到洛唯可見邵先生，爲致吾嚮慕之意。」康節先生既見叔弼，從容與語平生出處以及學術大概。臨别猶曰：「其無忘鄙野之人於異日。」後十年，康節先公捐館，又十年，韓康公尹洛，請謚於朝。叔弼偶爲太常博士，次當謚議，叔弼嘗謂晁説之以道云：「棐作邵先生謚議，皆往昔親聞於先生者。當時少年，先生一見忻然延接。語及平生學術出處之大，故得其詳如此。

豈非先生學道絶世，前知來物，預以告耶？」蓋驗於二十年之後，異哉！

康節先生少時游京師，與國子監直講邵必不疑初敘宗盟，不疑年長，康節先生以兄拜之。蓋不疑自河朔遷丹陽，康節先公上世亦河朔人故也。至康節自衛入洛，不疑爲京西提刑。嘉祐中，河南府薦康節先公以遺逸，不疑自作薦章，其詞有「厚德足以鎮薄俗，清風可以遺來世」，相推重如此。熙寧初，不疑以龍圖閣學士知成都府，過洛，謂康節先公曰：「某陛辭日，再薦先生矣。」康節先公追送洛北别去。不疑中途寄康節先生詩云：「我乘孤傳經崤澠，君擁羣書卧洛城。富貴人間亦何有，閑忙趣味甚分明。」不疑次金牛驛暴卒，喪歸，康節先公哭之慟。女嫁楊國寶應之。應之亦康節先公門生，康節先公視之猶子也。開禧、元豐中爲河南府推官，康節已捐館，伯温復以兄拜之。宣和己丑，伯温赴果州，道出閬洲，有知閬中縣邵充美孺者相迎，自稱同姓姪云。伯温以宗族源流爲問，美孺曰：「充之上世自潤州人蜀，龍圖公先人叔父行也。」伯温曰：「康節先公以兄事龍圖公，伯温不敢忘。」自此與美孺之中外皆論親。癸巳，伯温奉使西州，美孺居郫，嘗至其家拜刑部公廟。美孺天資和易，與人言如恐傷之。至臨吏政，是非毅然不可奪，君子人也。丹陽、河南、成都之邵，其次第如此。嗟失，世不講宗盟久矣，具載之以示三家子孫。

伯温之叔父諱睦，後祖母楊氏夫人出也，少康節先生二十餘歲，力學孝謹，事康節如父。熙寧元年四月八日暴卒，年三十三。康節先公哭之慟，既卒，理其故書，得叔父所作《重九》詩云：

「衣如當日白，花似昔年黄。擬問東籬事，東籬事杳茫。」及死，殯後圃東蘺下。噫，人之死生，是果前定矣。

康節先公既捐館，二程先生於伯温有不孤之意，所以教戒甚厚。宗丞先生謂伯温曰：「人之爲學忌標準，若循循不已，自有所至矣。」先人敝廬廳後無門，由傍舍委曲以出。某不便之，因鑿壁爲門，侍講先生見之曰：「前人規畫必有理，不可改作。」某亟塞之。侍講謂周全伯曰：「邵君雖小事亦相信，勇於爲善者也。」某初入仕，侍講曰：「凡作官，雖所部公吏有罪，立按而後決。或出於私怒，比具怒亦釋，不至倉卒傷人。每決人，有未經杖責者宜慎之，恐其或有所立也。」伯温終身行之。

邵氏聞見後録（摘録）①

卷四

司馬文正公作《文中子補傳》曰：文中子王通，字仲淹，河東龍門人……傳成，文正公問予大父康節何如？康節贊之曰：「小人無是，當世已棄。君子有非，萬世猶譏。録其所是，棄其所非，君子有歸；因其所非，棄其所是，君子幾希。惜哉仲淹，壽不永乎！非不廢是，瑕不掩瑜，雖未至于聖，其聖人之徒歟？」文正自兹數言文中子，故又特書于《通鑑》語中。然文正疑所稱朋友門人，皆隋、唐之際將相名臣，如蘇威、楊素、賀若弼、李德林、李靖、竇威、房玄齡、杜如晦、王珪、魏徵、陳叔達、薛收，無一人語及通姓名者，又疑其子弟譽之太過，又疑唐世文學之士傳道其書者蓋寡，獨李翱以比《太公家教》，及司空圖、皮日休始重之。予得唐文人劉禹錫言，在隋朝諸儒，惟王通能王道，隱白牛谷，游其門者，皆天下俊傑。著書於家，没謚曰文中子。則蘇威公等實其朋友門人無疑，非子弟譽之太過無疑，不但司空圖、皮日休重其書亦無疑也，禹錫之言，豈文正偶不見耶？文正又傳康節之贊，則未行于世。予故表出之。程伊川亦曰：「文中子格

① 底本爲民國涵芬樓刊本，參考中華書局一九八三年版《邵氏聞見後録》。

言，前無荀卿、揚雄也。」

章子厚在丞相府，顧坐客曰：「延安師章質夫，因板築發地得大竹根，半已變石。西邊自昔無竹，亦一異也。」客皆無語，先人獨曰：「天地回南作北有幾矣。公以爲今日之延安，爲自天地以來西邊乎？」子厚太息曰：「先生觀物之學也。」蓋子厚蚤出康節門下也。

卷五

古《易》卦爻一，彖二，象三，文言四，繫辭五，説卦六，序卦七，雜卦八，其次第不相雜也。先儒謂費直專以彖、象、文言參解《易》爻，今入彖、象、文言于卦下者，自費氏始，孔穎達又謂王輔嗣之意。象本釋經，宜相附近，分爻之象，故各附當卦。蓋古《易》已亂于費氏，又亂于王氏也。予家藏大父康節手寫《百源易》實古《易》也。百源在蘇門山下，康節讀《易》之地。舊祕閣亦有本。

康節手寫《易》《書》《詩》《春秋》，字端勁，無一誤失。曾子之賢者，其謹藏之勿替。

在康節時于先天之易，非不問不語之也。後伊川之人，數爲妄争。舊于陳瑩中《報楊中立游定夫書》，辨其畧矣。并列之下方，以遺知言之君子。

陳瑩中《答楊中立游定夫書》：「康節云『先天圖，心法也』，圖雖無文，吾終日言，未嘗離乎是。故其詩曰：『身在天地後，心在天地先。天地自我出，自餘惡足言。』又云：『數往者順，知來者逆。』此一節，直解圖意，如逆之四時之化也。然則先天之學，以心爲本，其在經世者，康節之餘事耳。世學求《易》于文字，至語《皇極》，其或以爲考數之書。康節詩云：『自從三度絶韋編，不讀書來十二年。俯仰之間無所愧，任人謗道是神仙。』同時者目其人爲神仙，後來者名其書爲考數，皆康節之所不憾也。乃其心則務三聖而已矣。《觀物》云：『起震終艮一節，明文王之八卦也；天地定位一節，明伏羲之八卦也。』蓋先天之學本乎伏羲而備于文王，故其詩曰：『天地定位，否泰反類，山澤通氣，咸損見義，雷風相薄，恒益起意，水火相射，既濟未濟，四象相交，成十六事，八卦相憑爲六十四』、『八卦者，易之小成也。六十四卦者，易之大成也』，集伏羲文王之事而成之者，非孔子而誰乎？康節嘗謂：『孟子未嘗及《易》一字，而易道存焉，但人見之者鮮。』又曰：『人能用《易》，是爲知《易》。若孟子可謂善用《易》者也。』『夫《易》窮則變，變則通，通則久』，故聖人之用《易》，闔闢于未然，變其窮而通之也。若夫暑之窮也，變而爲寒；寒之窮也，變而爲暑，則是自變而自通者也。自變自通，復何賴于聖人乎？孔子贊《易》而非與《易》競，孟子用《易》而語不及焉。此所謂賢者識其大者，其去聖人之用也，不爲遠矣。然而或非《太玄》爲覆瓿之書，或躋孟子于既聖之列，私論害公，義有所在，闔此于未然，豈乏人哉！奈何其無益也。《觀物》云：『防乎其防，邦家其長，子孫其昌，是以聖人重未然之防，是謂之《易》之大綱。』而其論孔子所以盡三才之道者，則曰『行無轍迹，至妙至妙，在一動一静之間而已矣』。闡先天之幽微，先天之顯，不在康節之書乎？雖在康節之書，而書亦不足以盡其奥也。故司馬文正與康節同時友善，而未嘗有一言及先天學，其著《家範》，本于家人一卦，而盡取王弼之説。今之説《易》者，方且厭常出奇，離日用而鑿太空也。又或謂文正公疑先天之學，豈足以語二公弛張之意乎？二公不可得而見矣。瓘徒見其書而欲闚其心，然乎否耶？當先覺之任者，願賜一言，庶幾終可以無大過也。」

卷六

論先天八卦之位與《繫辭》不同，瓘竊謂康節先生所以辨伏羲、文王之《易》者，爲明之此也。伏羲之《易》乾南而坤北，自乾而左，巽而右，兑在東，離爲陽。與起震終艮之序，則離上而坎下，震東而兑西，與先天之位固不同矣。乾坤屯蒙之序，與乾夬大有大壯之序，亦不同也。乾坤屯蒙之序，孔子作《序卦》以教天下，其辭其義可翫而習也。乾夬大有大壯之序，文王不言其義，後之學者何所據而習之？雖無可據之義，而悟之在心，心聲不足以發其奥，心畫不足以形其妙，墮于言語文字而先天之《易》隱矣。素隱之士，豈乏人哉！背理而求數，文王憂之，固闔其門，而拒其出。孔子繼文王之志，微顯闡幽，一以仁義，默而成之，不言聖人之教如此，潔凈精微，可謂至矣。後之學者，猶有舍經取緯，違大理而黷正經者，京房之流是也。康節云「物理之學，不可强通。强通則失理而入于迷矣」，《皇極》之書，不可以强通者也。失理之士，捨仁義而迷小道，背來物而役私情，如是而取《皇極》者，文正闔焉，非與康節異心也。蓋伏羲、文王之《易》，一而不一。文王、康節之學，同而不同，皇王之時異，闔闢之義殊，《易》之所以爲異者，未嘗二也。所謂伏羲之八卦，文王之八卦，未嘗異未嘗同也。曰一曰二，曰異曰同者，皆求《易》之情爾。瓘竊意其如此，而情之所是，亦未敢以爲必然，更須面叩，乃可以決耳。蒙諭《繫辭》論釋諸爻，未有及象數者，豈得意忘象者，真孔子之學耶！此言盡《易》之要矣。至于日星氣候之說，未及深考。然以爻當期既出于《繫辭》，而曆象二語又載于《堯典》。《月令》所紀，皆節候也，鳥火虛昴，可辨分至，辰弗集房，則失日可知，《春秋》日食之數，後世曆象，十得七八，已號精密。是故離坎之上下，乾坤之南北，在六經者，恐皆可考，不獨《易》也。孔子曰：「寒往則暑來，暑往則寒來。寒暑相推，而歲成焉。」歲不能自成也，當有成歲之法，期三百有六旬有六日，以閏月定四時者，成歲之法也。

治曆明時，乃先王莫大之政，以《胤征》考之，可以見矣。而王省惟歲，而成歲之法付之有司，有司失職，必誅無赦，非如他罪之可宥也。夫何聖而不然哉？賴此以授民時也，敢不欽乎！然而聖人之文，經天緯地，經出于上而緯在有司，上揆下守，民時所賴，皆不可以不欽也。稽覽配合之說，一本于緯，曆法之所取而有司之所當習也。康節云：「洛下閎但知曆法，唯揚子雲知曆法又知曆理，《易》之在先天者，非曆理乎？」文正讀《玄》之說曰：「測之以鬼神之狀而不違，概之以六經之書而不悖，藉使聖人復生，視《玄》必釋然而笑，以爲得己之心矣。乃知《玄》者所以贊《易》，非別爲書而與《易》競也。」又曰：「夫畋者網而得之，與弋而得之，何異哉？《易》，網也；《玄》，弋也。何害不既設網，而使弋者爲之助乎？」又曰：「孔子既没，知聖人之道者，非揚子而誰與？孟、荀殆不足以擬，況其餘乎？」瓘淺陋，初不知《玄》，嘗輕議其書而妄評其是非。自聞康節之言，始索子雲於曆理之内，及觀文正之論，然後知《太玄》不可不學，而冥冥然未有入路，尚苦其字之難識，況欲遽測其祕奥乎？文正自謂：「求之積年，乃得觀之，讀之數十過，參以首尾，稍得闚其梗槩，然後喟然置書，歎子雲爲真大儒矣。」凡文正之學，主之以誠，守之以謙，得十百而説一二，其於《玄》也，不觀不到，則其言不若是矣。瓘初不聞此，乃輕議子雲之書，而妄評其是非，心之愧悵可勝言哉。棄舊誤於垂成，累初習於平地，庶幾推往而無戀，積新而可隆，尚賴先覺大君子許其止而與之進也。

瓘所論康節之學，恐不然。康節詩云：「自從三度絶韋編，不讀書來十二年。俯仰之間無所愧，任人謗道是神仙。」神仙且不受也，以爲數學可乎？康節云：「先天之學，心法也。」然則其學在心，或於心外欲觀休咎，故以《皇極》爲考數之書耳。如聞康節未嘗以《皇極》語人，故其説不傳。自有八卦可以闚玩，惠迪則吉，違之則咎，何必更求休咎于《皇極》之書也！

故諫大夫陳公瑩中論康節先天之學，書爲楊中立、游定夫出也。大諫公與康節不相接，博之先君，因公之請，嘗進遺書之副歸焉。於時國有巨盜據顯位，未發，公以言刺之，反得罪，其後人無敢繼者，盜之威自此盛，卒至于亂天下。世以公之明，比漢何武、唐郭子儀、本朝吕獻可、蘇明允矣。或疑公前知如神，亦出于康節之書，則非也。公既廢始爲康節之學，其英偉絶人之資所見超詣，如此書也。中立、定夫同出伊川之門，於先達之序尚未詳，故不知其學也。明道、伊川視康節賦詩，曰：「先生相與宴西街，小子親携几杖來。」其恭如此。張横渠於伊川，諸父比蓋當康節隱居也，横渠見康節，尚拜牀下。博猶記王母夫人語及伊川，必曰「程三秀才」云云。謝聘日，伊川尚年少，未爲世所知也。博蚤見伊川，又與伊川族弟潁善。潁知好《大學》，伊川於其眷中獨與之言《易》，嘗從潁得書疏一通，伊川手迹也。曰：「爲易學者，但取王輔嗣、胡先生、王荆公之説讀之，無餘事矣。」今伊川《易傳》行於世，大旨可見，爲其學者，遽以大諫公所謂伏羲八卦之語，則駭矣。康節平居尚不以語人，博其敢謂伊川有所不知也。近時妄人出雜書數十百條，託爲伊川之説，意欲前無古人，足以重己之師矣。如司馬文正、張横渠，皆斥以爲未至，但以康節爲數學，亦安知所謂數者，非伊川之雅言也？豈中立、定夫亦惑于此歟？大諫公反復論之深矣。先君之戒，則曰張巡、許遠同爲忠義，兩家子弟材智汙下，不能明二父之志，更相毀於後世，故并爲退之所貶。凡託伊川之説以議吾家學者，若子孫可勿報辨。博爲史官，大諫公中子正同爲尚書郎，尚以世家之故遇博厚，爲博道公平生之言爲詳。又出此書，俾論著其下。博不肖，不知大父之學，若其淵源不可誣者，亦嘗有聞矣。然博之言有不敢盡者，尚遵先君遺訓云。

卷九

司馬文正初作《歷代論》，至論曹操則曰：「是奪之於盜手，非取之於漢室也。」富文忠疑之，問於康節，以爲非是。予家尚藏康節答文忠書副本，當時或以告文正，今《通鑑·魏語》下無此論。

卷十

田横遠居萬里外海島中，高祖必欲其來，否則發兵誅之，横不敢違。四皓者近在商山，距長安無百里，以高祖之暴而子房謂「上有不能致者四人」，何也？蓋四皓俱振世之豪，其一天下拯人羣之志，初與高祖同。高祖已帝則可隱矣，故高祖全之不欲屈，非不能屈也。吾大父康節云。

卷十八

《國史》先大父康節傳云：「與常秩同召，某卒不起。」褒矣。故大父之葬，門生挽詩有「地下若逢常處士，揶揄應笑贈官來」之句。

二程、朱熹論邵子之學

二程論邵子之學①

河南程氏遺書

堯夫嘗言：「能物物，則我爲物之人也；不能物物，則我爲物之物也。」亦不消如此。人自人，物自物，道理甚分明。

某接人多矣，不雜者三人：張子厚、邵堯夫、司馬君實。

君實之能忠孝誠實，只是天資，學則元不知學。堯夫之坦夷，無思慮紛擾之患，亦只是天資自美爾，皆非學之功也。

堯夫豪傑之士，根本不帖帖地。伯淳嘗戲以亂世之姦雄中，道學之有所得者，然無禮不恭極甚。又嘗戒以不仁，己猶不認，以爲人不曾來學。伯淳言：「堯夫自是悠悠。」自言須如我與李之才方得道。

命之曰易，便有理。一本無此七字，但云：「道理皆自然。」若安排定，則更有甚理？天地陰陽之變，

① 參考中華書局一九八一年版《二程集》。

便如二扇磨，升降盈虚剛柔，初未嘗停息，陽常盈，陰常虧，故便不齊。譬如磨既行，齒都不齊，既不齊，便生出萬變。故物之不齊，物之情也。而莊周强要齊物，然而物終不齊也。堯夫有言：「泥空終是著，齊物到頭争。」此其肅如秋，其和如春。如秋，便是「義以方外」也。如春，觀萬物皆有春意。堯夫有詩云：「拍拍滿懷都是春。」又曰：「芙蓉月向懷中照，楊柳風來面上吹。」不止風月，言皆有理。又曰：「卷舒萬古興亡手，出入幾重雲水身。」若莊周，大抵寓言，要入佗放蕩之場。堯夫却皆有理，萬事皆出於理，自以爲皆有理，故要得縱心妄行總不妨。一本此下云：「堯夫詩云：『聖人喫緊些兒事。』其言太急迫。此道理平鋪地放著裏，何必如此。」

堯夫解「他山之石可以攻玉」，玉者温潤之物，若將兩塊玉來相磨，必磨不成，須是得佗箇粗礪底物方磨得出。譬如君子與小人處，爲小人侵陵，則修省畏避，動心忍性，增益預防，如此便道理出來。

邵堯夫於物理上儘説得，亦大段漏洩佗天機。

堯夫之學先從理上推意，言象數言天下之理，須出於四者，推到理處曰：處曰添二字。「我得此大者，則萬事由我，無有不定。」然未必有術，要之亦難以治天下國家。其爲人則直是無禮不恭，惟是侮玩，雖天理一作地。亦爲之侮玩。如《無名公傳》言「問諸天地，天地不對，弄丸餘暇，時往時來」之類。

堯夫詩「雪月風花未品題」，佗便把這些事，便與堯、舜、三代一般。此等語，自孟子後，無人曾敢如此言來，直是無端。又如言文字呈上，堯夫皆不恭之甚。「須信畫前元有易，自從删後更無詩」，這箇意思，古元未有人道來。

「行己須行誠盡處」，正叔謂：「意則善矣，然言誠盡，則誠之爲道，非能盡也。」堯夫戲謂：「且就平側。」

伯淳昔在長安倉中閑坐，後見長廊柱，以意數之，已尚不疑，再數之不合，不免令人一一聲言而數之，乃與初數者無差，則知越著心把捉越不定。

師巫在此，降言在彼，只是抛得遠，决無此理。又言留下藥，尤知其不然。生氣盡則死，死則謂之鬼可也。但不知世俗所謂鬼神何也？聰明如邵堯夫，猶不免致疑，在此嘗言，有人家若虚空中聞人馬之聲。某謂：「既是人馬，須有鞍韉之類皆全，這箇是何處得來？」堯夫言：「天地之間，亦有一般不有不無底物。」某謂：「如此説，則須有不有不無底人馬，凡百皆爾，深不然也。」

「萬物皆備於我」，此通人物而言。禽獸與人絶相似，只是不能推。然禽獸之性却自然，不待學，不待教，如營巢養子之類是也。人雖是靈，却椓喪處極多，只有一件，嬰兒飲乳是自然，非學也，其他皆誘之也。欲得人家嬰兒善，且自小不要引佗，留佗真性，待他自然，亦須完得些本性須别也。

張子厚、邵堯夫，善自開大者也。

世之信道篤而不惑異端者，洛之堯夫、秦之子厚而已。君實篤厚，晦叔謹嚴，堯夫放曠。

堯夫道雖偏駁，然卷舒作用極熟，又一作可。能謹細行。

邵堯夫猶空中樓閣。

正叔說：「堯夫對上之詞，言陛下富國强兵後待做甚？以爲非是。此言安足諭人主？如《周禮》，豈不是富國之術存焉？」子厚言：「堯夫抑上富强之說，正猶爲漢武帝言神仙之學，長年不足惜，言豈可入？聖賢之曉人，不如此之拙。如梁惠王問何以利國，則說利不可言之理，極言之以至不奪不饜。」

伯淳言：「邵堯夫病革，且言試與觀化一遭。」子厚言：「觀化他人便觀得自家，自家又如何觀得化？嘗觀堯夫詩意，纔做得識道理，却於儒術未見所得。」

歷象之法，大抵主於日，日一事正，則其他皆可推。洛下閎作歷，言數百年後當差一日，其差理必然。何承天以其差，遂立歲差法。其法，以所差分數，攤在所歷之年，看一歲差著幾分，其差後亦不定。獨邵堯夫立差法，冠絶古今，却於日月交感之際，以陰陽虧盈求之，遂不差。大抵陰常虧，陽常盈，故只於這一作張。裏差了。歷上若是通理，所通爲多。堯夫之學，大抵似揚雄，然亦不盡如之。常窮味有二萬八千六百，此非人所合和，是自然也；色有二萬八千六百，又非人所染畫得，亦是自然也；獨聲之數只得一半數不行，蓋聲陽也，只是於日出地上數得，到日入地下，遂數不行，此皆有理。譬之有形斯有影，不可謂今日之影，却收以爲來日之影。據《皇極經世》，色味皆一萬七千二十四，疑此記者之誤。

世人之學，博聞强識者豈少？其終無有不入禪學者。就其間特立不惑，無如子厚、堯夫，然其説之流，恐未免此敝。

問：「邵堯夫能推數，見物壽長短始終，有此理否？」曰：「固有之。」又問：「或言人但壽得一百二十數，是否？」曰：「固是，此亦是大綱數，不必如此。馬牛得六十，按《皇極經世》，當作三十。猫犬得十二，燕雀得六年之類，蓋亦有過不及。」又問：「還察形色？還以生下日數推考？」曰：「形色亦可察，須精方驗。」

邵堯夫數法出於李挺之，至堯夫推數方及理。

邵堯夫臨終時，只是諧謔，須臾而去。以聖人觀之，則亦未是，蓋猶有意也。比之常人，甚懸絶矣。他疾甚革，某往視之，因警之曰：「堯夫平生所學，今日無事否？」他氣微不能答。次日見之，却有聲如絲髮來大，答云：「你道生薑樹上生，我亦只得依你説。」是時，諸公都在廳上議後事，各欲遷葬城中。堯夫已自爲塋。佗在房間便聞得，令人喚大郎來云：「不得遷葬。」衆議始定。又諸公恐喧他，盡出外説話，佗皆聞得。一人云：有新報云云，堯夫問有甚事？曰有某事。堯夫曰：「我將爲收却幽州也。」以他人觀之，便以爲怪，此只是心虛而明，故聽得。問曰：「堯夫未病時不如此，何也？」曰：「此只是病後氣將絶，心無念慮，不昏，便如此。」又問：「釋氏臨終，亦先知死，何也？」曰：「只是一箇不動心。釋氏平生只學這箇事，將這箇做一件大事。學者不必學他，但燭理明，自能之。只如邵堯夫事，佗自如此，亦豈嘗學也？孔子曰：『未知生，焉知死？』人多言孔子不告子路，此乃深告之也。又曰：『原始要終，故知死生之説。』人能原始，知得生理，一作所以生。便能要終，知得死理。一作所以死。若不明得，便雖萬般安排著，亦不濟事。」

揚雄去就不足觀。如言「明哲煌煌，旁燭無疆」，此甚悔恨，不能先知。「遜于不虞，以保天命」，則是只欲全身也。若聖人先知，必不至於此，必不可奈何，天命亦何足保耶？問：「太玄之作如何？」曰：「是亦贅矣。必欲撰玄，不如明易。邵堯夫之數，似玄而不同。數只是一般，一作數無窮。但看人如何用之。雖作十玄亦可，況一玄乎？」

邵堯夫謂程子曰：「子雖聰明，然天下之事亦衆矣，子能盡知邪？」子曰：「天下之事，某所不知者固多。然堯夫所謂不知者何事？」是時適雷起，堯夫曰：「子知雷起處乎？」子曰：「某知之，堯夫不知也。」堯夫愕然曰：「何謂也？」子曰：「既知之，安用數推也？以其不知，故待推而後知。」堯夫曰：「子以爲起於何處？」子曰：「起於起處。」堯夫瞿然稱善。

河南程氏外書

邵堯夫詩曰：「梧桐月向懷中照，楊柳風來面上吹。」明道曰：「真風流人豪也。」

伊川曰：「邵堯夫在急流中，被渠安然取十年快樂。」

尹子曰：「邵堯夫家以墓誌屬明道，許之，太中、伊川不欲，因步月於庭。明道曰：『顥已得堯夫墓誌矣。堯夫之學，可謂安且成。』太中乃許。」

堯夫易數甚精。自來推長歷者，至久必差，惟堯夫不然，指一二近事，當面可驗。明道云：「待要傳與某兄弟，某兄弟那得工夫？要學，須是二十年功夫。」明道聞説甚熟，一日因監試無事，以其説推算之，皆合。出謂堯夫曰：「堯夫之數，只是加一倍法，以此知《太玄》都不濟事。」堯夫驚撫其背曰：「大哥你恁聰明！」伊川謂堯夫：「知易數爲知天？知易理爲知天？」堯夫云：「須還知易理爲知天。」因説今年雷起甚處，伊川云：「堯夫怎知某便知？」又問甚處起？伊川云：「起處起。」堯夫愕然。他日，伊川問明道曰：「加倍之數如何？」曰：「都忘之矣。」因歎其心無偏繫如此。

晁以道常説：頃嘗以《書》問伊川先生云：「某平生所願學者，康節先生也。康節先生没，不可見，康節之友惟先生在，願因先生問康節之學。」伊川答書云：「某與堯夫同里巷居三十年餘，世間事無所不論，惟未嘗一字及數耳。」

河南程氏粹言

子曰：堯夫歷差之法，妙絶乎古人矣。蓋於日月交感之際，以陰陽盈虚求之，是以不差。陰常虧，陽常盈，差之所由也。昔洛下閎之作歷也，謂數百年之後，當有一日之差乎！何承天慮其差也，則以所差之分，均於所歷之年，以考每歲所差之多少，謂之歲差法，而差終不可定也。

子曰：子厚、堯夫之學，善自開大者也。堯夫細行或不謹，而其卷舒運用亦熟矣。

子曰：堯夫襟懷放曠，如空中樓閣，四通八達也。

子曰：世之博聞强識者衆矣，其終未有不入於禪學者。特立不惑，子厚、堯夫而已。然其説之流，亦未免於有弊也。

子曰：堯夫云：「能物物，則我爲物之人也；不能物物，則我爲物之物也。」夫人自人，物自物，其理昭矣。

朱熹論邵子之學

朱子語類①

卷一

或問「理在先，氣在後」。曰：「理與氣本無先後之可言。但推上去時，却如理在先氣在後相似。」又問：「理在氣中發見處如何？」曰：「如陰陽五行錯綜不失條緒，便是理。若氣不結聚時，理亦無所附著。故康節云：『性者，道之形體；心者，性之郛郭；身者，心之區宇；物者，身之舟車。』」問：「道之體用。」曰：「假如耳便是體，聽便是用；目是體，見是用。」祖道。

問：「康節論六合之外，恐無外否？」曰：「理無内外，六合之形須有内外。日從東畔升，西畔沉，明日又從東畔升。這上面許多，下面亦許多，豈不是六合之内！歷家筭氣，只筭得到日月星辰運行處，上去更筭不得。安得是無内外！」淳。

金木水火土，雖曰「五行各一其性」，然一物又各具五行之理，不可不知。康節却細推出

① 參考中華書局一九八六年版《朱子語類》。

來。僩。

論陰陽五行，曰：「康節説得法密，横渠説得理透。邵伯温載伊川言曰：『向惟見周茂叔語及此，然不及先生之有條理也。』欽夫以爲伊川未必有此語，蓋伯温妄載。某則以爲此語恐誠有之。」方子。

卷二

康節謂：「日，太陽也；月，太陰也；星，少陽也；辰，少陰也。」辰，非星也。又曰：「辰弗集於房。」房者，舍也。故十二辰，亦謂之十二舍。上「辰」字謂日月也，所謂三辰，北斗去辰争十二來度。日蝕，是日月會合處，月合在日之下，或反在上，故蝕。月蝕，是日月正相照。伊川謂月不受日光，意亦相近。蓋陰盛亢陽，而不少讓陽故也。又曰：「日月會合，故初一初二，月全無光。」初三漸開，方微有弦上光，是哉生明也。開後漸亦光，至望則相對，故圓。此後復漸相近，至晦則復合，故暗。月之所以虧盈者，此也。伯羽。

太史公《歷書》是説太初，然却是顓頊《四分歷》。劉歆作《三統歷》，唐一行《大衍歷》最詳備。五代王朴《司天考》，亦簡嚴。然一行、王朴之歷，皆止用之二三年即差。王朴歷是七百二十加去。季通所用，却依康節三百六十數。人傑。

或問：「季通歷法未是？」曰：「這都未理會得，而今須是也會布筭，也學得似他了，把去推測，方見得他是與不是。而今某自不曾理會得，如何説得他是與不是。這也是康節説恁地，若錯時，也是康節錯了。只是覺得自古以來，無一箇人考得到這處。然也只在《史記》、《漢書》上，自是人不去考。司馬遷、班固、劉向父子、杜佑説都一同，不解都不是。」賀孫。

卷四

問：「動物有知，植物無知，何也？」曰：「動物有血氣，故能知。植物雖不可言知，然一般生意亦可默見。若戕賊之，便枯悴不復悦懌，池本作「澤」。亦似有知者。嘗觀一般花樹，朝日照曜之時，欣欣向榮，有這生意。皮包不住，自迸出來。若枯枝老葉，便覺憔悴，蓋氣行已過也。」問：「此處見得仁意否？」曰：「只看戕賊之便彫瘁，亦是義底意思。」因舉康節云植物向下頭向下。「本乎地者親下」故濁。動物向上人頭向上。「本乎天者親上」故清。獼猴之類能如人立，故特靈怪。如鳥獸頭多横生，故有知無知相半。德明。

銖録云：「本乎天者親上」，凡動物首向上，是親乎上，人類是也。「本乎地者親下」，凡植物本向下，是親乎下，草木是也。禽獸首多横，所以無智。此康節説。

因問：「如今數家之學，如康節之説，謂皆一定而不可易，如何？」曰：「也只是陰陽盛衰消長之理，大數可見。然聖賢不曾主此説。如今人説康節之數，謂他説一事一物皆有成敗之時，都説得膚淺了。」木之。

又問：「康節云『陽一而陰二，所以君子少而小人多』，此語是否？」曰：「也説得來。自是那物事好底少而惡底多。且如面前事，也自是好底事少惡底事多。其理只一般。」僩。

卷五

或問心性之别。曰：「這箇極難説，且是難爲譬喻。如伊川以水喻性，其説本好，却使曉不得者生病，心大概似箇官人。天命，便是君之命，性便如職事一般。此亦大概如此，要自理會得。如邵子云『性者道之形體』，蓋道只是合當如此，性則有一箇根苗，生出君臣之義，父子之仁，性雖虚，都是實理。心雖是一物，却虚，故能包含萬理。這箇要人自體察始得。」學蒙。

叔器問：「先生見教，謂『動處是心，動底是性』。竊推此二句只在『底』、『處』兩字上。如穀種然，生處便是穀，生底却是那裡面些子。」曰：「若以穀譬之，穀便是心，那爲粟、爲菽、爲禾、爲稻底便是性。康節所謂『心者，性之郛郭』是也。包裹底是心，發出不同底是性。心是箇没思量底，只會生。又如喫藥，喫得會治病是藥力，或涼、或寒、或熱便是藥性。至於喫了有寒證有熱證，便是情。」義剛。

卷六

道訓路，大概説人所共由之路。理各有條理界瓣。因舉康節云：「夫道也者，道也。道無形，行之則見於事矣。」如道路之道，坦然使千億萬年行之，人知其歸者也。閎祖。

卷十一

問讀史之法。曰：「先讀《史記》及《左氏》，却看《西漢》《東漢》及《三國志》。次看《通鑑》。温公初作編年，起於威烈王，後又添至共和，後又作《稽古録》，始自上古。然共和以上之年，已不能推矣。獨邵康節却推至堯元年，《皇極經世書》中可見。編年難得好者，前日周德華所寄來者亦不好。温公于本朝又作《大事記》。若欲看本朝事，當看《長編》。若精力不及，其次則當看《國紀》。《國紀》只有《長編》十分之二耳。」時舉。

卷二十三

向來人説北極便是北辰，皆只説北極不動。至本朝人方去推得是，北極只是北辰頭邊，而極星依舊動。又一説，那空無星處皆謂之辰。康節説「日月星辰」，自是四件，辰是一件。天上分爲十二段，即十二辰。辰，天壤也。此説是每一辰各有幾度，謂如日月宿於角幾度，即所宿處是辰也，故曰日月所會之處爲辰。義剛。

卷二十四

行夫問三統。曰：「諸儒之説爲無據。某看只是當天地肇判之初，天始開，當子位，故以子爲天正。其次地始闢，當丑位，故以丑爲地正。惟人最後方生，當寅位，故以寅爲人正。即邵康節十二會之説。當寅位，則有所謂『開物』，當戌位則有所謂『閉物』。閉物，便是天地之間都無了。看他説，便須天地翻轉數十萬年。」

問天統、地統、人統之别。曰：「子是一陽初動時，故謂之天統。丑是二陽，故謂之地統。寅是三陽，故謂之人統。因舉康節元會運世之説，十二萬九千六百年爲一元，一元有十二會，一萬八百年爲一會。一會有三十運，三百六十年爲一運。一運有十二世，以小推大，以大推小，箇箇一般，謂歲月日時皆相配合也。如第一會、第二會時尚未生人物，想得地也未硬在。第三會謂之開物，人物方生，此時屬寅。到得戌時，謂之閉物，乃人消物盡之時也。大率是半明半晦，有五六萬年好，有五六萬年不好，如晝夜相似。到得一元盡時，天地又是一番開闢。」燾。

卷二十五

或云：「王伯之分固是如此，然邵康節多説皇帝王伯之道，不知皇帝與王又有何異同，是時使之然耶？」曰：「此亦是其德有厚有薄。皇與帝終是自然，然黃帝亦曾用兵戰鬭，亦不是全然無所作爲也。」時舉。

卷二十六

如顏子、明道是好仁，孟子、伊川是惡不仁，康節近於好仁，橫渠是惡不仁。燾。

卷三十一

顏子之樂平淡，曾點之樂已勞攘了。至邵康節云「真樂攻心不奈何」，樂得大段顛蹶。學蒙。

卷三十四

又云：「康節所以見得透，看他説多以盛滿爲戒。如云：『飲酒愛微醺，不成使酩酊。』」又云：「康節多於消長之交看。」又云：「許多道理，本無不可知之數。惟是康節體得熟。只管體來體去，到得熟後，看是甚麼事理，無不洞見。」賀孫。

卷四十

問：「東萊説曾點只欠寬以居之，這是如何？」曰：「他是太寬了，却是工夫欠細密。」因舉明道説康節云：「堯夫豪傑之士，根本不貼貼地。」又曰：「今人却怕做莊老，却不怕做管商，可笑！」賀孫。

或曰：「曾既見得天理流行，胸中灑落矣，而行有不掩，何也？」曰：「蓋爲他天資高，見得這物事透徹，而做工夫却有欠闕。如一箇大屋樣，他只見得四面墻壁，高低大小都定，只是裏面許多間架，殊不見得。如漆雕開，見大意則不如點，然却是他肯去做。點雖見得，却又不肯去做到盡處。且如邵康節，只緣他見得如此，便把來做幾大作弄，更不加細密工夫。某嘗謂曾子父子正相反。曾參初頭都不會，只從頭自一事一物上做去，及四方八面都做了，却到大處。及他見得大處時，其他小處，一一都了也。點合下見得大處，却不肯去做小底，終不及他兒子也。」祖道。

卷四十五

楊尹叔問：「天開於子，地闢於丑，人生於寅，如何？」曰：「康節説一元統十二會，前面虚却子丑兩位，至寅位始紀人物，云人是寅年寅月寅時生。以意推之，必是先有天，方有地。有天地交感，方始生出人物來。」淳。

問「天開於子，地闢於丑，人生於寅」。曰：「此是《皇極經世》中説，今不可知。他只以數推得是如此。他説寅上生物，是到寅上方有人物也。有三元，十二會，三十運，十二世，十二萬九千六百年爲一元，歲月日時、元會運世皆自十二而三十，自三十而十二。至堯時會在巳午之間，今則及未矣。至戌上説閉物，到那裏則不復有人物矣。」廣。

至之問：「康節説天開於子，地闢於丑，人生於寅，是否？」曰：「模樣也是如此。《經世書》以元統會，十二會爲一元，一萬八百年爲一會。初間一萬八百年而天始開，又一萬八百年而地始成，又一萬八百年而人始生。初間未有物，只是氣塞。及天開些子後，便有一塊查滓在其中，初則溶軟，後漸堅實。今山形自高而下，便似淎義剛作傾瀉出來模樣。」淳。

周問：「三正之建不同，如何？」曰：「天開於子，地闢於丑，人生於寅。蓋至子始有天，故曰天正；至丑始有地，故曰地正；至寅始有人，故曰人正。康節分十二會，言到子上方有天未有地；到丑上方有地未有人；到寅上方始有人。子丑寅皆天地人之始，故三代即其始處建以爲正。康節十二會以堯舜時在午，今在未，至戌則人物消盡。」銖。

卷六十

問：「太虚便是《太極圖》上面底圓圈，氣化便是圓圈裡陰静陽動否？」曰：「然。」又曰：「合虚與氣有性之名，有這氣，道理便隨在裡面，無此氣，則道理無安頓處。如水中月，須是有此水方映得那天上月。若無此水，終無此月也。心之知覺，又是那氣之虚靈底。聰明視聽，作爲運用，皆是有這知覺，方運用得這道理。所以横渠説：『人能弘道，是心能盡性，非道弘人，是性不知檢心。』又邵子曰：『心者性之郛郭。』此等語，皆秦漢以下人道不到。」僩。

問：「老子似不與楊朱同？」曰：「老子窺見天下之事，却討便宜置身於安閒之地，云『清靜自治』，豈不是與朱同？」又問：「伊川說老子，謂先語大道，後却涉些姦詐。如云『知其雄，守其雌；知其白，守其黑』之類。」曰：「孔孟亦知天下有許多事，何故不厭他？」曰：「孔孟見實理，把作合做底看。他不見實理，把做無故不肯爲。」問：「孔子曾見他書否？」曰：「未必見。」厚之問：「孔子何爲問禮於他？」曰：「他本周家史官，自知禮，只是以爲不足道，故一切掃除了。《曾子問》中自見孔子問他處。邵康節亦有些小似他。」問：「《淵源録》中何故有《康節傳》？」曰：「書坊自增耳。」可學。

卷六十二

大凡古人說話，一節開一節。如伏羲易只就陰陽以下，至孔子又推本於太極，然只曰「易有太極」而已。至濂溪乃畫出一圖，康節又論畫前之易。可學。

卷六十五

又問：「雷出地奮，豫之後，六陽一半在地下，是天與地平分否？」曰：「若謂平分，則天却包著地在，此不必論。」因舉康節《漁樵問對》之說甚好。㬉。

無一物不有陰陽、乾坤。至於至微至細，草木禽獸，亦有牡牝陰陽。康節云：「坤無一，故無首；乾無十，故無後。」所以坤常是得一半。砥。

問：「自一陰一陽，見一陰一陽又各生一陰一陽之象。以《圖》言之，『兩儀生四象，四象生八卦』，節節推去，固容易見。就天地間著實處如何驗得？」曰：「一物上又自各有陰陽，如人之男女，陰陽也。逐人身上，又各有這血氣，血陰而氣陽也。如晝夜之間，晝陽而夜陰也。而晝陽自午後又屬陰，夜陰自子後又是陽，便是陰陽各生陰陽之象。」學履。

至之曰：「《正義》謂『《易》者變化之總號，代换之殊稱，乃陰陽二氣生生不息之理』，竊見此數語亦説得好。」曰：「某以爲『易』字有二義，有變易，有交易。《先天圖》一邊本都是陽，一邊本都是陰，陽中有陰，陰中有陽，便是陽往交易陰，陰來交易陽，兩邊各各相對。其實非此往彼來，只是其象如此。然聖人當初亦不恁地思量，只是畫一箇陽一箇陰，每箇便生兩箇。就一箇陽上又生一箇陽一箇陰，就一箇陰上又生一箇陰一箇陽，只管恁地去。自一爲二，二爲四，四爲八，八爲十六，十六爲三十二，三十二爲六十四。既成箇物事，便自然如此齊整。皆是天地本然之妙元如此，但略假聖人手畫出來。如乾一索而得震，再索而得坎，三索而得艮；坤一索而得巽，再索而得離，三索而得兑。初間畫卦時，也不是恁地。只是畫成八箇卦後，便見有此象耳。」義剛。

某嘗問季通：「康節之數，伏羲也曾理會否？」曰：「伏羲須理會過。」某以爲不然。伏羲只是據他見得一箇道理，恁地便畫出幾畫。他也那裏知得疊出來恁地巧？此伏羲所以爲聖。若他也恁地逐一推排，便不是伏羲天然意思。《史記》曰：「伏羲至淳厚，作《易》八卦。」

那裏恁地巧推排！賀孫。

數只有二，只有易是。老氏言三，亦是二共生三，三其子也。三生萬物，則自此無窮矣。後人破之者非。揚子雲是三數，邵康節是四數，皆不及易也。楊。

康節數四，孔子數八。料得孔子之數又大也。季通自謂畧已見之。方。

有氣有形便有數。物有衰旺，推其始終，便可知也。有人指一樹問邵先生，先生云：「推未得。」少頃一葉墮，便由此推起。蓋其旺衰已見，方可推其始終。推，亦只是即今年月日時以起數也。揚。

問：「先生說伏羲畫卦皆是自然，不曾用些子心思智慮，只是借伏羲手畫出爾。唯其出於自然，故以之占筮則靈驗否？」曰：「然。自『太極生兩儀』只管畫去，到得後來，更畫不迭。正如磨麵相似，四下都恁地自然撒出來。」廣。

問：「《先天圖》陰陽自兩邊生，若將坤爲太極，與太極圖不同，如何？」曰：「他自據他意思說，即不曾契勘濂溪底。若論他太極，中間虛者便是。他亦自說『圖從中起』，今不合被橫圖在中間塞却，待取出放外。他兩邊生者，即是陰根陽、陽根陰。這箇有對，從中出即無對。」文蔚。

「《先天圖》如何移出《方圖》在下？」曰：「是某挑出。」泳。

又說：「康節《方圖子》，自西北之東南，便是自乾以之坤；自東北以之西南，便是否以至泰，其間有咸恒損益既濟未濟，所以又於此八卦見義。蓋爲是自兩角尖射上與乾坤相對，不知得怎生恁地巧。某嘗説伏羲初只是畫出八卦，見不到這裏。蔡季通以爲不然，却説某與太史公一般。某問云：『太史公如何説？』他云：『太史公云「伏羲至淳厚，畫八卦」。』便是某這説，看來也是聖人淳厚，只據見定見得底畫出。如伊川説：『若不因時，則一箇聖人出來，許多事便都做了。』」砥。

所問《先天圖》曲折，細詳圖意，若自乾一横排至坤八，此則全是自然。故説卦云：「《易》逆數也。」皆自已生以得未生之卦。若如《圓圖》，則須如此方見陰陽消長次第。震一陽，離兑二陽，乾三陽，巽一陰，坎艮二陰，坤三陰。雖似稍涉安排，然亦莫非自然之理。自冬至至夏至爲順，蓋與前逆數者相反。皆自未生而反得已生之卦。自夏至至冬至爲逆，蓋與前逆數者同。其左右，與今天文家説左右不同。蓋從中而分，其初若有左右之勢爾。自北而東爲左，自南而西爲右。灝。

問：「昨日先生説程子謂『其體則謂之易』，體猶形體也，乃形而下者。《易》中只説箇陰陽交易而已。然先生又嘗曰，在人言之則其體謂之心。又是如何？」曰：「心只是箇動静感應而已。所謂『寂然不動，感而遂通』者是也。看那幾箇字，便見得。」因言：「《易》是互相博易之義，觀《先天圖》便可見。東邊一畫陰便對西邊一畫陽，蓋東一邊本皆是陽，西一邊本皆是陰。東邊陰畫皆是自西邊來，西邊陽畫都是自東邊來。姤在西，是東邊五畫陽過；復在東，是西邊五畫陰過。互相博易而成。《易》之變雖多般，然此是第一變。」廣云：「程子所謂『《易》

中只説反復往來上下』者，莫便是指此言之否？」曰：「看得來程子之意又别，邵子所謂《易》，程子多理會他底不得。蓋他只據理而説，都不曾去問他。」廣。

陽上交於陰，陰下交於陽，而生四象，便是陰陽又各生兩畫了。陰交剛，陽交柔，便是陰陽又各生兩畫了。就乾兩畫邊看，乾兑是老陽，離震是少陰；就坤兩畫邊看，坤艮是老陰，坎巽是少陽。又各添一畫，則八卦全了。淵。

問：「邵先生説『無極之前』，無極如何説前？」曰：「邵子就圖上説循環之意。自姤至坤是陰含陽；自復至乾是陽分陰。復坤之間乃無極，自坤反姤是無極之前。」驤。

「無極之前」一段。問：「既有前後，須有有無？」曰：「本無前後。」閎祖。

康節云「動静之間」，是指冬至夏至。閎祖。

安卿問：「《先天圖説》曰『陽在陰中陽逆行，陰在陽中陰逆行。陽在陽中、陰在陰中皆順行』，何謂也？」曰：「圖左一邊屬陽，右一邊屬陰。左自震一陽、離兑二陽、乾三陽，爲陽在陽中順行。右自巽一陰、坎艮二陰、坤三陰，爲陰在陰中順行。坤無陽、艮坎一陽、巽二陽，爲陽在陰中逆行。乾無陰、兑離一陰、震二陰，爲陰在陽中逆行。」又問：「『《先天圖》，心法也。圖皆自中起，萬化萬事生乎心』，何也？」曰：「其中白處者，太極也。三十二陰、三十二陽者，兩儀也。十六陰、十六陽者，四象也。八陰、八陽，八卦也。」問：「『圖雖無文，終日言之，不離乎是』，何也？」曰：「一日有一日之運，一月有一月之運，一歲有一歲之運。大而天地之終始，小而人物之生死。遠而古今之世變，皆不外乎此，只是一箇盈虚消息之理。本是箇小底變成大底，到那大處又變成小底。如納甲法，乾納甲壬，坤納乙癸，艮納丙，兑納丁，震納庚，巽納辛，離納己，坎納戊，亦是此。又如《火珠林》，若占一屯卦，則初九是庚子，六二是庚寅，六三是庚辰，六四是戊午，九五是戊申，上六是戊戌，亦是此。又如道家以坎離爲貴，水火爲六卦之主，而六卦爲坎離之用。自月初三爲震，上弦爲兑，望日爲乾，望後爲巽，下弦爲艮，晦爲坤，亦不外此。」又曰：「乾之一爻屬戊，坤之一爻屬己，留戊就己，方成坎離。蓋乾坤是大父母，坎離是小父母。」義剛。

《先天圖》更不可易，自復至乾爲陽，自姤至坤爲陰。以乾坤定上下之位次，坎離列左右之門爲正。以象言之，天居上，地居下，艮爲山，故居西北。兑爲澤，故居東南。離爲日，故居于東。坎爲月，故居于西。震爲雷，居東北。巽爲風，居西南。方子。

康節「天地定位，否泰反類」詩八句，是説方圖中兩交股底。且如西北角乾，東南角坤，是「天地定位」，便對東北角泰，西南角否。次乾是兑，次坤是艮，便對次否之咸，次泰之損。後四卦亦如是，共十六卦。淵。

康節「乾南坤北，離東坎西」之説，言人立時全見前面，全不見後面，東西只見一半，便似他這箇意思。淵。

《先天圖》直是精微，不起於康節，希夷以前元有，只是秘而不傳。次第，是方士輩所相傳授底。《參同契》中亦有些意思相似，與歷不相應。季通云：「紐捻將來亦相應也，用六日七分。」某却不見康節説用六日七分處。文王卦序亦不相應，他只用義理排將去。如復只用一陽生處，此只是用物而此也，不用生底次第也，不應氣候。揚雄《太玄》，全模倣《易》。他底用三數，《易》却用四數。他本是模《易》，故就他模底句上看《易》，也可略見得《易》意思。《温公集注》中可見也。康節云：「先天圖，心法，皆從中起」，且説圓圖。又云文王八卦「應地之方」，這是見他不用卦生底次第序，四正卦出四角，似那方底意思。這箇只且恁地，無大段分曉證佐。未甚安。淵。

《易》之精微，在那兩儀生四象，四象生八卦，八卦生六十四卦，萬物萬化皆從這裏流出。緊要處，在那復姤邊。復是陽氣發動之初。因舉康節詩「冬至子之半」。六十四卦流布一歲之中，離坎震兑做得那二十四氣，每卦當六十四分，乾坤不在四正，此以文王八卦言也。淵。

《先天圖》，八卦爲一節，不論月氣先後。閎祖。

《先天圖》今所寫者，是以一歲之運言之。若大而古今十二萬九千六百年，亦只是這圈子，小而一日一時，亦只是這圈子。都從復上推起去。方子。

《先天圖》一日有一箇恁地道理，一月有一箇恁地道理，以至合元會運世十二萬九千六百歲，亦只是這箇道理。且以月言之，自坤而震，月之始生，初三日也；至兑則月之上弦，初八日也；至乾則月之望，十五日也；至巽則月之始虧，十八日也；至艮則月之下弦，二十三日也；

至坤則月之晦，三十日也。廣。

《先天圖》與納甲相應，故季通言與《參同契》合。以圖觀之，坤復之間爲晦，震爲初三，一陽生；初八日爲兑，月上弦；十五日爲乾；十八日爲巽，一陰生；二十三日爲艮，月下弦。坎離爲日月，故不用。《參同契》以坎離爲藥，餘者以爲火候。此圖自陳希夷傳來，如穆、李想只收得，未必能曉，康節自思量出來，故《墓誌》云云。○《參同契》亦以乾坤坎離爲四正，故其言曰「運轂正軸」。

問：「《先天圖》卦位，自乾一兑二離三右行，至震四住；揭起巽五作左行，坎六艮七至坤八住，接震四。觀卦氣相接，皆是左旋。蓋乾是老陽，接巽末姤卦，便是一陰生；坤是老陰，接震末復卦，便是一陽生。自復卦一陽生，盡震四離三，一十六卦，然後得臨卦；又盡兑二，凡八卦，然後得泰卦；又隔四卦得大壯，又隔大有一卦得夬，夬卦接乾，乾卦接姤。自姤卦一陰生，盡巽五坎六，一十六卦，然後得遯卦；又盡艮七，凡八卦，然後得否；又隔四卦得觀，又隔比一卦得剥，剥卦接坤，坤接復。周而復始，循環無端。卦氣左旋，而一歲十二月之卦皆有其序。但陰陽初生，各歷十六卦而後爲一月，又歷八卦再得一月，至陰陽將極處，只歷四卦爲一月，又歷一卦，遂一併三卦相接，其初如此之疎，其末如此之密。此陰陽贏縮當然之理歟？然此圖於復卦之下書曰『冬至子中』，於姤卦之下書曰『夏至午中』，此固無可疑者。獨於臨卦之下書曰『春分卯中』則臨卦本爲十二月之卦，而春分合在泰卦之下。又於遯卦之下書曰『秋分酉中』，則遯卦本爲六月之卦，而秋分合在否卦之下。昨侍坐復庵，聞王講書所説卦氣之論，皆世俗淺近之語，初無義理可推。竊意此圖『春分卯中』、『秋分酉中』字，或恐後人誤，隨世俗卦氣之論，遂差其次，却與文王卦位相合矣。不然，則離兑之間所以爲春，坎艮之間所以爲秋者，必當別有其說？」曰：「伏羲易自是伏羲說話，文王易自是文王說話，固不可以交互求合。所看先天卦氣贏縮極仔細，某亦嘗如此理會來，尚未得其說。陰陽初生，其氣固緩，然不應如此之疎，其後又却如此之密。大抵此圖布置皆出乎自然，不應無說，當更共思之。」謨。

問：「伏羲始畫八卦，其六十四者，是文王後來重之耶，抑伏羲已自畫了耶？看先天圖則有八卦便有六十四，疑伏羲已有彷彿之畫矣。如何？」曰：「《周禮》言《三易》，經卦皆八，其別皆六十有四，便見不是文王漸畫。」又問：「然則六十四卦名，是伏羲元有，抑文王所立？」曰「此不可攷。」子善問：「據十三卦所言，恐伏羲時已有。」曰：「十三卦所謂『蓋取諸離』、『蓋取諸益』者，言結繩而爲網罟，有離之象，非觀離而始有此也。」銖。

卷六十六

《易》書本原於卜筮。又說：「邵子之學只把『元會運世』四字，貫盡天地萬物。」友仁。

問：「康節於《易》如何？」曰：「他又是一等說話。」問：「渠之學如何？」曰：「專在數上，却窺見理。」曰：「可用否？」曰：「未知其可用。但與聖人之學自不同。」曰：「今世學者言《易》，多要入玄妙。却是《遺書》中有數處，如『不只是一部《易》書』之類，今人認此意不著，故多錯了。」曰：「然。」可學。

卷六十七

康節易數出於希夷。他在静中推見得天地萬物之理如此，又與他數合，所以自樂。今《道藏》中有此卦數。謂魏伯陽《參同契》。魏，東漢人。德明。

王天悦雪夜見康節於山中，猶見其儼然危坐。蓋其心地虛明，所以推得天地萬物之理。其數以陰陽剛柔四者爲準，四分爲八，八分爲十六，只管推之無窮。有太陽、太陰、少陽、少陰、太剛、太柔、少剛、少柔。今人推他數不行，所以無他胷中。德明。

康節也則是一生二，二生四，四生八。淵。

康節只説六卦：乾、坤、坎、離，四卦。震、巽含艮、兑。又説八卦：乾、坤、坎、離、大過、頤、中孚、小過。其餘反對者二十八卦。人傑。

聖人説數説得疏，到康節説得密了。他也從一陰一陽起頭，他却做陰、陽、太、少，乾之四象；剛、柔、太、少，坤之四象，又是那八卦。他説這《易》，將那元亨利貞全靠着那數，三百八十四爻管定那許多數，説得太密了，《易》中只有箇奇耦之數是自然底，大衍之數却是用以揲蓍底。康節盡歸之數，所以二程不肯問他學。若是聖人用，不過如『大衍之數』便是。他須要先揲蓍以求那數，起那卦，數是恁地起，卦是恁地求。不似康節坐地默想推將去，便道某年某月某日，當有某事。聖人決不恁地！此條有誤，可詳之。淵。

聖人説數説得簡畧高遠疏闊，《易》中只有箇奇耦之數，天一地二是自然底數也，大衍之數是揲蓍底數也，惟此二者而已。康節却盡歸之數，竊恐聖人必不爲也。因言：「或指一樹問康節曰：『此樹有數可推否？』康節曰：『亦可推也，但須待其動爾。』頃之一葉落，便從此推去，此樹甚年生，甚年當死。凡起數，静則推不得，須動方推得起。」方子。

問：「乾繇辭下解云『聖人始畫八卦，三才之道備矣。因而重之，以盡天下之變，故六畫而成卦』，據此説，却是聖人始畫八卦，每卦便是三畫，聖人因而重之爲六畫。似與邵子一生兩，兩生四，四生八，八生十六，十六生三十二，三十二生六十四爲六畫不同。」曰：「程子之意只云三畫上疊成六畫，八卦上疊成六十四卦，與邵子説誠異。蓋康節此意不曾説與程子，程子亦不曾聞之，故一向只隨他所見去。但他説『聖人始畫八卦』，不知聖人畫八卦時，先畫甚卦？此處便曉他不得。」又問：「《啟蒙》所謂自太極而分兩儀，則太極固太極，兩儀固兩儀；自兩儀而分四象，則兩儀又爲太極，而兩儀又爲四象。以至四象生八卦，節節推去，莫不皆然。可見一物各具一太極。是如此否？」曰：「此只是一分爲二，節節如此，以至於無窮，皆是一生兩爾。」因問：「《序》所謂『自本而幹，自幹而支』，是此意否？」曰：「是。」銖。

學者須讀《詩》與《易》，易尤難看。《伊川易傳》亦有未盡處。當時康節傳得數甚佳，却輕之不問。天地必有倚靠處，如復卦先動而後順，豫卦先順而後動，故其彖辭極嚴。似此處却閒過了。可學。

且《程傳》賁卦所云，豈有乾坤重而爲泰，又自泰而變爲賁之理！若其説果然，則所謂乾坤變而爲六子，八卦重而爲六十四，皆由乾坤而變者，其説不得而通矣。蓋有則俱有，自一畫而二，二而四，四而八，而八卦成；八而十六，十六而三十二，三十二而六十四，而重卦備。故有八卦，則有六十四矣。此康節所謂「先天」者也。若震一索而得男以下，乃是已有此卦了，就此卦生出此義，皆所謂「後天之學」。今所謂「卦變」者，亦是有卦之後，聖人見得有此象，故發於《彖》辭。安得謂之乾坤重而爲是卦！則更不可變而爲他卦耶？若論「先天」，一卦亦無，既畫之後，乾一、兑二、離三、震四，至坤居末，又安有乾坤變而爲六子之理！凡今《易》中所言，皆是「後天之《易》」耳。以此見得康節「先天」、「後天」之説，最爲有功。銖。

京房卦氣用六日七分。季通云：「康節亦用六日七分。」但不見康節説處。方子。

京房輩説數，捉他那影象才發見處，便筭將去。且如今日一箇人來相見，便就那相見底時節，算得這箇是好人不好人，用得極精密。他只是動時便算得，靜便算不得。人問康節：「庭前樹算得否？」康節云：「也算得，須是待他動時方可。」須臾一葉落地，便就這裏筭出這樹是甚時生，當在甚時死。淵。

《太玄》之説，只是老莊。康節深取之者，以其書亦挨傍陰陽消長來説道理。必大。

《龍圖》是假書，無所用。康節之《易》，自兩儀四象八卦，以至六十四卦，皆有用處。礪。

卷七十一

問：「天地之心，雖靜未嘗不流行，何爲必於復乃見？」曰：「三陽之時，萬物蓄新，只見物之盛大，天地之心却不可見。惟是一陽初復，萬物未生，冷冷静静，而一陽既動，生物之心闖然而見，雖在積陰之中，自藏掩不得。此所以必於復見天地之心也。」銖曰：「邵子所謂『玄酒味方淡，大音聲正稀』，正謂此否？」曰：「正是此意，不容别下注脚矣。」銖。

問：「程子以『動之端』爲天地之心，動乃心之發處，何故云『天地之心』？」曰：「此須就卦上看。上坤下震，坤是静，震是動。十月純坤，當貞之時，萬物收斂，寂無蹤跡，到此一陽復生便是動。然不直下『動』字，却云『動之端』，端又從此起。雖動而物未生，未到大段動處。凡發生萬物，都從這裏起，豈不是天地之心！康節詩云：『冬至子之半，大雪，子之初氣，冬至，子之中氣。天心無改移。一陽初動處，萬物未生時。玄酒味方淡，大音聲正稀。此言如不信，更請問庖羲。』可謂振古豪傑！」淳。

問「冬至子之半」。曰：「康節此詩最好，某於《本義》亦載此詩。蓋立冬是十月初，小雪是十月中，大雪十一月初，冬至十一月中，小寒十二月初，大寒十二月中。『冬至子之半』，即十一月之半也。人言夜半子時冬至，蓋夜半以前，一半已屬子時，今推五行者多不知之。然數每從這處起，略不差移，此所以爲天心。然當是時，一陽方動，萬物未生，未有聲臭氣味之可聞可見，所謂『玄酒味方淡，大音聲正稀』也。」道夫。

漢卿問「一陽初動處，萬物未生時」。曰：「此在貞、元之間，才見孺子入井，未做出惻隱之心時節。」因言：「康節之學，不似濂溪、二程。康節愛説箇循環底道理，不似濂溪、二程説得活。如『無極而太極』，『太極本無極』，『體用一原，顯微無間』，康節無此説。」方子。

問：「康節所謂『一陽初動後，萬物未生時』，這箇時節，莫是程子所謂『有善無惡，有是無非，有吉無凶』之時否？」先生良久曰：「也是如此。是那怵惕、惻隱方動而未發於外之時。」正淳云：「此正康節所謂一動一静之間也。」曰：「然。某嘗謂康節之學，與周子、程子所説小有不同。康節於那陰陽相接處看得分曉，故多舉此處爲説，不似周子説『無極而太極』與『五行一陰陽，陰陽一太極』如此周遍。若如周子、程子之説，則康節所説在其中矣。康節是指貞、元之間言之，不似周子、程子説得活，『體用一源，顯微無間』。」廣。

漢卿問：「『一陽初動處，萬物未生時』，以人心觀之，便是善惡之端感物而動處。」曰：「此是欲動未動之間，如怵惕、惻隱於赤子入井之初，方怵惕、惻隱而未成怵惕、惻隱之時。故上云『冬至子之半』，是康節常要就中間説。『子之半』則是未成子，方離於亥，而爲子方四五分。是他常要如此説，常要説陰陽之間、動静之間，便與周、程不同。周、程只是『五行一陰陽，陰陽一太極，太極本無極』，只是體用、動静，互換無極。康節便只要説循環，便須指消息動静之間，便有方了，不似二先生。」賀孫。

卷七十五

「周子、康節説太極，和陰陽滚説，《易》中便擡起説。周子言『太極動而生陽，静而生陰』，如言太極動是陽，動極而静，静便是陰。動時便是陽之太極，静時便是陰之太極。蓋太極即在陰陽裏。如『易有太極，是生兩儀』，則先從實理處説。若論其生則俱生，太極依舊在陰陽裏。但言其次序，須有這實理，方始有陰陽也。其理則一，雖然自見，在事物而觀之，則陰陽函太極，推其本則太極生陰陽。」學履。

問「易有太極，是生兩儀，兩儀生四象，四象生八卦」。曰：「此太極却是爲畫卦説。當未畫卦前，太極只是一箇渾淪底道理，裏面包含陰陽、剛柔、奇耦，無所不有。及各畫一奇一耦，便是生兩儀。再於一奇畫上加一耦，此是陽中之陰；又於一奇畫上加一奇，此是陽中之陽；又於一耦畫上加一奇，此是陰中之陽；又於一耦畫上加一耦此是陰中之陰，是謂四象。所謂八卦者，一象上有兩卦，每象各添一奇或一耦，便是八卦。嘗聞一朋友説，一爲儀，二爲象，三爲卦，四爲象，如春夏秋冬，金木水火，東西南北，無不可推矣。」謨。

卷七十七

天下之數都只始於三、二，謂如陽數九，只是三三而九之，陰數六只是三二而六之。故孔子云「三天兩地而倚數」，此數之本也。康節却云「非天地之正數」，是他見得不盡。康節却以四爲數。端蒙。

「《易》逆數也」，似康節説方可通。但方圖則一向皆逆，若以圓圖看，又只一半逆。不知如何？學蒙。

「帝出乎震」與「萬物出乎震」，只這兩段説文王卦。淵。

「『帝出乎震』以下，何以知其爲文王之卦位？」曰：「康節之説如此。」問：「仔細看此數段，前兩段説伏羲卦位，後兩段自『帝出乎震』以下説文王卦位，自『神者妙萬物而爲言』下有兩段，前一段乃文王卦位，後段乃伏羲底。恐夫子之意，以爲伏羲、文王所定方位不同如此。然生育萬物既如文王所次，則其方位非如伏羲所定，亦不能變化。既成萬物，無伏羲底，則做文王底不出。竊恐文義如此説，較分明。」曰：「如是，則其歸却主在伏羲上。恁地説也好。但後兩段却除了乾坤，何也？」曰：「竊恐著一句『神者妙萬物而爲言』引起，則乾坤在其中矣。」曰：「恐是如此。」幹。

文王八卦，不可曉處多。如離南坎北，離坎却不應在南北，且做水火居南北。兑也不屬金如。今只是見他底慣了，一似合當恁地相似。淵。

卷八十六

堯舜以來歷，至漢都喪失了，不可攷。緣如今是這大總記不正，所以都無是處。季通算得康節歷。康節曆十一萬九千六百分，大故密。今歷家所用只是萬分歷，萬分歷已自是多了，他如何肯用十二萬分？只是今之歷家又説季通底用不得，不知如何？僩。

卷八十七

今之道家，只是馳騖於外，安識所謂「載魄守一，能勿離乎」！康節云：「老子得《易》之體，孟子得《易》之用。」康節之學，意思微似莊老。燾。

卷九十三

問：「康節一元開物閉物之説，是否？」曰：「有此理。不易他窺測至此。」浩。

周子看得這理，熟縱横妙用，只是這數箇字，都括盡了。周子從理處看，邵子從數處看，都只是這理。砥曰：「畢竟理較精粹。」曰：「從理上看則用處大，數自是細碎。」砥。

曾點父子爲學不同，點有康節底意思，將那一箇物玩弄。道夫。

叔器問：「横渠似孟子否？」曰：「一人是一樣，規模各不同。横渠嚴密，孟子宏闊。孟子是箇有規矩底康節。」義剛。

卷九十四

「無極而太極」，不是太極之外别有無極，無中自有此理。又不可將無極便做太極。「無極而太極」，此「而」字輕，無次序故也。「動而生陽，静而生陰」，動即太極之動，静即太極之静。動而後生陽，静而後生陰，生此陰陽之氣。謂之「動而生」、「静而生」，則有漸次也。「一動一静，互爲其根」，動而静，静而動，闢闔往來，更無休息。「分陰分陽，兩儀立焉」，兩儀是天地，與畫卦兩儀意思又别。動静如晝夜，陰陽如東西南北，分從四方去。「一動一静」以時言，「分陰分陽」以位言。方渾淪未判，陰陽之氣，混合幽暗，及其既分，中間放得寬闊光朗，而兩儀始立。康節以十二萬九千六百年爲一元，則是十二萬九千六百年之前，又是一箇大闢闔，更以上亦復如此。直是「動静無端，陰陽無始」。小者大之影，只晝夜便可見。五峯所謂：「一氣大息，震蕩無垠，海宇變動，山勃川湮，人物消盡，舊迹大滅，是謂洪荒之世。」常見高山有螺蚌殼，或生石中，此石即舊日之土，螺蚌即水中之物，下者却變而爲高，柔者變而爲剛。此事思之至深，有可驗者。「陽變陰合而生水火木金土」，陰陽氣也，生此五行之質。天地生物，五行獨先。地即是土，土便包含許多金木之類。天地之間，何事而非五行？五行陰陽七者滚合，便是生物底材料。「五行順布，四時行焉」，金木水火分屬春夏秋冬，土則寄旺四季。如春屬木，而清明後十二日即是土寄旺之時。每季寄旺十八日，共七十二日。唯夏季十八日，土氣爲最旺，故能生秋金也。以圖象考之，木生火、金生水之類，各有小畫相牽連，而火生土、土生金，獨穿乎土之内，餘則從旁而過，爲可見矣。「五行一陰陽也，陰陽一太極也，太極本無極也」，此當思無有陰陽而無太極底時節，若以爲止是陰陽，陰陽却是形而下者。若只專以理言，則太極又不曾與陰陽相離。正當沈潛玩索，將圖象意思抽開細，看又復合而觀之。某解此云：「非有離乎陰陽也。即陰陽而指其本體，不雜乎陰陽而爲言也。」此句自有三節意思，更宜深考。《通書》云：「静而無動，動而無静，物也。動而無動，静而無静，神也。」當即此兼看之。謨。

周子止説到五行住，其理亦只消如此，自多説不得。包括萬有，舉歸於此。康節却推到八卦，太陽、太陰、少陽、少陰。太陽、太陰各有一陰一陽，少陽、少陰亦有一陰一陽，是分爲八卦也。寓。

問：「《通書解》論周子止於四象，以爲水火金木，如何？」曰：「周子只推到五行。如邵康節不又從一分爲二，極推之至於十二萬四千，縱横變動，無所不可。如漢儒將十二辟卦分十二月，康節推又别。」可學。

《通書》論樂意，極可觀，首尾有條理。只是淡與不淡，和與不和，前輩所見各異。邵康節須是二四六八，周子只是二四中添一上爲五行。如剛柔添善惡，又添中於其間，周子之説也。可學。

卷九十五

向來看康節詩，見得這意思，如謂「天根月窟閒來往，三十六宫都是春」，正與程子所謂「静後見萬物皆有春意」同。道夫。

卷一百

邵子之書

康節學於李挺之，請曰：「先生微開其端，毋竟其説。」又恐是李學於穆時説。此意極好。學者當然須是自理會出來，便好。方。

伊川之學於大體上瑩徹，於小小節目上猶有踈處。康節能盡得事物之變，却於大體上有未瑩處。用之云：「康節善談《易》，一作「説易極好」。見得透徹。」曰：「然。伊川又輕之，嘗有簡與横渠云：『堯夫説《易》好聽，今夜試來聽它説看。』某嘗説，此便是伊川不及孔子處。只觀孔子便不如此。」僩。

或言：「康節心胷如此快活，如此廣大，如何得似他？」曰：「它是甚麽樣做工夫！」僩。

問：「近日學者有厭拘檢，樂舒放，惡精詳，喜簡便者，皆欲慕邵堯夫之爲人。」曰：「邵子這道理，豈易及哉！他腹裏有這箇學。能包括宇宙，終始古今，如何不做得大，放得下？今人却恃箇甚做敢如此！」因誦其詩，云「日月星辰高照耀，皇王帝伯大鋪舒」，可謂人豪矣。大雅。

厚之問：「康節只推到數？」曰：「然。」某問：「須亦窺見理？」曰：「雖窺見理，却不介意了。」可學。

問：「康節學到『不惑』處否？」曰：「康節又別是一般。聖人知天命以理，他只是以術。然到得術之精處，亦非術之所能盡。然其初只是術耳。」璘。

邵康節，看這人須極會處置事，被他神閑氣定，不動聲氣，須處置得精明。他氣質本來清明，又養得來純厚，又不曾枉用了心。他用那心時，都在緊要上用。被他靜極了，看得天下之事理精明。嘗於百原深山中闢書齋，獨處其中。王勝之常乘月訪之，必見其燈下正襟危坐，雖夜深亦如之。若不是養得至靜之極，如何見得道理如此精明！只是他做得出來，須差異。季通常云：「康節若做，定是四公、八辟、十六侯、三十二卿、六十四大夫，都是加倍法。」想得是如此。想見他看見天下之事，才上手來，便成四截了。其先後緩急，莫不有定，動中機會，事到面前，便處置得下矣。康節甚喜張子房，以爲子房「善藏其用」。以老子爲「得《易》之體」，以孟子爲「得《易》之用」。合二者而用之，想見善處事。問：「不知真箇用時如何？」曰：「先時説了，須差異。須有些機權術數也。」僩。

直卿問：「康節詩嘗有莊老之説，如何？」曰：「便是他有些子這箇。」曰：「如此莫於道體有異否？」曰：「他嘗説『老子得《易》之體』、『孟子得《易》之用』。體用自分作兩截。」曰：「他又説『經綸』如何？」曰：「看他只是以術去處得這事恰好無過，如張子房相似，他所以極口稱贊子房也。二程謂其粹而不雜，以今觀之，亦不可謂不雜。」曰：「他説『風花雪月』，莫是曾點意思否？」曰：「也是見得眼前這箇好。」璘録云：「舜功云：『堯夫似曾點。』曰：『他又有許多骨董。』」曰：「意其有『與自家意思一般』之意。」曰：「也是它有這些子，若不是却淺陋了。」道夫。

問：「程子謂康節『空中樓閣』。」曰：「是四通八達。方子録云：「言看得四通八達。」莊子比康節亦髣髴相似。然莊子見較高，氣較豪。他是事事識得了，又却蹴踏著，以爲不足爲。康節畧有規矩。然其詩云：『賓朋莫怪無拘檢，真樂攻心不奈何。』不知是何物攻他心？」佐。

康節之學，近似釋氏，但却又挨傍消息盈虛者言之。問：「《擊壤序》中『以道觀道』等語，是物各付物之意否？」曰：「然。蓋自家都不犯手之意。道是指陰陽運行者言之。」又問：「如此則性與心身都不相管攝，亡者自亡，存者自存否？」曰：「某固言其與佛學相近者，此也。」又曰：「康節凡事只到半中央便止，如『看花切勿看離披』，是也。如此則與張子房之學相近。」曰：「固是。康節自有兩三詩稱贊子房。」曰：「然則與楊氏爲我之意何異？」先生笑而不言。必大。

因論康節之學，曰：「似老子。只是自要尋箇寬閒快活處，人皆害它不得。後來張子房亦是如此。方衆人紛拏擾擾時，它自在背處。」人傑因問：「《擊壤集序》有『以道觀性，以性觀心，以心觀身，以身觀物，治則治矣，猶未離乎害也』，上四句自説得好，却云『未離乎害』，其下云『不若以道觀道，以性觀性，以心觀心，以身觀身，以物觀物，雖欲相傷其可得乎？若然，則以家觀家，以國觀國，以天下觀天下，亦從而可知也』，恐如上四句，似合聖人之中道。『以道觀道』而下，皆付之自然，未免有差否？」曰：「公且説前四句。」曰：「性只是仁義禮智，乃是道也。心則統乎性，身則主乎心，此三句可解。至於物，則身之所資以爲用者也。」曰：「此非康節之意。既不得其意，如何議論它？」人傑因請教。先生曰：「『以道觀性』者，道是自然底道理，性則有剛柔善惡參差不齊處，是道不能以該盡此性也。性有仁義禮智之善，心却千思萬慮出入無時，是性不能以該盡此心也。心欲如此，而身却不能如此，是心有不能撿其身處。以一身而觀物，亦有不能盡其情狀變態處，此則『未離乎害』之意也。且以一事言之，若好人之所好，惡人之所惡，是以物觀物之意。若以己之好惡律人，則是以身觀物者也。」又問：「如此則康節『以道觀道』等説，果爲無病否？」曰：「謂之無病不可，謂之有病亦不可。若使孔孟言之，必不肯如此説。渠自是一樣意思，如『以天下觀天下』，其説出於老子。」又問：「如此則『以道觀性』、『以性觀心』、『以心觀身』三句，義理有可通者。但『以身觀物』一句，爲不可通耳。」曰：「若論『萬物皆備於我』，則『以身觀物』亦何不可之有？」人傑。

康節本是要出來有爲底人，然又不肯深犯手做。凡事直待可做處，方試爲之，纔覺難便拽身退，正張子房之流。必大。

問：「堯夫之學似揚雄，如何？」曰：「以數言。」可學。

某看康節《易》了，都看別人底不得。他說「太極生兩儀，兩儀生四象」，又都無玄妙，只是從來更無人識。揚子《太玄》，一玄三方九州二十七部八十一家，亦只是這箇。他却識，只是他以三爲數，皆無用了。他也只是見得一箇粗底道理，後來便都無人識。老氏「道生一，一生二，二生三」，亦剩說了一箇道。便如太極生陽，陽生陰，至二生三，又更都無道理。後來五峯又說一箇，便是「太極函三爲一」意思云云。賀孫。

康節之學似揚子雲《太玄》擬《易》，方州部家皆自三數推之，玄爲之首，一以生三爲三方，三生九爲九州，九生二十七爲二十七部，九九乘之斯爲八十一家。首之以八十一，所以準六十四卦。贊之以七百二十有九，所以準三百八十四爻。無非以三數推之。康節之數，則是加倍之法。謨。

康節其初，想只是看得「太極生兩儀，兩儀生四象」，心只管在那上面轉，久之理透，想得一舉眼便成四片。其法，四之外又有四焉。凡物才過到二之半時，便煩惱了，蓋已漸趨於衰也。謂如見花方蓓蕾，則知其將盛，既開則知其將衰，其理不過如此。謂如今日戌時，從此推上去，至未有天地之始。從此推下去，至人消物盡之時。蓋理在數内，數又在理内。康節是他見得一箇盛衰消長之理，故能知之。若只説他知得甚事，如歐陽叔弼定謚之類，此知康節之淺陋者也。程先生有一柬説：「《先天圖》甚有理，可試往聽他就看。」觀其意，甚不把當事。然自有易以來，只有康節説一箇物事如此齊整。如揚子雲《太玄》，便令星補湊得可笑。若不補又却欠四分之一，補得來又却多四分之三。如《潛虛》之數用五，只似如今算位一般。其直一畫則五也，下横一畫則爲六，横二畫則爲七，蓋亦補湊之書也。方子。

或問康節數學。曰：「且未須理會，數自是有此理。有生便有死，有盛必有衰。且如一朵花，含蘂時是將開，畧放時是正盛，爛熳時是衰謝。又如看人，即其氣之盛衰，便可以知其生死。蓋其學本於明理，故明道謂其『觀天地之運化，然後頹乎其順，浩然其歸』。若曰渠能知未來事，則與世間占覆之術何異？其去道遠矣，其知康節者末矣。蓋他玩得此理熟了，事物到面前便見，便不待思量。」又云：「康節以四起數，疊疊推去。自《易》以後，無人做得一物如此整齊，包括得盡。想他每見一物，便成四片了。但才到二分以上便怕，乾卦方終，便知有箇姤卦來。蓋緣他於起處推將來，至交接處看得分曉。」廣云：「先生前日説康節之學，與周子程子少異處，莫正在此否？若是聖人，則處乾時自有箇處乾底道理，處姤時自有箇處姤底道理否？」曰：「然。」廣。

問：「先生説邵堯夫看天下物皆成四片，如此，則聖人看天下物皆成兩片也？」曰：「也是如此，只是陰陽而已。」廣。

論《皇極經世》：「乃一元統十二會，十二會統三十運，三十運統十二世，一世統三十年，一年統十二月，一月統三十日，一日統十二辰。是十二與三十迭爲用也。」因云：「季通以十二萬九千六百之數爲日分。」植。

堯至今方三千年，邵《歷》一萬年爲一會。揚。

《易》是卜筮之書，《皇極經世》是推步之書。《經世》以十二辟卦管十二會，綳定時節，却就中推吉凶消長。堯時正是乾卦九五。其書與《易》自不相干。只是加一倍推將去。○方子。

問《易》與《經世書》同異。曰：「《易》是卜筮，《經世》是推步。是一分爲二，二分爲四，四分爲八，八分爲十六，十六分爲三十二，又從裏面細推去。」節。

叔器問：「《經世書》『水火土石』，石只是金否？」曰：「它分天地間物事皆是四，如『日月星辰』、『水火土石』、『雨風露雷』，皆是相配。」又問：「金生水，如石中出水，是否？」曰：「金是堅凝之物，到這裏堅實，後自摻得水出來。」又問：「伯温解《經世書》，如何？」曰：「他也只是説將去，那裏面曲折精微也未必曉得。康節當時只説與王某，不曾説與伯温。模様也知得那伯温不是好人。」義剛。

因論《皇極經世》，曰：「堯夫以數推，亦是心静知之。如董五經之類，皆然。」曰：「程先生云，須是用時知之。」曰：「用則推測。」因舉興化妙應知未來之事。曰：「如此又有術。」可學。

《皇極經世》紀年甚有法。史家多言秦廢太后，逐穰侯。《經世書》只言「秦奪宣太后權」。伯恭極取之，蓋實不曾廢。方子。

康節《漁樵問對》《無名公序》與一兩篇書，次第將來刊成一集。節。

「天何依？」曰：「依乎地。」「地何附？」曰：「附乎天。」「天地何所依附？」曰：「自相依附。天依形，地依氣。」所以重復而言不出此意者，唯恐人於天地之外別尋去處故也。天地無外，所謂「其形有涯，而其氣無涯」也。爲其氣極緊，故能扛得地住。不然，則墜矣。氣外須有軀殼甚厚，所以固此氣也。今之地動，只是一處動，動亦不至遠也。謨。

舜弼問「天依地，地依氣」。曰：「恐人道下面有物。天行急，地閣在中。」可學。

古今歷家，只是推得箇陰陽消長界分爾，如何得似康節説得那「天依地，地附天。天地自相依附。天依形，地附氣」底幾句？向嘗以此數語附于《通書》之後，欽夫見之，殊不以爲然。曰：「恐説得未是。」某云：「如此則試别説幾句來看。」廣云：「伊川謂自古言數者，至康節方説到理上。」曰：「是如此。如揚子雲亦畧見到理上，只是不似康節精。」廣。

問：「康節云『雨化物之走，風化物之飛，露化物之草，雷化物之木』，此説是否？」曰：「想且是以大小推排匹配去。」問：「伊川云：『露是金之氣。』」曰：「露自是有清肅底氣象。古語云『露結爲霜』，今觀之誠然。伊川云不然，不知何故？蓋露與霜之氣不同，露能滋物，霜能殺物也。又雪霜亦有異，霜則殺物，雪不能殺物也。雨與露亦不同，雨氣昏，露氣清。氣蒸而爲露，如飯甑蓋之，其氣蒸鬱，而汗下淋灕。氣蒸而爲霧，如飯甑不蓋，其氣散而不收。霧與露亦微有異，露氣肅，而霧氣昏也。」僩。

或問：「康節云『道爲太極』，又云『心爲太極』。道，指天地萬物自然之理而言；心，指人得是理以爲一身之主而言？」曰：「固是。但太極只是箇一，而無對者。」

康節云：「一動一静者，天地之妙也；一動一静之間者，天地人之妙也。」蓋天只是動，地只是静。到得人便兼動静，是妙於天地處。故曰：「人者，天地之心」。論人之形，雖只是器，言其運用處，却是道理。畓。

人身是形耳，所具道理，皆是形而上者。蓋人者，天地之心也。康節所謂「一動一静之間，天地人之至妙者歟」。人傑。

「無極之前陰含陽也，有象之後陽分陰也」，陽占却陰分數。文蔚。

「性者道之形體，心者性之郛郭，身者心之區宇，物者身之舟車」，此語雖説得粗，畢竟大槩好。先生問：「性如何是道之形體？」淳曰：「道是性中之理。」文蔚。

先生曰：「道是泛言，性是就自家身上説。道在事物之間，如何見得，只就這裏驗之。砥録作「反身而求」。性之所在，則道之所在也。道是在物之理，性是在己之理。然物之理，都在我此理之中。道之骨子，便是性。」劉問：「性，物我皆有，恐不可分在己在物否？」曰：「道雖無所不在，須是就己驗之而後見。如『父子有親，君臣有義』，若不就己驗之，如何知得是本有？『天叙有典』，典是天底，自我驗之，方知得『五典五惇』。『天秩有禮』，禮是天底，自我驗之方知得『五禮有庸』。」淳問：「心是郛郭，便包了性否？」先生首肯曰：「是也。如横渠心統性情一句，乃不易之論。孟子説心許多，皆未有似此語端的。子細看，便見其他諸子等書，皆無依稀似此。」淳。

正卿問：「邵子所謂『道之形體』，如何？」曰：「諸先生説這道理，却不似邵子説得最著實。這箇道理纔説出，只是虚空，更無形影。惟是説『性者，道之形體』，却見得實有。不須談空説遠，只反諸吾身求之，是實有這箇道理，還是無這箇道理。故嘗爲之説曰：『欲知此道之實有者，當求之吾性分之内。』邵子忽地於《擊壤集序》自説出幾句，最説得好。」賀孫。

或問：「『性者道之形體』，如何？」曰：「天之付與，其理本不可見，其總要却在此。蓋人得之於天，理元無欠闕。只是其理却無形象，不於性上體認，如何知得？程子曰：『其體謂之道，其用謂之神，而其理屬之人則謂之性，其體屬之人則謂之心，其用屬之人則謂之情。』」祖道。

問：「性何以謂『道之形體』？」曰：「若只恁説，道則渺茫無據。如父子之仁，君臣之義，自是有箇模樣，所以爲形體也。」謨。

「性者道之形體」，此語甚好。道只是懸空説，統而言之謂道。節。

「性者道之形體」，今人只泛泛説得道，不曾見得性。椿。

「性者道之形體」，性自是體，道是行出見於用處。

才卿問「性者道之形體」。曰：「道是發用處見於行者，方謂之道。性是那道骨子，性是體，道是用。如云『率性之謂道』，亦此意。」僩。

「性者道之形體，心者性之郛郭」，康節這數句極好。蓋道即理也，如父子有親，君臣有義是也。然非性何以見理之所在？故曰「性者道之形體」。仁義禮智，性也，理也，而具此性者，心也。故曰「心者性之郛郭」。砥。

或問：「康節云：『能物物則吾爲物中之人。』伊川曰：『不必如此説。人自是人，物自是物。』伊川説得終是平。」先生曰：「自家但做箇好人，不怕物不做物。」

或誦康節詩云：「若論先天一事無，後天方要著工夫。」先生問：「如何是一事無？」曰：「出於自然，不用安排。」先生默然。廣云：「一事無處是太極。」先生曰：「嘗謂太極是箇藏頭底物事，重重推將去更無盡期。有時看得來頭痛。」廣云：「先生所謂『迎之而不見其首，隨之而不見其後』，是也。」廣。

邵子「天地定位，否泰反類」一詩，正是發明《先天方圖》之義。《先天圖》傳自希夷，希夷又自有所傳。蓋方士技術用以修煉，《參同契》所言是也。方子。

何巨源以書問：「邵子詩：『須探月窟方知物，未躡天根豈識人。』又先生贊邵子『手探月窟』、『足躡天根』，莫只是陰陽否?」先生答之云:「《先天圖》自復至乾，陽也;自姤至坤，陰也。陽主人，陰主物。『手探』、『足躡』，亦無甚意義。但姤在上復在下，上故言『手探』，下故言『足躡』。」廣。

問:「康節云:『天根月窟閑來往，三十六宫都是春。』蓋云天理流行，而已常周旋乎其間。天根月窟是箇總會處，如『大明終始』、『時乘六龍』之意否?」曰:「是。」廣。

「三十六宫都是春」，易中二十八卦翻覆成五十六卦，唯有乾、坤、坎、離、大過、頤、小過、中孚八卦反覆，只是本卦，以二十八卦湊此八卦，故言三十六也。寓。

康節詩儘好看。道夫問:「舊無垢引《心贊》云:『廓然心境大無倫，盡此規模有幾人。我性即天天即性，莫於微處起經綸。』不知如何?」曰:「是殆非康節之詩也。林少潁云『朱内翰作』，次第是子發也。」問:「何以辨?」曰:「若是真實見得，必不恁地張皇。」道夫曰:「舊看此意，似與『性爲萬物之一原，而心不可以爲限量』同。」曰:「固是。但只是摸空説，無著實處。如康節云『天向一中分造化，人從心上起經綸』，多少平易。實見得者自别。」又問「一中分造化」。曰:「本是一箇，而消息盈虚便生陰陽。事事物物皆恁地，有消便有息，有盈便有虚，有箇面，便有箇背。」曰:「這便是自然，非人力之所能爲者?」曰:「這便是生兩儀之理。」道夫。○賀孫録云:「『廓然心境大無倫』，此四句詩，正如貧子説金，學佛者之論也。」

康節煞有好説話，《近思録》不曾取入。近看《文鑑》編康節詩，不知怎生「天向一中分造化，人於心上起經綸」底詩，却不編入。義剛。

康節以品題風月自負，然實强似《皇極經世書》。方季通語。

康節之學，其骨髓在《皇極經世》，其花草便是詩。直卿云：「其詩多説閑静樂底意思，太煞把做事了。」曰：「這箇未説聖人，只顔子之樂亦不恁地。看他詩，篇篇只管説樂，次第樂得來厭了。聖人得底如喫飯相似，只飽而已。他却如喫酒。」又曰：「他都是有箇自私自利底意思，所以明道有『要之不可以治天下國家』之説。」道夫。

邵堯夫詩「雪月風花未品題」，此言事物皆有造化。可學。

邵堯夫六十歲，作《首尾吟》百三十餘篇，至六七年間終。渠詩玩侮一世，只是一箇「四時行焉，百物生焉」之意。璘。

先生誦康節詩曰：「施爲欲似千鈞弩，磨礪當如百鍊金。」或問：「千鈞弩如何？」曰：「只是不妄發，如子房之在漢，謾説一句，當時承當者便須百碎。」道夫。

康節詩云：「幽暗巖崖生鬼魅，清平郊野見鸞凰。」聖人道其常，也只是就那光明處理會説與人。那幽暗處，知得有多少怪異！僩。

康節曰：「思慮未起，鬼神莫知，不由乎我，更由乎誰！」此閒有術者，人來問事，心下默念，則他説相應。有人故意思別事，不念及此，則其説便不應。問姓幾畫，口中默數，則他説便著，不數者，説不著。義剛。

因論學者輕俊者不美，朴厚者好，因説：「章惇、邢恕當時要學數於康節，康節見得他破，不肯與之。明道亦識得邢，《語録》中可見。凡先生長者惜才，不肯大段説破，萬一其有回意。」揚因問：「當時邵傳與章邢，使其知前程事時，須不至如此之甚。」曰：「不可如此説。」後又問。云：「使章邢先知之，他更是放手做，是虎而翼者也。」又因説：「康節當時只是窮得天地盈虚消息之理，因以明得此數。要之，天地之理，却自是當知，數亦何必知之！伊川謂『雷自起處起』，何必推知其所起處？惟有孟子見得，曰：『莫非命也，順受其正。』但有今日，都不須問前面事。但自盡，明日死也不可知，更二三十年在世也不可知。只自修，何必預知之！」。揚。

康節謂章子厚曰：「以君之才，於吾之學頃刻可盡。但須相從林下一二十年，使塵慮銷散，胸中豁無一事，乃可相授。」驤。

康節數學，源流於陳希夷。康節天資極高，其學只是術數學。後人有聰明能算，亦可以推。建陽舊有一村僧宗元，一日走上徑山，住得七八十日，悟禪而歸。其人聰敏，能算法，看《經世書》，皆畧畧領會得。揚。

卷一百一

問：「程門誰真得其傳？」曰：「也不盡見得。如劉質夫、朱公掞、張思叔輩，又不見他文字。看程門諸公力量見識，比之康節、横渠，皆趕不上。」義剛。

蔡云：「不知伊川門人如此其衆，何故後來更無一人見得親切？」或云：「游楊亦不久親炙。」曰：「也是諸人無頭無尾，不曾盡心存上面也。各家去奔走仕宦，所以不能理會得透。如邵康節從頭到尾，極終身之力而後得之。雖其不能無偏，然就他這道理，所謂『成且安』矣。如茂叔先生資禀便較高，他也去仕宦。只他這所學，自是從合下直到後來，所以有成。某看來，這道理若不是拚生盡死去理會，終不解得。書曰『若藥不瞑眩，厥疾不瘳。』須是喫些苦極，方得。」蔡云：「上蔡也雜佛老。」曰：「只他見識又高。」蔡云：「上蔡老氏之學多，龜山佛氏之説多，游氏只雜佛，吕與叔高於諸公。」曰：「然。這大段有筋骨，惜其早死！若不早死，也須理會得到。」蔡又因説律管，云：「伊川何不理會，想亦不及理會，還無人相共理會？然康節所理會，伊川亦不理會？」曰：「便是伊川不肯理會這般所在。」賀孫。

卷一百八

蔡季通因浙中主張《史記》，常説道邵康節所推世數，自古以降去後，是不解會甚好，只得就後世做規模。以某看來則不然。孔子修《六經》，要爲萬世標準。若就那時商量，别作箇道理，孔子也不解修《六經》得。如司馬遷亦是箇英雄，文字中間自有好處。只是他説經世事業，只是第二三著，如何守他議論！如某退居老死無用之物，如諸公都出仕官，這國家許多命脉，固自有所屬，不直截以聖人爲標準，却要理會第二三著，這事煞利害，千萬細思之！賀孫。

卷一百九

康節謂：「天下治，則人上行；天下亂，則人上文。」太祖時，人都不理會文；仁宗時，人會説。今又不會説，只是胡説。因見時文義，甚是使人傷心。揚。

卷一百十五

八問邵康節《男子吟》。曰：「康節詩乃是説《先天圖》中數之所從起處。『天根』、『月窟』指復、姤二卦而言。」九問：「《濂溪遺事》載邵伯温記康節論天地萬物之理以及六合之外，而伊川稱歎。《東見録》云：『人多言天地外，不知天地如何説内外，外面畢竟是箇甚？若言著外，則須似有箇規模。』此説如何？」曰：「六合之外，莊周亦云，聖人存而不論，以其難説故也。舊嘗見《漁樵問對》，問：『天何依？』曰：『依乎地。』『地何附？』曰：『附乎天。』『天地何所依附？』曰：『自相依附。天依形，地附氣，其形也有涯，其氣也無涯。』意者當時所言，不過如此。某嘗欲注此語於《遺事》之下，欽夫苦不許，細思無有出是説者。」因問：「向得此書，而或者以爲非康節所著。」先生曰：「其間儘有好處，非康節不能著也。」道夫。

卷一百十六

且如邵康節始學於百原，堅苦刻厲，冬不爐，夏不扇，夜不就席者有年，公們曾如此否？

又舉邵子「性者道之形體」處曰：「道雖無所不在，然如何地去尋討他，只是回頭來看，都在自家性分之内，自家有這仁義禮智，便知得他也有仁義禮智。」義剛。

卷一百十九

今江西人皆是要偷閒自在，才讀書便要求箇樂處，這便不是了。某説，若是讀書尋到那苦澁處，方解有醒悟。康節從李挺之學數，而曰：「但舉其端，勿盡其言，容某思之。」它是怕人説盡了，這便是有志底人。義剛。

卷一百二十

先生嘗謂劉學古曰：「康節詩云『閒居謹莫説無妨』，蓋道無妨，便是有妨。要做好人，則上面煞有等級；做不好人，則立地便至，只在把住放行之間爾。」道夫。

問丘次孟言：「嘗讀《曲禮》《遺書》康節詩，覺得心意快活。」曰：「他本平鋪地説在裏，公却帖了箇飛揚底意思在上面，可知是恁地。康節詩云『真樂攻心不奈何』，某謂此非真樂也，真樂便不攻心。如顔子之樂，何嘗恁地！」曰：「次孟何敢望康節，直塗之人爾。」曰：「塗人却無許多病。公正是肚裏有許多見識道理，攪得恁地叫喚來。」又舉《曲禮》成誦。先生曰：「但《曲禮》無許多叫喚。」曰：「次孟氣不足。」曰：「非氣不足，乃氣有餘也。」道夫。

卷一百二十五

康節嘗言老氏「得《易》之體」、孟子「得《易》之用」，非也。老子自有老子之體用，孟子自有孟子之體用。「將欲取之，必固與之」，此老子之體用也。「存心養性，充廣其四端」，此孟子之體用也。廣。

莊周曾做秀才，書都讀來，所以他説話都説得也是。但不合沒拘檢，便凡百了。或問：「康節近似莊周？」曰：「康節較穩。」燾。

莊子比邵子見較高，氣較豪。他是事事識得，又却蹴踏了，以爲不足爲。邵子却有規矩。方子。

一便生二，二便生四。老子却説「二生三」便是不理會得。「道生一，一生二，二生三」，不合説一箇生一箇。方。

卷一百三十

邢恕本不定疊，知隨州時，温公猶未絶之，與通書。只是明道康節看得好。康節詩云「慎勿輕爲西晉風」，明道語見上蔡《録》中「便不得下説」處。開封劊子事，只是後來撰出，當時無此事，《辨誣》中有「妄謂」二字。德明。

卷一百三十七

「揚子雲、韓退之二人，也難説優劣。但子雲所見處，多得之老氏。在漢末年，難得人似它。亦如荀子言語亦多病，但就彼時亦難得一人如此。子雲所見多老氏者，往往蜀人有嚴君平源流。且如《太玄》就三數起，便不是。《易》中只有陰陽奇耦，便有四象。如春爲少陽，夏爲老陽，秋爲少陰，冬爲老陰。曼揚子雲見一二四都被聖人説了，却杜撰就三上起數。」問：「温公最喜《太玄》。」曰：「温公全無見處。若作《太玄》，何似作歷？老泉嘗非《太玄》之數，亦説得是。」又問：「與康節如何？」曰：「子雲何敢望康節！康節見得高，又超然自得。退之却見得大綱，有七八分見識。如《原道》中説得仁義道德煞好，但是他不去踐履玩味，故見得不精微細密。伊川謂其學華者，只謂愛作文章。如作詩説許多閒言語，皆是華也。看得來退之勝似子雲。」南升。

卷一百三十八

王拱辰作高樓，温公作土室。時人語云：「一人鑽天，一人入地。」康節謂富公云：「比有怪事，一人巢居，一人穴處。」方。

卷一百四十

康節説形而上者不能出莊老，形而下者則盡之矣。因誦《皇極書》第一篇。二先生説下者不盡，亦不甚説。關子明説形而上者亦莊老。季通。

周易本義

伏羲八卦次序圖

《繫辭傳》曰：「易有太極，是生兩儀，兩儀生四象，四象生八卦。」邵子曰「一分爲二，二分爲四，四分爲八」也。

《説卦傳》曰：「易逆數也。」邵子曰「乾一、兑二、離三、震四、巽五、坎六、艮七、坤八」。自乾至坤「皆得未生之卦」，「若逆推四時之比①也」。後六十四卦次序放此。

伏羲八卦方位圖

《説卦傳》曰：「天地定位，山澤通氣，雷風相薄，水火不相射，八卦相錯。數往者順，知來者逆。」邵子曰：「乾南，坤北，離東，坎西，震東北，兑東南，巽西南，艮西北。自震至乾爲順，自巽至坤爲逆。」②後六十四卦方位放此。

伏羲六十四卦次序圖

前《八卦次序圖》，即《繫辭傳》所謂「八卦成列」者。此圖即所謂「因而重之」者也。故下三畫即前圖之八卦，上三畫則各以其序重之，而下卦因亦各衍而爲八也。若逐爻漸生，則邵子所謂「八分爲十六，十六分爲三十二，三十二分爲六十四」③者，尤見法象自然之妙也。

伏羲六十四卦方位圖

右伏羲四圖，其説皆出邵氏。蓋邵氏得之李之才挺之，挺之得之穆修伯長，伯長得之華山

① 《觀物外篇》原文：「此一節直解圖意，若逆知四時之謂也。」
② 《觀物外篇》原文：「乾坤定上下之位，離坎列左右之門。」不見《周易本義》此段所謂「邵子曰」的內容。
③ 《觀物外篇》原文：「八卦相錯，然後萬物生焉。是故一分爲二，二分爲四，四分爲八，八分爲十六，十六分爲三十二，三十二分爲六十四。故曰『分陰分陽，迭用柔剛，故《易》六位而成章』也。」

希夷先生陳摶圖南者，所謂「先天之學」也。此圖圓布者，乾盡午中，坤盡子中，離盡卯中，坎盡酉中。陽生於子中，極於午中；陰生於午中，極於子中。其陽在南，其陰在北。方布者乾始於西北，坤盡於東南。其陽在北，其陰在南。此二者，陰陽對待之數。圓於外者爲陽，方於中者爲陰。圓者動而爲天，方者静而爲地者也。

文王八卦方位圖

右見《説卦》。邵子曰此「文王八卦」，乃入用之位，①「後天之學」也。

《周易・彖上傳》：「復，其見天地之心乎。」積陰之下，一陽復生，天地生物之心，幾於滅息而至此乃復可見。在人則爲静極而動，惡極而善，本心幾息而復見之端也。程子論之詳矣。而邵子之詩亦曰：「冬至子之半，天心無改移。一陽初動處，萬物未生時。玄酒味方淡，大音聲正希。此言如不信，更請問包犧。」至哉！言也。學者宜盡心焉。

《周易・説卦傳》：「天地定位，山澤通氣，雷風相薄，水火不相射，八卦相錯。」邵子曰此「伏羲八卦」之位。②乾南，坤北，離東，坎西，兑居東南，震居東北，巽居西南，艮居西北，於是八卦相交而成六十四卦，所謂「先天之學」也。

---

① 《觀物外篇》原文：「置乾於西北，退坤於西南，長子用事而長女代母，坎離得位，兑震爲偶，以應地之方也。王者之法，其盡於是矣。」又説：「起震終艮一節，明文王八卦也。」

② 《觀物外篇》原文：「天地定位一節，明伏羲八卦也。」

易學啟蒙

本圖書第一

《易大傳》曰：「河出圖，洛出書，聖人則之。」

邵子曰：「圖者星也，歷紀之數，其肇於此乎？方者土也，畫州、井地之，法其放於此乎？蓋圓者《河圖》之數，方者《洛書》之文。故羲、文因之而造《易》，禹、箕叙之而作《範》也。」

原卦畫第二

古者包羲氏之王天下也，仰則觀象於天，俯則觀法於地，觀鳥獸之文與地之宜，近取諸身，遠取諸物，於是始作八卦，以通神明之德，以類萬物之情。

易有太極，是生兩儀，兩儀生四象，四象生八卦。

《大傳》又言包犧畫卦所取如此，則《易》非獨以《河圖》而作也。蓋盈天地之間，莫非太極、陰陽之妙。聖人於此仰觀俯察，遠求近取，固有以超然而默契於其心矣。故自兩儀之未分也，渾然太極，而兩儀、四象、六十四卦之理已粲然於其中。自太極而分兩儀，則太極固太極也，兩儀固兩儀也。自兩儀而分四象，則兩儀又爲太極，而四象又爲兩儀矣。自是而推之，由四而八，由八而十六，由十六而三十二，由三十二而六十四，以至於百千萬億之無窮。雖其見於摹畫者若有先後而出於人爲，然其已定之形已成之勢則固已具於渾然之中，而不容毫髮思慮作爲於其間也。程子所謂「加一倍法」者，可謂一言以蔽之，而邵子所謂「畫前有《易》」者，又可見其真不妄矣。世儒於此或不之察，往往以爲聖人作《易》，蓋極其心思探索之巧而得之，甚者至謂凡卦之畫必由蓍而後得，其誤益以甚矣。

易有太極

邵子曰「道爲太極」，又曰「心爲太極」，此之謂也。

是生兩儀

邵子所謂「一分而爲二」者，此之謂也。

兩儀生四象

邵子所謂「二分爲四者」，皆此之謂也。

四象生八卦

邵子所謂「四分而爲八」者，皆指此而爲言也。

八卦之上各生一奇一偶，而爲四畫者十六，於經無見，邵子所謂「八分爲十六」者是也。又爲兩儀之上各加八卦，又爲八卦之上各加兩儀也。

四畫之上各生一奇一偶，而爲五畫者三十二，邵子所謂「十六分爲三十二」者是也。又爲四象之上各加八卦，又爲八卦之上各加四象也。

五畫之上各生一奇一偶，而爲六畫者六十四，則「兼三才而兩之」，而八卦之乘八卦，亦周於是。六十四卦之名立，而《易》道大成矣。《周禮》所謂「三易」之「别」皆六十有四，所謂「因而重之，爻在其中矣」。邵子所謂「三十二分爲六十四」者是也。

若於其上各卦又各生一奇一偶，則爲七畫者百二十八矣。

七畫之上又各生一奇一偶，則爲八畫者二百五十六矣。

八畫之上又各生一奇一偶，則爲九畫者五百十二矣。

九畫之上又各生一奇一偶，則爲十畫者千二十四矣。

十畫之上又各生一奇一偶，則爲十一畫者二千四十八矣。

十一畫之上又各生一奇一偶，則爲十二畫者四千九十六矣。此焦貢《易林》變卦之數，蓋以六十四乘六十四矣。今不復爲圖於此，而畧見第四篇中。

若自十二畫上又各生一奇一偶，累至二十四畫則成千六百七十七萬七千二百一十六變，以四千九十六自相乘，其數亦與此合。引而伸之，蓋未知其所終極也。雖未見其用處，然亦足以見《易》道之無窮矣。

天地定位，山澤通氣，雷風相薄，水火不相射，八卦相錯。數往者順，知來者逆，是故易逆數也。

雷以動之，風以散之，雨以潤之，日以烜之，艮以止之，兑以説之，乾以君之，坤以藏之。

邵子曰此一節「明伏羲八卦也」、「八卦相錯者，明其相錯而成六十四也」。「『數往者順』若順天而行，是左旋也，皆已生之卦也，故云數往也；『知來者逆』若逆天而行，是右行也，皆未生之卦也，故云知來也。夫《易》之數由逆而成矣。此一節直解圖意，若逆知四時之謂也。」①以《橫圖》觀之，有乾一而後有兑二，有兑二而後有離三，有離三而後有震四，有震四而巽五、坎六、艮七、坤八，亦以次而生焉。此《易》之所以成也。而《圓圖》之左方，自震之初爲冬至，離兑之中爲春分，以至於乾之末而交夏至焉，皆進而得其「已生之卦」，猶自今日而退數昨日也，故曰「數往者順」；其右方自巽之初爲夏至，坎艮之中爲秋分，以至于坤之末而交冬至焉，皆進而得其「未生之卦」，猶自今日而逆計來日也，故曰「知來者逆」。然本《易》之所以成，則其先後始終如《橫圖》及《圓圖》右方之序而已，故曰「《易》逆數也」。

又曰：「太極既分，兩儀立矣。陽上交於陰，陰下交於陽，而四象生矣。陽交於陰，陰交於陽，而生天之四象；剛交於柔，柔交於剛，而生地之四象。八卦相錯，而後萬物生焉。是故一分爲二，二分爲四，四分爲八，八分爲十六，十六分爲三十二，三十二分爲六十四，猶根之有幹，幹之有枝，愈大則愈小，愈細則愈繁。是故乾以分之，坤以翕之，震以長之，巽以消之。長則分，分則消，消則翕也。乾坤定位也，震巽一交也，兑離坎艮再交也。故震陽少而陰尚多也，巽陰少而

① 《觀物外篇》原文：「起震終艮一節，明文王八卦也；天地定位一節，明伏羲八卦也。『八卦相錯』者，明交錯而成六十四也。『數往者順』若順天而行，是左旋也，皆已生之卦也，故云數往也；『知來者逆』若逆天而行，是右旋也，皆未生之卦也，故云知來也。夫《易》之數由逆而成矣。此一節直解圖意，若逆知四時之謂也。」

陽尚多也，兑離陽浸多也，坎艮陰浸多也。」①

又曰：「無極之前陰含陽也，有象之後陽分陰也。陰爲陽之母，陽爲陰之父。故母孕長男而爲復，父生長女而爲姤。是以陽起於復，而陰起於姤也。」

又曰：「震始交陰而陽生，巽始消陽而陰生，兑陽長也，艮陰長也。震兑在天之陰也，巽艮在地之陽也。故震兑上陰而下陽，巽艮上陽而下陰。天以始生言之，故陰上而陽下，交泰之義也。地以既成言之，故陽上而陰下，尊卑之位也。乾坤定上下之位，坎離立左右之門，天地之所闔闢，日月之所出入，春夏秋冬、晦朔弦望、晝夜長短、行度盈縮，莫不由乎此矣。」②

又曰：「乾四十八而四分之，一分爲陰所克也。坤四十八而四分之，一分爲所克之陽也。

---

① 《觀物外篇》原文：「太極既分，兩儀立矣。陽下交於陰，陰上交於陽，四象生矣。陽交於陰、陰交於陽而生天之四象；剛交於柔、柔交於剛而生地之四象，於是八卦成矣。八卦相錯，然後萬物生焉。是故一分爲二，二分爲四，四分爲八，八分爲十六，十六分爲三十二，三十二分爲六十四。故曰『分陰分陽，迭用柔剛，故《易》六位而成章』也。十分爲百，百分爲千，千分爲萬，猶根之有幹，幹之有枝，枝之有葉，愈大則愈少，愈細則愈繁，合之斯爲一，衍之斯爲萬。是故，乾以分之，坤以翕之，震以長之，巽以消之，長則分，分則消，消則翕也。」

② 《觀物外篇》原文：「離在天而當夜，故陽中有陰也，坎在地而當晝，故陰中有陽也。震始交陰而陽生，巽始消陽而陰生，兑陽長也，艮陰長也。震兑在天之陰也，巽艮在地之陽也，故震兑上陰而下陽，巽艮上陽而下陰。天以始生言之，故陰上而陽下，交泰之義也，地以既成言之，故陽上而陰下，尊卑之位也。乾坤定上下之位，離坎列左右之門，天地之所闔辟，日月之所出入，是以春夏秋冬、晦朔弦望、晝夜長短、行度盈縮，莫不由乎此矣。」

故乾得三十六，而坤得十二也。兑離以下更思之。」①今案：兑離二十八陽二十陰，震二十陽二十八陰，艮坎二十八陰二十陽，巽二十陰二十八陽。

又曰：「乾坤縱而六子横，《易》之本也。」②

又曰：「陽在陰中陽逆行，陰在陽中陰逆行，陽在陽中、陰在陰中，則皆順行。此真至之理，案圖可見之矣。」

又曰：「復至乾凡百二十有二陽，姤至坤凡八十陽，姤至坤凡一百二十有二陰，復至乾凡八十陰。」③

又曰：「坎離者，陰陽之限也。故離當寅，坎當申，而數常踰之者，陰陽之溢也。然用數不過乎中也。」④

---

① 《觀物外篇》原文：「乾四十八而四分之，一分爲陰所克，坤四十八而四分之，一分爲所克之陽也。故乾得三十六，而坤得十二也。陽主進，是以進之爲三百六十日；陰主消，是以十二月消十二日也。順數之，乾一，兑二，離三，震四，巽五，坎六，艮七，坤八。逆數之，震一，離兑二，乾三，巽四，坎艮五，坤六。乾四十八，兑三十，離二十四，震十，坤十二，艮二十，坎三十六，巽四十。乾三十六，坤十二，離兑巽二十八，坎艮震二十。兑離上正更思之。」

② 《觀物外篇》原文：「乾坤縱而六子横，《易》之本也；震兑横而六卦縱，《易》之用也。」

③ 《觀物外篇》原文：「復至乾凡百有十二陽，姤至坤凡八十陽；姤至坤凡百有十二陰，復至乾凡八十陰。」

④ 《觀物外篇》原文：「故離當寅，坎當申，而數常踰之者，蓋陰陽之溢也。然用數不過乎寅，交數不過乎申也。或離當卯，坎當酉。」

又曰：「先天學，心法也，故圖皆自中起，萬化萬事生於心也。」①

又曰：「圖雖無文，吾終日言而未嘗離乎是。蓋天地萬物之理，盡在其中矣。」

帝出乎震，齊乎巽，相見乎離，致役乎坤，説言乎兑，戰乎乾，勞乎坎，成言乎艮。萬物出乎震，震東方也。齊乎巽，巽東南也。齊也者，言萬物之整齊也。離也者，明也。萬物皆相見，南方之卦也。聖人南面而聽天下，嚮明而治，蓋取諸此也。坤也者，地也。萬物皆致養焉，故曰致役乎坤。兑正秋也，萬物之所説也，故曰説言乎兑。戰乎乾，乾西北之卦也，言陰陽相薄也。坎者水也，正北方之卦也。勞卦也，萬物之所歸也，故曰勞乎。坎艮東北之卦也，萬物之所成終而所成始也，故曰成言乎艮。

神也者，妙萬物而爲言者也。動萬物者莫疾乎雷，撓萬物者莫疾乎風，燥萬物者莫熯乎火，説萬物者莫説乎澤，潤萬物者莫潤乎水，終萬物始萬物者莫盛乎艮。故水火相逮，雷風不相悖，山澤通氣，然後能變化既成萬物也。

邵子曰此一節：「明文王八卦也。」②

又曰：「至哉！文王之作《易》也，其得天地之用乎！故乾坤交而爲泰，坎離交而爲既濟

---

① 《觀物外篇》原文：「先天學，心法也，故圖皆自中起，萬化萬事生乎心也。先天學主乎誠，至誠可以通神明，不誠則不可以得道。」

② 《觀物外篇》原文：「起震終艮一節，明文王八卦也，天地定位一節，明伏羲八卦也。」

也。乾生於子，坤生於午，坎終於寅，離終於申，以應天之時也。置乾於西北，退坤於西南，長子用事而長女代母，坎離得位而兑艮爲耦，以應地之方也。王者，文王也，其盡於是矣。」①此言文王改易伏羲卦圖之意也。蓋自乾南坤北而交，則乾北坤南而爲泰矣。自離東坎西而交，則離西坎東而爲既濟矣。乾坤之交者，自其所已成而反其所由生也。故再變則乾退乎西北，坤退乎西南也。坎離之變者，東自上而西，西自下而東也。故乾坤既退，則離得乾位，而坎得坤位也。震用事者，生於東方巽代母者，長養於東南也。

又曰：「《易》者，一陰一陽之謂也。震兑始交者也，故當朝夕之位。坎離交之極者也，故當子午之位。巽艮不交，而陰陽猶雜也，故當用中之偏。乾坤純陽純陰也，故當不用之位也。」②

又曰：「兑離巽，得陽之多者也。艮坎震，得陰之多者也。是以爲天地用也。乾極陽，坤極陰，是以不用也。」③

---

① 《觀物外篇》原文：「至哉！文王之作《易》也。其得天地之用乎。故乾坤交而爲泰，坎離交而爲既濟也。乾生于子，坤生於午，坎終於寅，離終於申，以應天之時也。置乾於西北，退坤於西南，長子用事而長女代母，坎離得位，兑艮爲耦，以應地之方也。王者之法，其盡於是矣。」

② 《觀物外篇》原文：「《易》者，一陰一陽之謂也。震兑始交者也，故當朝夕之位。離坎交之極也，故當子午位。巽艮雖不交，而陰陽猶雜也，故當用中之偏位。乾坤純陰陽也，故當不用之位。」

③ 《觀物外篇》原文：「一氣分而陰陽判，得陽之多者爲天，得陰之多者爲地。是故陰陽半而形質具焉，陰陽偏而性情分焉。形質又分，則多陽者爲剛也，多陰者爲柔也。性情又分，則多陽者，陽之極也；多陰者，陰之極也。兑離巽，得陽之多者也。艮坎震，得陰之多者也，是以爲天地用也。乾陽極，坤陰極，是以不用也。」

又曰：「震兑横而六卦縱，易之用也。」①

嘗考此圖而更爲之説曰：震東兑西者，陽主進，故以長爲先而位乎左；陰主退，故以少爲貴而位乎右也。坎北者，進之中也。離南者，退之中也。男北而女南，二者互藏其宅也。四者，皆當四方之正也，而爲用事之卦。然震兑始而坎離終，震兑輕而坎離重也。乾西北坤西南者，父母既老而退居不用之地也。然母親而父尊，故坤猶半用而乾全不用也。艮東北巽東南者，少男進之後而長女退之先，故亦皆不用也。然男未就傅女將有行，故巽稍向用而艮全未用也。四者，皆居四隅不正之位。然居東者未用，而居西者不復用也，故下文歷舉六子而不數乾坤。至其水火雷風山澤之相偶，則又用伏羲卦云。

凡此數節，皆文王觀於已成之卦，而推其未明之象以爲説。邵子所謂「後天之學」，入用之位者也。

① 《觀物外篇》原文：「乾坤縱而六子横，《易》之本也；震兑横而六卦縱，《易》之用也。」

文淵閣四庫全書所見邵雍資料

經部

周易古占法　宋程迥撰

迥嘗聞邵康節以易數示吾家伯淳，伯淳曰「此加一倍法」也，其説不詳見於世。今本之《繫辭》、《説卦》發明倍法，用逆數以尚占知來，以補先儒之闕。庶幾象數之學可與士夫共之，不爲讖緯瞽史所惑，於聖人之經，不爲無助也。

周易章句　宋程迥撰

卷一

邵堯夫曰「誰信畫前元有易」，畫之前豈無天地陰陽乎？或曰「畫前有易其理甚微」，不知何故發此語？

大易粹言　宋方聞一編

大易粹言序

伏羲以前理具而畫未形，伏羲以後畫形而理遂晦。至文王周孔始有辭，後人當使言與心通，理因辭見，明行明事，然後爲得。甚者以象爲本，以數爲宗，以卜筮爲尚，可怪也。闕吾根於性理者哉！淳熙乙未夏五月，穜代匱龍舒，因與二三僚友語及先生之學，皆欣然有得。謂穜曰：易道蓋先生不窮，未嘗拘泥，胡可不傳？遂相與裒伊川家所嘗發揮大易之旨者，明道伊川、横渠、廣平、龜山、兼山、白雲，合七先生集爲一書，目之曰《大易粹言》。考其説雖小有不同，要其終則歸乎一致。板之以傳，使夫後之學者由是可以知仁義道德之説，性命禍福之理，君臣父子之大致，誠不爲無補。《易》曰：「先天而天弗違」，龜山載邵堯夫詩亦有「畫前元有易」之語。蓋七先生之所宗，先生之學畫前之易也。學者宜究心焉。淳熙二年九月曾穜序。

卷首

或問：正叔先生云「邵堯夫易數，至今無傳」，當時何不問它看如何？先生曰：若是，公等須打不過，不必問它。

或問：《太玄》之作何如？曰：是亦賢矣，必欲撰不如明《易》。邵堯夫之數似《玄》而不同，數只是一般，但看人如何用之。雖作十《玄》亦可況一玄乎？

邵堯夫易數甚精，自來推長曆者至久必差，惟堯夫不然。指一二近事，當面可驗。明道云：「待要傳與某兄弟，某兄弟那得功夫？要學須是二十年功夫。」明道聞説甚熟，一日因監試無事，以其説推算之皆合。出謂堯夫曰：「堯夫之數，只是加一倍法，以此知《太玄》都不濟事。」堯夫驚撫其背曰：「大哥，你恁聰明！」伊川謂堯夫知易數爲知天？知易理爲知天？堯夫云「須還知易理爲知天」。因説今年雷起甚處，伊川云「堯夫怎知，某便知」，又問甚處起？伊川云「起處起」，堯夫愕然。它日伊川問明道曰「加倍之數如何」？曰「都忘之矣」。因歎其心無偏繫。

卷十九

龜山楊氏曰：或問邵堯夫云：「誰信畫前元有易，自從删後更無詩」，畫前有易何以見？曰：畫前有易，其理甚微，然即用夫子之已發明者言之，未有畫前蓋可見也。如云神農氏之耒耜，蓋取諸益；日中爲市，蓋取諸噬嗑；黄帝堯舜之舟楫，蓋取諸渙；服牛乘馬，蓋取諸隨，益、噬嗑、渙、隨重卦也，當神農、黄帝、堯、舜之時，重卦未畫，此理真聖人有以見天下之賾，故通變以宜民，而易之道得矣，然則非「畫前元有易」乎！

易裨傳

宋林至撰

外篇

李挺之《變卦反對圖》八篇，《六十四卦相生圖》一篇，漢上朱氏以爲康節之子伯温傳之於河陽陳四丈，陳傳之於挺之。長楊郭氏序李氏象學先天卦變曰：「陳圖南以授穆伯長，伯長以授李挺之，挺之以授邵堯夫，陳安民以授兼山。」卦變一義，横渠、伊川罕言，而兼山獨得之康節，本爲先天易學，而《觀物外篇》亦曰：「體者八變，用者六變，是以八卦之象不易者四，反易者二，以六變而成八也。重卦之後，不易者八，反覆者二十八，以三十六變而成六十四也。」又曰：「乾坤之位可易也，坎離名可易而位不可易也，震巽位可易而名不可易也，兑與艮名位皆可易也。離肖乾，坎肖坤，中孚肖乾，頤肖離，小過肖坤，大過肖坎。是以乾坤、坎離、中孚頤、大小過皆不可易也。」又曰：「卦之反對皆六陽六陰也。在易則六陽六陰者十有二對也，去四正則八陽四陰八陰四陽者各六對也，十陽二陰十陰二陽者各三對也。乾坤本也，坎離用也，乾坤坎離上篇之用也。咸兑艮也，恒震巽也，兑艮震巽下篇之用也。頤大過小過中孚二篇之正也。」故曰：「至哉『文王之作易』，其得天地之用乎？」大抵卦變八圖，陽在下者以升爲變，在上者以降爲變，故升降之對，此爲升則彼爲降，此爲降則彼爲升。然康節先天之學不泥書言而猶有卦變之説，何耶？曰：大易之道本之氣數之自然，觀《先天圖》則可見出生之統體矣。今六十四卦兩兩相比，若近於反對者。觀《序卦》之先後，皆有深意。要非三陰三陽反對不反對云者。近世復有上經三十卦下經三十四卦，反對不反對皆本八卦以求合於十有八變者，其巧愈甚矣。要之卦變一義，《易》之一端耳。若以爲易道盡於是，要非康節所以望後世者。

厚齋易學　宋馮椅撰

卷二十二　易輯傳第十八

邵堯夫曰：復次剥明，亂中生治乎。遘次夬明，正中生亂乎。時哉，時哉！未有剥而不復，未有夬而不遘者，是以聖人重未然之防。

卷二十三　易輯傳第十九

蘭惠卿曰：邵堯夫易圖謂升者，臨之生，萃之反，柔以時升，非獨六五。蓋萃則四五皆陽而升，則陽降陰升，四五皆陰，自萃之反而言也。或曰升與晉何異？曰升者自下升高，故謂之升，故《大象》曰「地中生木，升」。晉者自近進遠，故謂之晉，故《大象》曰「明出地上，晉」。取義各不同也。

附録一　先儒著述上

古經

建中靖國元年辛巳歲，晁以道著《古周易》八卷，亦與吕氏合，特不分經、彖、象、繫上下篇，縮十二爲八爾。李仁父謂吕、晁二家不相祖述，蓋其篇次暗合也。《漢・藝文志》《易經》十二篇，顔師古曰：「上下經及十翼，此其本之田何，最爲近古。」吕、晁所以倣之，以釐正王輔嗣之《易》，而反之古也。近世沙隨程可久作《古周易程氏考》十二篇，别爲章句，不與正經相亂，正同田何而名同於以道。邵堯夫作《百源易》，其次序亦如此。

附録二　先儒著述下

先天圖

本朝邵雍撰。易先天圖外圓内方，其説曰圓者天也，方者地也。雍字堯夫，河南人，謚康節，前知來物。其始學之時，睡不施枕者至三十年，然而數學也，惟毛伯玉論之爲詳。謂堯夫之筮，虞翻管輅郭璞之學也。堯夫之數，陸績、趙賨、李淳風之流也。獨其人品高耳。若其精於數，則所深諱也，故避其名而自託於《易》。述先天之圖，推卦變之説，衍大衍之象。邵氏既託之《易》以自神其數學者，每神其數而併信其易。世傳《邵氏易全解》殊淺謬，意後人假託耳。抑觀子文所敘堯夫之學，自陳希夷，陳授穆李，此數學也。而堯夫易學，大抵專於論象，則託之象以隱其數爾。堯夫得司馬君實以尊其學，得程伯淳以誌其墓，相與交推其所長而不言其所偏，故世莫得而窺之。然伯淳兄弟亦有抑揚其誌墓也，言其學出於穆李而不言陳摶，君實又自祖《太玄》，不傳其易學云。

述衍　通變

《中興書目》：「《述衍》十八卷，乾道中兵部員外郎張行成撰。以易數生於衍，因先釋《繫辭》之説，而後析衍法窮源流，命曰《述衍》。又撰《通變》四十卷，以邵堯夫之學祖於象數三圖，其用皆起於爻，爻則變，今演解之，命曰《通變》。爻者，世俗以三錢擲卦，背面之名。前人詩云

『呵錢』，卦爻是也。」

易學啟蒙小傳　宋税與權撰

與權曩從先師鶴山魏文靖公講切邵氏諸書，迺於《觀物篇》得後天易上下經序卦圖，反覆視之皆成十有八卦。

自漢以來諸儒異説，今本邵氏《觀物篇》而正之。

周易啟蒙翼傳　元胡一桂撰

康節先生邵雍《皇極經世書》十二卷，《朱文公語録》曰：「《經世》以元經會，以會經運，以運經世。」又曰：「邵子之學，只把元會運世四字貫盡天地萬物。」又作《叙篇》、《系述》二卷，《觀物外篇》六卷，門人張峕記雍言。《觀物内篇解》二卷，雍之子伯温作。《辨惑》一卷。伯温作。晁公武云：「《經世》起於堯即位之二十二年甲辰，終於周顯德六年己未。編年紀興亡治亂事，以符其學。又有《觀物篇》系於後。其子伯温解。」

張行成《元包數總義》二卷，《述衍》十八卷，《通變》四十卷。愚案：《宋·藝文志》所載，知此。嘗觀張氏《進易書狀》云：「臣自成都府路鈐轄司幹辦公事丐祠而歸，杜門十年，著成《述衍》十八卷，以明伏羲文王周孔之《易》；《翼元》十二卷，以明揚雄之《易》；《元包數義》二卷，以明衛元嵩之《易》；《潛虚衍義》十六卷，以明司馬光之《易》；《皇極經世索隱》二卷、《觀物外卷衍義》九卷，以明邵雍之《易》。《通變》四十卷，取自陳搏至邵雍所傳先天卦數等四十圖，敷演解釋，以通諸《易》之變。始若殊塗，終歸一致。上件書七種，總二十六册，分九十九卷。謹隨狀上進以聞。」觀此則七易之目及其所以作之之意，可得而識矣。

經世本先天方圓圖説

康節先天之易，尚象而不尚辭。

經世要旨

先天之學，本來只是先天六十四卦大横圖一一八八之序。

祝涇甫曰：「《易》以占爲神，極以算爲智。」

讀易舉要　宋俞琰撰

卷四　魏晉以後唐宋以來諸家著述

康節先生河南邵雍堯夫撰《皇極經世書》，熙寧十年卒，年六十七。其子右奉直大夫伯温子文爲之序系，具載先天後天變卦反對諸圖，又爲《易學辨惑》一篇，叙傳授本末真僞，康節門人太常寺主簿張峄子望撰《觀物外篇》，記其平生之言，雖十才一二，而足以發明成書者爲多，故名《觀物外篇》。若《觀物内篇解》二卷，則伯温所撰，即《經世書》之第十一第十二卷也。

葉八白易傳　明葉山撰

卷十一

姤女壯，勿用取女，無攸利，何也？

葉子曰：此聖人所以獨靈於心而高超於世也。傳曰「象事知器，占事知來」，又曰「知幾其神乎，幾者動之微，吉之先見者也」，「君子見幾而作，不俟終日」，斷可識矣。故辛有適伊川，見被髪而祭於野者，曰：「不及百年，此其戎乎？其禮先亡矣。」杜鵑鳴於洛陽，邵雍聞之不樂，客問其故。雍曰：「洛陽舊無杜鵑，今始至天下將治，地氣自北而南，將亂自南而北。今南方地氣至矣，禽鳥飛類得氣之先者也。不二年，用南人作相，天下自此多事矣。」辛有觀事而知其兆，邵雍觀物而知其幾。古之哲人，其前知而豫憂類如此。

日講易經解義　清聖祖撰

卷十

宋儒邵雍有言「復次剥明，治生於亂也。姤次夬明，亂生於治也」，時哉，時哉！未有剥而不復夬而不姤者，此其故不在小人能害君子，而在君子不能拒小人。姤者存乎彼，取者存乎我。彼雖欲姤而我終勿取，則小人其如君子何？而禍亂之端，可以永弭矣。

卷十八　序卦傳

夫物至於既濟，則其功已成而數已窮矣。然物無終窮，如天地不窮於運會之循環，萬物不窮於化育之生息，人事不窮於治亂之倚伏。終而復始，生生不息，故《易》以未濟終焉。此以氣運言也。按：此篇推之於治道，參之於造化，微之爲聖賢之學問，顯之爲帝王之治功。驗於人事，極於氣運，總不出卦體所自具。至於六十四卦循環，往復變化，相生所爲，終則復始，貞下起元，先儒邵雍《皇極經世》一書，大指皆本於此。真能貫天地之陰陽，究古今之變化者歟？

易學象數論　清黄宗羲撰

卷一　先天圖

邵子先天横圖次序，以易有太極是生兩儀，兩儀生四象，四象生八卦爲據。黄東發言：「生兩、生四、生八，易有之矣。生十六、生三十二，易有之否耶？」某則據易之生兩、生四、生八，而後知横圖之非也。「易有太極，是生兩儀」，所謂一陰一陽者是也。其一陽也已括一百九十二爻之奇，其一陰也已括一百九十二爻之偶，以三百八十四畫爲兩儀，非以兩畫爲兩儀也。若如朱子以第一爻而言，則一陰一陽之所生者各止三十二爻，而初爻以上之奇偶又待此三十二爻以生。陰陽者氣也，爻者質也。一落於爻，已有定位焉，能以此位生彼位哉！「兩儀生四象」，所謂老陽老陰少陽少陰是也。乾爲老陽，坤爲老陰，震坎艮爲少陽，巽離兑爲少陰，三奇☰者老陽之象，三偶☷者老陰之象，一奇二偶☳☵☶者少陽之象，一偶二奇☴☲☱者少陰之象。是三畫八卦即四象也，故曰「八卦成列，象在其中矣」、「八卦以象告」，此質之經文而無疑者也。又曰「易有四象所以示也」，又曰「象者言乎象者也」，今觀《彖傳》必發明二卦之德，則象之爲三畫八卦明矣。是故四象之中，以一卦爲一象者，乾坤是也。以三卦爲一象者，震坎艮與巽離兑是也。必如康節均二卦爲一象，乾離坎坤於四象之位得矣。兑之爲老陽，震之爲少陰，巽之爲少陽，艮之爲老陰，無乃雜而越乎？《易》言「陽卦多陰，陰卦多陽」，震艮之爲陽卦，巽兑之爲陰卦，可無疑矣。反而置之，明背經文，而學者不以爲非，何也？至於八卦次序，乾坤、震巽、坎離、艮兑，其在《説卦》者亦可據矣，而易爲乾一、兑二、離三、震四、巽五、坎六、艮七、坤八，以緣飾圖之左陰右陽，學者信經文乎，信傳注乎？「四象生八卦」者，《周禮》太卜「經卦皆八，別皆六十四」，占人以八卦占筮之八故，則六十四卦統言之，皆謂之八卦也。內卦爲貞，外卦爲悔，舉貞可以該悔，舉乾之貞而坤乾、震乾、巽乾、坎乾、離乾、艮乾、兑乾該之矣。以下七卦皆然，證之於《易》曰「八卦定吉凶」，若三畫之八卦，吉凶何從定乎？曰「包犧氏始作八卦」，其下文自益至夬，所取之十卦已在其中，則八卦之該六十四亦明矣。由是言之，太極、兩儀、四象、八卦，因全體而見。細推八卦即六十四卦之中，皆有兩儀、四象之理，而兩儀、四象初不畫於卦之外也。其言生者即「生生謂易」之生，非次第而生之謂。康節加一倍之法，從此章而得，實非此章之旨，又何待生十六、生三十二而後出經文之外也。其謂之先天者，以此章所生八卦與前章「始作八卦」其文相合，以爲宓戲之時止有三畫而無六畫，故謂之先天。又以己之意生十六、生三十二、生六十四，倣此章而爲之，以補羲皇之闕，亦謂之先天。不知此章於六十四卦已自全具，補之反爲重出。《易》言「因而重之」，生十六、生三十二、生六十四，是積累而後成者，豈可謂之重乎？既不難明，背何？止如東發言「非易之所有」耶？

先天圖二

邵子先天方位，以「天地定位，山澤通氣，雷風相薄，水火不相射，八卦相錯」爲據，而作乾南坤北、離東坎西、震東北兑東南、巽西南艮西北之圖，於是爲之説曰：「數往者順，若順天而行，是左旋也，皆已生之卦也。乾一兑二離三震四生之序也。震初爲冬至，離兑之中爲春分，乾末交夏至，故由震至乾皆已生之卦。知來者逆，若逆天而行，是右行也，皆未生之卦也。」巽五坎六艮七坤八生之序也。巽初爲夏至，坎艮之中爲秋分，坤末交冬至，故由巽至坤皆未生之卦。又倣此而演之以爲六十四卦方位，夫卦之方位已見「帝出乎震」一章。康節舍其明明可據者，而於未嘗言方位者，重出之以爲先天，是謂非所據而據焉。「天地定位」，言天位乎上地位乎下，未聞南上而北下也。「山澤通氣」，山必資乎澤，澤必出乎山，其氣相通，無往不然。奚取其相對乎？「雷風相薄」，震居東，巽居東南，遇近而合，故言相薄，遠之則不能薄矣。東北爲寅時，方正月，豈雷發聲之時耶？「水火不相射」，南方炎，北方寒，猶之冬寒夏熱也。離東坎西，是指春熱秋寒，誰其信之？此皆先儒所已言者。某則即以邵子所據者，破邵子之説。「帝出乎震」之下文「動萬物者莫疾乎雷，撓萬物者莫疾乎風，燥萬物者莫熯乎火，説萬物者莫説乎澤，潤萬物者莫潤乎水，終萬物始萬物者莫盛乎艮」，其次序非即上文離南坎北之位乎？但除乾坤於外耳。而繼之以「故水火相逮，雷風不相悖，山澤通氣，然後能變化，既成萬物也」，然則前之「天地定位」四句，正爲離南坎北之方位而言也。何所容先天之説雜其中耶？且卦爻之言方位者，西南皆指坤，東北皆指艮，「南狩」、「南征」必爲離，「西山」、「西郊」必爲兑，使有乾南坤北之位在其先，不應卦爻無闌入之者。康節所謂已生未生者，因横圖乾一兑二之序，乾一兑二之序，一人之私言也。則左旋右行之説，益不足憑耳。

凡先天四圖，其説非盡出自邵子也。

天根月窟

康節因《先天圖》而創爲天根月窟，即《參同契》乾坤門户牝牡之論也。故以八卦言者，指坤震二卦之間爲天根，以其爲一陽所生之處也。指乾巽二卦之間爲月窟，以其爲一陰所生之處也。程前村直方謂「天根在卯離兑之中」是也，「月窟在酉坎艮之中」是也。引《爾雅》「天根，氐也」、《長楊賦》「西壓月窟」證之。然與康節「乾遇巽時觀月窟，地逢雷處見天根」之詩背矣。以六十四卦言者，朱子曰：「天根月窟指復姤二卦，有以十二辟卦言者，十一月爲天根，五月爲月窟。」其三十六宮凡有六説：以八卦言者三，乾一兑二離三震四巽五坎六艮七坤八之次序，積數爲三十六。乾一對坤八爲九，兑二對艮七爲九，離三對坎六爲九，震四對巽五爲九，四九亦爲三十六。乾畫三，坤畫六，震坎艮畫各五，巽離兑畫各四，積數亦三十六。以六十四卦言者二一，朱子曰：「卦之不易者有八，乾、坤、坎、離、頤、中孚、大過、小過。反易者二十八，合之爲三十六。」方虛谷回曰：「復起子，左得一百八十日，姤起午，右得一百八十日。一旬爲一宫，三百六十日爲三十六宫。」以十二辟卦言者一，鮑魯齋恂曰：「自復至乾六卦，陽爻二十一，陰爻十五，合之則三十六。自姤至坤六卦，陰爻二十一，陽爻十五，合之亦三十六。陽爻陰爻總七十二，以配合言，故云三十六。」按諸説推之，其以陽生爲天根，陰生爲月窟，無不同也。康節之意，所謂天根者性也，所謂月窟者命也。性命雙修，老氏之學。其理爲《易》所無，故其數與《易》無與也。

八卦方位

離南坎北之位，見於經文，而卦爻所指之方，亦與之相合，是亦可以無疑矣。畫卦之時即有此方位，《易》不始於文王，則方位亦不始於文王，故不當云文王八卦方位也。乃康節必欲言文王，因先天乾南坤北之位，改而爲此。朱子則主張康節之説過當，反致疑於經文，曰「曷言齊乎巽，不可曉」，曰「坤在西南，不誠東北方無地」，曰「乾西北，亦不可曉，如何陰陽來此相薄」，曰「西方肅殺之氣，如何言萬物之所説」，凡此數説，有何不可曉？巽當春夏之交，萬物畢出，故謂之齊。觀北地少雨，得風則生氣鬱然，可驗也。夏秋之交，土之所位，故坤位之非言地也。若如此致難，則先天方位巽在西南，何不疑東北無風耶？其餘七卦莫不皆然。乾主立冬以後冬至以前，故陰陽相薄。觀《説卦》乾之爲寒爲冰，非西北何以置之？萬物告成於秋，如何不説？朱子注「元亨利貞」之利曰「利者，生物之遂，物各得宜，不相妨害，於時爲秋，於人爲義，而得其分之和」，非説乎？顧未嘗以肅殺爲嫌也。然則朱子所以致疑者，由先天之説先入於中，故曰主張太過也。康節曰「乾坤交而爲泰，言文王改先天圖之意，先天乾南坤北交而爲泰，故乾北坤南。坎離交而爲既濟，先天離東坎西交而爲既濟，故離南坎北。乾生於子，坤生於午，先天乾居午而其生在子，故下而至北，坤居子而其生在午，故上而至南。坎終於寅，坎當申，交於離，故終寅。離終於申」，離當寅，交於坎，故終申。所謂交者，不取對待言之也。即以對待而論，則乾南坤北者，亦必乾北坤南而後泰之形可成也。今坤在西南，乾在西北，離東坎西者，亦必離西坎東而後既濟之形可成也。今離在上坎在下，於義何居？藉曰再變而後爲今位，是乾南坤北之後，離南坎北之前，中間又有一方位矣。乾位戌，坤位未，坎位子，離位午，於子午寅申皆無當也。康節又曰「震兑，始交者也。陽本在上，陰本在下，陽下而交於陰，陰上而交於陽，震一陽在下，兑一陰在上，故爲始交。故當朝夕之位。坎離，交之極者也。坎陽在中，離陰在中，故爲交之極。四正皆爲用位。故當子午之位。巽艮，不交，而陰陽猶雜也。巽一陰在下，艮一陽在上，適得上下本然，故爲不交。故當用中之偏。乾坤純陽純陰也，故當不用之位。東方陽主用，西方陰爲不用，先天之位。夫氣化周流不息，無時不用，若以時過爲不用，則春秋不用者子午，冬夏不用者卯酉，安在四正之皆爲用位也。必以西南西北爲不用之位，則夏秋之交，秋冬之交，氣化豈其或息乎？」康節又曰「乾坤縱而六子横，易之本也。震兑横而六卦縱，易之用也」，由前之説，則後自坎離以外，皆横也。由後之説，則前自坎離以外，皆縱也。圖同而説異，不自知其遷就與？是故離南坎北之位，本無可疑。自康節以爲從先天改出，牽前曳後，始不勝其支離。朱子求其所以改之之，故而不可得，遂至不信經文。吁，可怪也！

周易尋門餘論　清黄宗炎撰

卷上

邵堯夫曰「先天之學心也，後天之學蹟也」，先天之學乃是心法，非言可傳，當以心意領會之。後天之學乃是效法，故文字而有形蹟之可見。信斯言也，是文、周、孔子俱僅窺心法而終泥于蹟象。知心法者惟羲皇，羲皇之圖，又隱而不見，能表而出之者惟邵氏。是堯夫者，不特度越千古傳經之儒，而且匡拂夫文周孔子者也。愚以爲有形，則羲皇一畫已是形矣。豈至方圓横圖之堆雜堆積而尚得言無形乎？天地雷風水火山澤，非文字之可見者而何以謂無形，則彖象六爻，皆文周不顯之至理，何得指元亨利貞而遂云有形乎？極深研幾，擬形容象物宜，恐非心意領會亦不可得。令邵氏之云先天者，似乎父母未生以前。後天者，似乎氣血既具以後。此二語直爲杜譔臆説，秦漢載籍中所絶無也。彼必曰本于《文言》，《文言》之謂先天者，曰天時未至，大人有以開之若先乎天矣，而與天所將來一無違逆，故云「先天而天弗違」。謂後天者，曰天既啟其端，大人繼述其所宜後乎天矣，若奉天之命令而不失其時候，故云「後天而奉天時」。此先後二字本屬虚語，如禮傳先後從前一例，非實有先天後天之可象可指也。況得而名易乎？夫自竺書之興，膠葛支離，千百言不能了一義，分析剖判，愈精愈晦，愈辨愈淆，因有達摩者出，興教外別傳之法，一切掃除，直指本體，斥語言文字爲粗蹟，其師心非古，大有叛于彼教，因恐其徒之或議之也，因大決其藩籬，有呵佛罵祖之説。其傳授浸淫中國高明者，樂夫放誕愚者，喜夫不學靡然從之，如水之赴海。聖道衰息，棄而不講，老師宿儒後生小子，俱不能逃其範圍矣。宋儒自謂上接孔子之傳，而實襲釋氏之故智，六經煌煌，明如日星列如河岳，非膠葛支離之書也。名物象數，子臣弟友，漢儒雖失之固執，亦非千百言不能了一義者也。豈可效達摩之所爲，而以心學歸先天。崇羲皇以語言文字歸後天。彼哉周文也。傳經諸儒一概抹煞，其爲呵佛罵祖也不遠矣。

魏王弼注上下經，晉韓康伯注《繫辭》《説卦》《序卦》，唐孔穎達爲《正義》，《易》始大備。至宋程頤正叔苗裔于輔嗣而廣大之，又有華山羽流陳摶者，獨得異學，授之种放，放授穆修，修授李之才，之才授邵雍。雍之死，朱熹元晦私淑之。如釋氏所謂教外別傳者，迨至有明以元晦同國姓，崇奉特異，頒諸學官，諸儒之易悉廢，獨陳摶之易盛行。於戲！四聖墜地，天喪斯文，可不惜哉，可不恥哉！

邵堯夫撰《皇極經世》十二卷，以謂天地之氣化陰陽之消息，皆可以數推之。其理其數，咸本于《易》。噫！此何説也？其所稱元會運世，實效揚雄之方州部家也。揚以地言，邵以時言也。其所稱元數一，會數十二，運數三百六十，世數四千三百二十，亦準《太玄》之三方九州二十七部八十一家也。至于一元十二會三百六十運四千三百二十世，一世三十年，是爲一十二萬九千六百年，以至無窮無盡，則又近于釋氏之劫數。夫易之變化不可測者，以其無方無體也。隨在隨時隨象隨占，稗緯之值年值日，已屬愚夫愚婦之見，而況于欲取一十二萬九千六百年之天下，排而按之，籌而計之，以爲定數，則天地陰陽真魄然蠢然，絶無靈異之物矣。其起帝堯甲辰至後周顯德六年己未，編年以紀治亂興亡之事，以驗其説。無論其附會誣妄，即使若合符節，獨不思帝堯甲辰至顯德己未僅僅四千年爾，視一元之數不啻杯水之在江河，惡得以杯水之受鼎烹，而指江河之可吸盡也。此亦不攻而自破者矣。《大傳》曰「其稱名也小，其取類也大，其言曲而中，其事肆而隱」，《皇極經世》則一一與之相反。稱名也大，取類也小，言直而誕，事僉而顯。使潔浄精微之學，化爲粗鄙狂妄之窟矣。學者其毋耳食焉。

《易學啟蒙》一書，止可謂之學邵演義爾。如學易云則困蒙也，加之桎梏而已，烏能啟乎大凡？先秦以前所留之書，俱不甚整齊排列者，或有或無，倏起倏止，如星宿經天，江河行地，乃往哲之至文，以俗目觀之，每病其偏枯。即《周禮》之僞託于周公，《靈樞》《素問》之僞託于黄帝岐伯，爲戰國秦漢時人之所作猶然。若斷續若缺文不可勝計，況于殷周之際，況于唐虞之上乎？試取詩書之篇目，廢卷而命思，信筆而書，吾所欲言十百之中，未必同其二三。在吾以爲至要者，古人反畧而不舉；在古人長言之不足，而流連感歎者，吾以爲不切當務之急。文章且然，況卦畫之始乎，反病其緣文生義，穿鑿破碎，不勝杜撰，則六朝文格過于《典》《謨》，唐詩排律優于

《風》《雅》《頌》矣。

堯夫之父名古字天叟，曾于廬山邂逅胡文恭，從隱者老浮屠游。隱者曰：胡子世福甚厚，當秉國政。邵子仕雖不耦，學業必傳。因同授易書，不知即是圖南之學否？天叟傳之子，胡氏之授受竟無聞焉。程正叔與邵同時，居又相近，必當與聞其説，而程傳所述光明正直，絶不及此。堯夫子伯温曰：「先天之學，伊川非不問，但先君祕而不言。」是恥其見遺于程傳而爲此説也。果爲羲文周孔之道，則日星河岳，何祕之有？知出而示之，伊川未必信從，或爲所絀，恐其學有阻抑，姑爲道不同不相爲謀之語爾。

卷下

宋朱子發名震，其《經筵進表》有云：「陳摶以先天圖傳种放，放傳穆修，修傳李之才，之才傳邵雍。放以河圖洛書傳李溉，溉傳許堅，堅傳範諤昌，諤昌傳劉牧。穆修以太極圖傳周敦頤，敦頤傳程顥程頤。是時張載講學于二程邵雍之間，故雍著《皇極經世書》，牧陳天地五十有五之數，敦頤作《通書》，程頤著《易傳》，載著《太和參兩》等篇。臣今以易傳宗和會雍、載之論，上採漢魏吴晉，下逮唐及今，包括異同，庶幾道離而復合。」由此觀之，宋之易學無不鼻祖于陳圖南，亦猶漢之易學無不鼻祖于田子裝也。子裝後分施、孟、梁丘三家，圖南亦分先天、太極、河洛三派。田出自聖門，陳出自老氏，其源流亦有間矣。愚依漢上所云，畫爲有宋傳易圖。恐見此者，自能甄其苗莠也。

羲、文、周、孔以易學開萬世，傳之數千年，俱稱願學者惟是。先天太極一出，遂亂羲、文、周、孔之道。每有駕乎其上之語，而其所以欲勝前聖後聖者，則稟之黄老也。晦庵于從信《易傳》之中每多微辭，于邵、周二圖則過于七十子之服孔子，此真不可解者。《本義》卷首所載，甚蒙雜不倫，邵氏先後天圖以外，又收乾爲天坤爲地等八卦，是《京氏易傳》之所謂游魂歸魂子寅辰午申戌丑卯巳未酉亥也。後世《火珠林》因之，與揲蓍四十九策之法迥乎不同。又不明言其故，亦何所取義而贅之于此？其六十四卦歌括及三連六段之類，近于市井小兒，豈可錯諸學士簡編之內，又綴以堆積無稽之《卦變圖》，以迷亂後學之耳目，徒費心思于無用，其爲誤也大矣，安可不証？

圖學辯惑　清黄宗炎撰

先天八卦方位六十四卦方圓横圖辯

序曰：伏羲以前，初無著之方册代見物理之事。伏羲欲以文字教天下傳後世，創爲奇耦之畫，使天地雷風水火山澤八象之在兩間者，焕然移于方册之上，正所謂文字也，後聖師其大意變成斜正縱横之狀，而文字日增，是卦畫者文字之根原，文字者卦畫之支流也。八卦者六書之指事象形，六十四卦者六書之聲意轉借也。爲陳邵之説者，視此爲圖，以爲不立語言文字，使人静觀以悟其神妙，猶云孔孟惡諛墓不爲碑版，慎毁譽不爲序誌，猶云雅頌不爲樂府，風人不爲長律斷句也。造爲文、周、孔子，只從中半説起，人至三聖恐無可復加矣。何獨于演《易》贊《易》不識向上精微，僅從中半説起，自戾于伏羲作《易》之大道乎？有周之時，簡編未繁，無堆床插架之部帙，吾夫子學《易》，韋絶窮思，極其擬議，必曰「昔者聖人之作《易》也」，推原上古探所由來，漸及中古，考其窮變，一一著明昭。然旦晝獨近摘糟粕遺，向上根原而不顧，尚得爲至聖否？後此二三千年，去古愈遠，注經解傳汗牛充棟，乃忽遇夫天根月窟與伏羲揖遜于一堂，印心于密室，就使事事合符，吾尚未敢信其必然，况乎自相衡決，彼此乖舛，惟以大言壓人，欲其不疑，豈非後儒之好怪耶？試平心静觀，文象周爻孔翼，治亂聖狂，經國修身，吉凶悔吝，揭日月于中天，無論智愚賢不肖，俱可持可效，循道而行，外之則治國平天下，致斯世于雍熙，内之則窮神知化，盡性以至于命。陳邵先天方位，變亂無稽，徒取對待，横圖乾一兑二離三震四巽五坎六艮七坤八，奇耦叠加，有何義理，有何次序？又屈而圓之，矯揉造作，卦義無取，時令不合。又交股而方之，裝湊安排，若織錦回文，全昧大道，帝王之修齊治平安在，聖賢之知天知人安在，庸衆之趨吉避凶安在？反謂文、周、孔子所不能窺，亦是老者曰孔子吾師之弟子之意爾。古人命名立意，有典有則，可觀玩可諷咏，今用横圓方制爲名號，亦覺俚俗鄙野大非修辭缺文之旨。五百年來，譸張戛聒，令紫色鼃聲奪玄黄鐘鼓之席，推倒周公孔子壓于其上，率天下之人而疑三聖人者，非二氏之徒，實儒者之徒也。楊墨之道不息，孔子之道不著，豈因區區謭陋敢自外于名教乎？作先天諸圖辯。

先天八卦方位圖

辯曰：邵堯夫引「天地定位」一章造爲先天八卦方位圖。其説云：天地定位，乾南坤北也。水火不相射，離東坎西也。雷風相薄，震東北巽西南也。山澤通氣，艮西北兑東南也。夫聖人所謂定位，即如首章天尊地卑乾坤定矣之義，未可贅以南北也。天地之間山澤最著，故次及之。言山峻水深，形體隔絶，其氣則通。山能灌澤成川，澤能蒸山作雲，未可指爲西北東南也。雷以宣陽，風以盪陰，兩相逼薄，其勢尤盛，未可許爲東北西南也。水寒火熱，水濕火燥，物性違背，非克必争，然相遇必有和合之用，不相射害，未可誣以東西也。八象既出，或聯或間，何莫非消息往來之運行，豈必取于對峙乎？故總言八卦相錯，謂不止于天地之交，山澤之遇，風雷之合，水火之重也。八卦遞加，轉輾變動，則成一篇之易矣。明白斬截，毫無藤蔓容我裝湊者。其云乾南坤北也，實養生家之大旨，謂人身本具天地，但因水潤火炎，陰陽交易，變其本體，故令乾之中畫，損而成離，坤之中畫而成坎，是後天使然。今有取坎填離之法，坎水一畫之奇歸離火一畫之耦，如鍊精化氣，鍊氣化神之類，益其所不足，離得故有也。如鑿竅喪魄，五色五聲之類，損其所有餘，坎去本無也。離復返爲乾，坎復返爲坤，乃天地之南北也。養生所重，專在水火，比之爲天地，既以南北置乾坤，坎離不得不就東西，坎月也，水也，生于西方；離日也，火也，出自東方。丹家沙火能伏須木，鉛水結成金液，所謂火中木水中金混和結聚，此之先後即承上文之變易而言，已不若乾坤之確矣。兑居東南，艮居西北，巽居西南，震居東北，直是無可差排，勉强塞責，竟無義理可尋。緣此四卦，不過爲丹鼎備員，非要道也。又水火木金已盡現伏于四正位，止云兑澤連接于正南之乾天，兩金相倚，艮山根種于正北之坤地，兩土相附，雷發于地，風起于天云爾。安見其必然，而欲以此奪三聖之大道與？

附：謂先天方位者，反疑夫子震東兑西爲少長，相合于正方；巽東南艮東北爲少長，相合于偏方。少長之合非其耦，必若伏羲八卦以長合長少合少爲得其耦，豈直以卦畫爲男女耶？父母長中少亦象爾，合與耦亦象爾，如必曰男女也，則震坎艮不宜重，巽離兑不宜錯，乾坤烏可加諸六子邪？固哉，其爲易也！

六十四卦横圖

辯曰：夫子明訓八卦既立，因而重之。又曰八卦相盪，又曰八卦相錯。自有乾坤六子，以一卦爲主，各以八卦加之，得三畫即成六畫，得八卦即有六十四卦，何曾有所謂四畫、五畫之象？十六、三十二之次第也？四畫、五畫，成何法象？難謂陰陽剛柔不可擬爲三才。十六、三十二，何者在先，何者在後？其于天地雷風水火山澤，貞卦不全，其八悔卦無可指名，視之若枯枝敗骸，無理無義，以遂其遞生一奇一耦之説，縱其所如成乾一兑二離三震四巽五坎六艮七坤八之位置，初無成見于胸中，絶無關轄于象數，有疑之者則大言以震撼之，辭色俱厲以拒絶之，使

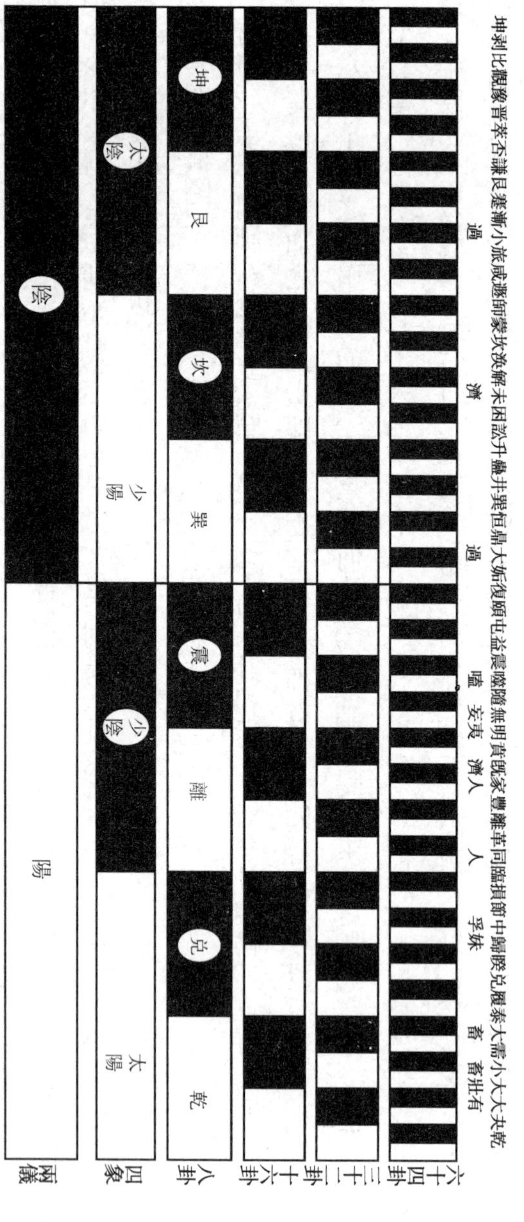

天下盡出于詖淫邪遁之一途，以反攻其父母。甚矣，儒者之好怪也。苟掩卷而思之，學易者何不以三乘三，以八加八，一舉而得六爻，再舉而得六十四卦？明白且簡易，直捷且神速乎？惡用是牽纏覊絆，挽之不來却之不去者爲哉？聖人作《易》，仰觀俯察，近身遠物，無不勘破其情狀，體悉其至理，若巨若細，盡備于胸臆，然後宣發于文字，豈有漫無成見，隨手畫去，如小兒之搬棋砌瓦，原非心思所主宰，又非外緣可感觸，待其自成何物，然後從而名之？夫子所云擬議以成其變化，豈欺我哉！夫焦氏易學傳數而不傳理，響應于一時，聲施于後世者，自有變通之妙，用分爲四千九十六卦，實統諸六十四，是以卦具六十四卦之占，乾坤還其爲乾坤，六子還其爲六子，列卦仍還其列卦也，非層累而上有七畫八卦以至十二畫之卦也。《易林》一卦中，錯綜雜出，變動不拘，豈一畫止生一奇一耦，歷百千而不改？如是其頑冥不靈者，與兩間氣化自有盈縮，或陰盛陽衰，或陽多陰少，惡得均分齊一，無輕重大小往來消長之異同乎？若然，則天無氣盈朔虛，無晝夜寒燠，人無仁暴，地無險夷矣。若然，則人皆一男一女，鳥皆一雌一雄，獸皆一牝一牡矣。若然，則續鳬斷鶴，黔鵠浴烏，五行運氣，無偏重之性矣。夫物之不齊，物之情也。造物之參差，理義之所由以立也。聽一奇一偶之自爲盤旋于教化乎？何有于裁成輔相乎，何有于易不可爲典要乎，何有是一定也？非易也。吾直曰邵氏之易，欲求爲京焦而力有弗逮也。

一奇一耦層累疊加，是作《易》聖人不因天地高厚而定乾坤，無取雷動風入而成震巽，坎陷離麗，未有水火之象，艮止兑説，不見山澤之形，俱信手堆砌，然後相度揣摹，贈以名號。自乾至復三十二卦爲無母，自坤至姤三十二卦爲無父。山澤未嘗通，雷風未嘗薄，水火未嘗濟。父與少女中女長男同時而産，母與少男中男長女同時而育。無三畫爲卦之限，無内外貞悔之序。足重半天下首偏鋭一隅，三十二物聯孿合體，上下大小殊絶，牽纏桎梏。天地不能自有其身，雷風水火山澤不能自完其性。第一畫貫三十二爻，可云廣矣，奇遺姤至坤之半耦，遺復至乾之半，則掛漏之極也。第二畫貫十六爻，第三畫貫八爻，始有八象。吾不知天何私于澤火雷而獨與之同氣，何惡于風水山而杳不相蒙也。地何親于山水風，何疏于雷火澤，親者膠固而無彼此，疏者隔塞而不相應求也。古今事理，惟簡能御繁，一可役萬，故卦止八象，爻止六位，變變化化，運用無窮。如必物物皆備，始稱大觀，則七畫以至十一畫，乃魑魅現形，無有人道及。成十二畫，則頭上安頭，牀上安牀，徒覺狀貌之擁腫，取義之贅疣。若彼所云日月星辰，水火土石，寒暑晝夜，雷露風雨，性情形體，草木飛走，耳目口鼻，色聲氣味，元會運世，歲月日辰，皇帝王霸，易詩書春秋，似校說卦爲詳密，而其偏僻疏罔特甚何。天無霜雪雹霓虹霾也，地無城隍田井海岳都鄙也，時無温和旱潦也，人無臟腑手足髮膚也，無盜賊夷狄也，經無禮樂也，物無蟲魚也，形體之與耳目口鼻又何其重出也？即萬舉萬當于神明化裁引伸觸類之謂何，使吾夫子十翼退舍而卻行者，其宗陳邵之流與？

即以生而言，如天之生雷風雲雨，地之生草木，人物之生男女牝牡，天輕清屬氣，雷風雲雨氣多而質少，然亦雷自成雷，風自成風，雲雨自成雲雨，不必再擾于天始成雷風雲雨之象也。地重濁屬質，草木質多而氣少，既已勾萌甲坼，則草具草之形，木具木之形，何必混合于地始成一草一木之形也。人物處天地之中，氣質參半，既分氣質而生男女牝牡，則父母自爲父母，男女自爲男女，牝牡自爲牝牡，未見有父母子孫牽連一體者。以兩儀之上各加一奇一耦而命爲老陽少陰少陽老陰，是父母男女并歸一身，不可判別，豈得謂之生乎？至八卦十六卦三十二卦六十四卦，則合七世高曾祖禰曾玄于首腹四肢之内，形象理數一切荒唐而不可問矣。易之變化，窮通上下，往來屈伸，進退悉可廢業而不講矣。《繫辭》《說卦》皆迷途矣。以此學《易》，未見其爲善變也。

朱子言據現行《周易》緣文生義，穿鑿破碎有不勝其杜撰者，但杜撰出夫子其文義昭昭，易簡可從。創陳邵之説，其文義安在？如果有會心，何不直示學者？乾之後何故當爲兑？兑之後何故當爲離？離之後何故當爲震、巽、坎、艮而及坤也？其所以中分旋轉，又何故而當然也？必于卦義有功、八象有理，乃爲可信。如徒贊高美，格格不吐，豈亦釋氏之公案，僅可意會不可言傳與？又云「翫之久熟，天地變化，陰陽消長，自將瞭然于心目之間」，吾恐爲此説者，先昏昏而使人昭昭也。陳氏用于丹竈盡矯誣之術，乃出自然。學《易》者趁其自然無不矯誣，反以夫子爲穿鑿破碎，則吾豈敢？天地自然只有天地雷風水火山澤，人爲造作始有乾坤震巽坎離艮兑，故夫子每章之首一則曰「作《易》者」，再則曰「作《易》者」；一則曰「夫《易》」，再則曰「夫《易》」；一則曰「聖人之作《易》也」，再則曰「聖人之作《易》也」，俱贊《易》之神化，更不言天地之神化也。蓋羲文已將天地之神化布在方册中，夫子學《易》從方册中窮理盡性以至于命，而與天地參，不欲從虚空浩渺自出頭地，以補羲文所不及也。陳、邵竟舍易之爲書，自尋神化，自求性命，宜其貴無賤有，抹殺千古之語言文字，去文明而就混沌，以歸自然。究竟其自然者安在哉？太極、兩儀、四象、八卦注見《繫辭》。

伏羲六十四卦方位圖

辯曰：邵氏以震歷離兑乾爲順，以巽歷坎艮坤爲逆。順爲數往，逆爲知來。則震、離、兑、

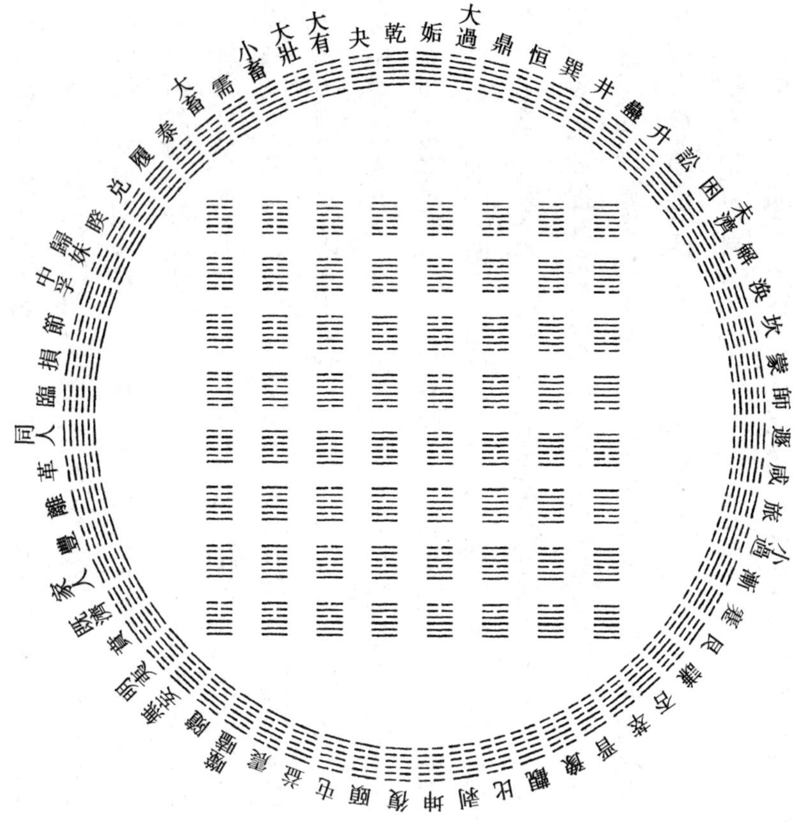

乾僅能數往，不能知來。巽、坎、艮、坤職在知來，無煩數往。夫乾知大始，乃統天于知來乎何有，豈可但局之數往？坤以藏之，承天，順天，成物，代終于數往乎何有，豈可反以爲知來？亦不類矣。數往順天左旋，乾一兑二離三震四爲已生之卦；知來逆天右旋，巽五坎六艮七坤八爲未生之卦，已屬鑿空。又云「易數由逆而成，若逆知四時之謂」，豈震、離、兑、乾無當于易數而漫列冗員者與？即其文義亦乖舛而不可通，遑問其理乎？聖人知來數往。萬理萬物無不兼該。非專爲四時而設。四時節候有治曆之法，千歲日至可坐而定，絶無取于卦氣也。今屈横圖而圓之，云「乾生子中盡午中，坤生午中盡子中，離盡卯中，坎盡酉中」，皆緣冬至一陽爲復，遂充類至義之盡以六十四卦分配二十四節候，然亦須一候得二卦有奇乃爲恰合，何以倏多倏少遠不相謀，或是卦有强弱乎，或是氣有盈縮乎？俱含餬而不言其故。復之至日閉關，夫子特舉象之一節，若姤爲夏至，未見明訓，未敢信爲必然。臨、泰、大壯、夬、乾與遯、否、觀、剥、坤之配歲周，不免按圖索驥，近于顓愚。矧可牽引六十四卦如斯之鹵莽乎？即使種種巧中猶爲小慧，況矯揉誣罔一切不符乎？今云「冬至復卦一陽生」，子半閲頤、屯、益、震、噬嗑、隨、無妄、明夷、賁、既濟、家人、豐、離、革、同人、臨凡十七卦始得二陽爲十二月，已是卯半爲春分矣。損、節、中孚、歸妹、睽、兑、履、泰凡八卦乃得三陽爲正月，已是巳初爲立夏矣。大畜、需、小畜、大壯凡四卦乃得四陽爲二月，已是巳半爲小滿矣。大有、夬止二卦即得五陽爲三月，已是午初爲芒種矣。至乾止一卦，即得純陽爲四月，已是午半爲夏至矣。至姤亦止一卦一陰生，午半閲大過、鼎、恒、巽、井、蠱、升、訟、困、未濟、解、渙、坎、蒙、師、遯凡十七卦始得二陰爲六月，已是酉半爲秋分矣。咸、旅、小過、蹇、漸、艮、謙、否凡八卦乃得三陰爲七月，已是亥初爲立冬矣。萃、晉、豫、觀凡四卦乃得四陰爲八月，已是亥半爲小雪矣。比、剥止二卦即得五陰爲九月，已是子初爲大雪矣。至坤止一卦，即得純陰爲十月，已是子半爲冬至矣。將六十四卦破碎割裂，苦死支吾，猶然背畔，若此胡見其自然哉？若卦畫名義，毫無統屬，則精微之正論反可姑置者也。伏羲之世二十四氣未必盡備，備亦未必如此序次，觀《禮傳·月令》與《吕氏春秋》同出，周、秦微有不同，則數千年已往之節候，何能測其同于後世也。

周謨問朱子：先天卦氣陰陽始生各歷十六卦，而後一月又歷八卦，再得一月至陰陽將盡處只歷四卦爲一月，又歷一卦遂一并三卦相接，其初如此之疏，其末如此之密，此陰陽盈縮當然之理，與復姤爲二至子午之中，固無可疑者。臨卦書春分卯中，臨本十二月之卦，春分合在泰卦之下。遯卦書秋分酉中，遯本六月之卦，秋分合在否卦之下。是固有不可解者。答曰：伏羲易自是伏羲説話，文王易自是文王説話，固不可交互求合。信斯言也，倘有説渾敦易者，聽其可，臣令君行，子坐父立矣。夫時有今古，理無不同。豈得因羲文異代，而竟以天道付杳冥哉？何《月令》節候偏欲交互求合于卦畫也，先入爲主奈之何哉？

何謂已生未生，八卦如此分屬尚有全用乎？既有乾一兑二離三震四巽五坎六艮七坤八之序，則皆已生矣。就彼而言，震巽居中有長男代父，長女代母爲政之象。震順天左行，自復頤至夬乾行三十二卦，遇復而息。夫兩間氣化，轉轂循環，無有端緒。其來也非突然而來，即其去而來已在内。其去也非決然而去，即其來而去已下伏焉。得分疆畫界，釐然中判，其去其來若左右不相連貫者。震巽東西背馳，亦如人之行路，畢竟先有方向然後可揚帆策馬行縢履屩焉。得東行者，山川原隰歷歷可指，而云已生。西行者，悉漭瀁無湜而待行者，自爲開闢，乃云未生。與春夏何其逸，秋冬何其勞也？一二三四五六七八之數目，有則俱有，焉得震獨擅一二三四數往而順，巽獨擅五六七八知來而逆？且數自一而二三四爲順，今反以四三二一爲順，自八而七爲逆，今反以五六七八爲逆，亦難錯説矣。震長男，陽也，陽主創近乎未生，或可云逆，而反云順。陽而順，是不能制義者也。巽長女，陰也，陰主隨近乎已生，本可云順，而反云逆，陰而逆，是牝雞司晨者也。陰順陽逆，一切顛倒矣。細心體貼，種種可疑。作者聖，述者明。作者既鹵莽而自聖述者亦滅裂而不明。悠悠滔滔，羲、文、周、孔何時得還歸于正道也？

先天六十四卦方圖

辯曰：邵氏以作方圖，謂天圓地方。置之圓圖之中，謂天包地外。其説曰「天地定位」，以西北角置乾，東南角置坤爲定位，又非南北故武矣。曰「否泰反類」，東北角置泰，西南角置否，爲反類。曰「山澤通氣」，兑二斜依乾一，艮七斜依坤八，爲通氣。曰「咸損見義」，斜依否之咸，斜依泰之損，爲見義。曰「雷風相薄」，以震四斜依離三，巽五斜依坎六，震巽當中斜依交會，爲相薄。曰「恒益起意」，恒自咸而未濟斜來，益自損而既濟斜來，亦交會于中，爲起意。曰「水火相射」，以坎六自艮七斜接巽五，離三自兑二斜接巽四，爲相射。曰「既濟未濟」，既濟自損來斜聯于益，未濟自咸來斜聯于恒也。「四象相交成十六事」，大横圖既云陰陽老少爲四象，此則明明用其六畫之卦，何以又稱四象乎？云「十六事」者，乾坤、否泰、艮兑、咸損、震巽、恒益、坎離、既濟未濟，俱取老長中少陰陽正對，似乎稍有可觀。易卦陽爻一百九十二畫，陰爻一百九十二畫，奇耦停勻，隨人牽引，俱可布位整齊，使確守乾父坤母一再三索而搬演之，何嘗不繡錯絲編爛？然秩然而理則校勝也。大易全篇，何莫非神化變通，而僅取否泰、咸恒、損益、二濟爲綱領，將謂此外皆附庸之國乎？皆儀文聲色之末務乎？亦見其自隘矣。曰「八卦相盪成六十四」，夫既云相盪，則縱横雜揉，左右逢源，非鱗次蝟排，膠固不可通方者也。信斯羅列，其義理安居，象數奚在，亦見其小慧而已。

邵氏以圓圖配天，方圖配地，圓圖贅二十四氣，于卦下令有分屬，方圖亦可裂爲九州，以冀兖青徐揚荆豫梁雍分贅。某卦隸某州，饃餬約畧而爲之辭，亦不必求其切合也。又誰曰不宜乎？况揚雄早有方州部家之説矣。聖人作《易》以前，民用反以癡人説夢，欺世惑衆，何貴乎與民同患哉？

先天卦畫，奇耦相加，亂左陽右陰之常經。方圓圖次第，撮湊小巧，紊四時之序，變八方之位，去君父母子之名分，倒長中少之行列。曲護其説者，甚至謂乾坤無生六子之理。夫子所云乾父坤母，乾坤《易》之門，乾坤《易》之藴，一筆塗抹。説卦三傳，無一可宗。豈非大亂之道，宜其應于人事，爲開闢未有之災祥也與？

周易筮述　清王宏撰撰

卷八　推驗第十五

邵雍未殁時，知天下將亂，筮得兑四爻，預語子伯温曰：「世行亂矣，蜀安，可避居。」以兑居西方四位有喜也。及宣和末，伯温載家使蜀，故免於難。

易圖明辨　清胡渭撰

卷十　象數流弊

震川歸氏《易圖論》曰：夏爲《連山》，商爲《歸藏》，周爲《周易》，經別之卦，其數皆同。雖三代異名，而伏羲之易，即《連山》而在《連山》，即《歸藏》而在《歸藏》，即《周易》而在《周易》，未嘗別有所謂伏羲之易也。後之求之者，即其散見於《周易》之六十四卦者，是已。又曰：以圖說《易》，自邵子始。吾怪夫儒者不敢以文王之易爲伏羲之易，而乃以伏羲之易爲邵子之易也。

朱子所列九圖，乃希夷、康節、劉牧之象數，非易之所謂象數也。三聖人之言，胡爲而及此乎？伏羲之世，書契未興，故有畫而無辭，延及中古，情僞漸啟，憂患滋多，故文王繫彖以發明伏羲未盡之意，周公又繫爻以發明文王未盡之辭。一脈相承，若合符節。至於孔子，紹聞知之，統集羣聖之大成。論者以爲生民所未有，使伏羲文王周公之意而孔子有所不知，何以爲孔子？既已知之而別自爲説以求異於伏羲文王周公，非述而不作之指也。然則伏羲之象，得辭而益彰。縱令深玩圖畫而得其精微，亦不外乎文王周公孔子所言之理。豈百家衆技之説所得而竄入其中哉？九圖雖妙，聽其爲易外別傳，勿以冠經首可也。

按邵子之學，源出希夷，實老莊之宗派。但希夷一言一動，無非神仙面目，而邵子則不尚虚談，不立異行，不落禪機，不溺丹道，粹然儒者氣象。故二程樂與之游。然觀其平日所論，微有不滿於邵子者。曰「放曠」，曰「偏駮」，曰「無禮不恭」，曰「空中樓閣」，曰「儒術未見所得」，曰「其説之流有弊，瑕瑜不相掩」，亦未可謂推尊之至也。及其爲墓誌，則謂得之穆、李者，特因其材之所宜以爲入道之門户，則固以象數爲一家之學矣。雖云「自得者多」，不止穆、李之所傳，然終不離乎象數。易道之大，無所不包，執一家之學而以爲伏羲之精意全在於此，豈理也哉？朱子於先天方位得養生之要，於加一倍法見數學之精，篤信季通，意固有在，吾何敢輕議，但不當列諸經首以爲伏羲之易耳。明道適僧舍，見其方食，而曰三代威儀盡在是矣，此偶然語也。設有人焉掇浮屠之戒律，冠於《禮經》之首，則荒矣。胡文定於《内典》獨稱《楞嚴》《圓覺》，亦謂彼教中有可取者耳。設有人焉，舉二書於《中庸》《論語》合爲一編，則悖矣。故吾以爲邵子之易與聖人之易離之則雙美，合之則兩傷，學者不可以不審也。

周易傳注　清李塨撰

周易傳註原序

《易》爲人事而作也。孔子于大象，如天地健順、雲雷屯難，而必曰「君子以之」，又曰「易道有四」，以言，以動，以制器，以卜筮。又曰「百物不廢」、「懼以終始」，皆人事也。予癸未註《易》

至觀，甲申春李中丞斯義下榻京師，註卦訖秋，又自訂于郾城温令德裕署，丙戌註《繫辭傳》《說卦》《序卦》《雜卦》，迄壬辰之臘，棗强鄭孝廉知芳延于家，重訂一周，已三四訂。句後增入。嗟乎，自田何傳《易》而後，說者棼如，而視其象忸怩，徵其數穿鑿，按其理浮游，而尤誤者以《易》爲測天道之書。于是陳摶《龍圖》、劉牧《鉤隱》、邵雍《皇極經世》並起，探無極推先天，不惟易道入于無用，而華山道士、青城隱者，異端隱怪之說羣竄聖經，而《易》之不亡脈脈如綫。

周易函書約存　清胡煦撰

卷八　原古先儒易說

三易李本固全書彙編

曰「易學意言象數，四者不可闕一。其理具見于聖人之經，不及文字引說，止有一圖謂先天方圓圖也，以寓陰陽消長之說與卦之生變，圖亦非創意以作，孔子繫辭述之明矣」，又作《易龍圖序》，曰「龍圖者，天散而示之，伏羲合而用之，仲尼默而形之」，希夷以授穆伯長，伯長以授李挺之，挺之謂邵雍曰「物理外有性命之學」，雍悉傳之，作後天圖，見于伯溫之序。朱子因其出于希夷而諱之，後作《啟蒙》，指「天地定位」節曰「此先天之學也」，「帝出乎震」節曰「此後天之學也」，似說易無有此圖矣。蓋康節因孔子《易傳》難明，因希夷之圖又作後天圖，如周子因「易有太極」一句而作《太極圖》。今便謂先有太極圖而後有《易傳》可乎？按：翼傳所以明古易，六圖所以明翼傳，故今之四易皆先翼傳後圖説焉。《易筌》亦是此意。

煦按：其説謂《易》似無此圖，是未知全部《周易》之卦皆出于《先天圖》，而文周之卦辭爻辭皆所以發先天之秘藴者也。試問「河出圖，洛出書」非孔子之言乎？「則之」者必何如而則之乎？又則之將欲何爲乎？將必有以得其解矣。今謂六圖所以明翼傳，則未知翼傳皆所以明六圖也。《易》之始止有先天四圖并文王後天一圖，止得五圖。今云六圖或兼大圓圖中之方圖論也。

天地定位，山澤通氣，雷風相薄，水火不相射，八卦相錯，數往者順，知來者逆，是故易逆數也。

伏羲先天小成圓圖

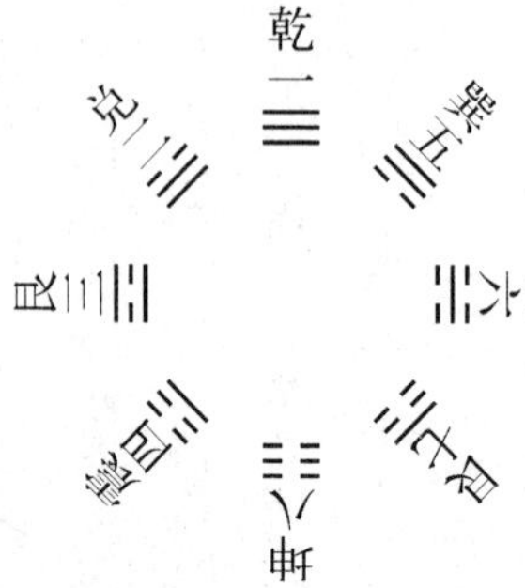

按：此《説卦》明先天易也，希夷圖之。邵子曰：乾南，坤北，離東，坎西，震居東北，兑居東南，巽居西南，艮居西北。定位者，乾南上坤北下，定尊卑之位。通氣者，艮山根著于地而泉脈從此出，兑澤連接于天而石潤從此生。震雷從地起由内而動于外，巽風自天行由外而入于内，互相衝激也。水火本相害，今一左一右在于天地之間，各處而相濟，不相侵克也。

煦曰：如此而言不相射，宜乎其未知《易》也。是乃對待定位之説耳。今欲明之，但將下面三句，以天地定位一句逐卦比量，當自得其解矣。

自震至乾爲順，自巽至坤爲逆。

亦非逆順之理，既知此節爲圖言，則便當圖上留神，何得執言卦者言圖乎？論圖則一陽逆生而上，一陰逆生而下耳。陽而降下始爲順，陰而升上始爲順也。

又曰「乾坤縱而六子横易之本也」，玉齋胡氏曰：圓圖南北爲縱，東南西北、西南東北爲横。楊用修云：《易》畫自下而上，圖自左而右，故曰逆數。凡上下下曰順，下上上曰逆，左徂右曰順，右徂左曰逆。史稱伏羲太昊氏，春也。邵子以《易》配春，《大戴禮》言伏羲氏以木德王，畫卦自下而上，即木之自根而幹，幹而枝也。其畫三，木之生數也。其卦八，木之成數也。重卦亦兩其三，八其八耳。木行春也，春貫四時，木德仁也。仁包四端，伏羲所以爲羣聖首，而《易》爲五經之原乎？《路史》：本乎陽者升而上，本乎陰者降而下，乾純陽天也，故正位乎南。坤純陰地也，故位正乎北。乾附正性于離，故中虚，有日之象。坤附正性于坎，故中實，有月之象。

易例

清惠棟撰

卷上　卦無先天

荀子成相曰：文武之道同伏羲。

《序卦》曰：「有天地然後萬物生焉。」干寶註云：物有先天地而生者矣。今正取始於天地，天地之先，聖人弗之論也。故其所法象，必自天地而還。《老子》曰：「有物混成，先天地生，吾不知其名，彊字之曰道。」上《繫》曰：「法象莫大乎天地。」《莊子》曰：「六合之外，聖人存而不論。」《春秋穀梁傳》曰：「不求知所不可知者，智也。」而令後世浮華之學，彊支離道義之門，求入虛誕之域，以傷政害民，豈非讒説殄行，大舜之所疾者乎。

千令升此註，若豫知後世有陳摶、种放、穆修、李之才、邵雍諸人造先天圖以亂聖經者，而諄諄言之如此，其衛道也深矣。即此一節註，便當從祀文廟。

大易擇言　清程廷祚撰

卷三十六　説卦傳

愚案：此章向爲先天圖説等所誤，近有一解謂易起于卜筮，而其爲書則寓知來于藏往之中。往言易之在卦爻者，來言人之神而明之者，以往者言之天地定位，乾坤爲上篇之首也，山澤通氣雷風相薄，咸恒爲下篇之首也。水火不相射，坎離與既未濟爲二篇之終也。八卦相錯而爲六十有四，是爲數往者順也。以來者言之則謂之逆，是故雷動風散，其奇耦皆在下；雨潤日晅，其奇耦皆在中；艮止兑説，其奇耦皆在上。其體象，蓋皆由微之著由虛至實，而乾之純剛統之，坤之純柔載之，變化之來，不可勝窮。知來者逆，豈非以逆數者逆之乎？此解前儒所未及。蓋

《易》之作以前民，故以逆測爲數。然所謂逆數者，初不外觀象玩辭而有以見吉凶悔吝于未然，非必以端策布爻而後謂之知來也。《大傳》反復卦象而言其順逆，其示人之深切如此。六爻之例，由初以至于上，此即逆數之義。

存異

康節邵子曰「此伏羲八卦之位，乾南，坤北，離東，坎西，兑居東南，震居東北，巽居西南，艮居西北」，于是八卦相交而成六十四卦，所謂先天之學也。

紫陽朱子曰：起震而歷離兑以至于乾，數已生之卦也。自巽而歷坎艮以至于坤，推未生之卦也。易之生卦，則以乾兑離震巽坎艮坤爲次，故皆逆數也。

又曰：數往者順，知來者逆，這一段是從卦氣上看來也。是從卦畫生處看來，恁地方交錯成六十四卦。

潛室陳氏曰：易本逆數也，有一便有二，有二便有四，有四便有十六，以至于六十四皆由此可以知彼，由今可以知來，故自乾一以至于坤八，皆循序而生，一如横圖之次。今欲以圓圖象渾天之形，若一依此序，則乾坤相並，寒暑不分，故伏羲以乾坤定上下之位，坎離列左右之門，艮兑震巽皆相對而立，悉以陰陽相配，自一陽始生起冬至節，歷離震之間爲春分，以至乾爲純陽，是進而得其已生之卦，如今日復數昨日，故曰數往者順。自一陰始生起夏至節，歷艮兑之間爲秋分，以至于坤爲純陰，是進而能推其未生之卦，如今日逆計來日，故曰知來者逆。然本易之所成，只是乾一而坤八，如橫圖之序，與圓圖之右方而已，故曰「易逆數」也。

雲峰胡氏曰：諸儒訓釋，皆謂已往而易見爲順，未來而前知爲逆。易主于前民用，故曰易逆數也。惟《本義》依邵子，以「數往者順」一段爲指圓圖而言卦氣之所以行，「易逆數」一段爲指橫圖而言卦畫之所以生，非《本義》發邵子之蘊，則學者孰知此所謂先天之學哉？案：胡氏反以先儒逆數之解爲非，何舛之甚？

愚案：《六經奧論》，先天之學出于麻衣道人，麻衣傳之希夷，又朱子發進《周易》表，陳摶以先天圖傳种放，放傳穆修，修傳李之才，之才傳邵雍，其授受源流如。此至晦菴朱子篤信其說，以爲作《易》之原，儼然列諸二經十翼之首，學者翕然附和。然非議之者亦多，如黃氏東發則曰「康節先天之說，《易》之書本無有也」。其援易爲証者凡二章，一援「易有太極」一章曰「此先天之卦畫」；一援「天地定位」一章曰「此先天之卦位」，皆與聖經判然不合。歸氏熙甫則曰：「易圖，非伏羲之書也，邵子之學也。邵子以步算之法，衍爲《皇極經世》之書，有分秒直事之術。其自謂先天之學，固以此。要不可以爲作《易》之本也。自漢以來，無有以圖說《易》者。以圖說《易》，自邵子始。」陳氏實齋則曰：朱子云「自震至乾爲順，自巽至坤爲逆」，又云「自乾至坤，皆得未生之卦，若逆推四時之比」。夫天地間，何一不自無而有，豈皆可謂之逆數？且自震至乾，乃自四至一，不可謂順。自巽至坤，乃自五至八，惡可爲逆。即依此解，終是順逆相半，何以曰「易逆數」乎。胡氏朏明則曰：先天圖以自震至乾爲順，數已生之卦。自巽至坤爲逆，推未生之卦。然則經曰「易逆數也」，豈專用巽坎艮坤而不用乾兑離震乎？李氏恕谷則曰：先天横圖，改一索再索三索之序，而爲乾一兑二離三震四巽五坎六艮七坤八，是父母與六子並生，且六子俱先母生，少女先中女，中女先長女生矣。有是理乎？若所謂先天卦位，則亦可異。夫經文，但曰「天地定位」，而未嘗曰乾南坤北也。但曰「山澤通氣」，而未嘗曰艮西北兑東南也。但曰「雷風相薄，水火不相射」，而未嘗曰震東北巽西南離東坎西也。經本無南北方隅一字，而何所據以爲卦位邪？至卦氣之説尤舛。或問朱子卦氣陽生陰生始何疏而終何密？臨二陽生爲冬十二月卦，乃在春分二月半，泰三陽正月卦，乃在立夏四月初，推之一概乖反。朱子亦不能答，曰「未得其説，容更思之」。又曰「伏羲易自是伏羲説話，文王易自是文王説話，不可交互求合」，信如其言，是《易》有二矣。以上諸説，似亦非無所見者，故録于後，以與「易有太極」節並考焉。

愚案：卦位之説，近于術數家言。在經文或别有取義，亦未可知。而儒者强爲之説，程子所辨極是。朱子于此亦疑康節之附會穿鑿，而又深信先天，不知所謂後天猶有此經可援，先天所援豈非附會穿鑿之至者邪？

存異

康節邵子曰：此卦位乃文王所定，所謂後天之學也。

尚書古文疏證　清閻若璩撰

卷七

吾嘗論之，以爲《易》不離乎象數，而象數之變，至於不可窮。然而有正焉，有變焉。卦之所明白而較著者爲正，旁推而衍之者爲變。卦之所明白而較著者，此聖者之作也。執其無端以冒乎天下，旁推而衍之，是明者之述也。由其一方以達於聖人，伏羲之作止於八卦，因重之如是而已矣。初無一定之法，亦無一定之書。而剛柔之上下，陰陽之變態極矣。夏爲《連山》，商爲《歸藏》，周爲《周易》，經別之卦，其數皆同。雖三代異名，而伏羲之易即《連山》而在《連山》，即《歸藏》而在《歸藏》，即《周易》而在《周易》，未嘗別有所謂伏羲之易也。後之求之者，即其散見於《周易》之六十四卦者，是已今世所謂圖學者以此爲周之易，而非伏羲之易。別出横圖於前，又左右分析之，以象天氣，謂之圜圖。於其中交加八宫，以象地類，謂之方圖。夫易之於天氣地類詳矣，奚俟夫圖而後見也？且謂其必出於伏羲，既規横以爲圜，又填圜以爲方，前列六十四於横圖，後列一百二十八於圜圖，太古無言之教，何如是之紛紛耶？諸經遭秦火之厄，《易》獨以卜筮存，漢儒傳授甚明，雖於大義無所發越，而保殘守缺惟恐散失，不應此圖交疊環布遠出姬周之前，乃棄而不論，而獨流落於方士之家，此豈可據以爲信乎？《大傳》曰「神無方易無體」，夫卦散於六十四，可圜可方。一入於圜方之形，必有曲而不該者，故散圖以爲卦而卦全，紐卦以爲圖而卦局。邵子以步算之法衍爲《皇極經世》之書，有分秒直事之術，其自謂先天之學固以此，要其旨不叛於聖人。然不可以爲作《易》之本，故曰推而衍之者變也，此邵子之學也。

或曰：自孔子贊《易》，今世所傳《易大傳》者，雖不必盡出於孔氏，而豈無一二微言於其間，子之不信，夫易圖以爲邵子之學則然矣，而邵子之所據者《大傳》之文也。不曰「易有太極，太極生兩儀，兩儀生四象，四象生八卦」乎，此其所謂横圖者也。又不曰「天地定位，山澤通氣，雷風相薄，水火不相射」乎，此其所謂伏羲卦位者也。又不曰「帝出乎震，齊乎巽，相見乎離，致役乎坤，説言乎兑，戰乎乾，勞乎坎，成言乎艮」乎，此其所謂文王卦位者也。

曰：此非《大傳》之意也，邵子謂之云耳。夫易之法，自一而兩，兩而四，四而八，其相生之序則然也。八卦之象，莫著於八物，而天地也，山澤也，雷風也，水火也，是八者不求爲偶而不能不爲偶者也。帝之出入，《傳》固已詳之矣。以八卦配四時，夫以爲四時焉，則東南西北繫是焉定，非文王易置之而有此位也。《説卦》廣論易之象數，自三才以至於八物四時人身之衆體與天地間之萬物，何所不取，所謂推而衍之者也。此孰辯其爲伏羲文王之别哉？雖圖與傳無乖剌，然必因傳而爲此圖，不當謂《傳》爲圖説也。且邵子謂先天之旨在卦氣，《傳》何爲舍而曰「天地定位」？後天之旨在入用，《傳》何爲舍而曰「帝出乎震」？《傳》言卦爻象變詳矣，而未嘗一言及於圖，所可指以爲近似者又不過如此。自漢以來，説易者今雖不多見，然王弼、韓康伯之書尚在，其解前所稱諸章無有以圖爲説者。以圖説易，自邵子始。吾怪夫儒者，不敢以文王之易爲伏羲之易，而乃以伏羲之易爲邵子之易也。不可以不論。

或曰：子以易圖爲非伏羲之舊，固已明矣。若夫河以通乾出天苞，洛以流坤出地符，所謂河圖洛書可廢耶？宋儒朱子之説甚詳，揭中五之要，明主客君臣之位，順五行生克之序，辨體用常變之殊。合卦範兼通之妙，縱横曲直無不相值，可謂精矣。

曰：此愚所以恐其説之過於精也。夫事有出於聖人而在學者有不必精求者，河圖洛書是也。聖人聰明睿知，德通於天，符瑞之生，出於世之所創見，而奇偶法象之妙，足以爲作《易》之本理，亦有然者。然曰河圖、洛書「聖人則之」者，此《大傳》之所有也。通乾流坤，天苞地符之文，五行生成，戴九履一之數，非《大傳》之所有也。以彼之名，合此之迹，以此之迹，符彼之名，不與大易同行，不藏於博士學官，而千載之下，山人野士，持盈尺之書，而曰古之圖書者如是，此其付受固已沈淪詭祕，而爲學者之所疑矣。雖其説自以爲無所不通，然此理在人，仁者知者皆能見之。龍虎之經，金石草木之卜，軌策占算之術，隨其所自爲説而亦無不合，豈必皆聖人之爲之乎？《大傳》曰「包犧氏之王天下也，仰則觀象於天，俯則觀法於地」，夫天地之間，何往非圖而何物非書也哉？揭圖而示之曰，孰爲上下，孰爲左右，孰爲乾兑離震，孰爲巽坎艮坤，天之告人也，何其瀆？因其上下以爲上下，因其左右以爲左右，因其乾兑離震以爲乾兑離震，因其巽坎艮坤以爲巽坎艮坤，聖人之效天也何其拘？且彼所謂效變化則垂象者，毫而析之，又何所當也？使二圖者果在如今所傳，然其所謂精藴者，聖人固已取而歸之《易》矣，求圖書之説於《易》可也。子産曰「天道遠，人道邇」，天者聖人之所獨得，而人者聖人之所以告人者也。告人以天人則駭而惑，告人以人人則樂而從。故聖人之作《易》，凡所謂深微悠忽之理，舉皆推之於庸言庸行之間，而卦爻之象吉凶悔吝之辭，不亦深切而著明也哉！聖人見轉蓬而造車，觀鳥跡而製字，世之人求爲車之説與夫書之義則有矣，而必轉蓬鳥跡之求，愚未見其然也。孔子贊《易》删《連山》、《歸藏》而取《周易》，始于乾而終于未濟，則圖書之列粲然者，莫過是矣。今夫治之所貴者範，而用者不求範而求器也。耕之所資者耒，而食者不求耒而求粟也。有圖書而後有易，有易則無圖書，可也。故《論語》「河不出圖」與「鳳鳥」同瑞而已。《顧命》「河圖在東序」與和弓垂矢同寶而已。是故圖書不可以精，精於易者，精於圖書者也。惟其不知其不可精而欲精之，是以測度摹擬無所不至，故有九宫之法，有八分井文之畫，有坎離交流之卦，與夫孔安國、向、歆、揚雄、班固、劉牧、魏華父、朱子發、張文饒諸儒之論，或九或十，或合或分，紛紛不定，亦何足辯也。

月令解　宋張虙撰

卷十一　仲冬之月

仲冬者，斗建子之辰也。《漢志》云「孳萌於子」，則子孳也，夏正爲十一月。

日在斗

十一月之中，《三統曆》云「日在斗初度」，《元嘉曆》云「日在斗十四度」。日與斗建常相合，子與丑合，故十一月斗建子，則日在斗，斗屬丑也。南斗六星，冬至之日，日在斗。此曆家所占以定四時也。《漢志》以仲冬之初在斗十二度，後世歲差之法以爲七十五年差一度。若爾，則日之在斗積久而差，殆將入箕矣。或謂黄道歲差常不過推盪於星紀三十度之間，故邵雍立差法，惟於日月交會之際，以陰陽虧盈求之，遂不差。大抵陰常虧，陽常盈，只於此處差了，曆上當通理。程頤以此法，冠絶古今。

胡氏春秋傳　宋胡安國撰

春秋傳綱領

宋西都邵雍曰：《春秋》，孔子之刑書也，功過不相掩。五伯者，功之首，罪之魁也。先定五伯之功過，而學《春秋》則大義立矣。春秋之間，有功者未有大於四國者也。有過者亦未有大於四國者也。不先治四國之功過，則事無統理，不得聖人之心矣。

春秋分記　宋程公説撰

卷三十七　書十九

邵雍曰：聖人非有意於其間，故曰《春秋》盡性之書也。《春秋》爲君弱臣强而作，故謂之名分之書。

論曰：春秋，中國諸侯霸彊代興，至于起自遠方而通上國，則惟江南楚、吳、越焉，燕召公之後，國於北陸，其地距中國亦遠，與江南大略相似而僻陋滋甚，終春秋世，玉帛不通。其在襄公之二十八年傳言，北燕伯朝于晉而名不書，逮簡公以嬖寵出奔，因之略見于《經世》，次年紀之詳，經傳皆亡之。雖然，惟其僻遠而不與中國通也，故歷春秋戰國最爲永世。西都邵雍嘗言曰：「燕處北陸之地，去中原特遠，苟不隨韓趙魏齊楚較利刃争虚名，則足以養德待時，觀諸侯之變。秦雖虎狼，亦未易加害。延十五六年後，天下事未可知也。」雍之言其有以審之矣。余因摭世本外紀古史等文參校異同，緝其始終春秋傳國之序，以補燕闕文云。

春秋四傳糾正　清俞汝言撰

按諸傳于五霸，必飾其美而没其惡。如小白入齊，言其以國氏糾不稱子之類。宋桓未葬而襄會諸侯，在他人必多方指摘，加以不孝之罪，而反以不書葬爲之諱。以視晉襄墨縗受譏忘親，不大懸乎？秦穆伐喪兵連不解，至于濟河焚舟，取王官封殽尸，而晉亦圍邧新城。《春秋》秦稱人，晉稱爵，明有所軒輊也。而文定巧爲掩護，乃曰以王事待秦穆，非以其霸之故乎？至楚莊入陳，名爲討賊，而實利其土田，故有蹊田奪牛之喻，又爲之納不令之臣，爲楚莊者殺徵舒之後，立嗣君，表洩冶之墓，戮公孫寧儀行父于朝，雖桓文不能與之比烈矣。而反納亂人討亂者如是乎?左氏謂之「有禮,不知禮何在也」,邵雍曰「先定五霸之功罪」,寧可不辯是非,而概録之乎?

經典稽疑　明陳耀文撰

卷下　易經

朱子易圖有伏羲八卦圖、文王八卦圖。伏羲圖乾與坤對,艮與兑對,震與巽對,離與坎對。文王圖則乾位西北,坤位西南,巽東南而艮東北,坎離震兑各居四方。其説本《易·説卦》「天地定位,山澤通氣,雷風相薄,水火不相射」,曰此説伏羲易也。「帝出乎震,齊乎巽,相見乎離,致役乎坤,説言乎兑,戰乎乾,勞乎坎,成言乎艮。」又曰:「震東方也,巽東南也,離者明也南方之卦也,坤也者地也,兑正秋也,乾西北之卦也,坎者水也正北方之卦也,艮東北之卦也。」此説《周易》也。夫八卦自是有定位,非聖人所與,豈有羲、文之異?如以《説卦》「天地定位」爲乾與坤對,「山澤通氣」爲艮與兑對,「雷風相薄」爲震與巽對,「水火不相射」爲離與坎對,遂别之爲伏羲卦圖,則《雜卦》所謂乾剛坤柔、比樂師憂、臨觀之義,或與或求,亦是卦卦相對,當又爲孔子卦圖乎?《捫蝨新話》

先天後天

「易有聖人之道四焉」,《伊川易傳》專主於辭,邵康節得陳摶數學,于李挺之乃别求易于辭之外，謂今之易，「後天之易」也，而有「先天之易」焉，用以推占事物，無不可以前知。自是二說並興，莫能相一。言理學者宗伊川，言數學者宗康節。至朱子作《易本義》、《啟蒙》，乃兼二說，窮極古始，謂《易》本爲卜筮而作，康節先天圖得作《易》之原。伊川言理甚備，於象數猶有闕，學者遂翕然向往之，揣摩圖象，日演日高，以先天爲先，後天爲次，而《易經》之上，晚添祖父矣。夫康節所謂先天之說，則《易》之書本無有也。雖據其援《易》爲證者凡二章，亦未見其確然有合者也。其一章，援「易有太極」云云「四象生八卦」，曰此「先天之卦畫」，於是盡改《易》中伏羲始作八卦之說，與文王演易重爲六十四卦之說，而以六十四卦皆爲伏羲先天之卦畫。其法自一畫而二，二而四，四而八，八而十六，十六而三十二，三十二而六十四。然生兩、生四、生八，《易》有之矣。生十六、生三十二，《易》此章有之否耶？其一章援《易》言「天地定位」云云「水火不相射」，曰「先天之卦位也」，於是盡變《易》中離南坎北之說與凡震東方卦兑西方卦之說，而以乾南坤北爲伏羲先天之卦位，其說以離爲東，以坎爲西，以兑巽爲東南西南，以震艮爲東北西北。然「天地定位」，安知非指天位乎上地位乎下而言？南方炎爲火，北方寒爲水，亦未見離與坎之果屬東與西，而可移離坎之位以位乾坤也。《易》之此章，果有此位置之意否耶？且《易》之此二章，果誰爲之也？謂出於孔子，孔子無先天圖。蓋方士託《易》爲之，如《參同契》援《易》作書云爾。文、周、孔子卦爻彖象，無是義也。夫羲皇、堯、舜三代幾萬年矣，而圖之說不見于經，春秋至漢唐幾千年矣，而圖之說不見于傳。何至陳摶而始傳之耶？邵子云「天地定位章伏羲八卦之位」、「帝出乎震章其卦位文王所定」，夫上下經文，秦火固未亡也，曾何言及于圖分義與文耶？蓋孔子隨事理以發明卦藴如此，故以歲時物理生成之序衍卦義也。則曰出、齊、見、役、説、戰、勞、成，以法象對待而發明卦之義理性情也，則云天地山澤雷風水火，此氣化物理之必然者，何主于文，何主于羲耶？且「神妙萬物」章，先以雷風火澤水坎爲次，復以「水火相逮」、「雷風不相悖」、「山澤通氣」而言，以爲羲又涉于文，以爲文復涉于羲，豈不自相雜亂矛盾乎？至此則「先天」、「後天」之説不通矣。註云：　此章所推卦位之説多未詳者，亦自不能爲辭也。《王浚川集》

御製律吕正義後編

卷八十一　樂制考四

夫十二律之相差，惟九寸至四寸五分盡矣。曾有如一日之去八日者乎？遠近之不倫，何至此極也？凡此皆準之，未爲不易者。大祗準之爲術，不過求變乎古人，以新一時之耳目。其實終受制于古人，而拾其羮飯者也。揚雄之作《太玄》也，以四畫爲首，蔡九峯之演《洪範》也，以綱一函三爲用。司馬光之作《潛虚》也，以五十五行爲通。邵雍之作《經世》也，以四象爲數。此皆求異于昔聖人之書也。要其歸，曾有出于易道之範圍者乎？無一之能出其範圍者，則後之作者不亦可以已乎？

史部

宋史　元托克托等修

卷四十二　本紀第四十二　理宗二

端平二年正月丁酉，太陰行犯太白。甲寅，詔議胡瑗、孫明復、邵雍、歐陽修、周敦頤、司馬光、蘇軾、張載、程顥、程頤等十人，從祀孔子廟庭。

卷四十六　本紀第四十六　度宗

（咸淳三年春正月）戊申，帝詣太學，謁孔子行舍菜禮，以顏淵、曾參、孔伋、孟軻配享，顓孫師升十哲，邵雍、司馬光升列從祀。雍封新安伯。

卷八十一　律曆志第三十四　律曆十四

聲以數而傳，數以聲而定，二者皆有自然之則，如侈者聲必咋，弇者聲必鬱，高者數必短，下者數必長。侈弇者數也，未聞其聲而已知其有咋鬱之分。高下者聲也，未見其數已知其有長短之異。故不得其自然之聲，則數不可得而考。不得其自然之數，則聲不可得而言。今之創律者不知出此，而顧先區區於秬黍之縱横，古尺之修短，斛斗之廣狹，鐘磬之高下，謀之是，何足以得其聲之和哉？邵雍曰：「世人所見者，漢律曆耳。然則三分損益之法爲未善，亦隱然矣。」

卷一百五　禮志第五十八禮八吉禮八

咸淳三年，詔封曾參郕國公、孔伋沂國公，配享先聖，封顓孫師陳國公升十哲位，復以邵雍、司馬光列從祀。

卷四百二十七　列傳第一百六十八　道學一

宋儒之學，所以度越諸子而上接孟氏者歟？其於世代之污隆，氣化之榮悴，有所關係也甚大。道學盛於宋，宋弗究於用，甚至有厲禁焉，後之時，君世主欲復天德王道之治，必來此取法矣。邵雍高明英悟，程氏實推重之，舊史列之「隱逸」未當，今置張載後。

卷四百二十九　列傳第一百八十八　道學三　朱熹

理宗紹定末，秘書郎李心傳乞以司馬光、周敦頤、邵雍、張載、程顥、程頤、朱熹七人列於從祀，不報。淳祐元年正月，上視學，手詔以張、周、二程及熹，從祀孔子廟。

卷四百三十一　列傳第一百九十　儒林一　李之才

李之才，字挺之，青社人也。天聖八年，同進士出身，爲人朴且率，自信，無少矯厲。師河南穆修，修性莊嚴寡合，雖之才亦頻在訶怒中。之才事之亦謹，卒能受《易》。時蘇舜欽輩亦從修學《易》，其專授受者惟之才爾。修之《易》受之种放，放受之陳摶，源流最遠。其圖書象數變通之妙，秦漢以來鮮有知者。之才初爲衞州，獲嘉主簿。權共城令時，邵雍居母憂，于蘇門山百源之上布裘蔬食，躬爨以養父。之才叩門來謁勞苦之，曰：「好學篤志，果何似？」雍曰：「簡策之外，未有適也。」之才曰：「君非迹簡策者，其如物理之學何？」他日則又曰：「物理之學學矣，不有性命之學乎？」雍再拜，願受業。於是先示之以陸淳《春秋》，意欲以《春秋》表儀五經，既可語五經大旨，則授《易》而終焉。其後雍卒以《易》名世……澤人劉羲叟從受曆法，世稱「羲叟曆法」，遠出古今上，有楊雄、張衡所未喻者，實之才授之。在澤轉殿中丞丁母憂，甫除喪，暴卒于懷州官舍，寶曆五年二月也。時尹洙兄漸守懷，哭之才過哀，感疾，不踰月亦卒。之才歸葬青社，邵雍表其墓有曰：「求於天下，得聞道之君子李公以師焉。」

卷四百三十三　列傳第一百九十二　儒林三　邵伯温

邵伯温，字子文，洛陽人，康節處士雍之子也。雍名重一時，如司馬光、韓維、吕公著、程頤兄弟皆交其門。伯温入聞父教，出則事司馬光等，而光等亦屈名位輩行，與伯温爲再世交，故所聞日博，而尤熟當世之務。光入相，嘗欲薦伯温，未果而薨，後以河南尹與部使者薦特授大名府助教，調潞州長子縣尉。初，蔡確之相也，神宗崩，哲宗立，邢恕自襄州移河陽，詣確謀造定策事，及司馬光子康詣闕，恕召康詣河陽，伯温謂康曰：「公休除喪，未見君，不宜枉道先見朋友。」康曰：「已諾之。」伯温曰：「恕傾巧，或以事要公休，若從之，必爲異日之悔。」康竟往，恕果勸康作書稱確，以爲他日全身保家計。康、恕同年登科第，又出光門下，康遂作書如恕言。恕蓋以康爲光子，言確有定策功，世必見信。既而梁燾以諫議召恕，亦要燾至河陽，連日夜論確功不休，且以康書爲證。燾不悦，會吴處厚奏確詩謗朝政，燾與劉安世共請誅確。且論恕罪，亦命康分折，康始悔之。康卒，子植幼，宣仁后憫之。吕大防謂康素以伯温可託，請以伯温爲西京教授，以教植。伯温既至官，則誨植曰：「温公之孫，大諫之子，賢愚在天下可畏也。」植聞之，力學不懈，卒有立。紹聖初，章惇爲相，惇嘗事康節，欲用伯温，伯温不往。會法當赴吏部銓，程頤謂伯温曰：「吾危子之行也。」伯温曰：「豈不欲見先公於地下耶？」至則先就部擬官，而後見宰相惇，論及康節之學，曰：「嗟乎！吾於先生不能卒業也。」伯温曰：「先君先天之學，論天地萬物未有不盡者，其信也，則人之仇怨反覆者可忘矣。」時惇方興黨獄，故以是動之，惇悚然。猶薦之于朝，而伯温願補郡縣吏，惇不悦，遂得監永興軍鑄錢監。時元祐諸賢方南遷，士鮮訪之者，伯温見范祖禹於咸平，見范純仁於潁昌，或爲之恐，不顧也。會西邊用兵，復夏人故地，從軍者得累數階，伯温當行，輒推同列。秩滿，惇猶在相位，伯温義不至京師，從外臺辟環慶路帥幕，實避惇也。徽宗即位，以日食求言，伯温上書累數千言，大要欲復祖宗制度，辨宣仁誣謗，解元祐黨錮，分君子小人，戒勞民用兵，語極懇至。宣仁太后之謗，伯温既辨之，又著書名《辨誣》。後崇寧大觀間，以元符上書，人分邪正等，伯温在邪等中，以此書也。出監華州西嶽廟，久之，知峽州靈寳縣，徙芮城縣，丁母憂服除，主管永興軍耀州三白渠公事。童貫爲宣撫使，士大夫爭出其門，伯温聞其來，出他州避之。除知果州，請罷歲輸瀘南諸州綾絹絲綿數十萬，以寬民力。除知興元府、遂寧府、邠州、皆不赴。擢提點成都路刑獄，賊史斌破武休，入漢、利，窺劍門，伯温與成都帥臣盧法原合謀守劍門，賊竟不能入，蜀人德之，除利路轉運副使提舉。太平觀紹興四年卒，年七十八。初，邵雍嘗曰「世行亂，蜀安，可避居」。及宣和末，伯温載家使蜀，故免於難。

卷四百三十五　列傳第一百九十四　儒林五　胡安國

安國奏曰：孔孟之道不傳久矣，自頤兄弟始發明之，然後知其可學，而至今使學者師孔孟而禁不得從頤學，是入室而不由户。本朝自嘉祐以來，西都有邵雍、程顥及其弟頤，關中有張載，皆以道德名世，公卿大夫所欽慕而師尊之。會王安石、蔡京等曲加排抑，故其道不行，望下禮官討論故事，加之封爵，載在祀典，比於荀、楊、韓氏。仍詔館閣裒其遺書，校正頒行，使邪説者不得作。

卷四百三十六　列傳第一百九十五　儒林六　李道傳

仍請以周惇頤、邵雍、程顥、程頤、張載五人從祀孔子廟，時執政有不樂道學者，以語侵道傳，道傳不爲動。

元史　明宋濂等修

卷二十四　本紀第二十四　仁宗一

（皇慶二年六月）以宋儒周敦頤、程顥、顥弟頤、張載、邵雍、司馬光、朱熹、張栻、吕祖謙及故中書左丞許衡，從祀孔子廟庭。

卷七十六　志第二十七上　祭祀五　宣聖

皇慶二年六月，以許衡從祀，又以先儒周惇頤、程顥、程頤、張載、邵雍、司馬光、朱熹、張栻、呂祖謙從祀。

卷一百四十三　列傳第三十　庫庫

庫庫從容爲帝言，古昔取人材以濟世用必有科舉，何可廢也。帝採其論，尋復舊制。一日進讀司馬光《資治通鑑》，因言國家當及斯時，修遼金宋三史，歲久恐致闕逸。後置局纂修，實由庫庫發其端。又請行鄉飲酒于國學，使民知遜悌。及請褒贈唐劉蕡、宋邵雍以旌道德正直，帝從其請，爲之下詔。庫庫以重望居高位，而雅愛儒士甚于饑渴，以故四方士大夫翕然宗之，萃于其門。

卷一百五十八　列傳第四十五　李俊民

字用章，澤州人，得河南程氏傳受之學。金承安中舉進士第一，應奉翰林文字，未幾，棄官不仕。以所學教授鄉里，從之者甚盛，至有不遠千里而來者。金源南遷，隱於嵩山，後徙懷州，俄復隱於西山。既而變起倉猝，人服其先知。俊民在河南時，隱士荆先生者，授以邵雍《皇極》數。時之知數者，無出劉秉忠之右，亦自以爲弗及也。

明史 清張廷玉等奉敕修

卷二十三本紀第二十三 莊烈帝一

崇禎三年六月己未，授宋儒邵雍後裔五經博士。

卷五十 志第二十六 禮四吉禮四

嘉靖九年，御史黎貫等言，聖祖初，正祀典天下嶽瀆，諸神皆去其號，惟先師孔子如故，良有深意。陛下疑孔子之祀，上擬祀天之禮，夫子之不可及也。猶天之不可階而升，雖擬諸天亦不爲過。自唐尊孔子爲文宣王，已用天子禮樂。宋真宗嘗欲封孔子爲帝，或謂周止稱王，不當加帝號，而羅從彥之論，則謂加帝號亦可。至周敦頤則以爲萬世無窮王祀孔子，邵雍則以爲仲尼以萬世爲王，其辨孔子不當稱王者，止吳澄一人而已。

皇王大紀 宋胡宏撰

提要

臣等謹案，《皇王大紀》八十卷，宋胡宏撰。宏字仁仲，號五峯，崇安人，安國之季子也……是書成於紹興辛酉，紹定間嘗宣取入秘閣。所述上起盤古，下迄周末。前二卷皆粗存名號事迹，帝堯以後始用《皇極經世》編年，博採經傳而附以論斷。

卷一

嘗聞邵雍氏問堯夫曰： 我非羲皇上世之人乎？愚考其言猶信，雖生末世不及見三墳，亦無憾矣。

中興小紀　宋熊克撰

卷二十一

自嘉祐以來，頤與兄顥及邵雍、張載，皆以道德名世，如司馬光、吕公著、吕大防莫不薦之。頤有《易》《春秋》傳，雍有《經世》書，載有《正蒙》書，惟顥未及著書。望下禮官討論故事，加此四人封爵，載在祀典，比于荀、楊之列。仍詔館閣裒其遺書，以羽翼六經，使邪説不得作而道術定矣。

續資治通鑑長編　宋李燾撰

卷一百九十

嘉祐四年十一月己亥，以河南處士邵雍爲將作監主簿，本府以遺逸薦，故有是命。後再命爲潁州團練推官，皆辭疾不起。

卷二百八十四　神宗

熙寧十年九月庚戌，贈棣州團練推官邵雍秘書省著作郎，賜粟帛以知河南府。賈昌衡言雍行義聞於鄉里乞贈卹也。辛相吴充請於上賜謚曰康節。雍初與常秩同召，雍竟辭不起，士大夫高之。按：雍子伯温記，雍卒後十年，韓絳知河南府，爲雍請謚，謚議則歐陽棐所作，與《宋史》本傳不同，當考。

建炎以來繫年要録　宋李心傳撰

卷一百八

紹興七年春正月癸酉安國自上奏曰：士以孔孟爲師，不易之至論。然孔孟之道久矣，自程頤始發明之，而後其道可學而至。今使學者師孔孟而禁不得從頤之學，是入室而不由户也。夫頤之文於諸經《語》《孟》，則發其微旨，而知求仁之方、入德之序，鄙言怪語，豈其文哉？頤之行，則孝弟顯於家忠誠動於鄉，非其道義一介不以取，予則高視濶步，豈其行哉？自嘉祐以來，頤與兄顥及邵雍、張載，皆以道德名世。如司馬光、吕大防莫不薦之。頤有《易》、《春秋》傳，雍有《經世》書，載有《正蒙》書，惟顥未及著書。望下禮官討論故事，加此四人封爵，載在祀典，比於荀、楊之列。仍詔館閣裒其遺書，以羽翼六經，使邪説不得作而道術定矣。

九朝編年備要　宋陳均撰

卷十八　神宗皇帝起戊申熙寧元年止庚戌熙寧三年

初，治平中，邵雍與客散步天津橋上，聞杜鵑聲，慘然不樂。客問其故，雍曰：「杜鵑，洛陽舊無之，今始至，有所主。」客曰：「何也？」雍曰：「不二年，上用南士爲相，多引南人專務變更，天下自此多事矣。」客曰：「聞杜鵑，何以知此？」雍曰：「天下將治，地氣自北而南；將亂，自南而北。今南方地氣至矣，禽鳥飛類得氣之先者也。《春秋》書『六鷁退飛』、『鴝鵒來巢』，氣使之也。」至是，雍言果驗云。

卷二十

（熙寧十年）九月，贈邵雍官。

初，朝廷授雍將作監簿，雍辭之。至是卒，贈著作郎，謚康節。以河南府言雍行義聞於鄉里，乞贈恤也。雍字堯夫，衛州人。刻厲爲學，夜不枕席者數年。有王豫者以師自居，聞雍學《易》，召而教之。與語三日，蹶然起拜。少自雄其才，慷慨有大志，既學，力慕高遠，講先王之事爲必可致。及其學益老，德益超，玩心高明。觀天地之運化，陰陽之消長，以達乎萬物之變，然後頽然其順，浩然其歸。嘗適吴、楚，通秦、魯，客晉、梁。後徙於洛，在洛幾三十年，蓬蓽環堵，不蔽風雨，躬爨以養其父母，居平務爲講學於家，未嘗彊以語人，而就問者日衆。士人道洛者，必過其廬。與人言必依孝悌忠信，樂道人之善，不及其惡，故賢不肖無不親之。每歲春二月出四月止，八月出十一月止。每出，人皆倒履迎致，争具酒饌，不復呼姓名，但云「吾家先生至也」。鄉人如其所居「安樂窩」，起屋以待其來，謂之「行窩」。既没，有挽之云「春風秋月嬉游處，冷落行窩十二家」，洛陽風俗之美如此。

雍之學得之於李之才挺之，挺之言得之於穆修伯長，推其源流遠有端緒，至於純一不雜，汪洋高大，乃其所自得者。有書十二卷，曰《皇極經世》，詩曰《擊壤集》。程顥嘗語人曰：「顥接人多矣，不雜者三人，張子厚、邵堯夫、司馬君實云。」

兩朝綱目備要　不著撰人

卷十六　寧宗

先民邵雍言：本朝之盛，前代不及者有五，而百年四葉居其一焉。中興四葉，享國九十有八年，上視先朝，同一軌轍，深仁厚澤，浹于海隅，垂裕後昆，有衍無極，嗚呼美矣。

宋季三朝政要　不著撰人

卷四　度宗

咸淳元年春……上幸太學，升邵雍、司馬光從祀。

卷六　廣王本末

爾邵雍著《皇極經世書》，推明皇帝王伯之數，有元會運世之説。謂冬復爲春，世復爲元。今大元溷一，揭宋之土地而歸職方。國號曰元，年號曰元，豈非世復爲元之數乎？宋以周顯德七年受禪，至十六傳而幼君名顯，改元德祐，合顯德二字，彰著於命名改號之間，人不之覺，豈非數之終於此乎？

宋史全文 不著撰人

卷九下

（嘉祐四年）十一月己亥，以河南處士邵雍爲將作監主簿，後再命爲潁州團練推官，皆辭疾不起。

卷十二上

（丁巳熙寧十年）九月，贈潁州團練推官邵雍秘書省著作郎，宰相吴充請於上，賜謚曰「康節」。雍初與常秩同召，雍竟辭不起，士大夫高之。

卷十三下

（元祐六年十一月）辛丑，守中書侍郎傅堯俞卒，太皇太后謂執政曰：「堯俞清直人。」又曰：「金玉人也，可惜不至宰相。」司馬光嘗謂邵雍曰：「清直勇三德，人所難兼，吾於欽之畏焉。」雍曰：「欽之，清而不耀，直而不激，勇而能温，尤爲難矣。」時以雍之言爲然。

卷二十上

安國自上奏曰：士以孔孟爲師，不易之至論。然孔孟之道，失其傳久矣。自程頤始發明之，而後其道可學而至。今使學者師孔孟而禁不得從頤之學，是入室而不由户也。夫頤之文於《易》，則因理以明象而知體用之一原，於《春秋》，則見諸行事而知聖人之大用。於諸經《語》

《孟》則發其微旨，而知求仁之方、入德之序，鄙言怪語，豈其文哉？頤之行，則孝悌顯於家，忠誠動於鄉，非其道義一介不以取。予則高視濶步，豈其行哉？自嘉祐以來，頤與兄顥及邵雍、張載皆以道德名世，如司馬光、吕公著、吕大防莫不薦之。頤有《易》、《春秋》傳，雍有《經世》書，載有《正蒙》書，惟顥未及著書，望下禮官討論故事，加此四人封爵，載在祀典，比於荀、揚之列。仍詔館閣裒其遺書，以羽翼六經，使邪説不得作而道術定矣。

卷三十

昔先民邵雍言：本朝之盛，前代不及者有五，而百年四葉居其一焉，維中興四葉，享國九十有八年，上視先朝，同一軌轍，深仁厚澤，浹於海隅，垂裕後昆，有衍無極，嗚呼美哉！

卷三十二　宋理宗二

（乙未端平二年）正月甲寅，禮部尚書兼侍講李埴奏胡瑗、孫明復、邵雍、歐陽修、周敦頤、司馬光、蘇軾、張載、程顥、程頤十人，卓然爲學者所宗，宜在從祀之列。乞令經筵祕書省國子監參酌熟議。又奏，乞將子思併與升祀列在十哲之間，從之。

通鑑續編　元陳桱撰

卷九

（丁巳十年九月）河南逸士邵雍卒。

雍，河南人，少時自雄其才，慷慨欲樹功業，於書無所不讀。始爲學師，堅苦刻厲，寒不爐，暑不扇，夜不就席者數年。已而歎曰：「昔人尚友於古，而吾獨未及四方。」於是踰河、汾，涉淮、漢，周流齊、魯、宋、鄭之墟，久之，幡然來歸，曰：「道在是矣。」遂不復出。初，北海李之才，受《易》於河南穆修，修之《易》受於种放，而放受之於陳摶，源流最遠。其圖書象數變通之妙，自秦漢以來鮮有知者。之才攝共城令，雍時居母憂，于蘇門山百源之上，布裘蔬食，躬爨以養父古。之才叩門來謁勞苦之，曰：「好學篤志，果何似？」雍曰：「簡策迹外，未有適也。」之才曰：「君非迹簡策者，其如物理之學何？」他日則又曰：「物理之學，學矣，不有性命之學乎？」雍再拜，願受業。之才遂授以河圖、洛書、伏羲八卦六十四卦圖象，雍由是探賾索隱，妙悟神契，洞徹藴奥，汪洋浩博多其所自得者。及其學益老，德益劭，玩心高明，以觀夫天地之運化，陰陽之消長，遠而古今世變，微而飛走草木之性情，深造曲暢，庶幾所謂不惑，而非依倣象類億則屢中者，遂衍伏羲先天之旨，著書十餘萬言，然世之知其道者鮮矣。初至洛，蓬蓽環堵，不蔽風雨，躬樵爨以事親，雖平居屢空，而怡然有所甚樂，人莫能窺也。及富弼、司馬光、吕公著諸賢退居洛中，雅敬雍，恒相從游焉，爲市園宅。雍歲時耕稼，僅給衣食，名其居曰「安樂窩」，因自號曰「安樂先生」。旦則焚香燕坐，晡時酌酒，三四甌微醺即止，常不及醉也。興至輒哦詩自詠，春秋時出游城中，風雨則不出。出則乘小車，一人挽之，惟意所適，士大夫家識其車音，争相迎候，童孺廝隸皆驩相謂曰「吾家先生至也」，不復稱其姓字，或留信宿乃去。好事者别作屋如雍所居，以候其至，名曰「行窩」。司馬光兄事雍，而二人純德，尤爲鄉里所慕向，父子兄弟每相飭曰「毋爲不善」，恐司馬端明邵先生知也。士之道洛者，有不之公府必之雍。雍德氣粹然，望之知其賢，然不事表襮，不設防畛，羣居燕笑終日，不爲甚異。與人言，樂道其善而隱其惡，有就問學則答之，未嘗强以語人。人無貴賤少長，一接以誠。故賢者悦其德，不賢者服其化。時新法行，吏牽迫不可爲，或投劾去，雍門生故友居州縣者或貽書訪之。雍曰：「此賢者所當盡力之時，新法固嚴，能寬一分則民受一分之賜矣，投劾何益耶？」留守王拱辰薦雍遺逸授將作主簿，後舉逸士補潁州團練推官，皆固辭，乃受命，竟稱疾不之官。年七十六而卒。贈著作郎，後賜謚康節先生。雍天性高邁，迥出千古，而坦夷温厚，不見圭角，是以清而不激，和而不流。人與交久，益尊信之，程顥嘗與雍議論終日，退而歎曰：「堯夫，内聖外王之學也。」雍知慮絶人，遇事能前知。程頤嘗曰：「其心虚明，自能知之。」及疾病，司馬光、張載、程顥、程頤晨夕候之。既卒，顥爲銘墓，稱「雍之道，淳一不雜，就其所至，可謂安且成矣。著《皇極經世》、《觀物内外篇》、《漁樵問對》傳于世」。

卷二十四　度宗皇帝

（咸淳三年春正月）帝詣太學謁孔子行舍菜禮，以顔回、曾參、孔伋、孟軻配享，升顓孫師于十哲。追封邵雍爲新安伯，與温國公司馬光列于從祀。

元史續編　明胡粹中撰

卷八

（仁宗皇帝皇慶二年六月乙未）詔以宋儒周敦頤、程顥、程頤、張載、邵雍、司馬光、朱熹、張栻、吕祖謙及故中書左丞許衡並從祀孔子廟庭。

御批歷代通鑑輯覽

卷七十六　宋　仁宗皇帝

嘉祐己亥四年十一月……召河南處士邵雍，字堯夫，河南人。不至。

雍少時，自雄其才，慷慨欲樹功名，于書無所不讀，始爲學即堅苦刻勵，寒不爐，暑不扇，夜不就枕者數年。既而踰河、汾，涉淮、漢，周流齊、魯、宋、鄭，久之，幡然來歸，曰：「道在是矣。」遂不復出。初，北海李之才受《易》于河南穆修，修受于种放，而放受之于陳摶，源流最遠。之才攝共城令，雍時居母憂，于蘇門山躬爨以養父，之才叩門來謁勞苦之，曰：「好學篤志，果何似？」雍曰：「簡策迹外，未有適也。」之才曰：「君非迹簡策者，其如物理之學何？」他日則又曰：「物理之學，學矣，不有性命之學乎？」雍再拜，願受業。之才遂授以河圖、洛書、伏羲八卦六十四卦圖象。雍由是探賾索隱，妙悟神契，玩心高明，深造曲暢，遂衍伏羲先天之旨，著書十餘萬言。富弼、司馬光、吕公著諸賢居洛中，雅敬雍，恒相從游，爲市園宅。雍德器粹然，人無貴賤少長，一接以誠，故賢者悦其德，不賢者服其化。一時洛中人才特甚，而忠厚之風聞天下，留守王拱辰薦雍遺逸授將作主簿，後復舉逸士補潁州團練推官，皆固辭，乃受命，竟稱疾，不之官。

卷七十八　宋　神宗皇帝

（熙寧十年）九月，河南邵雍卒。

雍，天性高邁，迥出千古，而坦夷温厚，不見圭角。時新法行，吏牽迫不可爲，或投劾去，雍門生故友居州縣者或貽書訪之。雍曰：「此賢者所當盡力之時，新法固嚴，能寬一分則民受一分之賜矣，投劾何益邪？」程顥嘗與議論終日，退而嘆曰：「堯夫，内聖外王之學也。」雍知慮絶人，遇事能前知。程顥嘗曰：「其心虚明，自能知之。」富弼、司馬光、吕公著雅敬雍。雍所居曰「安樂窩」，時游城中，乘小軒，一人挽之。士大夫識其車音，争相迎候，或留信宿去，好事者别作室以待其至，謂之「行窩」。安樂窩在洛陽天津橋南。及卒，顥爲墓銘，稱其學「純一不雜，汪洋浩大，就其所至而論之，可謂安且成矣。」所著《皇極經世》《觀物内外篇》《漁樵問答》傳于世。元祐中賜謚康節。

卷七十九　宋　哲宗皇帝

（元祐四年）夏五月，潞公文彦博卒。後追謚忠烈。

彦博逮事四朝，任將相五十年，名聞四夷，平居接物，謙下尊德，樂善如恐不及。其在洛也，洛人邵雍、程顥兄弟以道自重，賓接之如布衣交。卒年九十二。

卷九十三　宋　度宗皇帝

咸淳三年春正月，帝釋菜于孔子，以顔回、曾參、孔伋、孟軻配列，邵雍、司馬光于從祀。又升顓孫師于十哲，追封雍新安伯。講官監官三學長貳及諸生，推恩有差。

卷九十七　元　仁宗皇帝

皇慶二年夏六月，京師地震。詔以周敦頤、程顥、程頤、張載、邵雍、司馬光、朱熹、張栻、吕祖謙、許衡並從祀孔子廟庭。

資治通鑑後編　清徐乾學撰

卷六十七　宋紀六十七　仁宗

嘉祐四年十一月己亥，以河南處士邵雍爲將作監主簿，本府以遺逸薦，故有是命。後再命爲潁州團練推官，皆辭疾不起。

卷七十九　宋紀七十九　神宗

熙寧三年十二月庚辰，命王安石提舉編修三司令式，時天下以新法騷然。邵雍屏居於洛，門人故舊仕州縣者，皆欲投劾而歸，以書問雍。雍曰：「正賢者所當盡力之時，新法固嚴，能寡一分則民受一分之賜矣，投劾何益邪？」

卷八十三　宋紀八十三　神宗

熙寧十年秋七月癸丑，潁州團練推官邵雍卒。雍始爲學，堅苦刻厲，寒不爐，暑不扇。夜不就席者數年。初，北海李之才受《易》於河南穆修，修受於种放，放受於陳摶，源流最遠。之才遂授雍以河圖、洛書、伏羲六十四卦圖象，雍由是探賾索隱，妙悟神契，洞徹藴奥，汪洋奥博，多其所自得者。晚乃衍伏羲先天之旨，著書十餘萬言。富弼、司馬光、吕公著諸賢退居洛中，雅敬雍，恒相從游，爲市園宅。雍名其居曰「安樂窩」。留守王拱辰薦雍遺逸授將作主簿，後舉逸士補潁州團練推官，皆固辭，乃受命，竟稱疾不之官。程顥初侍其父，識雍論議終日，退而歎曰：「堯夫，内聖外王之學也。」雍智慮絶人，遇事能前知，顥嘗曰：「其心虚明，自能知之。」雍卒，顥爲銘其墓，稱雍之道「純一不雜，就其所至，可謂安且成矣」。

九月甲戌，贈邵雍祕書省著作郎，雍初與常秩同召，雍竟辭不起，士大夫高之。吴充請於帝，賜謚曰康節。

卷九十　宋紀九十　哲宗

元祐六年十一月辛丑，中書侍郎傅堯俞卒，太皇太后素知其清，直謂輔臣曰：「堯俞，金玉人也，惜不至宰相。」對曰：「堯俞自仁宗時至今，始終一節，有德望，真可爲朝廷惜。」帝輟朝臨奠，贈銀青光禄大夫，謚憲簡。初，司馬光嘗謂邵雍曰：「清直勇三德，人所難兼，吾於欽之見焉。」雍曰：「欽之，清而不耀，直而不激，勇而不猛，是爲難耳。」欽之，堯俞字也。

卷九十二　宋紀九十二　哲宗

紹聖四年……五月丁巳，太子少保致仕潞國公文彦博卒，年九十二。彦博逮事四朝，任將相五十年，名聞四夷。元祐間，契丹使耶律永昌劉霄來聘，蘇軾館客與使入覲，望見彦博於殿門外，却立改容曰：「此潞公也耶？」問其年，曰：「何壯也！」軾曰：「使者見其容，未聞其語，其綜理庶務，雖精練少年有不如，其貫穿古今，雖專門名家有不逮。」使者拱手曰：「天下異人也。」既歸洛，西羌首領温溪心有名馬，請於邊吏，願以餽彦博。詔許之。其爲外國所敬如此。洛人邵雍、程顥、程頤皆以道自重，彦博賓接之如布衣交。與富弼、司馬光等十二人，用白居易九老會故事，置酒賦詩相樂，序齒不序官。圖形妙覺僧舍，謂之洛陽耆英會。好事者莫不慕之。

卷一百十二　宋紀一百十二　高宗

紹興七年五月甲戌，召胡安國爲提舉萬壽觀兼侍讀，未行。聞諫官陳公輔詆程頤之學，乃上疏曰：「士以孔孟爲師，不易之至論，然孔孟之道失其傳久矣，自程頤兄弟始發明之，然後知其可學而至。今使學者師孔孟而禁不得從頤學，是入室而不由户也。夫頤之文於《易》則因理以明象而知體用之一原，于《春秋》則見諸行事而知聖人之大用于諸經。《語》《孟》則發其微旨，而知求仁之方入德之序，鄙言怪語，豈其文哉！頤之行則孝悌顯于家，忠誠動于鄉，非其道義一介不以取，與則高視濶步，豈其行哉！自嘉祐以來，頤與兄顥及邵雍、張載皆以道德名世，如司馬光、吕公著、吕大防莫不薦之。頤有《易》、《春秋傳》，雍有《經世書》，載有《正蒙書》，惟顥未及著書，望下禮官討論故事，加此四人封爵，載在祀典，比於荀、揚之列。仍詔館閣裒其遺書，以羽翼六經，使邪説不得作而道術定矣。」

卷一百三十四　宋紀一百三十四　寧宗

嘉定四年十二月辛巳……秘書省著作郎李道傳上奏言：「學莫急於致知，致知莫大於讀書。書之當讀者莫出於聖人之經，經之當先者莫要於《大學》、《論語》、《孟子》、《中庸》之篇。故侍講朱熹有《論語》、《孟子》集註，《大學》、《中庸》章句、或問。學者傳之，所謂擇之精而語之詳者，於是乎在。臣願陛下詔有司，取是四書頒之太學，使諸生以次誦習，俟其通貫浹洽，然後次第以及諸經，務求所以教育人才，爲國家用。且使四方之士聞其風節，傳其議論，得以慕而效之也。」又言：「紹興中，從臣胡安國嘗欲有請于朝，乞以邵雍、程顥、程頤、張載四人，春秋從祀孔子之廟。淳熙中，學官魏掞之亦言宜罷王安石父子勿祀，而祀顥頤兄弟。厥後雖詔罷安石之子雱而他未及行。儒者相與論説，謂宜推而上之以及二程之師周敦頤。臣願陛下詔有司，考安國、掞之所嘗言者，議而行之。上以彰聖朝崇儒正學之意，下以示學者所宗其益甚大。其所關甚重，非特以補祀典之闕而已。」會西府中有不喜道學者，未及施行。

卷一百四十一　宋紀一百四十一　理宗

端平二年春正月甲寅，詔議胡瑗、孫復、邵雍、歐陽修、周敦頤、司馬光、蘇軾、張載、程顥、程頤等十人從祀孔子廟庭，升孔伋十哲。

卷一百四十二　宋紀一百四十二　理宗

淳祐二年二月甲戌，知樞密院事游似罷，以范鍾知樞密院事，徐榮叟參知政事，趙葵賜出身同知樞密院事，江淮制置使別之傑簽書樞密院事。蒙古伊囉斡齊在燕惟事貨賂，以姚樞爲幕長，分及之樞，一切拒絕，因辭職去，攜家至蘇門山，作家廟別爲室，奉孔子及周敦頤、程顥、程頤、張載、邵雍、司馬光像，刊《小學》、《四書》并諸經傳註，以惠學者。讀書鳴琴，若將終身。

卷一百四十七　宋紀一百四十七　度宗

咸淳三年春正月戊申，帝詣太學謁孔子行舍采禮，以顏淵曾參、孔伋、孟軻配享，升顓孫師于十哲，列邵雍、司馬光於從祀。雍封新安伯。講官監官三學長貳及諸生推恩有差。

卷一百五十三　元紀一

世祖

帝嘗曰：「朕求賢三十年，得一竇漢卿及李俊民。」又曰：「如竇漢卿之心，姚公茂之才，合而爲一，可謂全人矣。」公茂樞字漢卿，默字也。後累贈太師，追封魏國公，謚文正。俊民，澤州人，得河南程氏之學，時有隱士荆先生者授以邵雍皇極數。時知數者，無如劉秉忠，亦自以爲弗及。帝在潛邸，嘗問以禎祥，及即位，其言皆驗，而俊民已卒，賜謚莊静先生。

卷一百六十一　元紀九　成宗

蘭谿處士金履祥卒，履祥幼敏睿，及長從學同郡王柏及何基之門。基則學於黄榦，而榦則親得朱熹之傳者。宋將亡，遂絶意進取，屏跡金華山中，平居獨處，終日儼然，至與物接則盎然和懌，訓廸後學，諄切無倦，而尤篤於分義。及何基、王柏之喪，履祥率其同門之士以義例服，觀者始知師弟之繫於彝倫也。履祥嘗謂司馬光作《資治通鑑》，劉恕爲《外紀》以記前事，不本於經而信百家之説，是非謬於聖人，不足以傳信。乃用邵雍《皇極經世》歷，胡寅《皇王大紀》之例，損益折衷，一以《尚書》爲主，下及《詩》、《禮》、《春秋》，旁採舊史諸子表年，繫事斷自唐堯以下，接於《通鑑》之前，勒爲一書名曰《通鑑前編》，以授門人。

卷一百六十四　元紀十二

仁宗皇慶二年六月甲申，建崇文閣於國子監，以宋儒周敦頤、程顥、程頤、張載、邵雍、司馬光、朱熹、張栻、吕祖謙及故中書左丞許衡，從祀孔子廟庭。

卷一百七十二　元紀二十　順帝

至正五年五月辛卯，翰林學士承旨庫庫卒，年五十一，謚文忠。庫庫在帝左右，論思獻納，多所匡救。時科舉既輟，從容爲帝言：「古者取人材以濟世，用必有科舉，何可廢也？」帝採其論，尋復舊制。一日進讀司馬光《資治通鑑》，因言國家當及斯時修遼、金、宋三史，歲久恐致闕逸，後置局纂修，實由庫庫發其端。又請行鄉飲酒於國學，使民知遜悌，及請褒贈唐劉蕡、宋邵雍以旌道德正直。帝從其請，爲之下詔。庫庫以重望居高位，而雅愛儒士甚於饑渴，以故四方士大夫翕然宗之，萃於其門。

宋史紀事本末　明馮琦原編陳邦瞻增輯

卷八

庚辰，命王安石提舉編修三司令式，時天下以新法騷然，邵雍屏居于洛，門人故舊仕宦中外者，皆欲投劾而歸，以書問雍。雍曰：「正賢者所當盡力之時。新法固嚴，能寬一分則民受一分之賜矣。投劾何益邪？」

卷二十一

七年五月，張浚薦胡安國，帝召之，安國聞陳公輔請禁程頤之學，乃上疏曰：「孔孟之道不傳久矣，自頤兄弟始發明之，然後知其可學而至。今使學者師孔孟而禁從頤學，是入室而不由户也夫。頤於《易》因理以明象而知體用之一原，於《春秋》見於行事而知聖人之大用，諸經《語》、《孟》皆發其微旨，而知其入德之方，則狂言怪語，豈其文哉！孝弟顯於家，忠誠動於鄉，非其道義一介不以取，予則高視濶步，豈其行哉！自嘉祐以來，西都有邵雍、程顥及其弟頤，關中有張載，皆以道德名世，著書立言，公卿大夫所欽慕而師尊之。及王安石、蔡京等曲加排抑，故其道不行。願下禮官討論故事，加之封爵，載在祀典。仍詔館閣裒其遺書，羽翼六經，使邪説者不得作而道術定矣。」疏入，公輔與中丞周秘侍御史石公揆交章論安國學術頗僻，安國遂辭召命。

臣聞紹興中，從臣胡安國嘗欲有請於朝乞以邵雍、程顥、程頤、張載四人春秋從祀孔子之廟。

按：宋世道學之傳，自周敦頤始，敦頤授之程顥及其弟頤，而其學始盛。同時張載、邵雍與顥兄弟，實相師友，雖立言各成一家，至澤於仁義道德不求同而自不能異。

邵雍，字堯夫，范陽人。少篤學，堅苦刻厲，冬不爐，夏不扇，卧不就枕席者數年。嘗以爲學者之患，在於好惡先成乎心，而挾其私智以求於道，則蔽於所好而不得其真，故其求之至於四方萬里之遠。天地陰陽屈伸消長之變，無所不通，而必折衷於聖人，雖深於象數，先見默識，未嘗以自名也。其學純一而不雜，居之而安，行之而成，平易渾大，不見圭角，其自得深矣。程顥初侍其父識雍，論議終日，退而嘆曰：「堯夫，内聖外王之學也。」

東都事略　宋王稱撰

卷一百十八

邵雍，字堯夫，衛州人也。刻厲爲學，夜不枕席者數年，有王豫者以師自居，聞雍學《易》召而欲教之，雍往見，豫與語三日，蹶然起拜。雍嘗適吴、楚，過秦、魯，客梁、晉，而歸徙居於洛。士人道洛者，必過其廬。與人言必依於孝悌忠信，樂道人之善，不及其惡。故賢不肖無不親之。其學自天地運化，陰陽消長，皆以數推之。逆知其變，世無能曉之者，而雍内以自樂浩如也。初舉遺逸試將作監主簿，熙寧初以爲潁州團練推官，與常秩同召，而雍卒不起。居洛三十年而卒，年六十七，贈著作郎，謚曰康節。有書十二卷曰《皇極經世》，詩二十篇曰《擊壤集》。子伯温。

古今紀要　宋黄震撰

卷十九　隱逸邵雍

少學於共城令李之才，三年不設榻。年三十自共城來居洛。富弼欲與先生處士號，辭。嘉祐中舉遺逸，王拱辰薦授將作簿。熙寧求逸士，吕誨薦補潁州推官，皆三辭不之官。不服深衣。新法固嚴，寛一分受一分賜。止富公聽僧開堂説法。天津聞杜鵑，知天下多事。本朝自唐虞而下未有者五事，市肆不易服，天下在即位後不殺一無罪，百年四葉。百年無心腹患。知安石、惠卿必離。邢恕欲傳其學，曰「徒長奸雄」，章惇亦欲傳之。二程訪之，明道稱「振古豪傑」，惜無用於世，又曰「内聖外王之道」。安樂窩。温公宅契，富公園契，王郎中莊契。居洛四十年。六十七。無爲不善，恐司馬端明邵先生知。兒童奴隸皆知尊奉。富公築室與相邇。温良好樂曰康，能固所守曰節。

郝氏續後漢書　元郝經撰

卷七十五

宋邵雍有言：「晉室之禍，不在於石勒長嘯上東門時，在荀勖夕陽亭之一語。嗚呼！既亡魏，又亡晉，復亡中國。既覆賈氏，又覆荀氏。小人患失一至此哉！」

卷八十三

自孟子後五百餘年而有諸葛亮，又三百餘年而有王通，又二百餘年而有韓愈，又三百餘年而有歐陽修、司馬光、周敦頤、邵雍、程顥、程頤、張載、朱熹，皆慨然以身任道，康濟斯民，申明制作，攘斥辯闢，復乎孔孟之初，而大其傳道之爲天下萬世之正者。自若彼老佛之徒，祇猖獗之僞焉爾。孔子曰：「人能弘道，非道弘人。」嗚呼！六經諸儒之道術具在，後之人亦弘之而已，又何患乎異端哉！

御定歷代紀事年表

年表卷一

始起甲辰帝堯元載　止乙酉帝堯一百有二載　凡一百有二年

表例說

臣之樞謹按：《史記》黄帝以來，紀世爲世表，共和以後，紀年爲年表。年表之例，以年爲經，以國爲緯。今紀事年表例本此。金履祥《通鑑前編》本邵雍《經世》，曆起堯元載甲辰，是紀年起於堯時，不俟共和始見也。今從金氏《前編》自堯元載始。

欽定續通志

卷三十八

二年春正月甲寅，詔議胡瑗、孫明復、邵雍、歐陽修、周敦頤、司馬光、蘇軾、張載、程顥、程頤等十人，從祀孔子廟庭。

卷三十九

三年春正月己丑，有事于南郊，大赦。癸卯，立妃全氏爲皇后。戊申，帝詣太學謁孔子行舍采禮，以顔淵、曾參、孔伋、孟軻配享，顓孫師升十哲，邵雍、司馬光升列從祀。雍封新安伯。

卷六十四

甲申，建崇文閣於國子監，以宋儒周敦頤、程顥、程頤、張載、邵雍、司馬光、朱熹、張栻、吕祖謙及故中書左丞許衡，從祀孔子廟庭。

卷一百十四

度宗咸淳三年，詔封曾參郕國公，孔伋沂國公，配享先聖。封顓孫師陳國公，升十哲位。時閔子以下九賢亦俱改封。復以邵雍、封新安伯。司馬光從祀。

元太祖置宣聖廟於燕京，世祖至元十年三月，中書省言春秋釋奠執事官各公服陪位，諸儒襴衫唐巾行禮。成宗時，始命建宣聖廟于京師。仁宗皇慶二年六月，詔以宋儒周敦頤、程顥、程頤、張載、邵雍、司馬光、朱熹、張栻、吕祖謙及故中書左丞許衡從祀。

卷三百三十八

彦博雖窮貴極富，而平居接物謙下，尊德樂善，如恐不及。其在洛也，洛人邵雍、程顥兄弟皆以道自重，賓接之如布衣交。與富弼、司馬光等十三人，用白居易九老會故事，置酒賦詩，相樂序齒不序官，爲堂繪像其中，謂之洛陽耆英會。好事者莫不慕之。神宗導洛通汴，而主者遏絶洛水，不使入城中。洛人頗患苦之。彦博因中使劉惟簡至洛，語其故，惟簡以聞詔令，通行如初，遂爲洛城無窮之利。

卷五百四十二　儒林傳

邵雍，字堯夫，其先范陽人。父古徙衡漳，又徙共城。雍年三十，游河南，葬其親伊水上，遂爲河南人。雍少時自雄其才，慷慨欲樹功名，於書無所不讀。始爲學，即堅苦刻厲，寒不爐，暑不扇，夜不就席者數年。已而歎曰：「昔人尚友於古，而吾獨未及四方。」於是踰河、汾，涉淮、漢，周流齊、魯、宋、鄭之墟。久之，幡然來歸。曰「道在是矣」，遂不復出。北海李之才攝共城令，聞雍好學，嘗造其廬，語以物理性命之學，遂從之才受河圖、洛書、宓羲八卦六十四卦圖，探賾索隱，妙悟神契，洞徹蘊奥，汪洋浩博，多其所自得者。及其學益老德益劭，玩心高明，以觀夫天地之運化，陰陽之消長，遠而古今世變，微而走飛草木之性情，深造曲暢，遂衍宓羲先天之旨，著書十餘萬言行於世。初至洛，蓬蓽環堵，不庇風雨，躬樵爨以事父母，雖平居屢空，而怡然有所甚樂，人莫能窺也。及執親喪，哀毁盡禮。富弼、司馬光、吕公著諸賢退居洛中，雅敬雍，恒相從游，爲市園宅。雍歲時耕稼，僅給衣食，名其居曰「安樂窩」，因自號曰「安樂先生」。興至輒哦詩自詠，春秋時出遊城中，乘小車，一人挽之，惟意所適。士大夫家識其車音，争相迎候，童孺厮隸皆歡，相謂曰「吾家先生至也」，不復稱其姓字。或留信宿乃去。好事者别作屋如雍所居，以候其至，名曰「行窩」。司馬光兄事雍，而二人純德，尤鄉里所嚮慕，每相飭曰「毋爲不善」，恐司馬端明、邵先生知。士之道洛者，有不之公府必之雍。雍德氣粹然，望之知其賢。然不事表襮，不設防畛，與人言樂道其善而隱其惡。有就問學則答之，未嘗强以語人。人無貴賤少長，一接以誠。故賢者悦其德，不賢者服其化。一時洛中人才特盛，而忠厚之風聞天下。熙寧行新法，吏牽迫不可爲，或投劾去。雍門生故友居州縣者，皆貽書訪。雍曰：「此賢者所當盡力之時。新法固嚴，能寬一分則民受一分賜矣。投劾何益耶？」先是嘉祐間詔求遺逸，留守王拱辰以雍應詔授將作監主簿，復舉逸士補潁州團練推官，皆固辭，乃受命，竟稱疾，不之官。熙寧十年卒，贈祕書著作郎。元祐中，賜謚康節。雍高明英邁而渾厚不見圭角，是以清而不激，和而不流，人與交久，益尊信之。河南程顥初侍其父識雍，論議終日，退而歎曰：「堯夫，内聖外王之學也。」雍知慮絶人，遇事能前知。程頤嘗曰：「其心虚明，自能知之。」當時學者因雍之前知，謂雍於凡物聲氣之所感觸，輒以其動而推其變焉，於是摭世事之已然者，皆以雍言先之。雍蓋未必然也。雍疾病，司馬光、張載、程顥、程頤晨夕候之，將終，共議喪葬事外庭。雍皆能聞衆人所言，召子伯温謂曰：「諸君欲葬我近城地，當從先塋爾。」既葬，顥爲銘墓，稱雍之道「純一不雜，就其所至，可謂安且成矣。」所著書曰《皇極經世》《觀物外篇》《漁樵問對》，詩曰《伊川擊壤集》。

卷五百四十四　儒林傳

諫官陳公輔上疏，詆假託程頤之學者。安國奏曰：「孔孟之道不傳久矣，自頤兄弟始發明之，然後知其可學。而至今使學者師孔孟而禁不得從頤學，是入室而不由户也。本朝自嘉祐以來，西都有邵雍、程顥及其弟頤，關中有張載，皆道德名世。會王安石、蔡京等曲加排抑，故其道不行。望下禮官討論故事，加之封爵，載在祀典。仍詔館閣，裒其遺書，校正頒行，使邪説不得作。」奏入，公輔與中丞周祕侍御史石公揆承望宰相風旨，交章論安國學術頗僻。除知永州，辭，復提舉太平觀，進寶文閣直學士。卒，詔贈四官，又加賻賜田十頃，恤其孤，謚曰文定，蓋非常格也。

紹興七年，震謝病丐祠，旋知禮部貢舉，會卒。震經學深醇，有《漢上易解》，以程頤《易傳》爲宗，和會邵雍、張載之論，上採漢魏吴晉，下逮有唐及宋，包括異同。其意以王弼盡去舊説，雜以莊老，專尚文辭爲非，故於象數加詳焉。

紹定末，祕書郎李心傳乞以司馬光、周敦頤、邵雍、張載、程顥、程頤、朱熹七人列于從祀，不報。淳祐元年正月，帝視學，手詔以張、周、二程及熹從祀孔子廟。

卷五百四十九　儒林傳

仍請以周敦頤、邵雍、程顥、程頤、張載五人從祀孔子廟，時執政有不樂道學者，以語侵道傳，道傳不爲動。

太平治迹統領　宋彭百川撰

卷二十六

（皇祐）四年十一月，以河南處士邵雍爲將作監主簿，本府以遺逸薦，故有是命。後再命爲潁州團練推官，皆辭疾不起。

（熙寧）十年九月己酉，贈潁州團練推官邵雍秘書省著作郎，賜帛以知河南府。賈昌衡言雍行義聞于鄉里，乞加卹也。宰相吴充請于上賜謚，曰康節。雍初與常秩同召，雍竟辭不起。士大夫高之。

咸淳遺事 不著撰人

卷下

上幸太學，陞邵雍司馬光從祀。其詔曰：「邵雍天挺人豪，英邁蓋世。司馬光有德有言，有功有烈。朱熹贊之，與周、張、二程俱。雍述《經世書》，發先天奧旨，而内聖外王之學，寔關吾道。光著《通鑑》，貽後世治法而真履寔踐之美，爲儒宗師。蓋非前代諸儒或以章句文詞得祀于學者比。朕將臨辟雍，因思朱熹所贊，已祀其四，尚遺雍、光，非缺典歟？令學宫列諸從祀，以示奨崇。」

世宗憲皇帝硃批諭旨

卷一百七十四之十六

聖學淵源，包羅萬有。伏讀集中，如黄洽之矢不欺，林逋之戒沽名，邵雍之勉爲善，司馬光之勸知足，皆古來名臣大儒，以忠君愛國之心抒樂天知命之致。其他單詞片語，無非袪妄止貪，不同晉人清談。惟誇曠懷逸志，實爲覺世名言，修身至寶。

歷代名臣奏議 明楊士奇黄淮等奉勑編

卷五十三

臣聞仁宗時有程顥者，與其弟頤同受學於周敦頤，實得孔孟以來不傳之緒。同時又有邵雍、張載，相與博約，遂使聖道闇而復明，其功甚大。俗儒淺學，既不足以窺其藴奥，姦人鄙夫，又以其言，居必誠敬，動由禮義，有害於己之所爲。以故相與怨疾，指爲道學而加詆訕焉。

卷二百七十四

昔者伯夷、柳下惠之賢，微仲尼，則西山之餓夫、東國之黜臣耳。本朝自嘉祐以來，西都有邵雍、程顥及其弟程頤，關中有張載，此四人者皆以道學德行名於當世，公卿大夫之所欽慕而師尊之者也，如司馬光、吕公著、韓絳、吕大防等，莫不論薦之。會王安石當路，重以蔡京得政，曲加排抑，故有西山東國之阨，而其道不行，深可惜也。今雍所著有《皇極經世書》六十卷，載有《正蒙書》一十七篇，頤有《易》《春秋》傳一十卷。顥雖未及著述，而門弟子質疑請益答問之語，存于世者甚多，又有書、疏、銘、詩並行於世，而傳者多失其真。臣愚伏望陛下特降指揮，下禮官討論故事，以此四人加之封號，載在祀典，比於荀揚之列，以見聖世雖當禁暴誅亂奉詞伐罪之時，獨有崇儒重道尊德樂義之意。仍詔館閣裒集四人之遺書，委官校正，取旨施行，便於學者傳習。羽翼六經，以推尊仲尼孟子之道，使邪説者不得乘間而作，而天下之道術定，豈曰小補之哉。

紹興之初，侍講胡安國嘗有請於朝，乞爵程顥兄弟，使得從食於先聖先師之廟。其後乾道間，太學録魏掞之又嘗白宰相，請祠程顥兄弟于學，會不果行。如周頤則又程顥兄弟親炙而師事之者，安國掞之亦未及以爲言，誠爲闕典。臣愚欲望聖慈，詳臣所陳，如以爲可採，乞下之禮官，如先朝邵雍、徐積等故事，將周頤特賜美謚，使海内人士咸知正學之宗，其於表章風厲，誠非小補。如程頤兄弟並得在易名之典，則尤足以章明時崇儒重道之意。臣本爲蜀人，致甘棠之思而僭言及此，越職踰分，臣知罪矣。

伊洛淵源録　宋朱熹撰

卷四

本朝自嘉祐以來，西都有邵雍、程顥及弟頤，關中有張載，此四人者，皆道學德行名於當世。會王安石當路，重以蔡京得政，曲加排抑，故有西山東國之阨。其道不行，深可惜也。今雍所著有《皇極經世書》，載有《正蒙書》，頤有《易》《春秋》傳，顥雖不及著述，而門弟子質疑請益答問之語，存于世者甚多，又有書、疏、銘、詩並行於世，而傳者多失其真。臣愚伏望陛下特降指揮，下禮官討論故事，以此四人加之封號，載在祀典，以見聖世雖當禁暴誅亂奉詞伐罪之時，猶有崇儒重道尊德樂義之意。仍詔館閣裒集四人之遺書，委官校正，取旨施行，便於學者傳習，羽翼六經，以推尊仲尼孟子之道，使邪説者不得乘間而作，而天下之道術定，豈曰小補之哉。

宋名臣言行録　朱熹撰

後集卷十

温公嘗歎曰：「清直勇三德，吾於欽之畏焉。洛之君子邵雍曰：欽之至清而不耀，至直而不激，至勇而能温，此爲難爾。人以雍言爲然。」

宋名臣言行録外集　宋李幼武纂集

邵雍康節先生

字堯夫，其先范陽人，徙衡漳，又徙共城，三十歲來遊於洛，葬其親於伊川，遂爲河南人。嘉祐中，詔舉遺逸，留守王拱辰薦之，授試將作監簿。熙寧初復求逸士，中丞吕誨等復薦之，補潁州團練推官，三辭不獲而後受命，終稱疾不之官。十年卒，年六十七，贈秘書省著作郎，元祐中特賜謚。

始學於百源，堅苦刻厲，冬不爐，夏不扇，夜不就席者數年，衛人賢之。先生歎曰：「昔人尚友千古，而吾未嘗及四方，遽可已乎？」於是走吴、適楚，過齊、魯，客梁、晉，久之而歸，曰「道在是矣」。蓋始有定居之意。

少時自雄其才，慷慨有大志，既學力慕高遠，謂先王之事，爲可必致，及其學益老德益劭，玩心高明，觀於天地之運化，陰陽之消長，以達乎萬物之變，然後頹然其順，浩然其歸。在洛三十年，始至蓬蓽環堵不蔽風雨，躬爨以養其父母，居之裕如。講學於家，未嘗强以語人，而就問者日衆。鄉里化之遠近尊之，士人之道洛者有不之公府，而必之先生之廬。先生德氣粹然，與人言必依於仁義忠信，樂道人之善而未嘗及其惡，故賢者悦其德，不賢者服其化。所以厚風俗成人材者，先生之功多矣。先生之學得之於李挺之，挺之得之於穆伯長，推其源流，遠有端緒，而先生淳一不雜，汪洋浩大，其所自得者多矣。

覃思於《易》，夜不設席，旦不再食，三年而學以大成。大名王豫天悦，瑰偉博達之士也，精於《易》，聞先生之篤志，愛而欲教之。與語三日，得所未聞，始大驚服，卒捨其學而學焉。於書無所不讀，著《皇極經世》六十卷。晚猶喜爲詩，平易而造於理，有《擊壤集》二十卷，自爲之序。

居洛四十年，安貧樂道，自云「未嘗攢眉」，所居寢息處爲「安樂窩」，自號「安樂先生」。又爲甕牖，讀書燕居其下，旦則焚香獨坐，晡時飲酒三四甌，微醺便止，不使至醉也。嘗有詩云：「斟有淺深存燮理，飲無多少繫經綸。」「莫道山翁拙於用，也能康濟自家身。」大寒暑則不出，每出乘小車，用一人挽之。爲詩以自詠曰：「花似錦時高閣望，草如茵處小車行。」司馬公贈以詩曰：「林間高閣望已久，花外小車猶未來。」隨意所之，遇主人喜客，則留三五宿，又之一家，亦如之，或經月忘返。雖性高潔，而接人無賢不肖貴賤，皆懽然如親。嘗自言：「若至大病，自不能支；其遇小疾，得有客對話，不自覺疾之去體也者。」來從之問經義，精深浩博，應對不窮，思致幽遠，妙極道數。間與相知之深者，開口論天下事，雖久存心世務者不能及也。

與富文忠早相知，富初入相，謂門下士田棐大卿曰：「爲我問邵堯夫，可出當以官職起之，不即命爲先生處士以遂隱居之志。田爲先生言，先生不答。以詩謝之曰：「相招多謝不相遺，將謂胸中有所施。若進豈能禁吏責，既閑安用更名爲。願同巢許稱臣日，甘老唐虞比屋時。滿眼清賢在朝列，病夫無以繫安危。」富終不相忘，乃因明堂祫享，赦詔天下舉遺逸，富意謂河南必以先生應詔。時文潞公尹洛，以兩府禮召見先生，先生不屈，遂以福建黃景應詔。富不樂，奏乞再舉遺逸，從之。王拱辰尹洛，乃以先生應詔，潁川薦常秩皆先除，試將作監簿，先生與秩皆不起。富時已丁憂去位矣。熙寧二年，詔舉遺逸，吕誨、吴充、祖無擇皆薦先生。時歐公參政，素重秩，故潁州再薦秩，先生除秘書省校書郎、潁州團練推官，辭不許。既受命，即引疾不起。且以詩答鄉人曰：「平生不作皺眉事，天下應無切齒人。斷送落花安用雨，裝添舊物豈須春。幸逢堯舜爲真主，且放巢由作老臣。六十病夫宜揣分，監司無用苦開陳。」秩以職官起，時王介甫方行新法，天下紛然，以爲不便。思得山林之士相合，秩賜對，盛言新法之便，乃除諫官以至待制。帝浸薄之，介甫主之不忘，然亦知其爲人矣。

始爲隱者之服，烏帽緇褐，見卿相不易也。温公依禮記作深衣、冠簪、幅巾、紳帶，每出朝服乘馬，用皮匣貯深衣隨其後，入獨樂園則衣之。嘗謂先生曰：「先生可衣此乎？」先生曰：「某爲今人，當服今人之衣。」温公歎其言合理。

熙寧三年，初行新法，天下騷然。先生閒居林下，門生故舊仕宦四方者，皆欲投劾而歸，以書問先生。先生曰：「正賢者所當盡力之時，新法固嚴，能寬一分則民受一分之賜矣。投劾而去何益？」嘗過士友家晝卧，見其枕屏畫小兒迷藏，題詩其上云：「遂令高卧人，欹枕看兒戲。」蓋熙寧間也。

熙寧中，洛陽以清德爲朝廷尊禮者大臣，曰富韓公侍從、曰司馬温公、吕申公位卿監，以清德早退者十餘人，好學樂善有行義者，幾二十人。先生隱居謝聘，皆相從。忠厚之風，聞於天下。里中後生，皆知畏廉恥，欲行一事必曰「無爲不善」，恐司馬端明、邵先生知。

富公自汝州得請歸洛養疾，築第與先生天津隱居相邇。富曰：「自此可時相招矣。」先生曰：「某冬夏不出，春秋時間過親舊間，公相招未必來，不召或自至。」富謝客。戒子曰：「先生來，不以時見。」先生一日過之，富作詩云：「先生自衛客西畿，樂道安閒絶世機。再命初筵終不起，獨甘窮巷寂無依。貫穿百代嘗探古，吟詠千篇亦造微。珍重相知忽相訪，醉和風雨夜深歸。」富嘗令二青衣蒼頭掖之以行，一日與先生論天下事，富喜甚，不覺獨步下堂。先生不爲起，徐指二蒼頭戲富曰：「忘却柱杖矣。」富常患氣痞，先生曰：「好事到手畏慎，不爲他人做了，鬱鬱何益。」富笑曰：「此事未易言也。」蓋爲嘉祐建儲耳。富雖剛勇，遇事詳審，不萬全不發。先生因戲之。富一日有憂色，先生問之，富曰：「先生度某之憂安在？」先生曰：「豈以安石罷相，惠卿參政，惠卿凶暴過安石乎？」富曰：「然。」先生曰：「公無憂。安石、惠卿本以勢利合，勢利相敵將自爲仇矣。不暇害他人也。」未幾，惠卿果叛安石。富謂先生曰：「先生識慮絶人遠矣。」一日薄暮，温公見先生曰：「明日僧修顒開堂説法，富公、晦叔欲偕往聽之，晦叔貪佛，已不可勸。富公果往，於理未便。光後進不敢言，先生曷不止之。」先生曰：「恨聞之晚矣。」明日，富果往。後先生因見富，謂曰：「聞上欲用裴晉公禮起公。」富笑曰：「先生以謂某衰病能起否？」先生曰：「固也。或人言上命公，公不起。一僧開堂公乃出，無乃不可乎？」富驚曰：「某未之思也。」富以先生年高，勸學修養。先生曰：「不能學人胡走亂走也。」

熙寧癸丑，王荀龍仲賢，魏公客也。因入洛見先生，出魏送行詩，顔體大書，極奇偉。先生曰：「吾少日喜作大字。李挺之曰學書妨學道。」故嘗有詩曰：「憶昔初書大字時，學人飲酒與吟詩。若非益友推金石，四十五年成一非。」

洛之交游，年長者拜之，年等者友之，年少者以子弟待之，未嘗少異於人，故得人之懽心。每歲春二月出，四月天漸熱即止；八月出，十一月天漸寒即止。故有詩云：時有四不出，大風大雨大暑大寒。會有四不赴。公會葬會生會醵會。每出，人皆倒屣迎致，雖兒童奴隸皆知尊奉。每到一家，子弟家人争具酒饌，問其所欲，不復呼姓氏，但曰吾家先生至也。雖閨門骨肉間事有未决者，亦求教先生，以至誠爲之開諭，莫不悦服。十餘家如先生所居安樂窩，以待其來，謂之行窩。故其没，鄉人輓詩云：「春風秋月嬉遊處，冷落行窩十二家。」洛陽風俗之美如此。

治平間，與客散步天津橋上，聞杜鵑聲，慘然不樂。客問其故，則曰：「洛陽舊無杜鵑，今始至，有所主。」客曰：「何也？」先生曰：「不二年，上用南士爲相，多引南人，專務變更，天下自此多事矣。」客曰：「聞杜鵑何以知此？」先生曰：「天下將治，地氣自北而南；將亂，自南而北。今南方地氣至矣。禽鳥飛類，得氣之先者也。春秋書六鷁退飛，鸜鵒來巢，氣使之也。自此南方草木皆可移，南方疾病瘴瘧之類，北人皆苦之矣。」至熙寧初，其言乃驗。

謂本朝五事，自唐虞而下所未有者。一革命之日，市不易肆；二克服天下，在即位後；三未嘗殺一無罪；四百年方四葉；五百年無心腹患。

熙寧十年夏，感微疾，氣日益耗，神日益明，笑謂温公曰：「雍欲觀化一巡，如何？」温公曰：「未應至此。」先生笑曰：「死生亦常事耳。」張横渠喜論命，來問疾，因曰：「先生論命否？當推之。」先生曰：「若天命，則已知之矣。世俗所謂命，則不知也。」横渠曰：「先生知天命矣，載尚何言？」程伊川曰：「先生至此，他人無以爲力，願自主張。」先生曰：「平生學道，豈不知此？然亦無可主張。」伊川又問：「從此永訣，更有見告乎？」先生舉兩手示之，伊川曰：「何謂也？」先生曰：「面前路徑須令寬，路窄則自無著身處，況能使人行也。」時居正寢，諸公議後事於外。有欲葬近洛城者，先生已知。呼伯温入曰：「諸公欲以近城地葬我，不可。當從伊川先塋耳。」七月初四日，大書詩一章，曰：「生于太平世，長于太平世，死于太平世，客問年幾何，六十有七歲。俯仰天地間，浩然獨無愧。」以是夜五更捐館。《辯惑》

明道言：堯夫病革，言「試與觀化」一遭。子厚言觀化他人，便觀得自家，又如何觀得化？嘗觀堯夫詩意，纔做得識道理，却於儒術未見所得。

又云：堯夫臨終時只是諧謔，須臾而去。以聖人觀之，則亦未是。蓋猶有意也，比之常人，甚懸絶也。他疾甚革，頤往視之，因警之曰：「堯夫平生所學，今日無事否？」他氣微不能答。次日見之，却有聲如絲髮來大，答云：「你道生薑樹上生，我亦只得依你説。」是時諸公都在廳上議後事，他在房間便聞得。諸公恐喧他，盡出外説話，他皆聞得。一人云「有新報」云云，堯夫問有甚事，曰「有某事」。堯夫曰：「我將爲收却幽州也。」以他人觀之，便以爲怪。此只是心虛而明，故聽得。問：「堯夫未病時，不如此，何也？」曰：「此只是病後氣將絶，心無念慮不昏，便如此。」又問：「亦先知死，何也？」曰：「只是一箇不動心。釋氏平生只學這箇事，將這箇做一件大事，學者不必學他。但燭理明，自能之。只如堯夫事，他自如此，亦豈嘗學也。」

元祐中，韓康公尹洛，請謚于朝。常博歐陽棐議曰：「君少篤學有大志，久而後知道德之歸。且以爲學者之患，在於好惡先成乎心，而挾其私智以求於道則蔽於所好，而不得其真。故求之至於四方萬里之遠，天地陰陽屈伸消長之變，無所不可，而必折衷於聖人。雖深於象數，先見默識，未嘗以自名也。其學純一而不雜，居之而安，行之而成，平夷渾大，不見圭角，其自得深矣。云云。按謚法，温良好樂曰康，能固所守曰節。」

按《晁以道集》，叔弼後謂以道曰：棐從母王宣徽夫人得疾，洛陽先妣夫人亟以棐入洛。時先公參大政，臨行告戒曰：「洛中有邵堯夫，吾獨不識，汝爲吾見之。」棐既至洛，求教先生，特謂棐，徐道其立身本末甚詳。出門揖送，猶曰：「足下其無忘鄙野之人於異日。」棐伏念先生未嘗辱教一言，雖欲不忘，亦何事耶？歸白大人，則喜曰「幸矣！堯夫有以處吾兒也」。後二十年，棐入太常爲博士，次當作謚議，乃恍然周省先生當時之言。落筆若先生之自序，無待其家所上文字也。

張崏述其行署曰：「先生治《易》、《書》、《詩》、《春秋》之學，窮意言象數之藴，明皇帝王霸之道。著書十餘萬言，研精極思三十年，觀天地之消長，推日月之盈縮，考陰陽之度數，察剛柔之形體，故經之以元，紀之以會，參之以運，終之以世。又斷自唐虞，訖于五代，本諸天道質以人事，興廢治亂靡所不載。其辭約，其義廣，其書著，其旨隱。嗚呼，美矣，至矣，天下之能事畢矣！」

明道銘其墓曰：「嗚呼！先生志豪力雄，闊步長趍，凌高厲空，探幽索隱，曲暢旁通，在古或難，先生從容，有問有觀，以沃以豐，天不憖，遺哲人之凶。」云云。

晦庵贊其畫像曰：「天挺人豪，英邁蓋世，駕風鞭霆，歷覽無際。手探月窟，足躡天根，閒中今古，醉裏乾坤。」

二程待太中公訪先生於天津之廬，先生攜酒飲月陂上，歡甚，語其平生學術出處之大，致明日，明道謂周純明曰：「昨從堯夫先生游，聽其議論，振古之豪傑也。惜其無所用於世。」周曰：「所言何如？」曰：「内聖外王之道也。」

謂程子曰：「子雖聰明，然天下事亦衆矣，子能盡知耶？」子曰：「天下之事，頤所不知者固多，然堯夫所謂不知者，何事？」時適雷起，堯夫曰：「子知雷起處乎？」子曰：「頤知之，堯夫不知也。」堯夫愕然曰：「何謂也？」子曰：「既知之安用數推之，以其不知故待推而後知。」堯夫曰：「子以爲起於何處？」子曰：「起於起處。」堯夫愕然稱善。晁以道嘗以書問邵之數于伊川，伊川答書云：「頤與堯夫同里巷居三十餘年，世間事無所不問，惟未嘗一字及數。」

先生與商州趙守有舊，時章惇作商州令，趙厚遇之。一日趙請先生與章同會，章議論縱横，不知敬先生也。因語及洛中牡丹之盛，趙因謂章曰：「先生洛人也，知花爲甚詳。」先生因言：「洛人以見根撥而知花之高下者，知花之上也。見枝葉而知者，知花之次也。見蓓蕾而知者，知花之下也。如公所説，乃是知花之下也。」章慙服，嘿然。趙因謂章從先生學，章從先生游，欲傳數學，先生謂章「須十年不仕宦，乃可學」，蓋不之許也。

上蔡云：「堯夫直是豪才，在風塵時節，便是偏霸手段。如富公身都將相，嚴重有威，人不敢仰視，他將做小兒樣看。或問：『邵所學何如？』謝曰：『他只見得天理進退、萬物消長之理，便敢做大，於聖人門下學上達事，更不施工，所以差却。堯夫精易之數，事物之成敗終始，人之禍福修短，算得來無毫髮差錯。如指此屋便知起於何時至某年月日而壞，無不如其言。然二程不貴其術。』明道云：『堯夫欲傳數與某兄弟，某兄弟那得工夫？要學須二十年工夫。』堯夫初學於李挺之，師禮甚嚴，雖在一野店，飯必襴，坐必拜。欲學堯夫，亦必如此。伯淳聞說甚熟，一日因監試無事，以其說推算之皆合。出謂堯夫曰：『堯夫之數，只是加一倍法，以此知太玄都不濟事。』堯夫驚拊其背曰：『大哥，你恁地聰明！』他日伊川問明道加倍之數，曰：『都忘之矣。』因嘆其心無偏繫者如此。」

伯温云：邢和叔亦欲從先君學，先君略爲開其端倪，和叔援引古今不已，先君曰：「姑置是，此先天學未有許多言語，且當虛心滌慮，然後可學此。」和叔留別詩有「圯下每慙呼孺子，床前時得拜龐公」之句，先君和云：「觀君自比諸葛亮，顧我殊非黃石公。斷章云出人才業，尤須惜慎勿輕爲西晉風。」

上蔡云：「堯夫之數，邢七要學，堯夫不肯，曰徒長姦雄。」

程顥曰：接人多矣，不雜者三人：張子厚，邵堯夫，司馬君實。

或問：「康節詩嘗有莊老之說，如何？」朱子曰：「便是他有些子這個。」曰：「如此，莫於道體有異否？」曰：「他常說老子得易之體，孟子得易之用。體用自分作兩截。程子謂其不雜，以今觀之，亦恐未然。」

程曰堯夫放曠，又曰堯夫猶空中樓閣。

朱子曰：程子稱之言，看得四通八達。又曰：堯夫豪傑之士，根本不帖帖也。堯夫有詩云：「頻頻到口微成醉，拍拍滿懷都是春。」又曰：「梧桐月向懷中照，楊柳風來面上吹。」不止風月，言皆有理。又曰：「卷舒萬古興亡手，出入幾重雲水身。」若莊周，大抵寓言要入他放蕩之場。堯夫却皆有理，故要得從心妄行總不妨。堯夫又得詩云：「聖人喫緊些兒事」，其言太急迫，此道理平鋪地放著裏，何必如此？

堯夫之學先從理上推意，言象數言天下之理須出於此四者。我得此大者，則萬事由我，無有不定。然未必有術，要之亦難以治天下國家。其爲人則直是無禮不恭。

堯夫詩「雪月風花未品題」，他便把這些事便與堯舜三代一般。此等語，自孟子後無人曾敢如此道來，直是無端。「須信畫前元有易，自從删後更無詩」，這箇意思，元古未有人道來。並程語

朱子曰：「『雪月風花未品題』，此言事物皆有造化。」問：「他説風花雪月，莫是曾點意思否？」朱曰：「也是。見得眼前這個好。」曰：「意其有與自家意思一般之意？」曰：「也是。他有這些子。若不然却淺陋了。」問：「康節心胸如此快活廣大，安得如之？」曰：「他是甚麽樣工夫？」下並朱子語。

問：近日學者有厭拘撿樂舒放惡精詳喜簡便者，自謂慕堯夫爲人，如何？曰：邵子這道理，豈易及哉！他胸襟中有這個學，能包括宇宙終始古今，如何不做得大，放下得？今人却恃個甚，復敢如此？因誦其詩云「日月星辰高照耀，皇王帝伯大鋪舒」，可謂人豪矣。

言康節爲人。須極會處置事，爲他神閑氣定，不動聲氣，須處置得別。蓋他氣質本來清明，又養得來純厚，又不曾枉用了心、他用心都在緊要上。爲他静極了，看得天下事理精明。嘗於百原深山中闢書齋，獨處其中。王勝之嘗乘月訪之，必見其燈下正襟危坐，雖夜深亦如之。若不是養得至静之極，如何見得道理到此？

他看見天下之事，才上手來便成四截。其先後緩急，莫不有定。動中機會，事到面前，便處置得下。康節甚喜子房，以爲子房善藏其用，以老子爲得易之體，孟子爲得易之用。合二者而用之，想見善處事。

康節詩儘好看。問：舊見《無垢引心贊》云「廓然心鏡大無倫」，盡此規模有幾人？「我性即天天即性，莫於微處起經綸。」不知如何？曰：「是殆非康節之詩也。」林少穎云：朱内翰子發作也如康節，云「天向一中分造化，人從心上起經綸」，多少平易實見得者自别。又問「一中分造化」，曰：「本是一個，而消息盈虚，便生陰陽，事事物物皆恁地。」

邵詩云「真樂攻心不奈何」，熹謂此非真樂也。真樂便不攻心，如顔子之樂，何嘗恁地？

先生誦其詩云：「施爲欲作千鈞弩，磨礪當如百鍊金。」問：千鈞弩如何？曰：只是不妄發。如子房在漢，謾説一句，當時承當者便須百碎。

問：邵詩云「須探月窟方知物，未躡天根豈識人」，又先生贊之云「手探月窟，足躡天根」，莫只是説陰陽否？答云：「《先天圖》自復至乾陽也，自姤至坤陰也。陽生人，陰生物。手探足躡亦無甚意義，但姤在上，復在下，上故言手探，下故言足躡。」

或誦其詩云「若論先天一事無，後天方要著工夫」，先生問：「如何是一事無？」對曰：「出於自然，不用安排。」先生嘿然。

問：康節男子吟曰詩，乃是説他先天圖數之從起處，天根月窟，指復姤二卦而言。先天乃伏羲本圖，非康節自作。雖無言語而所該甚廣。凡今易中一字一義，無不自其中流出者。太極，却是濂溪自作，發明易中大概綱領意思而已。故論其格局，則太極不如先天之大，而詳論其義理，則先天不如太極之精而約。蓋合下規模不同，而太極終在先天範圍之内，又不若彼之自然，不假思慮安排也。若以數言之，則先天之數自一而二，自二而四，自四而八，以爲八卦，太極之數亦自一而二，剛柔自二而四，剛善剛惡，柔善柔惡，遂加其一以爲五行，而遂自及於萬物。蓋物理本同，而象數亦無二致，但推得有大小詳略耳。

周子從理處觀，邵子從數上觀，皆只是此理。

問：《先天圖》陰陽自兩邊生，若將坤爲太極，與《太極圖》不同，如何？曰：他自據他意思説，即不曾契勘濂溪底。若論他太極，中間虚者便是。他亦自説圖從中起，今不合披横圖在中間塞，却待取出放外。他邊生者，即是陰根陽，陽根陰，這個有對，從中出却無對。

問：《先天圖》有自然之象數，伏羲當初亦不知其然否？曰：也不見得如何。但圓圖是有些子造作模様。如方圖只是據見在底畫。圓圖便是就這中間拗做兩截。恁地轉來底是奇。

恁地轉去底是偶。便有些不甚依他當初畫底，然伏羲當初也只見箇太極下面有個陰陽，便知是一生二，二又生四，四又生八，恁地推將去，做成這物事。

《先天圖》一日有一個恁地道理，一月有一個恁地道理，以至合元會運世十二萬九千六百歲，亦只是這個道理。

《先天圖》今所寫者，是以一歲之運，言之若大而古今十二萬九千六百年亦只是這圈子，小而一日一時亦只是這圈子，都從復上推起去。

問：圖雖無文，終日言之不離乎是，何也？曰：一日有一日之運，一月有一月之運，一歲有一歲之運，大而天地之終始，小而人物之生死，遠而古今之世變，皆不外乎此。

《先天圖》傳自希夷，又自有所傳，蓋方士技術用以修煉，《參同契》所言是也。

邵子「天地定位，否泰反類」一詩，正是發明先天圓圖之義。此圖只是精微，不起於康節，希夷以前已有，只是祕而不傳。

問：圖心法也，圖皆自中起，萬事萬化生乎心，何也？曰：其中間白處便是太極，三十二陰三十二陽便是兩儀，十六陰十六陽底便是四象，八陰八陽底便是八卦。

康節云「先天圖心法，皆從中起」，且只説圓圖。又云「文王八卦應地之方」，這是見他不用卦生底次第序，四正卦出四角，似那云云意思。

熹看康節易了，都看别人底不得。他説那太極生兩儀，兩儀生四象，人都無甚玄妙，只是從來更無人識。揚子《太玄》一玄三方、九州、二十七部、八十一家，亦只是這個。他却識只是以三爲數，皆無用了。他也只是見得一個粗底道理，後人便都無人識。《太玄》擬《易》方州部家，皆自三數推之。玄爲之首，一以生三爲三方，三生九爲九州，九生二十七爲二十七部，九九乘之斯爲八十一家，首之以八十四，所以準六十四卦贊之，以七百二十九，所以準八十四爻，無非三數推之。康節之數，只是加倍之法。

康節其初想只是得太極生兩儀，兩儀生四象，心只管在那上轉，久之理自透徹，想見一舉眼便成四片。其法四之外，又有四焉。凡物纔過到二之半時，便煩惱了，蓋已漸趨於衰也。謂如是花方蓓蕾，則知其將盛，既開則知其將衰，其理不過如此。理在數内，數又在理内。康節是見得一個盛衰消長之理，故能知之。若説他知得甚事，如歐陽叔弼定謚之類，此知康節之淺者也。

問："康節數學。"曰："且未須理會數，自是有此理。有生便有死，有盛必有衰。且如一朵花，含蘂時是將開，略放時是正盛，爛熳時是衰謝。又如看人，即其氣之盛衰，便可以知其生死。蓋其學本於明理。若曰渠能知未來事，則與世間占覆之術何異？其去道遠矣！其知康節者末矣！蓋他玩得此理熟了，事物到面前便見，更不待思量。"

"康節以四起數，疊疊推去。自《易》以後，無人做得一物如此整齊，包括得盡。想他每見一物便成四片了，但纔到二分以上便怕。乾卦方終，便知有個姤卦來，蓋緣他於起處推將來，至交接處看得分曉。」

「康節易數出於希夷，他在静中推見得天地萬物之理如此，又與他數合，所以自樂。」

問：「康節善談《易》，見得透徹？」曰：「然伊川又輕之，嘗有柬與横渠云『堯夫説《易》好聽，今夜試來聽他説看』。某謂此便見伊川不及孔子處，只觀孔子便不如此。」

「伊川之學於大體瑩徹，而小節目猶有疏處。康節能盡得事物之變，而大體乃有未粹。《易》是互相博易之義，觀《先天圖》可見。東邊一畫陰，便對西邊一畫陽。蓋東一邊本皆是陽，西一邊本皆是陰。東邊陰畫皆是自西邊來，西邊陽畫皆是自東邊來。姤在西，是東邊五畫陽過；復在東，是西邊五畫陰過，互相博易而成。《易》之變雖多般，然此是第一變。」

問：「程子所謂《易》，只説反復往來上下者，莫便是指此言之否？」曰：「看得來程子之意又别，邵子所謂《易》，程子多理會他底不得。蓋他只據理而言，都不曾去問他。」

聖人説數説得疏，到康節説得密了。他也從一陰一陽起頭，他却做陰陽太少乾之四象，剛柔太少坤之四象，又是那八卦。他説這《易》，將那元亨利貞全靠著那數，三百八十四爻管定那許多數，説得太密了。《易》中只有個奇偶之數是自底，大衍之數却是用以揲蓍底。康節盡歸之數，所以二程不肯問他學。若是聖人用數，不過如大衍之數便是。他須要先揲蓍，以求那數起那卦，數是恁地起，卦是恁地求。

王天悦雪夜見康節於山中，猶見其儼然危坐，蓋其心地虚明，所以推得天地萬物之理，其數以陰陽剛柔四者爲準，四分爲八，八分爲十六，只管推之無窮。有太陽太陰少陽少陰，太剛太柔少剛少柔，今人推他數不行，亦是無他胸中所見。

《皇極經世》紀年甚有法，史家多言秦廢太后逐穰侯，《經世》書只言秦奪宣太后權。伯恭極取之，蓋實不曾廢來。

《皇極經世》以元經會，以會經運，以運經世。

問：「天開於子，地闢於丑，人生於寅，是如何？」曰：「此是邵子《皇極經世》中説，今不可知。他只以數推得，是如此。他説寅上生物，是到寅上方有人物也。有一元，十二會，三十運，十二世，十二萬九千六百年，爲一元，歲月日時，元會運世，皆自十二而三十，自三十而十二。至堯時會已在巳午之間，今則及未，至戌上説閉物，到那裏則不復有人物矣。」

問：「《易》與《經世書》同異。」曰：「《易》是卜筮，《經世》是推步，是一分爲二，二分爲四，四分爲八，八分爲十六，十六分爲三十二又，從裏面細推去。」

問：「《經世》書水火土石，只是金否？」曰：「他分天地間物事皆是四，如日月星辰，水火土石，雨風露雷，皆是相配。」

邵之學只把元會運世四字貫盡天地萬物，邵之學其骨髓在《皇極經世》，其花草便是詩。又云：其詩多説閑静樂底意思，太煞把做事了。先生曰：這個未説。聖人只顔子之樂，亦不恁地。

邵之曆十二萬九千六百，分大故密。今曆家所用，只是萬分曆。萬分曆已自是多了，他如何肯用十二萬分？

康節之學，抉摘窈微，與佛老之言，豈無一二相似，而卓然自信，無所污染。此其所見，必有端的處。

康節之學，本於明理，因論其學，曰似老子，只是自要尋個寬閑快活處。人皆害不得，後來張子房亦是如此。方衆人紛拏擾擾時，他自在背處。

莊子比康節見較高，氣較豪，康節又有規矩。或問：先生須得堯夫先知之術？先生久之答曰：吾之所知者，惠迪吉，從逆凶，滿招損，謙受益。若是明日晴後日雨，吾安能知耶？

康節曰：「思慮未起，鬼神莫知，不由乎我，更由乎誰？」此間有術者，遇人來問事，心下默念，則他説相應；不念，則説不應。問姓幾畫，口中默數，則他説便著；不數者，説不著。

名臣碑傳琬琰之集 宋杜大珪編

下卷二十一

邵康節先生雍傳 范祖禹

邵雍，字堯夫，衛州人。家世貧賤，雍刻厲爲學，夜不就席者數年。雍嘗適吴楚，過齊魯，客梁晉，而歸徙居於洛。蓬蓽環堵，躬爨以養父母。講學于家，不彊以語人，而就問者日衆。士人道洛者，必過其廬。雍與人言，必依於孝悌忠信，樂道人之善，不及其惡，故賢不肖無不親之。病畏寒暑，常以春秋時乘小車，二人挽之行游城中。所過倒屣迎致。居洛三十年，洛人共爲買田宅，士大夫多助之者，雍皆受而不辭。爲人坦夷無表襮防畛，不爲絶俗之行。其學自天地運化陰陽消長，以數推之，逆知其變。自以爲有師授，世無能曉之者。而雍内以自樂，浩如也。有書十三卷，曰《皇極經世》；詩二千篇，曰《擊壤集》。雍初舉遺逸，試將作監主簿。熙寧初，以爲潁川團練推官，與常秩同召，雍卒不起。卒年六十七。知河南府賈昌衡言，雍行義聞於鄉里，乞贈恤。吴充請於上，贈祕書省著作郎，賜粟帛。韓絳守洛，言雍隱德丘園，聲聞顯著，賜謚曰康節。

明儒言行録　清沈佳撰

卷三

正統十一年，山西按察僉事何自言上言：「自古有國家者必有懷抱才德不屑進取之士，如漢之周黨，宋之种放、邵雍、孫復，當咸知褒崇，以勵風節。竊見崇仁縣儒士吴與弼，守素尚義，好古通經，上無所傳，聞道甚早，待妻子如賓客，視財利如鴻毛，年過五十不求聞達，弟子樂從，鄉人敬式，真儒林之清節，聖代之逸民，乞勑取到京，授以文學高職。」

史傳三編 清朱軾撰

卷三十一

彦博雖富貴，而接物謙下，尊德樂善，如恐不及。其在洛也，洛人邵雍、程顥兄弟皆以道自重，賓接之如布衣交。與富弼、司馬光等十三人，用白居易九老會故事，置酒賦詩相樂，序齒不序官。爲堂繪像其中，謂之洛陽耆英會。神宗導洛通汴，而主者遏絶洛水不使入城中，洛人苦之。彦博因中使劉惟簡至洛，語其故，惟簡以聞，詔令通行如初，遂爲洛城無窮之利。

閩中理學淵源考 清李清馥撰

卷三

文定胡康侯先生安國

會諫官陳公輔乞禁程頤學，先生奏曰：「孔孟之道不傳久矣，自頤兄弟始發明之，然後知其可學，而至今使學者師孔孟而禁不從頤學，是入室而不由户也。本朝自嘉祐以來，西都有邵雍、程顥及其弟頤，關中有張載，皆以道德名世，望乞加封爵，載在祀典。仍詔館閣，裒其遺書，較正頒行。」

明一統志　明李賢等撰

卷一　邵雍

范陽人，年三十從父古徙居河南，雍高明英邁，於書無所不讀，每尚友古人。及見李之才，聞性命之學，乃自探賾索隱，洞見天地運化，古今事變，萬物性情，遂衍宓羲先天之旨，著《皇極經世》諸書，程子稱爲振古之豪傑也。

卷二十八　流寓邵雍

其先范陽人，雍幼隨父古徙共城。宋天聖中，古登蘇門山，顧謂雍曰：若聞孫登之爲人乎？吾所尚也。遂卜隱於山下，雍廬百源之上，布裘疏食，躬爨以養父。受學李之才，覃思於《易》，後遷居洛陽。

卷二十九

邵雍墓

在嵩縣北，宋程顥作記。

邵雍宅

在天津橋南，宋王拱辰尹洛中置此宅，對宅有園。

邵雍

其先范陽人，雍遊河南，葬其親伊水上，遂家焉。受學李之才，探賾索隱，遂衍先天之旨，尤精數學，著書十餘萬言。富弼、司馬光、吕公著、二程子雅敬雍，爲市園宅，自名其居曰「安樂窩」。春秋時乘小車出遊，城中賢者悦其德，不肖者服其化。舉遺士補潁州團練，推官不就。卒謚康節。

卷三十四　邵雍

宋河南人，客游鳳州，留三月而去。嘗登郡樓賦詩云：「烏去林自空，雲移山不礙。曉角時斷續，層崖遞明晦。殘陽掛疏紅，遠水生微瀨。塞月烟岑密，都城若天外。」

欽定大清一統志

卷一百六十四　邵雍

字堯夫，河南人。事李之才，受河圖、洛書、八卦、六十四卦圖像，探賾索隱，妙悟神契，多所自得。及其學益老德益邵，與人言，無貴賤少長，一接以誠，故賢者悦其德，不賢者服其化。卒贈秘書省著作郎。元祐中謚康節。所著書曰《皇極經世》、《觀物内外篇》、《漁樵問對》，詩曰《伊川擊壤集》。

咸淳臨安志　元濳說友撰

卷十一　太學

今大成殿，惟顔、孟侑食，曾、思不與，尚爲闕典。先皇帝推迹道統之傳，自伏羲以來著十三贊，孔子而下，顔、曾、思、孟昭然具在，其非以遺我後人乎？令禮官學官議其可，如曾子升侑，并議可升十哲者，以聞。又從祀邵雍、司馬光。詔曰：「邵雍，天挺人豪，英邁蓋世。司馬光，有德有言，有功有烈。朱熹贊之，與周張二程俱。雍述《經世書》，發先天奥旨，而内聖外王之學，實關吾道。光著《通鑑》，貽後世治法，而真履實踐之美，爲時儒宗。豈與前代諸儒或以章句文詞得祀於學者比？朕將臨雍，因思朱熹所贊，以祀其四，而尚遺雍、光，非闕歟？其令學官列諸從祀，以示崇奬。」至是褒表儒先典禮大備。

欽定日下舊聞考

卷一百二十九

仙風坡，在州北十二里，舊志：安樂窩，宋邵康節先生居此，今爲仙風坡。《涿州志》

臣等謹按：元歐陽玄《涿郡名賢碑記》云：邵雍，其先涿人，今州西北十餘里有邵村，謂即以安樂得名。又州西北十五里宣封坡，舊有木坊，書「邵子講易處」。據此，則仙風係傳訛，應從歐記作宣封爲是。

畿輔通志　清兵部尚書直隸總督李衛等監修

卷一百七

春秋二祀，先期必命大臣攝事，皇帝御極，陞先儒周敦頤、程顥、程頤、司馬光、張載、邵雍、朱熹、張栻、吕祖謙、許衡從祀。

江南通志　清兵部尚書兩江總督趙宏恩等監修

卷三十九

邵康節祠，在府治漳湟里，祀宋邵雍。

卷八十七

升周敦頤、張載、程顥、程頤、邵雍爲先賢，兩廡東廡首蘧瑗，西廡首林放，列叙先賢先儒共一百二十三人位次。

卷一百四十四

吴甡字鹿友，興化人。萬曆癸丑進士，知邵武縣，擢御史。以忤璫罷歸。崇禎初，起巡按河南，擒誅大盜李思慎。建伊洛書院，修于謙祠，請立邵雍後爲五經博士。

卷一百六十三

章大士，字我任，武進人。少慕包拯、海瑞爲人，長從湯之錡、金敞，得聞顧高之學，乃虚心抑氣以聖賢爲歸。病亟時誦邵雍《上天生我》詩，一笑而逝。

湖廣通志　清湖廣總督邁柱等監修

卷二十五

十先生祠，在縣學旁。元縣尹李文淵創始，蕭從周繼成之，祀宋周惇頤、程顥、程頤、張載、邵雍、司馬光、朱子、張栻、吕祖謙、元許衡。邑人許元齡輸私田百畝，供祭祀。

河南通志　清總督河南山東軍務兵部右侍郎王士俊等撰

卷四十九

邵雍墓

在嵩縣城北新店保，雍謚康節。

卷五十二

邵雍宅

在府城外天津橋南，王拱辰尹洛中置此宅。宅外有園。宋司馬光詩：「草軟波清沙路微，手携筇杖著深衣。白鷗不信忘機久，見我猶穿岸柳飛。」

卷五十五

李之才，字挺之，青州人。天聖間爲獲嘉主簿，權共城令。時邵雍居母憂，於蘇門山百泉上。之才叩門，謁勞苦之，曰：「好學篤志，果何似？」雍曰：「簡策之外，未有通也。」之才曰「君非迹簡策者，其如物理之學何？」他日又曰：「物理之學學矣。不有性命之學乎？」雍再拜願受業。於是先示之以陸淳《春秋》，意欲以《春秋》表儀五經，既可語五經大旨，則授《易》而終焉。其後雍卒以《易》名世。之才器大難識，棲遲久不調，時論惜之。

卷六十一

邵雍，字堯夫，其先范陽人，祖德新，徙衡漳，父古，徙共城，後徙洛，爲洛陽人。雍少以才自雄，欲樹功當世，於書無不讀，始爲學即堅苦，廬於蘇門之百泉山。時北海李之才攝共城令，授以易圖。雍彌刻厲自進，冬不爐，夏不扇，夜不就枕席數年。遂抉先天之秘，探天根躡月窟，尤精數學，占往知來，爲有宋諸儒所不及。既復嘆曰：「昔人尚友千古，吾獨未及四方，其可已乎？」於是踰河、汾，涉淮、漢，周流齊、魯、宋、鄭之墟，久之幡然來歸，曰「道在是矣」，遂定居洛陽。蓬蓽環堵，不蔽風雨，躬爨以養父母。時文彦博、富弼皆以元老碩望至尊重，見雍尊禮之，與倡和居游。程顥每見之，退輒太息，以爲「内聖外王之學」。遠近學者從問經義，精深浩博，應對不窮。間與深知論天下事，雖究心世務者不及也。嘗自名其居曰「安樂窩」。春秋佳日，乘小車遊，城中士大夫争迎致之，或留信宿乃去，好事者别作屋如其居，以候其至，名曰「行窩」。時司馬光兄事雍，而二人純德，尤鄉里所嚮慕，每相戒曰「毋爲不善」，恐司馬端明、邵先生知。舉遺逸，補潁川團練推官，不就，卒贈秘書省著作郎，賜謚曰康節。所著有《皇極經世書》六十卷。晚尤喜爲詩，平易而造於理，有《擊壤集》二十卷，自爲之序。咸淳元年，從祀孔子廟庭。

山東通志　清岳濬等監修

卷十一之二

邵雍，字堯夫，河南人。少時自雄其才，慷慨欲樹功名，于書無所不讀。北海李之才聞堯夫好學，嘗造其廬，授以河圖、洛書、宓羲八卦、六十四卦圖。堯夫探賾索隱，妙悟神契，多所自得者。初至洛，蓬蓽環堵，不庇風雨。富弼、司馬光、吕公著諸賢退居洛中，雅敬堯夫，恒相從游。爲市園宅，名其居曰「安樂窩」。人無貴賤少長，一接以誠，故賢者悦其德，不賢者服其化，忠厚之風聞於天下。嘉祐中，詔求遺逸，王拱辰以雍應詔，授將作主簿，復補潁州團練推官，皆固辭。贈秘書省著作郎，所著書曰《皇極經世》、《觀物内外篇》、《漁樵問答》、《擊壤集》。雍居河南時，程顥與之議論終日，歎曰：「堯夫内聖外王之學也。」及卒，程頤銘其墓曰：「雍之道，純一不雜，就其所至，可謂安且成矣。」朱熹贊之曰「天挺人豪，英邁蓋世。駕風鞭霆，歷覽無際。手揮月窟，足躡天根。閒中今古，醉裏乾坤」。其爲程、朱推重如此。元祐中賜謚康節，咸淳三年封汝南伯，從祀。明崇禎中改稱先賢。

卷十一之三

度宗咸淳三年正月，封曾子爲郕國公，子思爲沂國公，配食大成殿，位于顔孟之間，是爲四配。詔曰：「孔子稱顔回好學，固非三千之徒所同也。而其學不傳，得聖傳者獨曾子。曾子傳子思，子思傳孟軻，忠恕兩語，深契一貫之旨。《中庸》一篇，丕闡前世之蘊，而孔子之道益著。向非顔、曾、思、孟相繼衍繹，著書垂訓，中更管、商、楊、墨、佛、老，幾何其不遂泯哉。今大成惟顔、孟侑食，曾、思不與，尚爲缺典。先皇帝述道統之傳，自伏羲以來著十三贊，孔子而下顔、曾、思、孟昭然具在，非以遺我後人乎。可令禮官學官議，可升曾子、子思侑食，升顓孫子于十哲，進邵雍、司馬光從祀。」元於皇慶二年從祀。

崇禎十五年，詔以先儒周敦頤、程顥、程頤、邵雍、張載、朱熹改稱先賢。十六年，命以先賢仲子後仲于陛，爲世襲五經博士。

卷十一之四　經博士

四十一年二月，命以宋儒邵雍後邵文學爲世襲五經博士。從御史杜之昂之請。

卷三十五之十九上

天心水面亭記 元虞集

天曆三年春，臣集、臣泂、臣九思，得侍清閒之燕，論山川形勝。臣九思曰：濟南山水似江南，殆或過之。臣泂之居在大明湖上，壅土水中而爲亭，可以周覽其勝，名之曰天心水面，可想見其處矣。於是有勑臣集書其牓而記之。臣集再拜稽首而言曰：昔宋儒邵雍氏之書曰「月到天心處，風來水面時」，臣泂蓋取諸此。臣聞雍之爲道，上達庖犧，至於帝堯周文孔子之盛。其制作在《皇極經世》，其性情寓於詩。程顥氏之言曰「就其所至而論之，可謂安且成矣」，斯二言者，非陰陽動静之交乎？按《先天圖》陽盡子中而姤生焉，擬之爲月窟；陰盡午中而復生焉，擬之爲天根。以月窟臨天根，非陰陽之互交者乎？巽之爲卦陰爲主，於物爲風，坎之爲卦陽爲主，於物爲水。以風之初而行乎水之上，非動静之始交者乎？所謂一動一静之間，天地人之至妙至妙者，庶於此可見。月到天心，清之至也。風來水面，和之至也。人心有絲毫物欲之蔽，則無以爲清拂。嬰於揚則不能和，流而忘返，又和之過，皆非其至也。是以君子有感於清和之至而詠歌之。

山西通志 清覺羅石麟等監修

卷一百四十七

邵雍，字堯夫，其先范陽人，父古徙衡漳，又徙共城。雍游河南，葬其親伊水上，遂爲河南人。雍少時自雄其才，慷慨欲樹功名，於書無所不讀，始爲學即堅苦刻勵，寒不爐，暑不扇，夜不就席者數年。已而歎曰：「昔人尚友千古，而吾獨未及四方。」於是始踰河、汾，乃涉淮、漢，周流齊、魯、宋、鄭之墟，久之幡然來歸，曰「道在是矣」，遂不復出。熙寧十年卒，贈秘書省著作郎，元祐中賜謚康節。

陝西通志　清吏部尚書劉於義等監修

卷十二　天柱山

在州南五里，宋邵雍最愛此山，因卜居於此。其相近有劉峪，又州南八里有小劉峪，多花卉。

天柱山一名牛山。一名天竺山。

宋邵雍向商守給户帖居此，有詩云：「一簇烟嵐鎖亂雲，孤高天柱好棲真。」

卷六十四

邵雍，洛陽人，嘗占籍商洛，結廬天柱山，商守給天柱山户帖，與之唱和。又寓居鳳州，嘗登郡樓賦詩而去。

堯夫遊商，愛南秦川風土，卜居八年，與州守宋郎中友善，時以詩酒酬答。一日州守延賞牡丹，時章惇爲商洛令，議論縱横。堯夫言：「見蓓蕾而知花之高下者，知花之次也。見根蘖而知花之高下者，知花之上也。」因陳天人理數之學，章愧服。

廣東通志　清廣東總督郝玉麟等監修

卷八　文廟

每歲春秋上丁日，致祭先期承祭官率陪祭各官齊赴文廟，階下行一跪三叩頭禮，教官滌器視牲并瘞毛血，至期黎明各官衣朝衣，齊集行禮。

正殿，至聖先師孔子神位。

西廡，林放、宓不齊、公冶長、公晳哀、高柴、樊須、商澤、梁鱣、冉孺、伯虔、冉季、漆雕徒父、漆雕哆、公西赤、任不齊、公良孺、公肩定、鄡單、罕父黑、榮旂、左人郢、鄭國、原亢、廉潔、叔仲噲、公西輿如、邽巽、陳亢、琴張、步叔乘、秦非、顏噲、顏何、縣亶、樂正克、萬章、周敦頤、程顥、邵雍、穀梁赤、伏勝、后蒼、董仲舒、杜子春、範甯、韓愈、範仲淹、胡瑗、楊時、羅從彥、李侗、張栻、黄幹、真德秀、何基、趙復、金履祥、陳澔、陳獻章、胡居仁、蔡清。

關中勝蹟圖志　清巡撫陝西兵部侍郎兼都察院右副都御史畢沅撰

卷二十五

南秦嶺，在商州南二里，《通志》：過嶺爲南秦川。宋邵雍寓此天柱山，在商州南五里。

《通志》：　宋邵雍愛此山，因卜居於此。

卷二十五

仙人龕，在山陽縣西北五里。《通志》：　宋邵雍僑寓旬月，龕有勒石。《府志》：　一名天竺山，唐羅公遠、宋邵雍皆隱於此。

卧牛臺，《商州志》：　在州西北鳳凰原上。　邵雍寓商州時，州守延賞牡丹。　時章惇爲商洛令，議論縱横，不知敬雍。　雍言：「見蓓蕾而知花之高下者，知花之次也。　見根蘖而知花之高下者，知花之上也。　如公所言，知花之次耳。」因陳天人理數之學，惇始愧服。

宋宰輔編年録　宋徐自明撰

卷七

自此安石取祖宗法度變更之，天下騷然不安，咸指安石矣。　初，治平中，邵雍與客偕行，聞杜鵑而慘然不樂。　客問其故，雍曰：「不二三年，上用南士爲相。　多引南人專務變更，天下自此多事矣。」

卷八

惠卿既輔政，富弼時退居於洛，聞之有憂色。　邵雍以問弼，弼曰：「度弼之憂安在？」雍曰：「豈以王安石罷相，吕惠卿參知政事，惠卿凶暴過安石乎？」弼曰：「然。」雍曰：「公無憂。安石、惠卿本以勢利合，勢利相敵，將自爲仇矣，不暇害他人也。」未幾，惠卿得志怙權，果叛安石，惟慮安石之復來也。因郊，乃薦安石爲節度使平章事。方進熟狀，上察見其情，遽問曰：「王安石去不以罪，何故用赦復官？」惠卿慚甚，無以對。既而遽起鄭俠、李逢獄，苟可以傾安石者，無所不爲。如雍之言也。

卷十

堯俞自元祐四年十一月除中書侍郎，是年十一月卒，執政凡二年。太皇太后謂執政曰：「堯俞清直人，又曰金玉人也，可惜不至宰相。」對曰：「堯俞自仁宗時至今，始終一節，有德望，真可爲朝廷惜。」上輟朝臨奠，贈右銀青光禄大夫，謚獻簡。司馬光嘗謂邵雍曰：「清直勇三德，人所難兼，吾於欽之畏焉。」雍曰：「欽之，清而不耀，直而不激，勇而不猛，尤爲難矣。」時以雍之言爲然。

禮部志稿　明泰昌元年官修

卷二十九　今定配哲從祀牌位

四配復聖顏子、舊封兖國復聖公。……先儒程顥、舊封豫國公。先儒邵雍、舊封新安伯。先儒司馬光、舊封温國公。先儒胡安國、舊封建寧伯。先儒楊時、舊封將樂伯。先儒張栻、舊封華陽伯。先儒陸九淵、先儒許衡。舊封魏國公。

卷八十五

宋儒自周子以下九人，同列從祀，而尚有可議者一人，安定胡瑗是也。瑗之言行，先儒之論已詳，大約以爲少著述，而不得比于濂洛云耳。臣亦請斷之以程朱之説，程子看詳學制曰：宜建尊賢堂，以延天下道德之士，如胡瑗、張載、邵雍，使學者得以矜式。朱子《小學書》亦備載瑗事，以爲百世之法。臣以爲秦漢以來，師道之立未有過瑗者，矧程子于瑗之生也，欲致其與張、邵並居于尊賢之堂，其没也，乃不得與張邵並侑于宣聖之廟，其爲缺典信矣。况宋端平二年，議增十賢從祀，以瑗爲首。若謂瑗無著述之功，則元之許衡亦無著述，但其身教之懿與瑗相望，誠有不可偏廢者。臣考之禮，有道有德于教于學者，死則爲樂祖祭于瞽宗，鄉先生殁則祭于社。若通瑗兩人之師道，百世如新，得加封爵，使與衡同列祀于學宫，最得禮意。

又按：　從祀之説，始于唐太宗，時左丘明等以配食先師，自是宋神宗益以荀况、揚雄、韓愈。理宗加以周敦頤、張載、程顥、程頤、朱熹、張栻、吕祖謙。度宗加以邵雍、司馬光。元人又加以董仲舒、許衡。本朝正統中，又加宋胡安國、蔡沈、真德秀、元吴澂四人者，蓋安國傳《春秋》，沈註《書》，德秀著《大學衍義》，澂著諸經《纂言》，是皆有功于聖門者也。已祀而黜者惟揚雄一人。若孔聖之後有功聖德者，無不祀矣。惟楊時者從學二程，載道而南，使無時則無朱熹矣。乃不得從于二程之後朱、吕之前，豈非闕典歟？

太常續考　明崇禎時太常寺官屬所輯

卷八

廟建于大學之東，中爲廟南向，東西兩廡，丹墀西爲瘞所，廟正南爲廟門，門東爲宰牲亭神厨，門西爲神庫、持敬門，廟門正南爲外門。

廟中奉安先師孔子，東復聖顏子、述聖子思子，西宗聖曾子、亞聖孟子。

配東稍次先賢：　閔損、冉雍、端木賜、仲繇、卜商，俱西向。

西稍次先賢：　冉耕、宰予、冉求、言偃、顓孫師，俱東向。

東廡爲先賢：　澹臺滅明、原憲、南宫適、商瞿、漆雕開、司馬耕、有若、巫馬施、顔辛、曹恤、公孫龍、秦商、顔高、壤駟赤、石作蜀、公夏首、后處、奚容蒧、顔祖、句井疆、秦祖、公祖句兹、縣成、燕伋、顔之僕、樂欬、狄黑、孔忠、公西蒧、施之常、秦非、申棖、顔噲，先儒穀梁赤、高堂生、毛萇、后蒼、杜子春、韓愈、程顥、邵雍、司馬光、胡安國、張栻、楊時、陸九淵、許衡，俱西向。

欽定國子監志

卷十二

元皇慶二年夏六月甲申，以宋儒周敦頤、程顥、顥弟頤、張載、邵雍、司馬光、朱熹、張栻、吕祖謙及故中書左丞許衡，從祀孔子廟庭。

崇禎十五年，改左邱明稱先賢。《明史·禮志》

又改宋儒周敦頤、程顥、程頤、朱熹、邵雍、張載六子稱先賢，位七十子下，漢唐諸儒上。《明史·禮志》

卷五十三

臣詳閲會典諸書，竊見從祀諸賢諸儒名號位次，尚有未當，有宜一併釐正者，敬爲我皇上陳之。十哲之位，不稱名而稱子是已。但自明嘉靖間議去封爵之後，四科之内稱冉子者凡三，殊難辨識。兩廡諸賢諸儒，則直書其名而不稱子，視十子何遽懸殊。臣愚以爲宜將神位俱稱先賢先儒某子之位，而以諱註其旁，以昭尊崇之意者也。至宋代周敦頤、程顥、程頤、邵雍、張載、朱熹六子，闡明絶學，遠紹洙泗之傳，實超前代諸儒。明崇禎間遂將六子改稱先賢，臣等竊以躬及聖門者，概稱先賢，私淑者概稱先儒，此以時代論，非以造詣論也。今既改稱先賢，未敢輕議，但位諸漢唐諸儒之上，於世次殊有未安。又諸賢諸儒位次，《會典》、《闕里志》諸書所載，與今太學神位互有不同，並宜詳議妥確，通行天下學宫。

卷五十九

孔子廟堂，凡以報其傳注之功，所謂代用其書垂於國胄者也。開元八年，以四科弟子閔子騫等列享二十二賢之上，而其他七十子之徒俱得從祀。曾參大孝坐於十哲之次，重其德也。宋元豐七年，始進荀況揚雄韓愈三人。說者謂祀三人者，爲王安石配享王雱從祀地也。政和三年，封王安石爲舒王，配享殿上，王雱在諸賢之次。欽宗時從楊時請，即行罷黜，後并黜荀、揚二人。寶慶三年，進朱子一人。淳祐元年，祀周子敦頤、程子顥、程子頤、張子載四人。景定二年祀張子栻、吕子祖謙二人。咸淳三年更升顏、曾、思、孟之配，而進邵雍、司馬光二人。元文宗時，進董仲舒一人。明成化三年，祀胡安國、蔡沈、陳澔三人。嘉靖九年，進歐陽修一人，而黜戴聖以下十有三人，戴聖、劉向、馬融、賈逵、何休、王肅、王弼、杜預、鄭衆、盧植、鄭玄、服虔、范甯。後更進陸九淵一人，後更進元儒許衡一人，而明儒薛瑄、胡居仁、王守仁、陳獻章亦並從祀。

孔子大成之號，祠以太牢，贊釋奠雅樂，江南復户四十隸之。春秋二祀，先期必命大臣攝事，皇帝御極，陞先儒周敦頤、程顥、程頤、司馬光、張載、邵雍、朱熹、張栻、吕祖謙、許衡從祀。選弟子員三百，進庶民子弟之俊秀相觀而善業精行成者，歲舉從政。又詔天下三歲一大比，興賢能，於是崇宇陞陛，陳器服冕，聖師巍然如在其上，教有業息有居，親師樂友，諸生各安其學，咸曰大哉，天子之仁至哉！

文獻通考　元馬端臨著

卷一百七十六

鼂氏曰：朱震言頤之學出於周敦頤，敦頤得之穆修，亦本於陳摶與邵雍之學。然考正叔之解，不及象數，頗與胡翼之相類。景迂云：胡武平、周茂叔同師潤州鶴林寺僧壽涯，其後武平傳其學於家，茂叔則授二程，與震之説不同。

邵伯温《辨惑》云：「沈存中《筆談》言江南人鄭夬字揚庭，曾爲一書談《易》，其間一説曰『乾坤大父母也，復姤小父母也。乾一變生復得一陽，坤一變生姤得一陰』云云。至乾六變生歸妹，本得三十二陽；坤六變生漸，本得三十二陰，乾坤錯綜，陰陽各得三十二，生六十四卦。即邵氏先天圖。夬之爲書，皆荒唐之論，獨有此變卦之説，未知其是非。予後見兵部員外郎秦玠，論夬所談，駭然曰：『何處得此法？』玠云：『嘗遇一異人，受此歷數，推往古興衰運歷，無不皆驗。嘗恨不能盡其術，西都邵雍亦知大略，已能洞知吉凶之變。此人乃形之於書，必有天譴，此非世人所得聞也。』竊惟我先君易學微妙玄深，不肖所不得知也。其傳授本末，則受《易》於李之才挺之，挺之師穆修伯長，伯長師陳摶圖南。先君之學雖有傳授，而微妙變通則其所自得也。平時未嘗妄以語人，惟大名王天悦、滎陽張子望嘗從學，又皆蚤死。秦玠、鄭夬嘗欲從先君學，先君以玠頗好任數，夬志在口耳多外慕，皆不之許。玠嘗語：『夬以王天悦傳先君之學，夬力求之，天悦不許。天悦感疾且卒，夬賂其僕，於卧内竊得之，遂以爲己學。著《易傳》、《易測》、《五經明用》數書，皆破碎妄作，穿鑿不根。嘗以變卦圖示秦玠。』夬竊天悦書入京師補國子監解試策問八卦次序，夬以所得之説對，有司異之，擢在優等。既登第，以所著書投贄公卿之門。後以贓罪竄。秦謂必有天譴，恐指此。秦既知夬竊書，乃謂夬何處得此法，又謂西都邵某聞大略，近乎自欺矣。」

先天易鈐太極寶局一卷

鼂氏曰：皇朝牛師德撰。自云傳邵雍之學於司馬温公，其説近於術數。未知其信然否？

陳氏曰：未詳何人，蓋爲邵氏之學而專乎術數者也。

卷二百十

皇極經世書十二卷

鼂氏曰：皇朝邵雍堯夫撰。雍隱居博學，尤精於《易》。世謂其能窮作《易》之本原，前知來物。其始學之時，睡不施枕者三十年。此書以元經會，以會經運，以運經世。起於堯即位之二十一年甲辰，終於周顯德六年己未。編年紀興亡治亂之事，以符其學。又有《觀物篇》繫於後。其子伯温解。陳氏曰：其學出於李之才挺之，之才受之穆修伯長，修受之种放明逸，放受之陳摶。蓋數學也。曰元會運世，以元經會，以運經世，自帝堯至於五代，天下離合治亂興廢得失邪正之迹，以人事而驗天時，以陰陽剛柔窮聲音律吕，以窮萬物之數。末二卷論所以爲書之意，窮日月星辰飛走動植之數，以盡天地萬物之理，述皇帝王霸之事，以明大中至正之道。書謂之《皇極經世》，篇謂之《觀物》凡六十二篇。其子伯温爲之叙系，具載先天後天變卦反對諸圖，又爲《易學辯惑》一篇，叙傳授本末真僞。然世之能明其學者，蓋鮮焉。

觀物外篇六卷

鼂氏曰：右邵雍之没，門人記其平生之言，合二卷，雖以次筆授，不能無小失，然足以發明成書爲多，故以外篇名之，或分爲六卷。陳氏曰：康節門人太常寺簿張崏子望記其言，雖十纔一二，而足以發明成書。

觀物内篇二卷

陳氏曰：康節之子右奉直大夫伯温撰，即《經世書》之第十一十二卷也。張氏曰：先生《觀物》有内外篇。内篇先生所著之書也，外篇門人所記先生之言也。内篇理深而數略，外篇數詳而理顯。學先天者當自外篇始。先生詩云：「若無揚子天人學，安有莊周内外篇。」以此知外篇亦先生之文，門人蓋編集之耳。

漁樵問對一卷

鼂氏曰：皇朝邵雍撰。設爲問答，以論陰陽化育之端，性命道德之奥云。邵氏言其祖之書也，當考。

卷二百四十四

邵堯夫擊壤集二十卷

鼂氏曰：宋朝邵雍堯夫，隱居洛陽。熙寧中，與常秩同召，力辭不起。邃於易數，始爲學至二十年不施枕榻睡，其精思如此。歌詩蓋其餘事，亦頗切理，盛行於時，卒謚康節，集自爲序。

欽定大清會典

卷四十五

先師之禮，爲廟於城東北隅太學之東，殿曰大成，以四配十二哲侑饗殿中，以先賢先儒從祀兩廡。

先師孔子正位南嚮，四配：復聖顔子、述聖子思子，東位西嚮；宗聖曾子、亞聖孟子，西位東嚮。東序先賢：閔子損、冉子雍、端木子賜、仲子由、卜子商、有子若；西序先賢：冉子耕、宰子予、冉子求、言子偃、顓孫子師、朱子熹，位均東西嚮。東廡先賢：蘧瑗、澹臺滅明、原憲、南宮适、商瞿、漆雕開、司馬耕、梁鱣、冉孺、伯虔、冉季、漆雕徒父、漆雕哆、公西赤、任不齊、公良孺、公肩定、鄡單、罕父黑、榮旂、左人郢、鄭國、原亢、廉潔、叔仲會、公西輿如、邽巽、陳亢、琴張、步叔乘、秦非、顔噲、顔何、縣亶、樂正克、萬章、周敦頤、程顥、邵雍，位西嚮。

欽定大清會典則例

卷八十二

［康熙］四十一年，議準宋儒邵雍後裔，照周程朱張之例，考其宗譜給劄，授爲世襲五經

博士。

卷八十四

皇帝巡俗省方，禮隆咸秩，應請就該撫咨開祠墓，詳加酌議。其名臣以從祀帝王廟者爲斷，如伊尹、周公、許遠、吕蒙正、范仲淹、司馬光、王曾、韓琦、岳飛等九人。先賢以從祀聖廟者爲斷，如子貢、韓愈、程顥、程頤、邵雍、朱子、許衡等七人。其祠墓均應遣賜祭醊，以昭曠典。又如殷比干墓、漢關侯墓、晉嵇紹祠、唐顔真卿墓，皆忠義卓越千古，並應一體叨榮。祭文由翰林院撰擬，香帛由太常寺，祭品由地方官豫備。遣祭各官，照例開列具奏，恭候欽命往祭。

欽定續文獻通考

卷四十八

先是，端平二年正月，詔議胡瑗、孫明復、邵雍、歐陽修、周敦頤、司馬光、蘇軾、張載、程顥、程頤等十人從祀孔子廟庭，升子思十哲，未果行。至是詔曰：「朕惟孔子之道，自孟軻後不得其傳，至我朝周敦頤、張載、程顥、程頤真見實踐，深探聖域，千載絶學始有指歸。中興以來，又得朱熹精思明辨，表裏渾融，使《大學》、《論》、《孟》、《中庸》之書，本末洞徹，孔子之道益以大明於世。朕每觀五臣論著，啟沃良多，其令學官列諸從祀，以示崇獎之意。王安石謂天命不足畏，祖宗不足法，人言不足恤，乃萬世罪人，豈宜從祀孔子廟庭，黜之。封敦頤汝南伯，載郿伯，顥河南伯，頤伊陽伯。」

度宗咸淳三年正月，詣太學謁孔子行舍菜禮，詔封曾子郕國公、子思沂國公，與顔子孟子同配享先聖。封顓孫師陳國公，升十哲位。復以邵雍、司馬光列從祀，雍封新安伯……昌黎伯韓愈、河南伯程顥、新安伯邵雍、温國公司馬光、華陽伯張栻凡五十二人，並西向。

仁宗皇慶二年六月，詔以宋儒周敦頤、程顥、程頤、張載、邵雍、司馬光、朱熹、張栻、吕祖謙及故中書左丞許衡，從祀孔子廟庭。

崇禎三年，授邵雍二十七代孫繼祖，皆世襲翰林院五經博士。

崇禎十四年八月，改稱左邱明爲先賢，以邱明親受經於聖人故也。并改宋儒周敦頤、程顥、程頤、張載、朱熹、邵雍，亦稱先賢，位七十子下，漢唐諸儒之上。

皇朝文獻通考

卷七十三

二十五年，上親詣傳心殿，祭先師孔子以文。華殿告成，舉行經筵故也。詔增孔林地一千頃有奇，免其錢糧。頒發御書「學達性天」四字匾額於宋儒周敦頤、張載、程顥、程頤、邵雍、朱熹祠堂及白鹿洞書院、嶽麓書院，並頒日講解義經史諸書。

四十年，授先賢邵子後裔世襲五經博士。御史杜之昂疏言：宋儒邵雍與周、程、張、朱同功，五子俱有世襲博士，祈勅部查邵雍嫡派子孫，授爲世襲博士，以承祀典。從之。

欽定續通典

卷五十四

度宗咸淳三年，詔封曾參郕國公、孔伋沂國公，配享先聖。封顓孫師陳國公，升十哲位。復以邵雍、封新安伯。司馬光從祀。

元太宗五年六月，詔以孔子裔孫襲封衍聖公。十二月，勅修孔子廟。成宗大德十一年，武宗即位，詔曰：「蓋聞先孔子而聖者，非孔子無以明，後孔子而聖者，非孔子無以法。所謂祖述堯舜憲章文武，儀範百王，師表萬世者也。朕纂承丕緒，敬仰休風，循治古之良規，舉追封之盛典，加號爲大成至聖文宣王。遣使闕里，祀以太牢。」仁宗皇慶二年，以宋儒周敦頤、程顥、顥弟頤、張載、邵雍、司馬光、朱熹、張栻、吕祖謙及故中書左丞許衡，從祀孔子廟庭。

元朝典故編年考　清孫承澤撰

卷六　進十儒從祀

延祐二年，詔以周敦頤、程顥、程頤、張載、邵雍、司馬光、朱熹、張栻、吕祖謙、許衡，並從祀孔子廟庭。

明集禮 明徐一夔等奉勅撰

卷十六

從祀

後漢明帝幸闕里，以太牢祀孔子及七十二弟子，章帝安帝因之，此弟子從祀之始也。唐貞觀二十一年，詔以左邱明以下二十一人從祀廟庭。開元八年，以十哲爲坐像享於堂上，七十子及二十一賢並圖於壁。宋元豐間，又以荀況、揚雄、韓愈從祀於左丘明等之次。理宗淳祐初，以周敦頤、張載、程顥、程頤、朱熹從祀。景定中復加張栻、吕祖謙。度宗咸淳初，又加司馬光、邵雍。元武宗至大間，復以許衡從祀。

幸魯盛典 清襲封衍聖公孔毓圻等撰

卷十九

康熙四十一年壬午二月，命以先儒邵雍後裔邵文學爲世襲五經博士。

御書匾額「學達性天」四字頒，賜周敦頤、程顥、程頤、張載、朱熹、邵雍六子。煌煌宸翰，奎璧生光，其榮一也。是邵雍内聖外王之學，與五子同功，已在聖明洞鑒之中。

卷十九

敕部確查邵雍正支嫡派，以承祀典。邵雍有靈，感恩無既，垂之史册，光昭千古矣。臣如果言不謬，伏乞敕部議覆施行。康熙四十年五月二十八日，奉旨該部議奏。

臣將邵雍嫡派應授之人宗圖宗譜印，甘各結具題行，據布政使李成林詳稱，查明邵雍嫡派二十八代孫邵養醇，於明崇禎六年授爲博士，明末寇亂，養醇故後劄付無存，養醇之子邵國璋係邵雍二十九代孫，但年逾七旬，難習禮儀。今國璋之子邵文學，係應授之人。取具圖譜，各結前來，請旨施行。奉旨該部知道。

奉旨依議，欽此。隨行文河南，巡撫去後，今準該撫徐潮疏稱：查明崇禎六年，邵雍嫡派二十八代孫邵養醇，曾授爲博士。明末寇亂，劄付無存。邵養醇之子邵國璋，係邵雍二十九代長門嫡孫，但年逾七旬，難習禮儀。今邵國璋之子邵文學，乃邵雍三十代長門嫡孫，係應授之人。取具宗圖譜印，甘各結保題前來相應，將邵文學準授爲世襲五經博士。臣俟命下之日，部轉咨吏部，照例給劄可也。康熙四十一年二月初五日，奉旨依議。

附録

邵雍，字堯夫，其先范陽人。父古徙衡漳，又徙共城。雍年三十遊河南，葬其親於伊水上，遂爲河南人。事北海李之才，受河圖、洛書、伏羲八卦六十四卦圖象，探賾索隱，妙悟神契，衍先天之旨，著書十餘萬言。事親盡孝，歲時耕稼，僅給飲食，名其居爲「安樂窩」。司馬光兄事之。

嘉祐中詔求遺逸，王拱辰以雍應詔授將作主簿，復補潁州團練推官，皆固辭。卒年六十七，贈秘書省著作郎。元祐中，賜謚康節。咸淳三年，追封汝南伯，從祀孔子廟廡。

臣按：邵雍居河南時，程顥與之議論終日，歎曰：「堯夫内聖外王之學也。」程頤銘其墓曰：「雍之道，純一不雜，就其所至，可謂安且成矣。」朱熹贊之曰：「天挺人豪，英邁蓋世。駕風鞭霆，歷覽無際。手探月窟，足躡天根。閒中今古，醉裏乾坤。」其爲程朱推重如此。宜我皇上「學達性天」之賜，以六子並稱，詎非千古帝王卓識歟？

郡齋讀書志　宋晁公武撰

卷一上

邵康節皇極經世　十二卷

右皇朝邵雍撰。雍字堯夫，謚康節。隱居博學，尤精于《易》，世所謂其能窮作《易》之本原，前知來物。其始學之時，睡不施枕者至三十年。此書以元經會，以會經運，以運經世。起於堯即位之二十二年甲辰，終於周顯德六年己未，編年紀興亡治亂之事，以符其學。又有《觀物篇》繫于後，其子伯温解。

鄭揚庭用易傳　十二卷

右皇朝鄭夬揚庭撰。姚嗣宗謂劉牧之學，受之吴秘，秘受之夬。夬又作《明數》、《明象》、

《明傳道》、《明次例》、《明範》五篇。邵雍言夬竊其學於王豫，沈括亦言夬之學似雍云。

先天易鈐太極寶局　兩卷

右皇朝牛師德撰。自云傳邵雍之學于司馬温公，而其説近於術數，未知其信然否。

卷四下

邵堯夫擊壤集　二十卷

右皇朝邵雍堯夫，隱居洛陽，熙寧中與常秩同召，力辭不起，邃於易數。始爲學至二十年不施枕而睡，其精如此。歌詩蓋其餘事，亦頗切理，盛行于時。卒謚康節，集自爲序。

直齋書録解題　宋吴興陳振孫撰

卷一

皇極經世十二卷　叙篇系述二卷

處士河南邵雍堯夫撰。其學出於李之才挺之，之才受之穆修伯長，修受之种放明逸，放受之陳摶，蓋數學也。曰元會運世，以元經會，以運經世，自帝堯至於五代，天下離合治亂興廢得失邪正之迹，以天時而驗人事，以人事而驗天時，以陰陽剛柔窮聲音律吕以窮萬物之數。末二卷論所以爲書之意，窮日月星辰飛走動植之數，以窮天地萬物之理，述皇王帝霸之事，以明大中至正之道。書謂之《經世》，篇謂之《觀物》，凡六十二篇，其子伯温爲之叙系，具載先天後天變卦反對諸圖，又爲《易學辨惑》一篇，叙傳授本末真僞。然世之能明其學者，蓋鮮焉。雍謚康節。

觀物外篇六卷

康節門人張崏子望記其平生之言。雖十纔一二，而足以發明成書者爲多，故名《觀物外篇》。崏登進士第，仕爲太常寺主簿。

觀物内篇解二卷

康節之子右奉直大夫伯温子文撰。即《經世書》之第十一、十二卷也。

卷九

皇極經世書十二卷

邵雍堯夫撰。其學出於李之才挺之，之才受之穆修伯長，修受之种放明逸，放受之陳摶，蓋數學也。曰元會運世，以元經會，以運經世，自帝堯至於五代，天下離合治亂興廢得失邪正之迹，以天時而驗人事，以陰陽剛柔窮聲音律吕以窮萬物之數。末二卷論所以爲書之意，窮日月星辰飛走動植之數，以盡天地萬物之理，述皇王帝霸之事，以明大中至正之道。書謂之《皇極經世》，篇謂之《觀物》，凡六十二篇。其子伯温爲之叙系，具載先天後天變卦反對諸圖，又爲《易學辨惑》一篇，叙傳授本末真僞。然世之能明其學者，蓋鮮焉。

觀物外篇六卷

康節門人太常寺簿張崏子望記其言，雖十纔一二，而足以發明成書。

觀物内篇二卷

康節之子右奉直大夫伯温撰。即《經世》書之第十一、十二卷也。張氏曰：先生觀物有内外篇，内篇先生所著之書也，外篇門人所記先生之言也。内篇理深而數略，外篇數詳而理顯。學先天者當自外篇始。先生詩云：「若無揚子天人學，安有莊周内外篇。」以此知外篇亦先生之文，門人蓋編集之耳。又曰：《皇極經世》者，康節之易，先天之嗣也。《觀物篇》立言廣大，措意精微，如《繫辭》然，稽之以理既無不通，參之以數亦無不合。

卷二十

擊壤集二十卷

處士共城邵雍堯夫撰。自爲之序，始自共城徙河南，卒於熙寧十年，謚康節。

欽定天禄琳琅書目

卷六

伊川擊壤集　二函十册

宋邵雍撰二十卷前雍自序。

鼂公武《郡齋讀書志》載邵堯夫《擊壤集》二十卷，稱堯夫隱居洛陽，熙寧中與常秩同召，力辭不起，邃於易數。始爲學至二十年不施枕而睡，其精如此。歌詩蓋其餘事，亦頗切理。盛行于時，自爲之序云云。是宋時《擊壤集》雍所自刊，此本亦仿宋槧之式。而標爲伊川者，蓋據《宋史》雍葬親伊水上，遂爲河南人也。

卷九

皇極經世書　四函三十册

宋邵雍著，十卷。

此書前後俱無序跋，考晁氏《讀書志》、陳氏《書録解題》、馬氏《文獻通考》俱作十二卷，雍子伯温爲之序系。其畧云：其一之二則總元會運世之數，三之四以會經運，五之六以運經世，七之十則以陰陽剛柔之數窮律吕聲音之數，以律吕聲音之數窮動植飛潛之數，十一之十二則論《皇極經世》之所以爲書。蓋原書十二卷，前十卷爲書，謂之《皇極經世》，書末二卷爲篇，謂之《觀物篇》。又别見《觀物内篇》二卷單行之本。陳振孫謂即《經世書》之第十一第十二卷也。内篇之外，又有《觀物外篇》六卷，晁公武謂雍門人所記，張載謂外篇亦雍所作，門人第編集之，引雍詩「若無揚子天人學，安有莊周内外篇」之句爲證。近世刊行之本，僅止《觀物》内外篇，而前十卷之書不可多覯。此書雖闕二卷，而前十卷獨全，洵收藏家希有之珍也。

卷十

伊川擊壤集　一函四册

宋邵雍著，二十卷。前明人希古序，次雍自序，後附集外詩十三章，并宋邢恕、明畢亨二序。

希古不載姓氏，其序作於成化乙未，稱披閲《擊壤集》，愛其體物切實，立意高古，乃重鋟梓云云。夫曰「重梓」則先有刻本據而重梓焉耳。畢亨序祇標庚子歲作，不題年號，以序中之言考證諸書，則爲成化庚子後，於乙未希古之序又五年矣。按明時有兩畢亨，皆成進士歷顯官，一字嘉會，山東新城人，成化乙未進士，歷官順天府丞，終南京工部尚書，見凌迪知《萬姓統譜》；一爲山東單縣人，河南衛軍籍，景泰甲戌登進士第，歷官應天府尹，進副都御史，見《江寧府志》。今亨序後結銜爲副都御史序，中又有尹應天及回洛之語，則是籍隸河南之畢亨無疑矣。序稱「於監察御史晉陽王濬家得《擊壤集》，每欲壽梓而未暇，及後尹應天始克刊行，及今致政特取此版回洛，適郡守桂林劉公尚文建先生安樂窩書院，復訪先生集而梓行之，遂以此版授焉」云云。其言復訪梓行者，非即希古序中重鋟之謂乎？希古當即劉尚文之名，惜無可考。邢恕字和叔，河東人，元祐初除御史，後謫隨州，《宋史》有傳。王濬，蒲州人，宣德丁未進士，見《太學題名碑》。

經義考　清朱彝尊撰

卷十七

易十六

《東都事略》：之才字挺之，青州人，舉進士後爲殿中丞僉書澤州判官。初，華山陳摶讀《易》，以數學授穆修，修授之才，之才授邵雍。晁説之曰：挺之師河南穆伯長，時蘇子美亦從伯長學《易》，其專授受者惟挺之。伯長之《易》受之种徵君明逸，徵君受之希夷先生陳圖南。其源流爲最遠究，觀三才象數變通，非若晚出尚辭以自名者。

卷二十

晁公武曰：朱震言頤之學出於周敦頤；敦頤得之穆修；亦本於陳摶，與邵雍之學本同。然考正叔之解，不及象數，頗與胡翼之相類。景迂云：胡武平、周茂叔同師潤州鶴林寺僧壽涯，其後武平傳其學於家，茂叔則授二程。與震之言不同。

卷二十二

晁公武曰：皇朝牛師德撰自云：傳邵雍之學於司馬温公，而其説近於術數。未知其信然否？陳振孫曰：未詳何人。蓋爲邵氏之學而專乎術數者也。

卷二十三

周易叢説

晁公武曰：朱震子發撰。自謂其學以程頤爲宗，和會邵雍、張載之論。合康成、輔嗣之學爲一云。其書多採先儒之説以成，故曰《集解》，然頗舛謬。

卷二十六

周易通變

行成自序曰：「圖雖無文，吾終日言而未嘗離乎，是蓋天地萬物之理盡在其中矣」，謂先天圖也。先生之學，祖於象數二圖，其用皆起於交，交則變矣。象之變爲交泰圖，體極於一十二萬九千六百，而以八萬六千四百爲用。在《觀物》爲以元經會，以會經運，以運經世之數。其要則總於四象運行之掛一圖，數之變爲既濟圖，體極於一十二萬二千八百八十而，以三萬四千四十八爲用，在《觀物》爲日月星辰水火土石聲音律呂倡和之數，其要則總於八卦變化之八圖。四象運行者，天數也。八卦變化者，物數也。處乎其間，上以承天，下以生物者，地數也。故二者之用，全在卦氣之一圖。以動植通數布爲九位，中五斡旋，卦乃生焉。二百五十六卦會分十二，位分十六，具一十三萬八千二百四十之體，九萬二千一百六十之用，而天之運行物之變化，自一至千八百萬之數，皆在其中。衍而伸之，逐類而長之，以至於坤之無極之數，陰陽之消息，運世之否泰，人物之盛衰，可得而考矣。夫天垂象，河洛出圖書，伏羲因之而畫卦，伏羲之意傳天之意也。先生之書，大率藏用而示人，以象數實寓乎十四圖。先生之意，推明伏羲之意也。僕不自揆，輒敷演解釋，命曰《通變》，庶幾學先天者得其門而入焉。

又《進易書狀》曰：「臣自成都府路鈐轄司幹辦公事丐祠而歸，杜門十年，著成《述衍》十八卷，以明伏羲文王孔子之易。《翼元》十二卷，以明揚雄之易。《元包數義》三卷，以明衛元嵩之易。《潛虛衍義》十六卷，以明司馬光之易。《皇極經世索隱》二卷、《觀物外篇衍義》九卷，以明邵雍之易。《通變》四十卷，取自陳摶至邵雍所傳先天卦數等十四圖，敷演解釋，以通諸易之變，始若殊塗終歸一致。上件書七種，總二十六册，分九十九卷。謹隨狀上進以聞。」

《閩書》：郭縝字天錫，浦城人。上杭簿留意邵雍象數之學，兼取楊雍所據列山易，以章會統元，推之久而成書，名《易春秋》。按圖布卦計，二十萬言，釐爲二十卷。總之以圖隆興紀元。以其書上，方議推恩而卒。

卷三十二

《玉海》：淳熙八年八月，知閬州吕凝之上易書四十卷。上問輔臣周必大，奏曰：「此本邵雍之學，蜀人張行成推衍之。凝之必講學於行成。」上曰：「行成所著頗畧。」必大曰：「凝之配年以卦爻，所以加密。」

卷四十三

中天述考一卷

存滁孫自序曰：「滁孫下愚不移，學《易》不得其津，年踰五十，探索《先天圖》，忽得中天玄景，中天者，非他，是即天也……爲人上不知中天，則不知所以治世；爲臣子不知中天，則不知所以事君事父；爲人不知中天，則不知所以誠意、正心、修身。於是承先聖所以體天地之撰、通神明之德，補中天圖象。紬繹大義於久湮未墜之際，使見天德隆盛，前乎弗違太極之根柢，後乎弗先太極之流行。庶幾天下後世，舉悟性命一源、古今一日，修者不怠，悖者能馴，正人心、息邪說、距詖行，當有取於斯。大德十年長至日。」

又《進中天圖表》曰：「臣竊惟聖人之道與天地準，《易》有聖人之道，亦與天地準……謹按：今世所傳伏羲始畫八卦圖，乃易祖也。華山陳摶傳至邵雍，所謂有極圖者，以二氣消長爲乾坤之限者也。可開學者推測之端，未備帝王觀省之要……臣謹布中天盛德大業圖畫，畫成，軸捧詣闕庭，仰千聖覽，臣不勝拳拳瞻天仰聖，激切屏營之。至至元二十年十一月。」

卷六十二

容氏若春今易圖學心法釋義　十卷

朱一是曰：「萬曆中，懷寧容若春育夫撰。其言稱善《易》者無如焦贛、京房、管輅及宋邵雍先生，而不主王弼談理。」

卷七十一

牛氏思純太極寶局　一卷

按：思純，師德之子。見趙元輔所編《象數鈎深圖》。其述古今易學傳授：邵雍傳之司馬光，光傳之牛師德，師德傳子思純。

卷二百七十一

邵子皇極經世書　十二卷

晁公武曰：「皇朝邵雍堯夫撰。雍隱居博學，尤精於《易》。世謂其能窮作《易》之本原，前知來物。其始學之時，睡不施枕者三十年。此書以元經會，以會運經，以運經世。起於堯即位之元年甲辰，終於周顯德六年己未。編年紀興亡治亂之事，以符其學。後又有《繫述叙篇》，其子伯温解。」

張行成曰：「以元經會者，以十二萬九千六百年爲元，則以十二會，每會一萬八百爲月，三百六十運爲日，四千三百二十世爲時，十二萬九千六百年爲分。此天之數也。起於一而終於十六，變同人二萬八千兆之數，則於掛一圖中，用四爻直一運，凡二百五十六卦，中有閏存焉。若三百六十運，則實用二百四十卦，尚有十六卦，則管二十四運之閏，散於二十四氣之首。故掛一圖合管三百八十四運，而二十四運爲閏也。其直日之實，文則爲用，數即奇耦卦分進退，以直四千三百二十世矣。」

陳振孫曰：「其學出於李之才挺之，之才受之穆修伯長，修受之种放明逸，放受之陳摶，蓋數學也。曰元、會、運、世，以元經會，以會經運，以運經世。自帝堯至於五代，天下離合治亂興廢得失邪正之迹，以天時而驗人事，以人事而驗天時，以陰陽剛柔窮聲音律吕，以窮萬物之數。末二卷論所以爲書之意，窮日月星辰飛走動植之數，以盡天地萬物之理；述皇帝王霸之事，以明大中至正之道。書謂之《皇極經世》，篇謂之《觀物》，凡六十二篇。其子伯温爲之叙系，具載先天、後天、變卦、反對諸圖。又爲《易學辨惑》一篇，叙傳授本末真僞。然世之能明其學者，蓋鮮焉。」

王應麟曰：「《皇極經世》十卷，以元經會，以會經運，以運經世。天者，日月星辰陰陽也；地者，水火土石剛柔也；變者，暑寒晝夜；化者，雨風露雷；感者，性情形體；應者，走飛草木。人，目鼻耳口；物，聲色氣味；事，皇帝王霸體用也；業，《易》《詩》《書》《春秋》，心迹也。天開於子，地闢於丑，人生於寅。孔子贊《易》，自羲、軒而下，祖三皇也；序《書》，自堯舜而下，宗五帝也；删《詩》，自文、武而下，子三王也；修《春秋》，自桓、文而下，孫五霸也。一元之運，始於日甲月子、星甲辰子，自開闢以來，推其年數。雍得之於李挺之，挺之得於穆伯長；自天地運化、陰陽消長，皆以數推之，以窮萬物之變，程伯淳謂『加一倍法』。其書以日月星辰、水火土石盡天地之體用，以暑寒晝夜、雨風露雷盡天地之變化，以性情形體、走飛草木盡萬物之感應，以元會運世、歲月日辰盡天地之終始，以皇帝王霸、《易》《詩》《書》《春秋》盡聖賢之事業。《易》用九、六，《經世》用十、十二，一元統十二會，十二會統三十運，三十運統十二世，一世統三十年，一年統十二月，一月統三十日，是十二與三十迭爲用也。」

祝泌曰：「《經世書》六卷，曰元經會，會經運，運經世，其下四卷以律吕聲音之變觀萬物。不名『經會』、『經運』而曰『經世』，憂世變也。其書有總一書之卷目，有分篇旨之卷目，元經會十二篇，會經運十二篇，運經世十篇，凡三十四篇。律吕聲音之變化十六篇，内篇十二篇。此康節分篇之卷數，各分次第也。康節慮其書之未有統也，復以《觀物篇》通一部之數而繫之，以總其書六十二篇。又有外篇二，不以觀物繫之，書實六十四篇也。又曰：康節先生以《皇極》圓圖觀天觀地觀歷世之泰否，以《皇極》方圖觀動物觀植物觀運用之物。又曰：《易》以占爲神，《極》以算爲智，占者聽圓變之蓍，以求將見之象。算者布一定之卦，以御無窮之數。占則取驗於天神之研幾也，算則斷在人智之極深也。神以知來而未嘗不藏往，智以藏往而未始不知來。惟《易》之與《極》，其旨若相似而致用實不同。《易》與《極》之八卦名同而位殊，爻同而旨異，位之殊今先天後天之圖可識矣。旨之異，則《易》之乾爲天、爲金，而《極》則爲日、爲暑之類也；《易》之坤爲地、爲土，而《極》則爲水、爲雨之類也；《易》之震爲雷、爲木，而《極》則爲辰、爲夜也；《易》之巽爲風、爲木，而《極》則爲石、爲雷也。坎爲水、爲月者，《易》也；《極》則爲土、爲露矣。離爲火、爲日者，《易》也；《極》則爲星、爲晝矣。艮爲山，而今爲火爲風；兑爲澤，而今爲月、爲寒矣。自是充之，非惟八卦取象之異於《易》，而吉凶悔吝亦大不同。愚謂《極》只取伏羲卦畫，不用文王、周、孔之辭，故其作用之不同，固無怪其然矣。」

俞邦翰曰：「邵子《經世》凡古今治迹，只憑一定之卦以推步，動植事物，則隨時取聲音數以求卦而占測也。」

查伯復曰：「康節《經世書》，本先天方圓圖。」

王申子曰：「邵康節《經世書》，程明道以爲『加倍法』是也。謂一生二，二生四，四生八，八生十六，十六生三十二，三十二生六十四，由是推而爲萬物之數，皆純乎用耦而無奇。其爲元會運世也，則以日經日爲元之元，其數一，謂日甲之數一也。以日經月爲元之會，其數十二，謂月之數十二也。以日經星爲元之運，其數三百六十，謂日之數三百六十也。以日經辰爲元之世，其數四千三百二十，謂時之數四千三百二十也。是日爲元，月爲會，星爲運，辰爲世也。一元象一年，十二會象十二月，三百六十運象三百六十日，四千三百二十世象四千三百二十時，此一元之經，即一年之數也。一世三十年，是爲一十二萬九千六百年，自元之元更相變而至於辰之元，自元之辰更相變而至於辰之辰，故名《經世》。著一元之數，使人引而伸之，終而復始。起帝堯甲辰終顯德己未，紀世之治亂，以符其説。故自顯德後，人皆可以續之。《易》之道不止於是，故不免謂之數學。此愚所以於古今説《易》七百餘家之中，獨取周子《太極圖》以附天地及四聖人之《易》爲『六易』者，此也。」

何瑭曰：「邵子元會運世之分，無所依據，先儒已有議其失者。其論天以日月星辰，變而爲寒暑晝夜；地以水火土石，化而爲雨露風雷，此其書之大指也。自今觀之，寒暑晝夜皆天，於日月星辰何有焉？風爲天所變，雷爲火所變，雨露皆水所變，其理甚明，少思則得之矣。火爲風，石爲雷，土爲露，豈不牽强之甚哉！且其取象乾不爲天而爲日，離不爲日而爲星，坤反爲水，坎反爲土，與伏羲之易象大異，乃自謂其學出於伏羲之《先天圖》，吾不知其説也。」

詹景鳳曰：「《皇極經世》以擬《易》也，其元會運世六卷凡三十四篇，如《易》有上經；聲音律吕四卷凡十六篇，如《易》有下經；《觀物》十二篇，則暢二數之義，如《易》有《繫辭》。」

王弘撰曰：「邵子《經世》之書本於《易》，嘗欲傳程子，程子不學，而當時之欲學者，邵子又不許。蓋未易言也。」

黄宗炎曰：『邵堯夫撰《皇極經世》十二卷，以謂天地之氣化陰陽之消息，皆可以數推之，其理其數咸本於《易》。噫！此何説也。其所稱元會運世，實效揚雄之方州部家也，揚以地言，邵以時言也。其所稱元數一，會數十二，運數三百六十，世數四千三百二十，亦準《太玄》之三方、九州、二十七部、八十一家也。至於一元十二會，三百六十運，四千三百二十世，一世三十年，是爲一十二萬九千六百年，以至無窮無盡，則又近於釋氏之劫數。夫《易》之變化不可測者，以其無方無體也。隨在隨時，隨象隨占。稗經之值年值日，已屬愚夫愚婦之見，而况於欲取一十二萬九千六百年之天下，排而按之，籌而計之，以爲定數，則天地陰陽真魄然蠢動，絶無靈異之物矣。其起帝堯甲辰至後周顯德六年己未，編年以紀治亂興亡之事，以驗其説，無論其傅會誣妄，即使若合符節，獨不思帝堯甲辰至顯德己未，僅僅四千年耳，視一元之數，不啻杯水之在江河，惡得以杯水之在鼎烹，而指江河之可吸盡也。此亦不攻而自破者矣。《大傳》曰：「其稱名也小，其取類也大。其言曲而中，其事肆而隱。」《皇極經世》則一一與之相反，蓋稱名也大，取類也小，言直而誕，事儉而顯，使潔静精微之學，化爲麤鄙狂妄之窟矣，學者其毋耳食焉。』

王庭曰：「程子言堯夫於儒術未見所得，上蔡亦言堯夫所學與聖門不同。如《皇極》一書，以天之日月星辰配寒暑晝夜、性情形體，以地之風雨露雷配水火土石、飛走草木，大是牽强不合。然人不敢議者，以其占驗神也。」

按：《皇極經世》一書，明初編《性理大全》與《通書》、《正蒙》並列。崇禎間，帝幸太學，議禮者欲躋周、程、張、朱於七十子之上，康節亦與焉。然五行爲《洪範》九疇之首，傳稱天生五材，廢一不可。康節乃去木金而益之以石，是威侮五行也。庶徵爲《洪範》九疇之八，《書》稱五者來備，各以其叙。康節乃去暘燠寒而易之以露雷，是一極無凶也。五官去心，則不成大人矣。五經去禮，則無以别於禽獸矣。不知諸儒何故而神明其説，争推演之？此蒙之所不識也。

又按：康節之水火土石，仿諸佛氏之地水火風也。色聲氣味，取諸佛氏之色聲香味也。遇數之五，率去其一，若夫天有五星，地有五服、五溝、五塗，人有五藏，教有五典、五禮，祭有五祀，目有五色，耳有五音，口有五味，鼻有五臭，手有五指，繪有五章，律有五度、五量、五權、五則，康節亦安能悉爲減損，其説亦窒而不可通矣。

王氏豫皇極書體要　佚

張鉉《金陵新志》曰：「建昌南城人廖應淮，好異端之學，游俠江湖，客臨安，疏丁大全誤國狀，大全中以法配漢陽軍，荷校出都，説禍福多中。抵漢陽，遇蜀道士杜可大於漢江濱，謂曰：『子非廖應淮邪？予待子久矣。』因言：『邵堯夫以先天學授王天悦，天悦死葬未百年，而吴曦叛，盗掘其冢，得《皇極書體要》一篇，内外《觀物》數十篇。予賄盗得之，數當授子。』爲之請於郡將，脱軍籍，館諸道院，盡教以冢中書，其算由聲音起年，餘乃别。應淮復之臨安市，大衍數夜，沽酒痛飲，大叫曰：『天非宋天，地非宋地矣。』歌曰：『禽聲兮啾啾，草色兮幽幽。風熛兮火怒，泉殷殷兮血流。屋將焚兮，燕呢喃而未已。鼎漸沸兮，蝨娑娑其不休。歸去來兮，不歸兮焉求。』宋亡後四年，病死處州學。」

張氏行成皇極經世索隱　一卷　未見

邵氏伯温皇極經世内外篇解　未見

楊時喬曰：伯温學宗家傳，篇解得父精意，出處皆當。

張氏栻經世紀年通考　二卷　未見

栻自序曰：「太史遷作《十二國世表》，始紀甲子起於成周共和庚申之歲，庚申而上則莫紀焉。歷代浸遠，其事雜見於諸書靡適折衷，則亦傳疑而已。本朝嘉祐中，康節邵先生雍出於河南，窮往知來，精極於數，作《皇極經世書》，上稽唐堯受命甲辰之元，爲編年譜。如去外丙、仲壬之紀，康節以數知之，乃合於《尚書》『成湯既歿，太甲元年』之説，成湯之後，蓋實傳孫，《孟子》所説，特以太丁未立而卒，方是時外丙生二年，仲壬生四年耳。又正武王代商之年，蓋武王嗣位十一年矣，故《書序》稱十有一年，而復稱十有三年者，字之誤也。是類皆自史遷以來傳習之謬。一旦使學者曉然得其真，萬世不可改者也。某不自揆，輒因先生之曆，考自堯甲辰至皇上乾道改元之歲，凡三千五百二十有二年，列爲六圖，命之曰《經世紀年》，以便觀覽。閒有鄙見，則因而明之。其大節目有六，如《孟子》謂堯舜三年之喪畢，舜禹避堯舜之子而天下歸之，然後踐天子位，此乃見帝王奉天命之大旨，其可闇而弗彰，故於甲申書『服堯之喪』，乙酉書『踐位之實』，丙戌書『元載格于文祖』。自乙酉至丁巳，是踐位三十有三載也，則書『薦禹於天』，與《尚書》『命禹』之辭合。自丁巳至癸酉，是薦禹十有七年也，與《孟子》之説合。於禹受命之際，書法亦然，然而《書》稱『舜在位五十載，陟方乃死』，則是史官自堯崩之明年通數之耳。夏后相二十有八載，寒浞弑相，明年少康始生於有仍氏，凡四十年而後祀。夏配天不失舊物，寒浞豈可使閒有夏之統，故缺此四十載不書，獨書少康出處而紀元載於復國之歲，以見少康四十年經營宗祀，絶而復續，足以爲萬代中興之冠冕。於新莽之篡缺其年，亦足以表光武之中興也。漢吕太后稱制既不得係年，而所立他人子名爲少帝者，又安得承統？故復缺此數年，獨書曰『吕太后臨朝稱制』，亦范太史祖禹係嗣聖紀年之意也。漢獻之末，曹丕雖稱帝，而昭烈以正義立於蜀，不改漢號，則漢統烏得爲絶，故獻帝之後，即係昭烈年號，書曰『蜀漢』，迨後主亡國而始係魏。凡此皆節目之大者。妄意明微扶正，不自知其愚也。其他如夏以上稱載，商稱祀，周始稱年，皆考之《書》可見，而《周書·洪範》獨稱祀者，是武王不欲臣箕子，尚存商立箕子之志也。由魏以降，南北分裂，如元魏、北齊、後周，皆夷狄也，故統獨係於江南。五代迭揉，則都中原者不得不係之。」

陳振孫曰：「侍講廣漢張栻敬夫撰。用《皇極經世》譜編，有所發明則著之。其言邵氏以數推知去外丙、仲壬之年，乃合於《尚書》『成湯既没，太甲元年』之説。今按：孔氏《正義》正謂劉歆、班固不見古文，謬從《史記》。而章衡《通載》乃云：『以紀年推之，外丙、仲壬合於歲次』，《尚書》殘闕而《正義》之説誤。蓋三代而上，帝王歷年遠而難考類如此，劉道原所謂『疑年』者也。」

馬廷鸞曰：「愚按張氏本《皇極經世書》作《經世紀年圖》，愚之所述蓋亦本此。然嘗疑堯之前標甲子者六，而不載世代與事迹，意者黄帝命大撓作甲子，則甲子紀年自黄帝始，以前無甲子，則亦不可得而書也。」

王應麟曰：「栻因《經世》之歷，考自堯甲辰至乾道改元之歲，凡三千五百二十二年，列爲六圖，曰《經世紀年》。」

蔡氏元定皇極經世指要　三卷　存

元定自序曰：「龍馬負圖，伏羲因之以畫八卦，重之爲六十四卦。初未有文字，但陽奇陰偶，卦畫次序而已。今世所傳《伏羲八卦圖》，以圓函方者是也。康節曰：上古聖人皆有《易》，但作用不同。今之《易》，文王之《易》也，故謂之《周易》。若然，則所謂三易者，皆本於伏羲之圖，而取象繫辭以定吉凶者，名不同耳。《連山》首艮，《歸藏》首坤，《周易》首乾。《連山》、《歸藏》雖不傳，意其作用必與《周易》大異，然作用雖異，其爲道則同一太極也。《皇極經世》之書，命數定象自爲一家，古所未有，學者所未見，然亦皆出於伏羲卦畫奇偶之序，其爲道則亦同一太極也。今以伏羲卦圖列之於前，而以《皇極經世》疏之於後，則大畧可見矣。」

周氏奭經世節要　未見

朱氏中經世補遺　佚

丘氏富國經世補遺三卷　未見

祝氏泌皇極經世書鈐十二卷　存

泌自序曰：「《易・繫》曰：『天生神物，聖人則之；天地變化，聖人效之；天垂象，見吉凶，聖人象之；河出圖，洛出書，聖人則之。』制法垂教，祖道鈎玄，是極也，先高厚而肇始，運萬有而不遺，推其動静得兩儀之本，沿其始交得四象之元，循其變化識卦位之分，得河圖、洛書而證其擬議形容之實。傳十四圖而悟布卦、用卦之旨，今探賾索隱，儻不明其所由肇，是康節之學，且入於術矣。不揣其本而齊其末，可乎？粤疏造物之圖，達於取卦之妙而後備列先天之所由，運行動植之所以感應，而要之以折衷之法，庶幾覽者由門及序，升堂入室，識其條貫。是編也，尚少裨好古博雅之君子，若鄭夬所謂泄天之藴，豈無禍福？不可謂之知言。今但虞絶學之無傳，亦何暇遑踋乎禍福之閒哉！世有覺者，幸相與發明之。端平乙未。」

楊時喬曰：「泌以邵子意注《經世》，蓋多折衷於伯温，曲詳其辭。」

吴任臣曰：「泌字涇甫，鄱陽人，自稱觀物老人。」

馬氏廷鸞皇極觀物外篇解　佚

方氏回皇極經世考　佚

鄭氏松皇極經世書續　未見

《江西通志》：「鄭松，字特立，亦名復，樂安人，三預進士貢不第，以邵子《經世書》止於周顯德，乃自庚申宋興，至甲午金亡，續二百七十五年，於邵子所紀三千三百一十六年閒，頗有更定，書法視昔尤謹。論國統絶續離合，謂興國無所承、亡國無所授者各爲系。漢、魏、晉、宋、齊、梁、陳爲一系，魏、齊、周、隋、唐、梁、唐、晉、漢周爲一系，遼、金、元爲一系。松入元，隱居布水谷。」

耶律氏楚材皇極經世義　未見

杜氏瑛皇極引用　八卷　佚

皇極疑事　四卷　佚

極學　十卷　佚

蔡氏仁皇極經世衍數　一百五十四卷　未見

張萱曰：「元至元中，饒州布衣蔡仁和仲撰。前集五十五卷，因張行成、祝涇甫之書復考訂以成帙編，卦各有圖，圖各有説。後集五十三卷，因蔡季通續正邵氏曆數衍其數，紬發其義，條陳其類，例凡古今，證應皆備載焉。内闕十五卷至十八卷，别集十五卷，續集十六卷，皆卦變爻象及揲蓍之説。支集十五卷。又因麻衣道人心法而衍之，皆占卜書也。」

齊氏履謙經世書義式　佚

經世外篇微旨　一卷　佚

安氏熙續皇極經世書　佚

徐氏驤皇極經世發微　佚

《徽州府志》："徐驤，字伯冀，婺源人。學於程直方，深造邵氏之學。"

朱氏本皇極經世解　存

黄虞稷曰："本字致其，豐城人。元福州路儒學提舉，明初以賢良召至京，固辭，安置和州，後放歸，卒。"

朱氏隱老皇極經世書解　十八卷　存

隱老自序曰："先天之學，心學也，本無文字，然而非有文字，則亦無以驗其所學之爲何如矣。翼之十也，夫子之所以教也，其自十翼以上，有出自於周公者焉，繫於爻者是也；有出自於文王者焉，繫於卦者是也。教之所興，止是已乎，未也。其自二繫以上，有出自於羲皇者焉，自一奇以至於百九十二奇，自一耦以至於百九十二耦，凡著焉而有象，滋焉而有數者，皆是也。不啻足矣。雖然求之天地，則又有未畫之《易》存焉。自無畫而有畫，則羲皇是也；自無言而有言，則文王、周公、孔子是也。既已有言矣，可得無言乎？此邵子之書所以有作也。然其言自爲一家，驟而觀之有莫知其所以然者，予病之久矣。童而習之，乃至於白髮紛如也，若有得焉，上下古今，跋涉經史，凡邵子之所不甚致意者，皆以管窺之所及，妄是非而折衷焉。若夫邵子之所自爲説者，深也而淺言之，遠也而近言之，源也而姑述其流，本也而姑述其末，非能造乎其極也，而亦以書説爲言。此無他，自海外而來者，必重三譯然後可達於中國。

夫自學者而言，其於道也，何啻由海外而望中國也哉！得吾説而讀之，譬之一譯，雖未至於再譯、三譯，然自是而每一進焉，不患乎不造其極矣。且夫寵榮聲利，人之所奔而赴焉者也，已得則夸，未得則呲，及其既得而復失，則又悵然而悲，不能自遣於其懷，未深於道者也。然而從事於斯，恍不知得之爲在彼歟，失之爲在此歟？此與彼不相及也。雖然極天下之紛華不足以戰吾道，戰則吾道其勝矣。夫然，故悲莫足悲，喜莫足喜，付得失於兩忘，則庶幾其心無所累者歟？噫！先天之學，未易言也，姑以其心言之，即文字而泥焉者非也，離文字而塊焉者亦非也。吾以文字洗吾之心焉，則夫文字也者，有之未必爲非，無之未必爲是。此吾所以因是書而爲是説也。」

黄虞稷曰：「隱老字子方，號灊峯，明大學士朱善之父。」

劉氏誠補注皇極經世　未見

周氏瑛皇極經世管鑰　未見

黄虞稷曰：「瑛字梁石，别字翠渠，又號蒙中子。莆田人，成化己丑進士，歷四川右布政使。」

楊氏廉皇極經世啟鑰　未見

倪氏復皇極經世通解　未見

童氏品皇極經世書内篇注　未見

黄氏畿皇極經世書傳　八卷　存

畿自序曰：「夫有畫無言，庖犧之《易》也。象後斯有言矣。予欲無言，象帝之先，故曰『四時行焉，百物生焉』。天道變化，道之顯也；鳳鳥不至，河不出圖，天地否塞，道之晦也。立象盡意，而律吕聲音豈能外哉？自畫前觀之，太極分二，先得一爲一，以統四時，後得一爲二，以奠四維。加倍則一與十二相乘，終於六十。皇極之心，天地之心也，兩倍爲四，元會運世以彌綸耳，天下之物管是矣。故夫仰則觀物於天，日月星辰也；俯則觀法於地，水火土石也；近取諸身，性情形體也；遠取諸物，走飛草木也。幽明之故，死生之説，鬼神之情狀，其一動一静之間乎，是窮理之事也。三皇象春，五帝象夏，三王象秋，五霸象冬，與天地相似而道濟天下矣。贊《易》以祖三皇，序《書》以宗五帝，删《詩》以子三王，修《春秋》以孫五霸，旁行不流而樂天安土矣，是盡性之事也。生長收藏以盡物，一元猶一日也；化教勸率以盡民，古今猶旦暮也；權變事業，其神用矣乎！故曰『範圍天地之化而不過，曲成萬物而不遺，通乎晝夜之道而知，故神無方而易無體』，是至命之事也。昊天四府而陰陽以升降焉，聖人四府而禮樂以污隆焉，歷居陽治陰而象數以禮行焉，律居陰治陽而聲音以樂和焉。故河出圖則天數五，地數五，象數也；鳳鳥至則雄鳴六，雌鳴六，律吕也。倍而四之，皆以爲用焉。天道之用，陰始乎陽矣；地道之用柔，成乎剛矣；先天之用，圓唱乎方矣；皇極之用，義兼乎皇矣。曆以藏閏，乾坤坎離所以不用也；律以顯閏，日星水土所以必用也。邵子之學，其仲尼之學乎？仲尼之道，其庖羲之道乎？邵伯温，子也，不能受之於父；張皤、王豫，徒也，不能盡之於師；而牛無邪、張行成、祝泌、廖應淮、朱隱老五家，臆鑿紛如，不有九六之鍵，曷啟乾、坤之門乎？畿也不揣固陋，爲管窺十有三篇以訂之，而日加注釋以爲之傳，凡八卷云。弘治甲子。」

子佐序曰：「《皇極經世》本有全書，先君得之《道藏》，手自録之。今《性理》所載，乃蔡西山《指要》，非其全也。祝泌氏《鈐》以泰爲元，六十四卦皆用四爻，與邵子異矣。廖應淮《玄玄集》從之，惟朱隱老始宗本旨爲之説，然未盡也。先君自成化乙巳隱居粤州草堂，潛心内外篇，會意先天圖，垂二十年始悟氣以六變，體以四分，用九則三十六宫，用六則二十四閏，聲音律吕、圓唱方和，而後乾坤坎離用焉，天地萬物之理貫於一矣。乃著《管窺》以闢之，凡所注釋有未備者，佐附以膚見，其推步也，年月日時，分杪晝夜，進退積成，一元消長，則命算工補其闕焉。於戲！此窮理盡性至命之學也。世以術數少之，觀於先君所叙則可見矣。嘉靖壬子七月。」

劉煒後序曰：「嘗謂伏羲先天一圖，乃天命之流行不已者也。子邵子獨得其妙，元會運世統於心爲太極，可謂從其大體者已。世儒不得其門而入，偕圖立説而謂天地人物皆起於泰，年月日時皆起於升，可謂雜亂本旨矣。粤州子黄子，一以先天圖爲主，豈非因聖言而會其意者乎。書未及成，吾師泰泉先生緒而成之。嘗論其大原曰：先天八卦本洛書之位數，後天八卦因河圖之生成，蓋水木相生自地而天，火金相克自天而地，天變陰陽則不易，地化剛柔則可易。故書之戴九肩四，九，太陽之數也，不易爲乾；四，太陰之位也，不易爲兑。左三足八，三，少陽之位也，不易爲離；八，少陰之數也，不易爲震。履一足六，一，太陽之位也，易太柔爲坤；六，太陰之數也，易太剛爲艮。右七肩二，七，少陽之數也。易少柔爲坎；二，少陰之位也，易少剛爲巽。兩儀變化，四象對待，故曰：『天地定位，山澤通氣，雷風相薄，水火不相射。』圓圖以之，乾降三陽，交坤於北，而坤索之，得一陽而成三男，氣合於西北，順至東北而爲泰；坤升三陰，交乾於南，而乾索之，得一陰而成三女，氣合於東南，逆至西南而爲否。故圖之地八，震雷反易，艮也；天三，離火上通，震也；地四，兑澤反易，巽也；天九，乾交坤中，離也；地二，陰入陽下，坤也；天七，坎水下塞，兑也；地六，陽止陰上，乾也；天一，坤交乾中，坎也。五氣順布，四時流行，故曰：『帝出乎震，齊乎巽，相見乎離，致役乎坤，説言乎兑，戰乎乾，勞乎坎，成言乎艮。』方圖以之，可以補先天之所未備，而弗之補者，蓋愼之也。至於天聲地音，張行成之《通變》、祝泌之《皇極鈐》皆祖胡僧三十六字母，以切求翻。如同徒紅切，本定字母，以聲紅爲乾卦，以音徒爲升卦，而不知天聲下唱，地之用音；地音上和，天之用聲，已有二百六十四字母矣。乾、升起算，於定字母何所預乎？是舍夏用夷，指鹿爲馬，取鮑魚以混粱肉也。且先生亦嘗合內八轉外八轉爲十六韻，如東通爲農，烏呼、胡虞之類，各以宫商角徵羽調之，可以盡天下之字音，見諸樂典，亦不附此，正以等音與《皇極》字母，本不相蒙故爾。大都先天之學失傳，一二家億度，皆以獄吏牛無邪所傳諸圖爲宗，及祝泌之書盛行，世之講此學者，牽於舊習，仍其謬説而牢不可破矣。環中天命之精微既已不知，學至大人，如子邵子內外篇，亦皆相反，乃視獄吏所傳如伏羲然。噫！《南史》載京口有嗜痂之士，《文選》稱海畔有逐臭之夫，豈不相類哉！觀於此書，則先天復明於世矣。故曰君子有三畏，畏天命，畏大人，畏聖人之言。彼文饒、子溼，烏足以知此哉！有志於《皇極》者，盍自省諸，煒是以申言於簡末。嘉靖甲寅季春。」

余氏本皇極經世觀物外篇釋義　四卷　存

本自序曰：「數之淪於術久矣，逮邵子始反於理。其説悉本之易先天圖，精深玄微，妙及天人之際。惜其學不傳，閒有能道之者，多彼此異同，不能盡合。蓋得其一二，旁取之他書以附足其説也，竟未審孰爲真傳本學，於此已逾一紀。深維《觀物外篇》出自其門人所紀，疑得其真，其起例祕訣雖未盡具，然大要不外是矣。惜紛亂無緒，張文饒、吴草廬雖嘗校正，尚多脱誤，本不揣重加考定，遂條爲之解，藏之巾笥，以備觀覽。然亦未審，果能得邵子之傳否也。嘉靖改元春三月。」

杜思序曰：「余南湖先生，精於性理之學，《正蒙》、《皇極經世》、《律呂新書》，俱有注釋。《正蒙集解》，坊閒梓行久矣。《皇極經世解》予髫齔時，曾手録以藏於家。壬戌冬，承乏青郡，見東庫壁隅書板庋有百餘，取而閲之，乃《觀物外篇釋義》，先生督學東省，時命郡守校刻，以分授諸生者也。閲歲未久，守者忽焉，循至腐缺漫漶，意欲校補，而役役吏牘未遑也。甲子夏，懷庭秦公以秉憲至，坊刻板在郡，適纂郡志訖工，併命補刻以成全書，乃覓侍御周海莊家完本校而補之。昔程子觀《皇極》數，以爲加一倍法，邵子服其妙悟精識，欲以其學授之，而辭以未暇，學遂不傳。先生獨於數百年之後，精思妙契，會悟旁通，裒集諸家注釋，纂彙成編。其師授固有所自，而學者能因其書而求之，則於邵子數法之妙，思過半矣。嘉靖乙丑。」

黄國俊跋曰：「南湖先生邃於易學，多所著述，先生仲嗣九正與予筆研交，得縱觀之，惜其猶有未傳者。乙丑，計偕乞恩署昌樂教事，郡侯杜公語及先生《釋義》已梓於郡堂，但歲久腐闕，爰命校之，補刻完帙，以嘉惠四方。先生諱本，字子華，正德辛未進士第二人，世居月湖，時人稱爲南湖先生，守愚，子其别號云。」

鍾氏芳皇極經世圖纂　未見

貢氏珊皇極解　未見

葉氏良佩皇極經世集解　未見

吕氏賢皇極經世解　未見

周氏正皇極經緯　未見

黄虞稷曰：「淮安大河衛指揮僉事周正撰。」

余氏嘉謨皇極經世書注　未見

張氏芝初經世續卦　佚

楊廉表墓曰：「君諱芝初，字廷芳，歙縣人，弘治丙辰進士，除南大理評事，歷官湖廣按察副使。」

張氏敔皇極經世聲音譜　未見

吴氏琉皇極經世鈐解　未見

《長興縣志》：「吴琉字汝琇，精邵子之學，以布衣祀鄉賢。」

詹氏景鳳經世畧意　二卷　存

陳氏藎謨皇極圖韻　一卷　存

藎謨自序曰：「《皇極圖韻》者，從康節先生《皇極經世》聲音倡和之説而推衍之者也。聲音者，《經世》所載之一端，又指聲之可據，該色臭味之無窮，而以律吕之數，窮動植飛走之數也。先生之子伯温有曰：《皇極經世》之所以爲書，窮日月星辰飛走動植之數，以盡天地萬物之理；述皇帝王霸之事，以明大中至正之道。陰陽之消長，古今之治亂，較然可見矣。其書宏奥，志在研探，初於律吕聲音，稍闚藩落，乃知聲音之道原本天地，發之萬物而最靈於人，五聲以察治忽，六義即具諧聲，以通神明，以類萬物。至於風土既殊，呼吸亦異，正聲正音繁然莫定，此邵子倡和之説，所爲大有關於世教也。第立法深微，解悟或鮮。不揣愚謬，撰述兹編，闡其幽玄，銓其遺複，條舉源委之圖五十有八，審定河洛之韻三十有六，冀韻學若網在綱，學者得門而入云爾。」

鬱氏文初皇極經世抄　一卷　存

名氏皇極經世書類要　十卷　存

竹書統箋　清徐文靖撰

卷首上

張南軒著《經世紀年》二卷，自叙曰：　太史遷作十二國世表，始紀甲子起于成周共和庚申之歲，庚申而上則莫紀焉。歷世浸遠，其事雜見於諸書，靡適折衷，則亦傳疑而已。本朝嘉祐中，康節邵先生雍出於河南，窮往知來，精極于數，作《皇極經世書》，上稽唐堯受命甲辰之元，爲編年譜，如云外丙、仲壬之紀，康節以數知之，乃合於《尚書》「成湯既没，太甲元年」之説，成湯之後蓋實傳孫。《孟子》所説，特以太丁未立而卒，方是時外丙生二年，仲壬生四年耳。又正武王伐商之年，蓋武王嗣位十一年矣，故書序稱十有一年，而復稱十有三年者，字之誤也。是類皆自史遷以來傳習之謬，一旦使學者曉然，其真萬世不可改者也。某不自揆，輒因先生之歷，考自堯甲辰至皇上乾道改元之歲，凡三千五百二十有二年，列爲六圖，命之曰《經世紀年》以便觀覽。

陳氏《書録解題》曰：　《經世紀年》廣漢張欽夫用《皇極經世》譜編。其言邵氏以數推知，去外丙、仲壬之年，乃合於《尚書》「成湯既没，太甲元年」之説。今按：　孔氏《正義》謂劉向、班固「不見古文」，謬從《史記》，而章衡《通載》乃云以紀年推之，外丙、仲壬合於歲次，《尚書》殘缺而《正義》之説誤。蓋三代而上，帝王歷年遠而難考，類如此。

皇王大紀　宋胡宏撰

卷三

五帝紀　帝堯陶唐氏

元載甲辰

西洛先覺邵雍氏作《皇極經世》，歷帝堯即位之年起于甲辰，惟雍精極天之數，必不妄也，故用之以表時序事，庶幾可以傳信乎？

初，成湯娶有莘氏，生太丁，爲嫡子，蚤卒，有子曰太甲，爲世嫡孫，以伊尹爲太保。湯崩，壽百歲，伊尹奉太甲即位，葬成湯於亳北。

卷七

唐李淳風通於小數，猶能逆知帝王世數多少。邵康節極數知來，非淳風比也。其作《皇極經世》，《史》亦無外丙、仲壬名，《世》此以歷數，知其非者四也。經所傳者義也，史所載者事也。事有可疑則棄事而取義可也，義有可疑則假事以證義可也。若取事而忘義，則雖無經史可也。

卷十一

三王紀　武王

《泰誓》叙曰十有一年，經曰十三年者，三之文誤也。曷爲知其然？以《皇極經世》知之也。

大事記解題　宋吕祖謙撰

卷一

貞定王

《解題》曰：《史記》作「定王介」，《世本》、司馬貞《索隱》、《蘇氏古史》並作「貞王」。皇甫謐及《皇極經世》、《稽古録》並作「貞定王」，今姑從《稽古録》紀年，並列衆説以待知者。

周威烈王六年，盜殺晉幽公，魏斯誅亂者。

《解題》曰：幽公淫婦人，夜竊出邑中，盜殺幽公。魏文侯以兵誅晉，亂，立幽公子止。年表書「魏誅晉幽公」，有脱字。《皇極經世》作「魏文侯殺晉幽公」，因年表之誤也。

諸侯圍衛襄陵。

《解題》曰：《皇極經世》載「衛鞅會韓趙之師，圍魏襄陵」，當考。

魏歸趙邯鄲。

《解題》曰：《皇極經世書》「趙伐魏，魏歸趙邯鄲」，當考。

秦免魏冉相國，奪宣太后權。

《解題》曰：《范雎傳》書「廢太后，逐穰侯高陵華陽涇陽君於關外」。按《本紀》：「明年，宣太后葬芷陽酈山。九月，穰侯出之陶。」是宣太后之没書「薨」書「葬」，初未嘗廢魏公子無忌。諫魏王親秦之辭，止曰「太后母也而以憂死」，亦未嘗言其「廢」也。穰侯雖免相，猶以太后之故未就國，及太后既葬之後始出之陶耳。范雎傳所載特辯士增飾之辭，欲誇范雎之事而不知甚昭王之惡也。邵氏《皇極經世書》曰「罷穰侯相國及宣太后權，以客卿范雎爲相，封應侯」，蓋得其實矣。

子部

大學衍義　宋真德秀撰

卷十八

然内則楊后受郭槐之賂以主之，外則荀勖諸人更相從臾以助之，雖帝初心之明，至此亦眩惑不能自決矣。蓋姦臣用事未有不内結宮闈外交羣小而後能遂其所欲者，妃立而晉室之亂萌。先儒邵雍以爲禍在夕陽亭之一語，而不在石勒長嘯上東門之時，豈不然哉！

卷三十一

臣按：舊説以祖甲爲太甲，考諸《史記》，祖甲者高宗之子祖庚之弟也。鄭玄曰：「高宗欲廢祖庚立祖甲，祖甲以爲不義，逃於民間，與『不義惟王』之説協。」而以邵雍書參之，祖甲享國三十有三年，世次又正在高宗之後，故知非太甲也。

讀書分年日程　元程端禮撰

卷三

朱子學校貢舉私議

今欲正之，莫若討論諸經之説，各立家法，而皆以註疏爲主。如《易》則兼取胡瑗、石介、歐陽修、王安石、邵雍、程頤、張載、吕大臨、楊時。

大學衍義補　明邱濬撰

卷七十三

臣按：先天後天之言，始見於乾之《文言》，然謂先於天後於天焉耳。至宋邵雍始以「天地定位」以下爲伏羲先天易，「帝出乎震」以下爲文王後天易。各有方位之次，分爲横圜之圖。

臣按：《易》之爲易，有理有數。言理者宗程頤，言數者宗邵雍。至朱熹作《本義》《啟蒙》始兼二家説。先儒謂程學言理，而理者人心之所同。今讀其傳犁然即與心合。邵學言數，數者康節之所獨，今得其圖若何而可推驗明理者，雖不知數，自能避凶而從吉。學數者儻不明理，必至舍人而言天，窮理而精則可修己治人，言數不精且將流於技術。《易》雖告以卜筮，而未聞以推步。漢世納甲、飛伏、卦氣，凡推步之術無不倚《易》爲説，而《易》實無之。今邵學無傳，不若以理言《易》，則日用常行，無往非《易》矣。

邵雍曰：「君子於《易》，玩象、玩數、玩辭、玩意。夫《易》者，聖人長君子消小人之具也。及其長也，闢之於未然；及其消也，闔之於未然。一消一長，一闔一闢，渾渾然無迹，非天下之至神，其孰能與於此。」臣按：先儒謂玩象、玩數、玩辭、玩意，此學易之法。

卷七十五

邵雍曰：「《春秋》皆因事而褒貶，非有意於其間，故曰《春秋》盡性之書也。」又曰：「《春秋》爲君弱臣强而作，故謂之名分之書。」又曰：「聖人之經渾然無迹，如天道焉。《春秋》録其事，而善惡形於其中矣。」又曰：「《春秋》，孔子之刑書也，功過不相掩。五伯者，功之首罪之魁也。先定五伯之功過而學《春秋》，則大意立矣。」又曰：「五伯功過不相掩，聖人先褒其功，後貶其罪，故罪人有功亦必録之。」

卷八十

其後徽宗以王安石配享及祀王雱，雖是羣姦私意，然亦以其有作三《經義》之功。理宗崇尚理學，列周敦頤等七大儒于從祀，後又兼秩司馬光、邵雍，蓋以此九儒者重明聖道，俾大明于世也。

東溪日談録　明周琦撰

卷五八

徽宗崇寧二年，以王安石配享，位在孟軻之次。是年，封孔子之後爲衍聖公。四年，則令郡邑之學以諸儒從祀。大觀二年，始以孔伋從祀。政和三年，追封安石爲舒王，其子王雱爲臨川伯，皆從祀焉。欽宗靖康元年，罷安石配享而猶從祀。孝宗淳熙四年，罷王雱從祀而安石猶存。理宗淳祐元年，始加周敦頤、張載、程顥、程頤，封爵與朱熹並皆從祀。始出安石不祀。度宗咸淳三年，始以顏回、曾參、孔伋、孟軻並配孔子，升顓孫師于十哲，列邵雍、司馬光于從祀。

中庸衍義　明夏良勝撰

卷十七

然天地氣運，愈厚則愈長，愈長則愈生，愈生則愈薄。伯之不迨於王，王之不迨於帝，帝之不迨於皇，自然節限。邵雍於《經世書》推算，有不能易者也。

邵雍曰：「聖人所以能立無過之地者，以其善事乎心者也。」臣良勝曰：「心者，天君也。天君泰然，百體從令，故善事乎心，則身之無過也必矣，然無身過易，無心過難。恒人之無過易，人君之無過難。恒人之過辱於一身，人君之過播及於天下矣。」

格物通　明湛若水撰

卷九　儆戒一

凡踰越於天理之外者，皆患也，皆豫防之也。身心爲尤切矣。邵雍曰「防乎其防，邦家之昌」，其永既濟之盛於無窮也乎？

卷二十　正心下

邵雍曰：「聖人所以能立於無過之地者，以其善事吾心者也。」臣若水通曰：「聖人之心，一仁而已矣，則亦何過之有哉！是以口不失於人也，足不失於人也，色不失於人也，三者盡而聖人之善事其心者可知矣。是故聖人之無過，以其無違此心也。」

卷二十五　慎言動下

邵雍曰：「應變而言，言不在我也。」臣若水通曰：「言語之道，感應而已矣。未應不能顯，已應不能默，是故應變之言如扣鐘矣。扣則鳴，不扣則不鳴。鳴不鳴在物，而鐘未嘗不定也。知此者，可以知言語之道矣。」

卷三十一　謹妃匹下

臣若水通曰：「晉武辨二氏之女明矣，而卒不能遂己之志者，何哉？邪佞蔽之也。后賈充之女，所謂以邪佞進者也。豈復有正始之道乎？宋儒真德秀曰『妃立而晉室之亂萌』，邵雍以爲『禍在夕陽亭之一語，而不在石勒長嘯上東門之時』，然則正始之道，豈可忽哉！」

卷五十六　正萬民下

邵雍曰：「天有陰陽，人有邪正。邪正之由，繫乎上之所好也。上好德則民用正，上好佞則民用邪。邪正之由，有自來矣。」臣若水通曰：「上者，下之倡也。孔子曰『子帥以正，孰敢不正』，又曰『上有好者，下必有甚焉者矣』。下民之邪正，在上所以感之者何如爾。然則後之人君世主欲正天下之民者，可不正其好惡以端其本哉？」

卷六十六　舉措四

邵雍曰：「虞舜陶于河濵，傅説築于巖下，天下皆知其賢，而百執事不爲之舉者，利害使之然也。吁！利害叢于中而矛戟森于外，又安知有虞舜之聖而傅説之賢哉？河濵非禪位之所，巖下非求相之方，昔也在億萬人之下，而今也在億萬人之上，相去一何遠之甚也。然而必此云者貴有名者也。」臣若水通曰：「相臣之不薦賢者，非無是非之心而智之弗明也，多生於忌嫉耳。上者忌其逼己，下者忌其軋己，故非惡之惡、非非之非生焉，非無是非、好惡之本心也。」

御定孝經衍義

卷五十五

治經必專家法者，謂漢之諸儒專門名家各守師説，不敢輕變，但其守大拘，不能精思明辯以求真，是爲病。然近年以來習俗苟偷，學無宗主。今莫若討論諸經之説，各立家法，而皆以注疏爲主。如《易》則兼取胡瑗、石介、歐陽修、王安石、邵雍、程頤、張載、呂大臨、楊時。

卷九十一

邵雍執親喪，哀毁盡禮。

卷九十五

臣按：邵雍之《易》、劉羲叟之曆法，皆受之於之才者也。大器難識，安于卑位，使之經世務不知其果，何如其於范雍處喧凉之變乃見士節矣。取之以附於順長之條，使夫前日遠送之徒知有愧焉。

御覽經史講義

卷一

邵雍曰：「聖人之所以能立無過之地者，以其善事乎心也。」其所以善事乎心者，尤在不敢忽於微而杜其漸。

卷八

宋儒邵雍稱「老子得《易》之體，孟子得《易》之用」，夫體用不可相離，得其體而未能施於用者有之矣，未有得其用而不備其體者也。

六經天文編　宋王應麟撰

卷上

言暉者，主離日也，管輅曰：「朝日爲暉。」或曰：「星辰何象也？」曰：「艮離也。」邵雍曰：「離爲星。」賁，艮上離下，《彖》曰「柔來文剛」，又曰「分剛上而文柔，天文也」。

地體徑二十四度，其厚半之，勢傾東南，其西北之高不過一度。邵雍謂「水火土石」合而爲地。今所謂徑二十四度者，乃土石之體爾。

重修革象新書　明王禕删定

卷下

地體徑二十四度者，其厚半之，勢傾東南，其西北之高不過一度。邵雍謂「水火土石」合而爲地。今所謂徑二十四度，乃土石之體耳。土石之外，水接於天皆爲地體。

聖壽萬年曆　明朱載堉撰

卷首

臣父及臣篤好數學，弱冠之時讀《性理大全》，見宋儒邵雍《皇極經世書》、朱熹《易學啟蒙》、蔡元定父子《律呂新書》《洪範皇極内篇》等而悦之，口不絶誦，手不停披，研窮既久，數學之旨，頗得其要。

律曆融通　明朱載堉撰

卷一

邵雍曰：「圓者河圖之數，方者洛書之文。」當知方以爲體，則圓以爲用。圓以爲體，則方以爲用。圓者徑一而圍三，方者徑一而圍四。河圖以十居中，圓以推之三其十爲三十，故圖外成數六七八九總三十。方以推之，四其十爲四十，故圖内外生成之數總四十。洛書以五居中，圓以推之三其五爲十五，故書從横皆十五。方以推之，四其五爲二十，故書外陽數一三九七總二十，陰數二四八六亦總二十。體用相因，莫匪自然至哉！

卷三

十二卦，順四時之氣，配四方之位，實與伏羲六十四卦圓圖之位次合。卦氣流行之接卦畫對待之妙，陰陽盛衰消長相爲倚伏之機，備於此十二月卦中矣。謹按：十二律配卦象，其原出於《易緯》，而諸家所主不一。邵雍已前，未聞有圖。雍所傳先天圖，蓋出於陳希夷。朱熹謂此圖希夷已前原有，但秘而不傳，惟方士輩相傳授耳，《參同契》所言是也。今考《參同契》之文，於復則曰「黄鍾建子」，臨則曰「丑之大吕」，泰則曰「輻輳於寅」，輳指太蔟言也。大壯則曰「俠列卯門」，俠指夾鍾言也。他卦放此。結之曰「終坤始復，如循連環」，此一節文義與六十四卦圓圖全合，惟與方圖不合。疑舊圖世遠，或傳寫之誤歟？

天原發微　宋鮑雲龍撰

卷五上

天地五行之數所不可違，而必曰七日，明律曆之元也。故日月五星，始於牽牛，氣始於夜半，曆始於冬至，律始於黄鍾。子雲得之，爲八十一首，以盡一元六甲三統九會二百四十二章之數。邵雍得之，明日月星辰元會運世，以窮天地消長無極之數。愚謂程子説天行消長之理簡而約，張子説得氣象大，謂陽氣流行雖窮冬未嘗絶，皆以乾坤生生之理推之。若漢上則専以數明理，指七日以推律歷卦氣之元冬至子半之説，且引《太玄》、《皇極經世》以廣之。是知復非止可以明理，又可以該數也。

御製佩文齋書畫譜

卷三十二

邵雍

康節少日喜作大字。《邵氏見聞録》

朱子跋邵康節檢束二大字云：「康節先生自言大筆快意，而其書跡謹嚴如此，豈從心所欲不踰矩者邪？」《朱子文集》

康節先生心聲正大，可以銘盤，心畫遒勁，可以貫準。《平園集》

康節工筆札，其蹟雜見鳳墅《續法帖》中。《書史會要》

卷七十六

宋邵雍書逢春詩

先生妙極道數，從容於義理之會，雖形諸餘事，無問精麤，莫非實理。秦漢以來，諸儒鮮能及之，此所謂豪傑之士也。陵陽牟君鉉得其所書《逢春詩》，嘗以遺臨邛魏某，辭不敢有，仍書而歸諸。《鶴山集》

宋邵雍手寫陶靖節詩

康節先生蘊先天經世之學，顧獨手抄《靖節詩集》，是豈專取詞章哉，蓋慕其知道也。宣和末臨漢曾紘，謂舊本《續山海經詩》「形天無千歲」，當作「刑天舞干戚」。某初喜其援証甚明，已而再味前篇專咏夸父事，次篇亦當專咏精衛，不應旁及他獸。今觀康節只從舊本，則紘言似未可憑矣。開歲倏五十或作五日，近歲初覺謂五十則與辛丑不合，今康節只作五日，尚何疑焉。淳熙己酉重明節，舟次臨江，薌林向公之孫士虎出觀，因表而出之。《平園集》

卷二十八

明董其昌書邵雍《無名公傳》並傳贊一册。上等荒七

習學記言

宋葉適撰

卷四十七

邵雍詩以玩物爲道，非是孔氏之門。惟曾皙直云「浴乎沂風乎舞雩詠而歸」，孔子與之。若言偃觀蜡、樊遲從游、仲由揖觀射者，皆因物以講德，指意不在物也。此亦山人隱士所以自樂，而儒者信之，故有雲淡風輕傍花隨柳之趣。其與穿花蛺蝶點水蜻蜓何以較重輕，而謂道在此不在彼乎？

卷五十

柳開諸文及《補亡先生傳》，邵雍諸詩及《無名君傳》，雖深淺精粗所造各不同，至於尊己陋物叫呼以自譽，失古人爲學之本意，則其病一也。且開以藩籬未涉之狂氣，安得使人捨其自安之奥室以從我？而雍固山林玩世之異迹也，人亦胡爲因其曠蕩無畛畦之見，遂混而從之？孔子謂不知而作我無是，中庸至德，民鮮能學者，審其所處而已。

能改齋漫録 宋吴曾撰

卷十二 謹正

清直勇

傅堯俞，字欽之，素善安石，時方變新法，公以母服除至京師，安石謂公曰：「朝議紛紛，今幸公來，議以待制諫院奉還矣。」公謝曰：「恩甚厚，但恐與公新法相妨耳。」且爲言新法之不善，安石怒，乃以爲權同判内銓。温公嘗歎曰：「清直勇，吾於欽之畏焉。」洛之君子邵雍曰：「欽之，至清而不耀，至直而不激，至勇而能温，此爲難耳。」人以雍言爲然。

丹鉛餘録 明楊慎撰

卷二

邵康節云：「《莊子·盜跖篇》言事之無可奈何者，雖聖人亦如之何？庖人雖不治庖，尸祝不越樽俎而代之，言君子之思不出其位。」

卷十二

《漢書·律曆志》上元至伐桀之歲十四萬一千四百八十年，《列子》楊朱云伏羲至今三十餘萬歲。二説既參差，而《路史》及《外紀》其年代，復與二家參差。邵堯夫《皇極》數斷以天地始終止十二萬八千年。以邵子之言參之《漢書》《列子》，則天地之始終又兩番矣。其孰爲是邪？善乎莊子之言曰「六合之外聖人存而不論」。《漢書》《列子》之言誠荒唐也，邵子之言亦知其的然耶？存而不論可也。

劉歆云：「三皇象春，五帝象夏，三王象秋，五伯象冬。」邵子《皇極》全用之。《孝經緯》引孔子曰，《春秋》屬商，《孝經》屬參，《皇極經世》以《易》《書》《詩》《春秋》配春夏秋冬，有所祖述也。

丹鉛續録

明楊慎撰

卷一

慎謂《易》畫自下而上，圖自右而左，故曰「逆數」。凡上下下曰順，下上上曰逆。左徂右曰順，右徂左曰逆。史稱伏羲「太昊氏」。太昊，春也。邵子以《易》配春，《大戴禮》言伏羲氏以木德王。畫卦自下而上，即木之自根而幹，幹而枝也。其畫三，木之生數也；其卦八，木之成數也。重卦亦兩其三、八其八爾。木行春也，春貫四時，木德仁也，仁包四端。伏羲所以爲羣聖首，而《易》爲五經之源乎？

卷二

伏羲之《易》小成爲先天，神農之《易》中成爲中天，黄帝之《易》大成爲後天。予案邵康節之《易》先天後天，其源出於此。今之讀《易》者知有先天後天而不知有中天，讀《尚書》者知有古文今文而不知有中文，可乎？

希夷易圖

陳希夷曰：「易學意言象數四者不可闕一，其理具見於聖人之經，不煩文字解説，止有一圖，謂先天方圓圖也。以寓陰陽消長之説與卦之生變。圖亦非創意以作，孔子《繫辭》述之明矣。」又作《易龍圖序》，曰龍圖者，天散而示之，伏羲合而用之，仲尼默而形之。希夷以授穆伯長，伯長以授李挺之，挺之即邵康節師也。挺之謂邵雍曰：「科舉外有義理之學，義理外有物理之學，物理外有性命之學。」雍悉傳之作後天圖。見於邵伯温之序。朱子因其出於希夷而諱之，殆掩耳盜鈴也。後作《周易啟蒙》，指孔子《繫辭傳》「天地定位」，曰此先天之學。「帝出乎震」一節，曰此後天之學。「數往者順」一節，曰直解圖意。庋辭誤人，似説《易》元有此圖矣。蓋康節因孔子《易傳》難明，因希夷之圖又作後天圖以示人。如周子因孔子「易有太極」一句而作《太極圖》。今便謂先有《太極圖》而後有《易傳》，可乎？如《詩集傳》有《七月流火圖》，便謂先有此圖而後作《七月詩》，可乎？今程文及舉業，有用先天、後天及横圖、圓圖直解圖意字於破題者，皆不通古今者也。茅塞一世眩惑千古，莫此爲甚。士不知此何以謂之明經，罰飲墨水一石可也。

易圖考證

胡一桂云宋一代之易學，希夷先天一圖開象數之門，至邵子《經世書》而碩大光明，周子《太極》一圖洪理義之門，至程子《易傳》而浩博弘肆。愚觀此言，易圖先天始於希夷而後天續於康節，朱子所以不明言者，非爲康節直以希夷，恐後人議其流於神仙也。藏頭露尾，亦何益哉！

丹鉛總録　明楊慎撰

宋儒論天外

邵康節曰：「天何依，依乎地。地何附，附乎天。天地何所依附，曰自相依附。」自斯言一出，宋儒標榜而互贊之，隨聲而妄衍之。朱子遂云：「天外更須有軀殼甚厚，所以固此氣也。」天豈有軀殼乎，誰曾見之乎？既自撰爲此説，他日遂因而實之曰「北海只挨著天殼邊過」，似曾親見天殼矣。自古論天文者，《宣夜》、《周髀》、《渾天》之書，甘、石、洛下閎之流，皆未嘗言。非不言也，實所不知也。若邵子、朱子之言，人所不言亦不必言也，人所不知亦不必知也，人所不問亦不必問也。莊子曰「六合之外聖人存而不論」，此乃切要之言。孰謂莊子爲虚無異端乎？元人趙緣督始稍正邵子之誕，而今之俗儒已交口議之。又丘長春世之所謂神仙也，其言曰：「世間之事尚不能究，况天外之事乎？」由是言之，則莊子、長春乃異端之正論，而康節、晦翁之言則吾儒之異端矣。本朝劉伯温亦古甘、石、洛下之流，其言曰：「天有極乎，極之外何物也？天無極乎，凡有形必有極，理也，勢也。」是聖人所不能知耳。非不言也，故天之行聖人以曆紀之；天之象聖人以器驗之；天之數聖人以算窮之；天之理聖人以《易》究之。天之所閼，人無術以知之者,惟此耳。今不曰不知而曰不言,是何好勝之甚也。」嗚呼！伯温此言,其確論乎？其曰「好勝」者,蓋指宋儒之論天者。予嘗言東坡詩「不識廬山真面目,只緣身在此山中」,蓋處於物之外,方見物之真也。吾人固不出天地之外,何以知天地之真面目歟？且聖賢之學切問近思,亦何必求天外之事耶？

卷二十六

《漢書·律曆志》上元至伐桀之歲十四萬一千四百八十年,《列子》楊朱云伏羲至今三十餘萬歲。二説既參差,而《路史》及《外紀》其年代,復與二家參差。邵堯夫《皇極》數斷以天地始終止十二萬八千年。以邵子之言參之《漢書》、《列子》,則天地之始終又兩番矣。其孰爲是邪？善乎莊子之言曰「六合之外聖人存而不論」。《漢書》、《列子》之言誠荒唐也,邵子之言亦知其的然耶？存而不論可也。

劉歆云三皇象春,五帝象夏,三王象秋,五伯象冬。邵子《皇極》全用之。《孝經緯》引孔子曰,《春秋》屬商,《孝經》屬參,《皇極經世》以《易》、《書》、《詩》、《春秋》配春夏秋冬,有所祖述也。

升菴集　明楊慎撰

卷四十一　易圖考證

胡一桂云,宋一代之易學,希夷先天一圖開象數之門,至邵子《經世書》而碩大光明,周子《太極》一圖，洪理義之門，至程子《易傳》而浩博弘肆。愚觀此言，易圖先天始於希夷而後天續於康節，朱子所以不明言者，非爲康節直以希夷，恐後人議其流於神仙也。藏頭露尾，亦何益哉！

數往者順知來者逆

安公石作《易牖》，此解極爲超邁。自唐宋諸儒，未有是説也。朱子嘗有「一半逆，一半順」之疑矣，而終未能自決之也。公石之説曰：「天下之事，數往者順，知來者逆，《易》爲知來而作，故其數逆數也。往者順，蓋因下句而並舉之，非爲《易》有數往之順數也。」公石於經妙契超詣有如此。趙子崇爲予言此，惜未見其全也。予謂解聖賢之經，當先知古人文法。古人之文，有因此而援彼者，有從此而省彼者。故必曉古人文法，而後可以解聖賢之經。噫！安得起公石於九原而語此哉。慎謂《易》畫自下而上，圖自右而左，故曰「逆數」。凡上下下曰順，下上上曰逆。左徂右曰順，右徂左曰逆。史稱伏羲「太昊氏」。太昊，春也。邵子以《易》配春，《大戴禮》言伏羲氏以木德王。畫卦自下而上，即木之自根而幹，幹而枝也。其畫三，木之生數也。其卦八，木之成數也。重卦亦兩其三、八其八爾。木行春也，春貫四時，木德仁也，仁包四端。伏羲所以爲羣聖首，而《易》爲五經之源乎？

卷四十六

康節不信命

張横渠喜論命，因問康節疾曰：「先生推命否？」康節曰：「若天命已知之矣，世俗所謂命則不知也。」康節之言如此，今世游食術人妄造大定數、蠢子數，托名康節，豈不厚誣前賢！

卷四十七

經史相表裏

蘇老泉曰：「經以道法勝，史以事辭勝。經不得史無以證其褒貶，史不得經無以要其歸宿。」言經史之相表裏也。元儒山東雲門山人張紳士行序定宇，陳氏《通鑑續編》衍其説云：「史之爲體不有以本乎經，不足以成一家之言；史之爲體不有以本乎經，不足以爲一代之制。故太史公之史，其體本乎《尚書》；司馬公之《通鑑》，其體本乎左氏；朱子之《綱目》，其體本乎《春秋》；杜佑之《通典》，其體本乎《周禮》。惟《易》《詩》之體未有得之者，而韓嬰之《韓詩外傳》、邵雍之《皇極演易》可謂傑出矣。」此論甚新，余嘗欲以漢唐以下事之奇奥罕傳者彙之，而以蘇、李、曹、劉、李、杜、韓、孟詩證之，名曰《詩史演説》，衰老無暇，當有同吾志者。

卷四十八

宋統似晉

世之説者曰，三代而下，天下一統者漢唐宋而已。秦晉及隋合而復分，祚又不久，不得比之矣。余謂漢唐可稱一統，宋僅與晉比爾，不得並漢唐也。宋自太祖開基僅得五代之土宇，而河東江南閩蜀嶺南十國未平。史氏未嘗以一統例書之。至數年諸國始平，至真宗而納幣於契丹矣。四傳至神宗，而王安石割七百里地以獻遼矣。至徽宗北行，而高宗稱臣矣。河西河北之地，則終宋之代未嘗得其土之一毛。漢唐疆域不如是之隘，而一統之日，曾不得如西晉之久，及其南渡以後，享國差長於典午，而氣息奄奄不啻倍焉。當時有人問邵堯夫國祚，不答，架上取《晉紀》示之。徽、欽之事，正符懷、愍，是宋之擬晉，邵子固有説矣。余嘗謂宋之得國，非有深仁厚澤大烈顯功，幸取於孤兒寡婦之手，與劉知遠、郭威無大相遠，而趙普佐命不足比周之王朴，況敢望張良、李靖乎？方是時，曹翰欲取幽州并契丹，普乃妬忌而巧阻之，以方興之師而不能克久疲之遼，仗全勝之勢而不能制蕞爾之夏。景德之際，寇凖之謀不盡用，而有靖康。靖康之中，李綱之策不肯行，而有江左。始也，太祖太宗之時則奉契丹如驕子，繼而真宗仁宗之世則敬之如兄長，至南渡則事之如君父矣。晉之東猶振刷磨淬，滅慕容，滅姚秦，滅李蜀，是蟲死不僵，虎斃猶立也。以此言之，宋尚不得比晉，而況於漢唐乎！

日知録　清顧炎武撰

卷一

若「天一地二」、「易有太極」二章，皆言數之所起，亦贊《易》之所不可遺，而未嘗專以象數教人爲學也。是故出入以度，無有師保，如臨父母，文王、周公、孔子之《易》也。希夷之圖、康節之書，道家之《易》也。自二子之學興，而空疏之人迂怪之士舉竄迹於其中，以爲《易》而其易爲方術之書，於聖人寡過反身之學去之遠矣。

卷十四

度宗咸淳三年，進邵雍、司馬光，以今論之，惟程子之《易傳》、朱子之《四書章句集註》《易本義》《詩傳》及蔡氏之《尚書集傳》、胡氏之《春秋傳》、陳氏之《禮記集説》是所謂代用其書乖於國胄者爾。南軒之《論語解》、東萊之《讀書記》抑又次之，而《太極圖》、《通書》、《西銘》、《正蒙》亦羽翼六經之作也。至有明嘉靖九年，欲以制禮之功蓋其豐昵之失，而逞私妄議，輒爲出入殊乖古人之旨。

白田雜著　清王懋竑撰

卷一

易本義九圖論

《易本義》九圖，非朱子之作也。後之人以《啟蒙》依放爲之，又雜以己意，而盡失其本指者也。朱子於《易》有《本義》有《啟蒙》，其見於《文集》《語録》講論者甚詳，而此九圖未嘗有一語及之，九圖之不合於《本義》《啟蒙》者多矣。門人豈不見此九圖者，何以絶不致疑也？朱子於《本義》叙卦圖約略《大傳》之文，故云自下而上再倍而三以成八卦，三畫已具八卦已成，則又三倍其畫以成六畫，而於八卦之上各加八卦，以成六十四卦，而不敢參以邵子之説。至《啟蒙》則一本邵子，而邵子所傳止有《先天圖》，即六十四卦方圓圖。其《伏羲八卦圖》、《文王八卦圖》，則以

《經世演易圖》推而得之。同州王氏、漢上朱氏《易》皆載《伏羲八卦圖》、《文王八卦圖》，《啟蒙》因之。至朱子所自作横圖六，則注《大傳》語及即六十四卦方圓圖也，邵子語於下，而不敢題云「伏羲六十四卦圖」，蓋其慎重如此。今乃直云「伏羲八卦次序圖」、「伏羲六十四卦次序圖」、「伏羲八卦方位圖」、「伏羲六十四卦方位圖」，是孰受之而孰傳之耶？又云「伏羲四圖，其說皆出邵氏」，按邵氏止有《先天》一圖，其八卦圖後來所推，六横圖朱子所作，而以爲皆出邵氏，是誣邵氏矣。又云「邵氏得之李之才挺之，挺之得之穆修伯長，伯長得之希夷先生陳摶圖南」，此明道叙康節學問源流如此。漢上朱氏以先天圖屬之，已無所據，今乃以移之四圖若希夷已有此四圖者，是並誣希夷矣。文王八卦，《説卦》明言之，《本義》以爲未詳，《啟蒙》别爲之説，而不以入於《本義》。至於「乾天也故稱乎父」一節，《本義》以爲揲蓍以求爻，《啟蒙》以爲乾求於坤，坤求於乾，與「乾爲首」、「乾爲馬」兩節，皆文王觀於已成之卦而推其未明之象，與《本義》不同，蓋兩存之。今乃以爲《文王八卦次序圖》，又孰受之而孰傳之耶？自周子《太極圖》以黑白分陰陽，後多因以爲説。龜山先生於詹季魯問《易》，以一圈示之而墨塗其半，曰「此即易也」，是皆以意爲之。朱子《答袁機仲書》所云「黑白之位」，當亦類此。今此圖乃推明伏羲畫卦之次序，其必以奇偶之畫，而不可以黑白之位代之，彰彰明矣。爲問伏羲之畫以奇偶乎，以黑白乎？則以黑白之位爲伏羲之畫，雖甚愚知其不可也。今直題爲「伏羲八卦次序」、「伏羲六十四卦次序」而皆以黑白之位，又誰受之而孰傳之耶？《答袁書》止有八卦黑白之位，而無六十四卦。又云三白三黑一黑二白一白二黑等語，與今圖亦有不同。此書云「黑白之位亦非古法，今欲易曉，故爲此以寓之」，後書云「僕之前書已自謂非是古有此圖，只是今日以意爲之，寫出奇偶相生次序，令人易曉矣」，則又明指六横圖而言非黑白之位，故竊疑袁書此一節或後人勦入之，以爲九圖張本，而非本文。又其後云「此乃易中至淺至近而易見者」，黑白之位原非易中所有，考其文義都不相屬。《答袁書》凡十一論黑白，僅見於此，而他書皆以奇偶論，其或有所增損改易，而非本文，未可知也。卦變圖，《啟蒙》詳之，蓋一卦可變爲六十四卦，《彖傳》卦變偶舉十九卦以爲説爾。今圖卦變皆自復姤臨遯等十二辟卦而來，以《本義》考之，惟訟晉二卦爲合，餘十七卦則皆不合，其爲謬妄尤爲顯，然必非朱子之舊明矣。故嘗反復參考，九圖斷斷非朱子之作，而數百年以來未有覺其誤者。蓋自朱子既没，諸儒多以其意改《易本義》，流傳既久，有所竄入，亦不復辨。馬端臨《文獻通考》載陳氏説，《本義》前列九圖，後著揲法，疑即筮儀。學者遂以九圖揲法爲《本義》原本所有，後之言《本義》者，莫不據此，而不知《本義》之未嘗有九圖、揲法也。明《永樂大全》出，以《本義》改附《易傳》，而九圖、筮儀遂爲朱子不刊之書矣。今詳筮儀之文，絶不類朱子語，其注有云「筮者北面見《儀禮》」。按《儀禮·士冠禮》、《特牲饋食禮》、《少牢饋食禮》，筮者皆西面，惟《士喪禮》筮宅以不在廟，筮者北面。今直云「筮者北面，見《儀禮》」，此等瞽説，不知何來？推求其故，則學《易》者但見《漢上易·叢説》有引《儀禮》「筮者北面」之文，而並未嘗考之《儀禮》也。朱子豈不見《儀禮》者，而疏謬若是耶？由是以言，筮儀亦斷非朱子之作。而《通考》所云

「前列九圖，後著揲法」者，皆爲相傳之誤，而不可以據信矣，余故曰《易》九圖非朱子之作也。後之人以《啟蒙》依放爲之，又雜以己意而盡失其本指者也。今考其大略如此，其碎義瑣説有相發明者，別附於後。世之君子得以覽觀而審擇其是非焉。

曲洧舊聞　宋朱弁撰

卷二

邵先生名雍，字堯夫。傳易學，尤精于數，居洛中，昭陵末年聞鳥聲，驚曰：此越鳥也，孰爲而來哉？因以易占之，謂人曰：後二十年有一南方人作宰相，自此蒼生無寧歲，君等誌之。朝廷屢詔不起，後即其家授以官，堯夫力辭之，乃申河南府，以病未任，拜起乞留，告身在本府，俟痊安日祗受，朝廷益高之。元豐末卒，謚曰康節。

歐陽公在政府，聞康節之名而未之識也。子棐叔弼之官道洛下，公曰：汝至洛，可往謁邵先生，致吾欽慕而無由相見之意。彼若留汝爲少盤旋，不妨所得言語悉報來。叔弼既到門，堯夫倒屣出迎之，甚喜，延入室説話終日，堯夫又自道平生所見人，所從學，所行事，諄諄不休。已而又問曰：君能記否？至于再至于三，棐雖敬聽之，然不曉其意也。以書報公，公亦莫測。逮元豐間堯夫卒，有司上其行應謚，而叔弼爲太常博士，乃作謚議，乃始恍然悟堯夫當時諄諄，蓋是分付茲事也。先生其神哉！世以比郭景純之於青衣兒，雖其事不同，而前知實相類也。

温公與堯夫水北閒步，見人家造屋，堯夫指曰：此三間，某年某月當自倒。又指曰：此三間，某年某月爲水所壞。温公歸，因筆此事于所著文藁之後，久而忘之，因過水北，忽省堯夫所説，視其屋則爲瓦礫之場矣。問于人，皆如堯夫言。歸考其事，亦同。此事，洛中士大夫多能道之。

嬾真子　宋馬永卿撰

卷三

洛中邵康節先生，術數既高，而心術亦自過人。所居有圭竇甕牖。圭竇者，墻上鑿門，上鋭下方如圭之狀。甕牖者，以敗甕口安於室之東西，用赤白紙糊之，象日月也。其所居謂之「安樂窩」。先生以春秋天色温涼之時，乘安車駕黄牛出遊於諸公家，諸公皆欲其來，各置安樂窩一所。先生將至其家，無老少婦女良賤，咸迓於門迎入窩，争前問勞，且聽先生之言。凡其家婦姑妯娌婢妾有争競經時不能決者，自陳於前，先生逐一爲分别之。人人皆得其懽心，於是酒殽競進，厭飲數日，徐遊一家，月餘乃歸。非獨見其心術之妙，亦可想見洛中士風之美。

墨莊漫録　宋張邦基撰

卷二

康節邵先生堯夫，在洛中嘗與司馬温公論易數，推園中牡丹云：某日某時當毁。是日温公命數客以觀，日向午花方穠盛，客頗疑之。斯須兩馬相踶，絶銜斷轡，自外突入，馳驟欄上，花果毁焉。嘗言天下不可傳此者，司馬君實、章子厚爾。而君實不肯學，子厚不可學也。臨終焚其書不傳，秖以《皇極經世》行於世。

寓簡　宋沈作喆撰

卷一

陳瑩中嘗以邵康節説《易》講解象數，一皆屏絶，質之於劉器之。器之曰：《易》固經世之用，若講解象數，一切屏絶，則聖人設卦立爻復將何用？惟知其在象數者皆寓也，然後可以論《易》，故曰「得意忘象」、「得象忘言」。方其未得之際而遽絶之，則吉凶與民同患之理，將何以兆？恐非筌蹄之意。予謂元城固爲學《易》者説耳，若至忘言之地，象數固無用也，况講解乎？

夢溪筆談　宋沈括撰

卷七

江南人鄭夬曾爲一書談《易》，其間一説曰：乾坤大父母也，復姤小父母也。乾一變生復得一陽，坤一變生姤得一陰。乾再變生臨得二陽，坤再變生遯得二陰。乾三變生泰得四陽，坤三變生否得四陰。乾四變生大壯得八陽，坤四變生觀得八陰。乾五變生夬得十六陽，坤五變生剥得十六陰。乾六變生歸妹本得三十二陽，坤六變生歸妹本得三十二陰。乾坤錯綜，陰陽各三十二生六十四卦。夬之爲書，皆荒唐之論，獨有此變卦之説，未知其是非。予後因見兵部員外郎秦君玠，論夬所談，駭然嘆曰：「夬何處得此法？玠曾遇一異人授此數，歷推往古興衰運歷，無不皆驗，常恨不能盡得其術。西都邵雍亦知大畧，已能洞吉凶之變。此人乃形之於書，必有天譴，此非世人得聞也。」予聞其言往兼復甚秘，不欲深詰之。今夬與玠皆已死，終不知其何術也。

楊公筆録　宋楊彦齡撰

沈存中《筆談》，説江南人鄭夬爲一書，談其間一説云：乾坤大父母也，復姤小父母也。自乾坤六變而六十四卦成。乃云秦玠常遇異人授此數，邵雍亦知其大畧。余近得一圖法甚奇妙，卦起乎坤成乎乾。初以一陰一陽相比如環之無端，然後以此倍之至六爻，則陰陽各三十二而六十四卦成。其卦之覆變數之序，初爻餘爻耦者陽能資始，陰能代終也。自非聖哲不能措意如此。疑此書與鄭夬書同。

春明夢餘録　清孫承澤撰

卷五十八

嘉靖中華湘疏

臣伏揆古今，善治曆者三家，漢《太初》以鍾律，唐《大衍》以蓍策，元《授時》以晷景，而晷景爲近，其所因者本也。欲正曆而不登臺測景，竊以爲皆空言臆見，非事實也。宜掄選疇人子弟諳曉本業者，及冬至前詣觀象臺，晝夜推測，日記月書，至來年冬至以驗二十四氣分至合朔，日躔月離，黄赤二道，昏旦中星，七政紫氣，月孛羅睺，計都之度。視元辛巳所測，委有所差，備録上覽。昔班固作《漢志》，言治曆有不可不擇者三家，專門之裔，明經之儒，精算之士，臣三者無一。夙夜皇皇，罔知所措。乞勑禮部延訪有能知曆理如楊雄、精曆數如邵雍、智巧天授如僧一行、郭守敬者，徵赴京師，令詳定歲差，以成一代之懿制。

仕學規範 宋張鎡撰

卷八

韓公性純厚貌重氣和而寡言，其遇人不設城府，與人語唯恐傷之，至當言職論事上前，亹亹不窮，正直確切，無所回隱，左右爲懼，而公益安徐，不見聽終不已。平生自奉養甚約，室無媵妾，食纔脱粟一肉，所用服器雖敝敗不易，篤於孝友，家事付昆弟，得任子恩亦先推與之，爲守令本於豈弟而能擊姦豪以安良民。其在徐，前守侵用公使錢，公寖爲償之未足，而公罷後守反以文移公，當償千緡，公竭資且假貸償之。久之鈎考得實，公蓋未嘗侵用也。公卒不辨，其容物不校類如此。故司馬温公嘗歎曰：清直勇三德，吾於欽之畏焉。洛之君子邵雍曰：欽之，至清而不耀，至直而不激，至勇而能温，此爲難爾。人以雍言爲然。

言行龜鑑　元張光祖編

卷一

康節先生邵雍，字堯夫，始學于百原，堅苦刻厲，冬不爐，夏不扇，夜不就席者數年。先生嘆曰：「昔人尚友千古，而未嘗及四方，遽可已乎？」于是走吴適楚，過齊魯，客梁晉，久之而歸，曰「道其在是矣」。退居共城，乃覃思易學，三年不設榻，晝夜危坐以思，于是學以大成。

説郛　明陶宗儀撰

卷三十八上

濮上陳摶以先天圖傳种放，种放傳穆修，穆修傳李之才，之才傳邵雍。放以河圖、洛書傳許堅，堅傳范諤昌，諤傳劉牧。修以太極圖傳頤，頤傳二程。濂溪得道於異僧壽涯，晦菴亦未然其事，以異端疑之。

卷四十三下

邵雍，字堯夫，洛陽人也。不應舉，布衣窮居，一時賢者皆與之交游。爲人豈弟和易，可親而喜。以其學教人，其學得諸易數。謂今五行之外復有先天五行，其説皆有條理，而雍用之可以逆知來事，其言屢驗。某在史院時曾得其著書，號《皇極經世》，論者數十卷，讀之不甚可曉。其書中所論，有配律曆及平上去入四聲處，莫可考也。又有《周易》卦圖，未曾見之。或言雍此學無所從授而心自得也，或言雍父得江鄰幾學士家婢而生雍，婢携江氏家書數編來邵氏，雍取而讀之，乃得此學，未知信否？

元明事類鈔　清姚之駰撰

卷二十七

十人從祀

《元史》仁宗朝，詔以宋儒周敦頤、程顥、顥弟頤、張載、邵雍、司馬光、朱熹、張栻、吕祖謙及故中書許衡從祀孔子廟廷。《歐陽元集》：時貢舉法行，非程朱學不式。尋定濂洛以下九儒及衡爲十人，祀孔子廟。

少室山房筆叢　明胡應麟撰

卷十二

邵雍《太玄准易圖》，見《通考》。晁氏論中今傳者尚十餘家，凡《玄》之得失，自前人論之已詳。第此書本名《太玄》，其稱經者班氏文致之詞，後世因遂尊之，非實也。

古今事文類聚　宋祝穆撰

卷六

巢居穴處

熙寧間，故太師王公拱辰即洛之道德坊營第甚侈，中堂起屋三層，最上曰朝元閣。時司馬君實亦在洛，於私第穿地深丈餘作壤室。二公各嘗登處其間。邵雍堯夫見富、鄭二公，問洛中有何新事？堯夫曰：「近有一巢居一穴處者。」遂以二公對，富爲發笑。《麈史》

名賢氏族言行類稿　宋章定撰

卷十二

彦博凝簡莊重，有大臣體，位將相者五十餘年，遍歷公孤，兩以太師致仕。雖位貌隆貴，而平居接物，謙抑尊德樂善，如恐不及。邵雍、程顥、程頤以道學名世，居洛陽，而彦博與之遊。元豐中，與富弼及當時老成而有賢德者十一人，用白居易故事，就弼第置酒相樂，尚齒不尚官。已而圖形妙覺僧舍，謂之洛陽耆英會。司馬光爲文序其事。王拱辰守北都，以書來誋曰：拱辰亦家洛，位與年不居數客後，顧以官守不得執巵酒在坐席，願預名其間，幸無我遺。其爲時所嘉羡如此。

卷四十五

邵雍，字堯夫，衛州人也。刻厲爲學，夜不就席者數年。有王豫者以師自居，聞雍學《易》，召而欲教之。雍往見豫，與語三日，蹶然起拜雍。嘗適吴楚，過秦魯，客梁晉，而歸徙居於洛。士人道洛者，必過其廬。與人言必依於孝悌忠信，樂道人之善，不及其惡，故賢不肖無不親之。其學自天地運化陰陽消長，皆以數推之，逆知其變。世無能曉之者。而雍内以自樂浩如也。初舉遺逸，試將作監主簿。熙寧初以爲潁州團練推官，與常秩同召，而雍卒不起。居洛三十年而卒，謚康節。

羣書考索

宋章如愚撰

卷一

秦燔《詩》、《書》，《易》以卜筮存。初，商瞿受《易》於孔子，五傳至田何。漢之言《易》者，如楊何、施讐、孟喜、梁丘賀之徒，所學皆祖田何。楊何最先出，武帝時已立博士。施、孟、梁丘至宣帝時又立博士，惟焦氏、費氏、高氏三家爲異。焦延壽、高相皆述陰陽災異之言。焦傳之京房，《房易》具存，大抵陰陽律數之事，元帝時亦立學官。費氏初傳民間，至後漢時陳元、鄭康成皆傳《費氏易》。費氏興而餘學息，今所傳即《費氏易》也。魏王弼注上下經，晉韓康伯注《繫辭》、《説卦》、《序卦》，唐孔潁達爲《正義》。本朝則有陳摶、种放、范諤昌、邵雍之徒。

《皇極經世》十卷，邵雍撰。天地運化，陰陽消長，皆以數推之，以窮夫萬物之變。此書以元會運世自開闢以來推其年數，以元經會，以會經運，以運經世。以日經日爲元之元，其數一，日之數一故也。以日經月爲元之會，其數十二，月之數十二故也。以日經星爲元之運，其數三百六十，日之數三百六十故也。以日經辰爲元之世，其數四千三百二十，辰之數四千三百二十故也。則是日爲元，月爲會，星爲運，辰爲世。此《皇極經世》之數也。一元象一年，十二會象十二月，三百六十運象三百六十日，四千三百二十世象四千三百二十時也。蓋一年有十二月三百六十日四千三百二十時故也。經世一元十二會三百六十運四千三百二十世，一世三十年，是爲一十二萬九千六百年，是爲《皇極經世》自元之元更相變而至於辰之元，自元之辰更相變而至於辰之辰，所謂《皇極經世》但著一元之數，使人引而伸之，可以終而復始也。起堯即位之二十一年甲辰，終於周顯德六年己未。編年紀治亂興亡之事，以符其學。

玉海　宋王應麟撰

卷十

太玄曆　司馬光

邵雍曰：「曆不能無差。今之學曆者但知曆法，不知曆理。能布算者，洛下閎也。能推步者，甘公、石公也。洛下閎但知曆法，揚雄知曆法又知曆理。」

《太玄經》元圖曰七十二策爲一日，凡三百六十四日有半踦滿焉，以合歲之日而律曆行，故自子至辰，自辰至申，自申至子，冠之以甲，而章會統元與月蝕俱没元之道也。注：元以陰陽爲本，故兼該顓頊太初二曆，踦滿二贊以合歲之日而行律曆也。元告元日書，斗書而月不書，常滿以御虚也。

卷三十五

邵雍曰：「乾坤縱而六子横，《易》之本也。震兑横而六卦縱，《易》之用也。乾坤天地之本，離坎天地之用。是以《易》始於乾坤，中於離坎，終於既未濟，而泰否爲上經之中，咸恒爲下經之首，皆言乎其用也。」

卷三十六

先天圖

陳摶以傳种放，放傳穆修，修傳李挺之，挺之傳邵雍。雍有方圓二圖。「圖雖無文，吾終日言而未嘗離乎是，蓋天地萬物之理盡在其中矣」，「先天學，心法也，故圖皆自中起。萬化萬事生乎心也」，「先天圖中，環中也」，「先天學主乎誠」。先天之數，自一而二，自二而四，自四而八。乾兑離震在左，巽坎艮坤居右。乾南坤北以定上下，離東坎西以列左右。朱震、朱熹、蔡元定、張行成申其説。

卷三十六

周易傳

胡瑗翼之《易傳》十卷，門人倪天隱所纂，非其自著，故序首稱先生。鄭夬揚庭《周易傳》十二卷，姚嗣宗謂劉牧之學，授之吴祕，祕授之夬。夬又作《明數》、《明象》、《明傳道》、《明次例》、《明範》五篇。邵雍言夬竊其學於王豫，沈括亦言夬之學似雍云。

朱震子發《易集傳》十一卷，《易圖》三卷，《叢説》一卷。自謂學以程頤爲宗，會邵雍、張載之論，合鄭玄、王弼之學。

淳熙易書

淳熙八年八月五日，知閬州吕凝之上《易書》四十卷，上問輔臣周必大，奏曰：「此本邵雍之學，蜀人張行成推衍之，凝之必講學於行成。」上曰：「行成所著頗略。」必大曰：「凝之配年以卦爻，所以加密。」乾道二年六月四日，以行成進《易》，可採除直徽猷閣。行成有《述衍》十八卷，《通變》四十卷。以易數生於衍，因先釋《繫辭》之説而復析衍法，窮原疏流，命曰《述衍》。邵雍之學，祖於象數二圖，其用皆起於交，交則變，今演解之，命曰《通變》。

淳熙易集解　圖

淳熙二年，曾穜裒程顥、程頤、張載、游酢、楊時、郭忠孝、邵雍七先生之説，爲《大易粹言》十卷。

淳熙易學啟蒙　本義

先天之學，魏伯陽闚見其意，陳摶始發其秘，再傳爲邵雍方圓圖、《皇極經世》諸書。朱震、張行成、朱文公、蔡元定申其說。

漢楊雄太玄

晁說之以光《太玄曆》、邵雍《玄圖》，合而譜之爲《易玄星紀譜》二卷。

邵雍《觀物外篇》曰：「洛下閎改顓頊曆爲太初曆，子雲準太初而作《太玄》，凡八十一卦，九分共二卦，凡一五隔一四，細分之則四分半當一卦，氣起於中心，故首中卦。」

卷五十五

皇極經世

邵雍撰，十卷。以元經會，以會經運，以運經世。天日月星辰陰陽。地水火土石剛柔。變暑寒晝夜。化，雨風露雷。感性情形體。應走飛草木。人目鼻耳口。物聲色氣味。事皇帝王伯體用。業。易書詩春秋心迹。天開於子，地闢於丑，人生於寅。孔子贊《易》自羲軒而下，祖三皇也。序《書》自堯舜而下，宗五帝也。删《詩》自文武而下，子三王也。修《春秋》自桓文而下，孫五伯也。一元之運始於日甲月子星甲辰子，自開闢以來推其年數。雍得之於李挺之，挺之得於穆伯長。自天地運化陰陽消長，皆以數推之，以窮萬物之變。程伯淳謂「加一倍法」。其書以日月星辰水火土石盡天地之體用，以暑寒晝夜雨風露雷盡天地之變化，以性情形體走飛草木盡萬物之感應。以元會運世歲月日辰盡天地之終始，以皇帝王伯《易》《書》《詩》《春秋》盡聖賢之事業。易用九六，經世用十、十二。一元統十二會，十二會統三十運，三十運統十二世，一世統三十年，一年統十二月，一月統三十日，是十二與三十迭爲用也。

《觀物篇解》二卷伯温叙述，蔡元定爲《指要》二篇。以伏羲卦圖列於前，以《皇極經世》疏於後。張行成撰《索隱》一卷，《觀物外篇衍義》九卷。張栻因經世之考自堯甲辰至乾道，改元之歲凡三千五百二十二年，列爲六圖，曰《經世紀年》。周奭爲《節要》。《觀物外篇》門弟子記平生之言，合二卷。雖以次筆授不能無小失，然發明成書爲多。張行成曰：《内篇》理深而數略，《外篇》數詳而理顯，學先天者當自《外篇》始。

《晁氏志》：《皇極經世》十二卷，起堯即位之二十二年甲辰，終周顯德六年己未。編年紀興亡治亂之事，以符其學。《觀物篇》系於後，其子伯温解。康節先生受業於李之才，先視之以陸淳《春秋》，意欲以《春秋》表儀五經，既可語五經大旨，則授《易》而終焉。

純正蒙求　元胡炳文撰

卷中

康節論鬼　迂叟事神

宋康節先生邵雍，字堯夫。嘗曰：人之畏鬼，亦猶鬼之畏人。人積善而陽多，鬼益畏之矣。積惡而陰多，鬼弗畏之矣。大人與鬼神合其吉凶，何畏之有？宋司馬温公號迂叟，嘗曰或問迂叟事神乎？曰：事神。或曰：何神之事？曰：事其心神。或曰：其事之何如？曰：至簡易，不黍稷，不犧牲，惟不欺之爲用。君子上戴天，下履地，中函心，雖欲欺之，其可得乎？

荆川稗編　明唐順之編

卷四十

辯三分損益之誤　歐陽之秀

宜春歐陽之秀著《律通》，其自序曰：自律度數，不見於經，而釋經者反援《漢志》以爲據，蓋濫觴於《管子》、《吕氏春秋》，流衍於《淮南子》……不得其自然之數，則聲不可得，而言今之制律者不知出此，而顧先區區於秬黍之縱横，古尺之修短，斛斗之廣狹，鐘磬之高下，是何足以得其聲之和哉！邵雍曰「世人所見者，漢律曆耳。然則三分損益之法，爲未善」，亦隱然矣。

卷六十三

皇極　胡一桂

《皇極經世書》者，宋康節先生邵子之所作也。今畧述先生祖先天方圓圖演數之法，以見作用之大旨，若夫推步之精知來之神，愚何能闖於其藩，所願學焉而未敏也。因得友人查伯復顔叔、俞邦翰孟宣相與講之，粗知其説云。

經世本先天方圓圖説　查顔叔

康節先天之易，尚象而不尚辭。《觀物篇》有所謂律吕圖、聲音圖、八卦交爲十二辰圖、十二辰交而爲十六位圖、太極圖、既濟陰陽圖、掛一圖、三千六百年圖，諸圖之傳，並無一字言其所以然，蓋欲示不言之教。如伏羲六十四卦，初無言語文字也。然其圖雖多，特只本之先天六十四卦方圓圖，且以先天圖言之，圓圖象天包於地外，方圖象地處於天中，是一大陰陽相配也。分圓圖而觀，乾兑離震居左爲天卦，巽坎艮坤居右爲地卦，分陰陽立兩儀，而主運行不息之事。分方圖而觀，西北十六卦天卦自相交，東南十六卦地卦自相交，其斜行則乾兑離震巽坎艮坤，自西北而東南，皆陰陽之純卦也，不能生物。西南十六卦天去交地，天卦皆在上，而生氣在首，故能生動物，而頭向上。東北十六卦地去交天，天卦皆在下，而生氣在根，故能生植物，而頭向下。其斜行則泰損既濟益恒未濟咸否，自東北而西南，皆陰陽得偶之合也，所以能生物也。又合二圖而觀，方圖乾處圓圖亥位，謂之天門，是天氣下降也。方圖坤處圓圖巳位，謂之地户，是地氣上騰也。此兩十六卦，所謂陰陽互藏其宅也。方圖泰處圓圖寅位，謂之鬼方。方圖否處圓圖申位，謂之人路。此兩十六卦是天交天、地交地而生生不息，所以泰居寅而否居申，所謂陰陽各從其類也。夫圓圖主運行之事，方圖主生物之事運，行者氣也，生物者質也。氣非質則無所附麗，質非氣則豈能生物哉！康節《經世書》本先天方圓圖，其作用大畧如此。

經世要旨　俞孟宣

先天之學，本來只是先天六十四卦大横圖一一八八之序。横圖者，卦之所以列，一一八八者，數之所由肇。卦之於數，猶形之於影耳。由是取横圖復至乾三十二卦，自北歷東以至于南，取姤至坤三十二卦自南歷西以終于北，以應天之運，而天根月窟自然之理不假作爲，莫不作對待而圓圖立矣。取横圖乾一宫之八卦，自乾至泰横布於圓圖之内，而兑二宫之八卦自履至臨加布於乾宫八卦之上，餘六卦以次横列而乾居西北，坤居東南，否泰陰陽之交，居于東北西南，以應地之方。横斜曲直之妙理無窮，而方圖立矣。若夫圓圖之發用，則以乾兑離震三十二卦爲陽，爲在天日月星辰之四象，爲元會運世之大四象。震離二宫爲陽中陰，兑乾二宫爲陽中陽，又分天道之陰陽太少。坤艮坎巽三十二卦爲陰，爲在地水火土石之四象，爲歲月日時之小四象，巽坎爲陰中陽，艮坤爲陰中陰，又分地道之柔剛太少，其數則自一一二二以至八八，並以十二、三十累因而爲分秒之數。全數悉具《觀物篇》中，如天地各十六象，皇帝王伯，走飛草木等錯綜敷暢之妙，自見本篇，今不繁具。若夫方圖之取用，則分爲四片，西北十六陽卦爲天卦而乾主之，東南十六陰卦爲地卦而坤主之，否泰所主元會運世，凡三百六十運，四千三百二十世，十二萬九千六百年，皆有當時直事之卦。泝其始，如星甲辰子之直事卦，所謂畫前有易也。直事卦者，即掛一卦也。運世年月皆有之，以掛一全卦之序分去。如每運每世每年每月並用四爻直之，其餘爻即閏也。爲説甚多，今不繁具。或以世卦配運卦，或以年卦配世卦，須合方圖天地卦，分位置左右。若世卦配運，則運卦居左，年卦配世，則世卦居左。左爲天卦，右爲地卦，須變爻卦變以合方圖。考大四象，掛一之卦以求分數。考大四象元會運世是何位，即合掛一何卦，亦得其位之分數矣。按掛一本圖可見也。以此所得之掛一某卦，而質於圓圖，以察理亂休咎，而圓圖陰卦爲歲月日時，主動植事物，自有律呂聲音數合。方圖天地卦位置左右橫看既濟卦，考大小四象而得掛一之卦，以求分秒二數。人用分，物用秒。亦質於圓圖，以觀臧否。謂得掛一卦，以質之圓圖在何處，如陽中陽則極治之時事物皆美，陰中陰極亂之時事物皆惡，陰中陽亂而將治事物終美，陽中陰治而將亂事物終惡。又察其陰陽進退饒乏，卦氣發斂屈伸之類。凡古今治迹，只是憑一定之卦。以推步動植事物，則隨時取聲音數以求卦而占測也。一定卦者，掛一之序也。聲音者，方圖天地卦，以求得掛一卦也。所謂經者，猶言經緯經綸之義。觀天之數以元經會者，猶以十二會爲經，而三百六十運以下爲緯。觀地之數以會經運者，猶以二百五十運爲經，而以二千九百八十四世以下爲緯。觀人之數以運經世者，猶以一百二十世爲經，而三千六百年爲緯。謂一元則經之以會，九會則經之以運，十運則經之以世也。雖曰斷自唐虞以下，而百世亦可推也。邵子志存斯世，故惟以《經世》人事名篇。但動植事物之數，雖屬圓圖陰卦，而歲月日時之下，分秒太細，故以四卷載律呂聲音之變，而悉歸之方圖矣。蓋方圓二圖錯綜而用，變動不居，不可爲典要也。皇極取河圖天五地六，二中以立數。取圓圖太少陰陽剛柔之唱和，得一萬七千二十四，凡日月星辰之變，水火土石之化，律呂聲音之實數同歸于此。以此一萬七千二十四自乘得二萬八千九百八十一萬六千五百七十六，是爲動植通數而用之以取掛一。卦二百五十六者也。以圓圖大四象，每元之元一，大位各全具六十四卦，係十六之乘十六，又四其六十四也。取掛一卦之法，乃用前數二萬八千九百八十一萬六千五百七十六，是爲九位掛其中五之位，看左右位陰陽進退消息虛張，其説繁晦，今故畧之。學者但按邵子所傳掛一卦之定序考之，似不須布籌以自惑也。掛一卦起於元之元之元之元，泰卦乃方圖東北之位，終始萬物之義，故運世與年各用掛一全卦之序，而直事仍取合於方圖天地卦圓圖大小四象，而後分秒之數歸宿矣。今當一元之午會，癸運酉世，即一歲之五月初十日酉時也，是謂大小四象。《皇極經世》以六十四卦四之爲二百五十六卦，一千五百三十六爻，分直二十四氣三百六十日，每一氣首分四爻直閏，謂之藏閏。二十四氣共九十六爻，其餘每四爻直一日，以五行生旺休囚定其休咎據一歲如此，大之而元會運世，小之而歲月日時，一以此推之，謂之加一倍法。程子所謂一日之運即千歲之運，其理不過如此。二百五十六卦，謂之掛一卦起例，在祝氏《鈐》中。以萬物之通數而消息之，不知果是康節置卦之原否也？五行法只以乾坎艮震巽離坤兑爲序，以兑一宫爲例。季秋，冬；季冬，春；季春，夏；季夏，秋。廢休，死囚，没胎，相旺。

御製性理大全書

卷七

皇極經世書一

邵伯温曰：「《皇極經世書》凡十二卷，其一之二，則總元會運世之數易，所謂天地之數也。三之四，以會經運，列世數與歲甲子，下紀帝堯至于五代歷年表，以見天下離合治亂之迹，以天時而驗人事者也。五之六，以運經世列世數與歲甲子，下紀自帝堯至于五代書傳所載興廢治亂得失邪正之迹，以人事而驗天時者也。」

纂圖指要上

西山蔡氏曰：「龍馬負圖，伏羲因之以畫八卦，重之爲六十四卦。」

卷八

皇極經世書二

纂圖指要下

西山蔡氏曰：「一動一静之間者，《易》之所謂太極也。」

卷九

皇極經世書三

觀物内篇之一　邵伯温解

物之大者，無若天地，然而亦有所盡也。

乾陽物也，坤陰物也。乾坤謂之物，則天地亦物也。天地有物之大者耳。既謂之物，則亦有所盡也。

卷十

皇極經世書四

觀物内篇之七

昔者孔子語堯舜，則曰垂衣裳而天下治。

卷十一

皇極經世書五

觀物外篇上

邵伯温曰：「康節先君既捐館，門弟子記其平生之言，合二卷，雖以次筆授不能無小失，然足以發明成書者爲多，故名之曰《觀物外篇》。」

卷十二

皇極經世書六

觀物外篇下

以物喜物，以物悲物，此發而中節者也。

卷十三

皇極經世書七

外書

漁樵問對嵩山晁氏曰：邵雍堯夫設爲問答，以論陰陽化育之端，性命道德之奥云。

御纂性理精義

卷三

皇極經世書

案：邵子，傳先天之學者也。然伏羲卦以天地雷風水火山澤爲八卦之象，而邵子以日月星辰水火土石爲八卦之象，蓋自爲一家之學此，非謂伏羲之本象如也。

《觀物内篇》物之大者，無若天地，然而亦有所盡也。

《觀物外篇》張氏峄曰：「觀物有内外篇，内篇先生所著之書也，外篇門弟子所記先生之言也。」

草木子　明葉子奇撰

卷一

觀物篇

邵子曰：「形統於首，神統於目，氣統於唇。」

人，陽物之靈也，故能化火。龍，陰物之靈也，故能化水。動物本諸天，所以頭順天而呼吸以氣。植物本諸地，所以根順地而升降以津。故動物取氣於天而乘載以地。

圖書編 明章潢撰

卷九

邵雍曰：「君子於《易》，玩象，玩數，玩辭，玩意。夫《易》者，聖人長君子消小人之具也。及其長也闢之於未然，及其消也闔之於未然。一消一長一闔一闢，渾渾無迹，非天下之至神，其孰能與於此？」

卷十二

邵雍曰：「《春秋》皆因事而褒貶，非有意於其間，故曰《春秋》盡性之書也。」又曰：「《春秋》爲君弱臣强而作，故謂之名分之書。」又曰：「聖人之經渾然無跡如天道焉，《春秋》録其事而善惡形乎其中矣。」又曰：「《春秋》，孔子之刑書也。」

卷二十二

宋邵雍最稱知曆理，其所謂元會運世者，以十二與三十相乘而成，猶之歲月日時也。推天地大數開物於月之寅星之巳，閉物於月之戌星之戊。堯之時正符中數，信有當矣。雖然，歲以十二月日之會也，月以三十日日月之及也，日以十二時時之周天也，皆有據也。彼元會運世則何據以爲十二爲三十乎？自元會運世而上，自歲月日時而下，愈久愈暫而愈不可窮，此何異朝秀日及而論春秋之變哉！天津之兆，豈不或中，雍亦多言矣。大抵乾坤有六子，支干有剛柔陰陽，五行豈無前識，而實者難設，虚者易假，是以古者慎言之也。

卷六十一

蘇門山

蘇門山，古士率棲焉。其著者魏阮籍，晉孫登，宋李之才、邵雍，元許衡、姚樞耳。然諸皆有祠，獨籍不祠也。

諸儒圖書總叙

復姤生六十四卦圖

是圖乃康節之師李挺之所傳，河陽陳氏得之。康節是圖可信，不獨八卦能生六十四卦，又旁通以相生，得此然後《易》之彖辭可知其所從來，所謂象學也。玩是圖，奇偶相生最有次第，較之諸儒卦變之説，惟此爲獨精也。但謂伏羲之意原是如此用心布置，恐亦未然。況謂之爲象學，而天下寧有象外之理哉！

經世衍易圖

西山蔡氏曰：一動一静之間，即《易》所謂太極動静者，《易》所謂兩儀陰陽剛柔者，《易》所謂四象太陽太陰少陽少陰太剛太柔少剛少柔者，《易》所謂八卦也。按動静之間者兩在，不測之謂也。動者陽，静者陰，不曰陰陽而曰動静者，邵子之意本以《説卦傳》有「立天之道曰陰與陽，立地之道曰柔與剛」之言，故分太陽太陰少陽少陰爲天之四象而屬於動，少剛少柔太剛太柔爲地之四象而屬於静，其後日月星辰水火土石。

山堂肆考　明彭大翼撰

卷二十七

邵雍聞鵑

天津橋在河南府西南架洛水上，隋煬帝建用大船連以鐵鎖，南北夾起四樓。唐貞觀中，始甃石爲岸，即宋邵雍聞杜鵑聲處。元順帝至平十八年，大都有杜鵑綱目書法。宋將亂，鵑聲聞于天津。今胡運將衰，鵑至大都。然則國之興亡，謂非其數，可乎？

卷三十三

化成殿醉書

仁宗飛白書「四民安樂」字，題其旁曰：化成殿醉書。邵雍釋之曰：帝雖在酒，所嬪御在列，尚不忘四民，故自帝王以來獨以仁謚之也。

卷四十三

橋上鵑聲

宋治平中，邵雍與客散步天津橋上，聞杜鵑聲不樂。曰：洛陽舊無杜鵑，今始至。天下將治，則地氣自北而南；將亂，地氣自南而北。今南方地氣至矣。禽鳥得氣之先，不二十年，上用南人作相，專務變更，天下自此多事矣。至是，上用王安石，雍言果驗。

卷一百三十五

邵康節

邵雍，字堯夫，河南人。天性高邁，迥出千古，而坦夷温厚不見圭角。先生之學得之李挺之，所著有《皇極經世》、《觀物内外篇》、《漁樵問答》、《擊壤集》行世。卒年六十七，程明道銘其墓，朱文公爲之贊。元祐中賜謚康節。子伯温，孫溥，紹興中除徽猷待制，溥祕書省校書郎。

太極圖説述解

明曹端撰

太極圖説述解原序

噫！自木鐸聲消，儒者所傳周經孔傳之文，而羲圖無傳，遂爲異派竊之而用於他術焉。至宋邵康節始克收舊物，而新其説，以闡其微。及朱子出而爲《易圖説》、《啟蒙》之書，則羲易有傳矣。不惟羲易千載之一明，而實世道人心之萬幸也。伊川程子，康節之同游，傳《易》而弗之及，果偶未之見耶，抑不信邵之傳耶？若夫濂溪周子，二程師也，其於羲圖想亦偶未之見焉，然而心會太極體用之全妙，太極動静之機，雖不踐羲迹，而直入羲室矣。

通書述解　明曹端撰

卷下

伊川程先生見康節邵先生，伊川指食卓而問曰：「此卓安在地上，不知天地安在何處？」康節爲之極論其理，以至六合之外。伊川嘆曰：「平生唯見周茂叔論至此。」此康節之子伯温所記，但云極論而不言其所論者云何。今按康節之書有：「曰天何依，曰依乎地；曰地何附，曰附乎天；曰天地何所依附，曰自相依附。天依形，地附氣，形謂地，氣謂天，其形也有涯，其氣也無涯。」竊恐當時康節所論與伊川所聞于周先生者，亦當如此。因附見之云。

困學紀聞　宋王應麟撰

卷一

上蔡謝子爲晁以道《傳易堂記後序》言：「安樂邵先生《皇極經世》之學，師承頗異。安樂之父，昔於廬山解后文恭胡公，從隱者老浮圖遊。隱者曰：『胡子世福甚厚，當秉國政；邵子仕雖不偶，學業必傳。』因同授《易》書。」上蔡之文，今不傳，僅載於張秬《書文恭集後》。康節之父伊川丈人，名古字天叟。

卷八

康節邵子之父古，字天叟。定律呂聲音，以正天下音及古今文。謂：「天有陰陽，地有剛柔，律有闢翕，呂有唱和。一陰一陽交而日月星辰備焉，一剛一柔交而金木水火備焉，一闢一翕而平上去入備焉，一唱一和而開發收閉備焉。律感呂而聲生焉，呂應律而音生焉。」《觀物》之書本于此，謂闢翕者律，天清濁者呂。地先閉後開者春也，純開者夏也，先開後閉者秋也，冬則閉而無聲。東爲春聲，陽爲夏聲。此見作韻者亦有所至也。銜凡冬聲也。橫渠張子曰：「商、角、徵、羽皆有主，出於唇齒喉舌，獨宮聲全出於口，以兼五聲也。」夾漈鄭氏曰：「聲爲經，音爲緯。平、上、去、入，四聲也，其體縱，故爲經；宮、商、角、徵、羽、半徵、半商，七音也，其體橫，故爲緯。」

卷十三

康節邵子《西晉吟》：「有刀難剖公閭腹，無木可梟元海頭。禍在夕陽亭一句，上東門嘯浪悠悠。」考之《晉史》，賈充納女以壬辰，劉曜陷長安以丙子，相去纔四十五年。姦臣孽女之敗國家，吁可畏哉！

卷二十

康節邵子之先，世家于燕，父伊川丈人間道奔本朝，舍世禄爲窶士，乃絶口不言。

伯温子溥，自禮部郎使燕，道涿州良鄉拜墓。洪業寺石刻，蓋統和十年伯温高大父所建。統和十年歲在壬辰，本朝淳化三年也。至宣和六年壬辰，適百二十年，伯温記其異。今按：宣和六年乃甲辰非壬辰也。若璩按：何屺瞻曰，康節墓誌銘乃明道所撰，但言系出召公，故世爲燕人。大王父諱令進，以軍職逮事藝祖，始家衡漳。祖諱德新，父諱古，皆隱德不仕。初未有其父問道來奔之事。令進既逮事藝祖，安得太宗淳化三年尚建寺於遼之境内耶？大抵出自其後人誣妄，喜新者遂傳之耳。

晁景迂曰：博之以五經而約之以《孝經》、《論語》，博之以太史公、歐陽公史記而約之以《資治通鑑》。康節先生曰：「二十歲之後三十歲之前，朝經暮史，晝子夜集，學者當以此爲法。」

識遺　宋羅璧撰

卷二

史闕文

天開於子，地闢於丑，人生於寅，邵康節十二會，謂氣運至子方有天未有地，至丑方有地未有人，至寅方有人。三代皆即天地人始處，建正當堯時在巳，今在未。到戌當人物都消盡。《經世書》以一萬八百年爲一會，自開闢至堯，正當中數。詳此，則戌亥子丑乃古今一日之夜，實天地混沌閉塞之時。堯至宋歷三時，凡三千餘年。上此寅至巳，歷四時，當幾五千年。但孔子書斷自唐虞，茫昧者不究詰，後儒因只據聖經爲説。史家雖上及三皇，然皆裒取後人僻書雜傳而成之，非真有得於當時事實也。但以康節堯、舜上猶有四時説推來，帝皇前世代綿歷，如莊子叙伏羲上猶十一氏。鄭玄《六藝論》、譙周《古史》、皇甫謐《帝王世紀》、羅泌《路史》及《廣雅》，皆述伏羲前帝王數十百氏，年踰數萬。所謂肇自伏羲，特就其所推者言之爾。又以《易·繫》參之，伏羲、黄帝、堯、舜以來之制作，十三卦皆云「蓋取」，則離、渙、豫、隨等卦，伏羲前有矣。卦畫不專伏羲始也。司馬遷《史記》、劉道原《通鑑外紀》，又皆遺伏羲，只斷自黄帝始，不思《周易》萬世文字之祖，經秦火獨完備者也。《大傳》言「伏羲氏没，神農氏作」、「神農氏没，黄帝堯舜氏作」，叙三五傳次甚明。二史不然，故東漢張衡、近代朱文公皆咎遷。《春秋》不王吴、楚以尊周室，所以嚴正僞之辨也。

卷五

隨時救時

宋紹聖間，陳了翁有隨時救時之説。當時童、蔡用事，偏主安石一切，是熙豐鄙元祐，而宗元祐者多正人。了翁典選舉前名，盡取是熙豐者，而是元祐者率録於後，由是正類得獲選，亦不忤當國者之意，了翁因曰「隨時所以救時」也。因思魯人獵較而孔子亦獵較，東漢諸君子疾宦官如仇，而陳寔獨吊張讓；王敦叛晉，而温嶠繆綜其府事；諸武易唐爲周，而狄仁傑肯爲之臣，大抵了翁意也。方新法之行，康節門人欲投劾而去，康節曰「正賢者所當盡力之時」，明道知安石作不順人心事而肯爲其條例司，此豈計從容後福哉！故論當時黨禍，皆衆君子激成，大賢之見真不同。莊子曰「彼且爲嬰兒，亦與之爲嬰兒。彼且爲無町畦，亦與之爲無町畦。達之入於無疵」，又曰「就之不欲入，和之不欲出」，二語尤有理。王臨川云「召公之不悦，不失爲周公之同，孔子之諸仕，不害爲陽貨之異」，亦此意。

卷六

先天太極一理

先天圖總六十四卦爲一圓圖，先儒以爲心法也。玩圖當自心始，圖中心白，太極也。其外左陽畫三十二，右陰爲三十二，兩儀也。又其外十六陽、十六陰相錯爲四，四象也。又其外八陰八陽相錯爲八，八卦也。又其外八分爲十六，十六分爲三十二，三十二分爲六十四，而卦備圖成矣。明道謂「加一倍法者」此也。朱文公謂「本是小變成大，到那大處又變成小」，小變成大者，中心白圈積成大圓圖是也；大又變成小者，圖成而六十四卦備一卦，只管一事是也。故曰只是箇盈虧消息之理，小則必大，大則復小也。康節玩圖，每事怕太盛，直看得此理透，濂溪圖太極只是散布先天圖法。明此理，其上白圈先天中心太極也。其次黑白相錯一圈白陽動黑陰静，兩儀也。動中有静，静中有動，曰動静互根，成四象也。又其次木金水火土各以圈布，曰「五氣順布，四時行焉」者，坎、離、震、兑、包、乾、坤、艮、巽而成八卦也。其下二圈「乾道成男，坤道成女」、「萬物化生」者，八卦分爲十六，十六分爲三十二，三十二分爲六十四，各正性命之象也。《先天圖》是會萬爲一，《太極圖》是散一爲萬，是或一理也。周子察先天精故圖太極妙。近時興國馮億可説二圖最明，其辭曰：《先天圖》心學也，《太極圖》性學也。《先天圖》總萬爲一，以爲天地造化萬物萬事皆主於心。《太極圖》散一爲萬，以爲天地造化萬物萬事皆攝於理。惟其總萬爲一也，故兩儀、四象、八卦、六十四卦統體一太極。其在人，則心之謂也，所謂「天向一中分造化，人於心上起經綸」是也。惟其散一於萬也，故二氣、五行、乾男、坤女、萬物化生，物具一太極。其在人，則性之謂也。所謂天下無外性之理，而性無不在是也。然而心外無性，性外無心，是或一道也。是故理無與於象，而觀象則可以明理，所以有貴於圖也。《先天圖》之爲象也，如衆星之麗於天而共辰，如三十六輻之周於輪而湊轂也，如萬矢之的也，如羣材之聚於根萬而一也。《太極圖》之爲象也，如木之根而榦，榦而枝，枝而葉也；如水之源而派，派而流，流而委也，一而萬也。人能觀《先天圖》之爲象，而得此心之所以爲心，則居中而運四旁，處静而制群動，兩儀、四象、八卦、六十四卦之生在彼，而乾、坎、坤、離、震、艮、兑、巽之體在我，所謂「天地定位，山澤通氣，雷風相薄，水火不相射」，此心之爲也。人能觀《太極圖》之爲象，而得此性之所以爲性，則無有不備，無有不善，無物不具，無時不然，陰陽、五行、萬物、萬事雖紛紜乎無窮，而健、順、五常、人倫、事物之理莫不爲之管攝，所謂天地合德，日月合明，四時合序，鬼神合吉凶，此性之爲也。二圖該説心性理既明備，圖亦粲然。馮名億可兄弟皆第進士，開慶己未，悉戕於兵云。

卜决疑

近代工《易》者三家而各不同，康節《易》主數，伊川《易》主理，晦菴《易》主卜筮。《易經》

羲文周孔四大聖之筆，後世陰陽占驗之書有易似者哉！三代而上事之神者，一倚卜而亦不專狥焉。舜傳位於禹，首曰「惟先蔽志昆命於元龜」。孔氏釋志定然後卜，故必「朕志先定，詢謀僉同」，然後曰「鬼神其依，龜筮協從」。《洪範》言「龜從」、「筮從」，必曰「卿士從」、「庶民從」。又曰「謀及乃心」、「謀及卿士」，是人己之意見合，復假卜筮斷之，乃古人審重之至也。周公都洛，決擇於瀍澗東西，亦是宅中之志素定，而瀍澗東西則審爾。衛文徙楚丘，升望降觀，始曰「卜云其吉」，皆非卜而後居也。所以卜但曰「決疑」。《莊子》、《史記》述蓍龜之神皆數百言，至備述見夢元王之事，而《莊》記仲尼之言曰「神龜能夢於元王，而不能避余且之網，知能七十二鑽無遺策，而不能避刳腸之患」，如是則智有所困，神有所不及也，其神龜無幾矣。漢武嘗聚占家問某日可娶婦，五行家曰可，堪輿家曰不可，建除家曰不吉，叢辰家曰大凶，曆家曰小凶，天人家曰小吉，大乙家曰大吉，辯訟不決，至以狀聞。吁，己見人謀之不詳，而欲一倚占候，鮮不惑，此褚先生所以拳拳於《日者傳》也。

愛日齋叢抄　宋葉某所撰

卷二

康節云，君子落得做君子，小人枉做了小人。張宣公稱下句極是，上句有利心。不若改云君子本分做君子。范忠宣公云「以責人之心責己，恕己之心恕人」。文公稱「上句自好，下句既不知自治其昏，迷以及人，使亦如我之昏」。若横渠云「以愛己之心愛人，則盡仁。以責人之心責己，則盡道」。語便不同，予以是歎修辭之難。先儒立教不敢秒忽放過，凡人可以易言哉！君子小人語，本劉高《尚云記》。宣公之論者，以爲康節語録，傳訛此其微爾。

卷五

河南《聞見録》：「富鄭公與康節食筍，康節曰：『食筍甚美。』公曰：『未有如堂中骨頭之美也。』康節曰：『野人林下食筍三十年，未嘗爲人所奪。公今日可食堂中骨頭乎？』公笑而止。」

正楊

明陳耀文撰

卷四

宋統似晉

世云三代而下，天下一統者，漢唐宋而已。余謂漢唐可稱一統，宋僅與晉比耳，不得並漢唐也。當時有人問邵堯夫國祚，不答，架上取晉紀示之。徽欽之事正符懷愍，是宋之擬晉，邵子固有説矣。

邵康節至京師，士人多謁之，請問休咎。有一人獨問國家運數，先生甚喜，稱嘆再三，謂之曰：「予某日歸，子可與某處相候。」至期，其人往候，先生緘封文字一卷，授之曰：「勿即觀，俟至家發之，視畢焚却。」一人奉教歸而發視，則《五代史》晉出帝紀也。《曾三異因話録》徽、欽事與石晉出帝正符，謂爲懷、愍，邵子意耶？

疑耀　舊本題明李贄撰

卷二

冠服不必反古

今人行誼文章，皆不求如古人，惟於冠服間，動必以古爲式，所稱生今反古者非耶？昔司馬温公依古式作深衣、幅巾、縉帶，每出朝服乘馬，用皮匣貯深衣隨其後，入獨樂園則衣之。嘗謂邵康節曰：「先生亦可衣此乎？」康節曰：「某爲今人，當服今時之衣。」温公嘆其言合理，生今反古者思之。

通雅　明方以智撰

卷十一

宋朝慶曆甲申，凡三百二十一年，三統曆七十六年爲一蔀，二十蔀爲一紀，積一千五百二十歲，凡紀首皆歲甲寅，日甲子，即以甲子之日爲初蔀，名甲子蔀，一也。滿七十六歲，其後年初日次癸卯，即以癸卯爲蔀首，二也。從此以後，壬午爲蔀，三也。乙酉蔀，二十也。是一紀之數終而復始。以今括而言之，漢之章蔀紀元之説，十九年七閏，而至朔同日謂之章，七十六年四章而至朔，同在甲子日，謂之蔀，凡一千五百二十歲而至朔，同在甲子時，謂之紀，凡四千五百六十歲而至朔，同在甲子年，謂之元。此作曆之本也。康節元會運世，以年月日時爲確證，以二六與五六相乘以通期，自乘十二萬九千六百之數符元，其元無盡也。此恒法也。入曆自以盈虚質測定之。趙爽《周髀算經》二十蔀爲一遂，三遂爲一首，首四千五百六十歲。《周髀》云「冬至日照三不覆九，夏至照九不覆三」，謂分十二方而言也。又嘗按諸太西云「自開闢至崇禎甲申，六千八百四十年」，依所製稽古定儀推之，止五千七百三十四年。先儒胡一桂云：「伏羲神農去洪荒未遠，不當知夫義、農以前，可以千計不可以萬計也。」歲差，黄道積差也，今之法密于古矣。

卷四十八

寒火，即涼餤也。康節曰「世有温泉無寒火」，蓋未見也。《西京雜記》引董仲舒曰「火至陽而有涼餤」，又《抱朴子》曰「火體宜熾而有蕭丘之寒餤」，劉子《從化篇》亦言「蕭丘寒餤」。今海水以杖擊之，火星勃然，此周密説。《木玄虚海賦》云「陰火潛然」，海晦則波如火。元微之送客遊嶺南詩「曙朝霞睒睒，海夜火燐燐」，魚蜃置陰處，亦有火光，今鰉魚亦有火。《本草》言十二種火，不可不知其理。《後山叢談》曰「油絹紙、石灰、麥糠、馬矢、糞草，皆能出火」。

集部

景迂生集 宋晁説之撰

卷三

舉邵伯温自代狀

右臣伏覩某官邵伯温，其父洛陽康節先生。雍國史有傳。伯温束髮謹父庭之訓，皓首推王度之恭，況乃早客司馬光之門，能教子弟以禮法，若使晚與中興之偉績，必復士大夫之廉隅。臣所不如，舉以自代。

卷十 易玄星紀譜

易玄星紀譜後序

説之在嵩山，得温公《太玄集解》，讀之益知揚子雲初爲文王易而作《玄》，姑託基於《高辛》及《太初》二曆，此二曆之斗分强弱，不可下通於今，亦無足議。温公又本諸《太初曆》而作玄曆，其用意加勤矣，然簡畧難明。繼而得康節先生《玄圖》，布星辰辨氣候，分晝夜而《易》、《玄》相參於中，爲極悉矣。復患其傳寫駢委易亂，歲月斯久，莫知其躅手，欲釋而意不置，乃朝讀夜思，取曆於圖，合而譜之於是，知子雲以首準卦，非出於其私意，蓋有星候爲之機括，不得不然。古今諸儒之失，則多矣。如羡準小過而以準臨，則失之，是時水澤腹堅已終於臨上六，而小過初六用事矣。或者以羡準解尤非，是夷準豫而以準大壯，則失之。是時始電，終於大壯上六，而豫初六用事矣。應準咸而非離，沈準觀而非兑，惟震、離、兑、坎是謂四正卦，《易》所不用，則《玄》亦無所準矣。且《玄》既不準坎、震，而乃獨準離、兑邪？永準同人而非恒，先此涼風至，常以準恒，繼之以白露，降度乃準節。今永當寒蟬鳴，則準同人，豈可汩亂後先乃復準恒於後耶？疑準賁而非巽，蓋鴻鴈來而翕準巽，玄鳥歸而聚準萃，羣鳥養羞而積準大畜，雷乃收聲而飾準賁矣。疑當蟄蟲坯户，則又可汩亂後先乃復準巽邪？或者以疑準震尤非，是此難與諸家口舌辨，而按譜以視之，則彼自屈矣。此譜之所以作也。睟準乾而在地中，則無當於乾，沈準觀而在人中，則無當於觀，守再準否而無當於否，則準坤而星窮候盡，則無當於坤，將準未濟而析木之已終，星紀之未建，則火不能降以濟水，水不能升以濟火，此《玄》又以明《易》之陰陽進退盈虚之幾者也。惟坤既無當於卦，則無當於爻，以示爲用者八十而一則虚也。虚一者即虚五也。《易》天地五十五之數，與夫大衍四十九之數，復七日之數，其所以虚而無用者，坤以藏之也。陰虚無用而運行無疆，陽則始終變化而不息，故疆準乾而爲冬至之終，睟又再準乾而爲夏至之始，與馴之準坤者不同也。《易》乾坤之闢闔乃著，《易》以頤、中孚爲一氣，《玄》則始之於中，終之於養，通而候之，則養退乎一日，中進乎一日，《易》之歲功乃建中先乎？周以明中孚之生，復迎先乎？遇以明咸之生姤，《易》之月紀乃正，《易》三百八十四爻以直日，而夜藏其用。《玄》七百二十九贊，則各分晝夜而用事。《易》之日法乃全。曰中，曰更，曰減，是謂三玄，而三易之相盪乃不誣。凡此之類，若《玄》之異乎《易》者，而於《易》則深研幾之功則大矣。如養爲陽而終不爲陰，疏爲金而羨不爲土之類，則又若《玄》之自相詭異者，然變化之微於是乎在，學者按譜以視之，則皆易了矣。圖曆所用斗分自有强弱，不能同。并古今諸家異同之説，悉以著之，學者可自考焉。顧僕之愚，何足以與此，然用意專而私竊好之，以俟將來之知易者。嗚呼！苟不明乎《易》，則亦無以《玄》爲而不通乎。《玄》者則又乃徒爲《易》也，可不勉諸？今之學者，知尚其辭耳，而莫知其辭之所自來，寧顧此邪？或曰：「歐陽公不讀《玄》而於《易》何如？」曰：「子非歐陽公，奈何？」大觀四年庚寅甬江官舍嵩山晁説之序。

卷十六

王氏雙松堂記

昔夏后初都陽城，南踰洛陽百里而遠，成湯遷亳，殷東踰洛陽五十里而近，皆舍洛陽而不都。周興，武王既定鼎郟鄏，厥後召公宅洛邑，周公營成周，其意盛矣。而成王卒不果遷，逮夫宣王中興，自鎬至洛，狩于圃田，及于敖山，因以朝諸侯，《車攻》之詩作焉。豈不欲成周、召之欲歟？且宣王嘗狩於岐，而《石鼓》之詩亦偉矣。夫子乃舍而不録，得非岐之狩爲常，而東都之詩非常乎？惜夫宣王卒亦不果遷也。至平王是遷而周衰矣。尚復何言？唯是三代之盛所遺而不饗者，氣象轇轕輪囷鬱然，發而不施，山含輝而餘秀，川澄淵而軼潤，草木得之異態日新。其在風俗逸豫安舒，特宜搢紳先生潛養之適也。蓋自李耳爲周柱下史而來，風流高矣。而遠不勝道，姑以近世三人者識之：唐盧仝之隱，不資嵩高少室之雄而近在城闕之中，草屋數間，閉門不出者，以歲紀論，徵韓愈殆莫知其賢；哀帝時，宰相楊涉之子凝式，於學無不通，嘗論其父亡唐而復以相梁不得志，因陽狂一時，終五代賢者誅戮不自保之際，逸樂白首其中，蓋有大過人者。觀其丹青遺像，知其爲偉丈夫，而筆墨之妙，凛然生氣猶在也。自慶曆來，康節先生邵堯夫貧居天津之南，獨明先聖之道，不老不釋，卓然振千古之絕學，頗苦志著書，而精深難窺矣。天子嘗命之官，不得辭而身不出，公卿、大夫樂從之遊，而莫能名其器，既死而名益高。夫此三人者，唯洛陽之宜也。所謂逸豫安舒之風，蓋可觀已。嗚呼！名有帝王山川之勝，而實宜夫高人處士之奉。士之奉坐通四海九州之湊，何其盛哉！以故公卿、大夫功成，得謝危樓傑觀水竹花卉之麗，甲天下而不以爲侈，繩樞甕牖之生，終日欣然，亦自以爲孰非所宜者。王君聖徒庭鯉，世爲洛人，躬築別墅建春門裏，植雙松以自見其志，因以雙松名其堂，日與平生故人徜徉圖畫壺觴之樂，四方之賔客如歸焉。靡不適可，且自嘆曰：「吾老矣，恐不得如吾松之壽也。而吾之志，則不可不著之異日。」於是懇予文以記於石。予因道古今之所以然者書之，使後之遊者得以賞焉。崇寧四年四月十七日嵩山晁説之記。

傳易堂記

古者六藝之學，必謹師授……至有宋華山希夷先生陳摶圖南，以《易》授終南种徵君放明逸，明逸授汶陽穆參軍修伯長，而武功蘇舜欽子美亦嘗從伯長學。伯長授青州李之才挺之，挺之授河南邵康節先生雍堯夫。惟康節先生天資既卓越不羣，而夜不施枕，惟《易》之學者三十年，其兼三才而錯綜變通之妙，始大著明矣。自希夷而來，皆未嘗有書，乃如子木子夏之初歟？有廬江范諤昌者，亦嘗受《易》於种徵君，諤昌授彭城劉牧，而聱隅先生黄晞及陳純臣之徒，皆由范氏知名者也。其於康節之《易》，源委初同而淺深不倫矣。華山舊有希夷先生祠堂，而种徵君實關輔之望，後之好事者并以繪徵君之像，山中有隱者，又知傳《易》之所自，而并康節先生之像繪焉。榜之曰「傳易堂」，遊是山者徘徊俯仰，三峰萬仞之峥嶸峭崒，其意壯矣。及登斯堂，睹三先生之貌，聳然加敬，逖觀上古聖人畫卦之本意，而知夫防憂患於幾微，身與《易》準，則向之所攬者，又將忘之矣，不亦偉乎？是堂之傳，其與山鎮俱不朽歟？康節先生之子伯温，以説之服勤康節之學，俾爲之記，不得辭。乃具道《易》之授受本末，興廢得失之由，以尊三先生之道，亦且效藏名山之意云。大觀元年丁亥十有一月甲戌嵩山晁説之記。

卷十七

太極傳後序

僕年二十有四，偶脱去科舉事業，決意爲五經之學，不專爲一家章句也。是時王氏之説列於學官者既尊，而又日有新説，至自金陵學者，恥其得之後也。從而士子又務爲新異之説，寒士非其黨與者，莫能嚮邇以一言也。僕恨焉，豈無古人之師乎？果於《易》得孟喜、京房、鄭康成、虞翻、關子明之徒，使小王之説不得一日容也。雖然，因是數家異乎王氏則有之，其於聖人制作之本意，又不知果否、合否如何。逮紹聖戊寅，邂逅洛陽楊老朝散賢寶，語及《易》而異之，良非僕平生所嘗聞之之言也。懇從楊老有求，乃得康節先生自爲易圖二，雖輪輹具存，而楊行年將七十，中風語音清濁不端，無由詰問，二三年少在旁，雜以其哂笑，僕獨敬楊之老而尊其圖，謂必可入也。楊且指乾、坤、坎、離四卦爲僕言曰：「得是四卦，則見伏羲之《易》矣。而文王之《易》在其中也。」越明日，如迷人識歸路，有感於二圖，可指循環無方體也。楊老曰：「吾昏病而忘之已久。今日因子之言則如初授此圖時也。」自是入洛，與先生之子伯温游，得先生之遺編殘稿，寶而藏之，服勤不知晝夜，二十年間輒作《易》傳四種，名曰《商瞿傳》，示其有師也。無何，靖康元年丙午冬，金人長驅至南京，所爲《商瞿傳》者與平生衣冠、五世圖書，悉以灰燼，既而避難高郵，從親朋之請追作《易》傳數帙，未有條理。建炎二年戊申正月，真州又遭離亂，而高郵之傳又復灰燼。是時老病之軀，得存於灰燼之外者，幸也。乃避地海陵，病能飲食，而於《易》則曰不能，可乎？益爲親朋以追作，起是年四月十八日辛未，訖七月一日癸未，凡用七十二日草稿具，或忘其舊，或得厥新，凡六卷，名之曰《太極傳》。又有《外傳》一卷，《因説》一卷，備爲《易》一家之書。後有好古識變之君子，恐未必以僕言爲妄作也。嗚呼，吾道其亦艱哉！八月二十五日海陵旅次嵩陽景迂生晁説之記，年七十。

說之大觀四年庚寅冬，赴明州船場，候潮浙江上，遇歐陽三丈叔弼，相與遨遊談話旬日，甚樂。因及三丈所作康節先生謚議，三丈曰：「異哉！吾之斯文也，何吾以道愛之深邪？」曰：「丈人斯文，可謂合矣，何異之有？」曰：「姑聽之。棐從母王宣徽夫人得疾，洛陽先妣夫人亟以棐入洛。時先公參大政，臨行告戒曰：『洛中有邵堯夫，吾獨不識，汝爲吾見之。』棐既至洛，自幸得見先生，何期賜之，從容則起，問其所以宜教者，先生笑曰：『有家法，有家法。』既而作而言曰：『豈無以爲足下言者？』先生乃徐道其立身本末，苦辛備細，畢平生於一席。端出門揖送，猶曰：『足下其無忘鄙野之人於異日。』棐伏念，行李間先生豈不少我哉？未嘗辱教一言，雖欲不忘，亦何事耶？歸白夫人，則喜曰：『幸矣，邵堯夫有以處吾兒也。』其後二十年，棐偶入太常爲博士，次當作先生謚議，乃恍然周省先生當時之言。落筆若先生之自序云爾，無待其家所上文字也。」叔弼丈爲人廉，於名譽俛俛常有退讓之色，其爲說之道此時，意氣甚武，宜其文之健且高也。說之謝曰：「昔郭景純先知行刑者，吾康節先生知謚議博士迹，則類矣。然郭以術，先生則孰知其所以然邪？」叔弼丈曰：「世稱先生數學如何？」說之復言曰：「先生傳先天之學，雖揚雄、張衡、關子明所不及，然亦吾先生《易》中一事也。」叔弼丈歎曰：「先生之《易》，畢能悉備如是，盍爲我道之。」說之辭不敏，且不幸不及先生之門而爲京氏《易》。十餘年後，遇先生門人洛陽楊賓賢，略能發先生《易》之梗概，久之乃有所入，則知先生起卦以四，是謂夏時以六是謂坤，乾以八一作，知其是謂《周易》。先生使夏商之《易》不亡，而《周易》乾、夬之變始終不窮，猶丈人之作謚議也。叔弼丈復謝曰：「吾之文於是乎陋矣。」嗟夫！歲復一星矣，三丈下世已累年，追惟故人存者有幾？先生之子伯温又遠守南充，以書來趣，説之記其事，不得而辭云。宣和四年四月丙申成州清心堂嵩山晁説之記。

卷十九　李挺之傳

李之才，字挺之，青社人，天聖八年同進士出身。爲人朴且率，自信無少矯厲。師河南穆伯長，伯長性卞嚴寡合，雖挺之亦頻在訶怒中，挺之事先生益謹，嘗與參校柳文者累月，卒能受《易》。時蘇子美亦從伯長學《易》，其專授受者惟挺之。伯長之《易》，受之种徵君明逸，种徵君受之夷希先生陳圖南，其源流爲最遠。究觀三才象數變通，非若晚出尚辭以自名者。挺之初爲衛州獲嘉縣主簿，權共城令。所謂康節先生邵堯夫者，時居母憂於蘇門山百源之上，布裘菜食，且躬爨以養其父。挺之叩門上謁勞苦之，曰：「好學篤志，果何以？」康節曰：「簡策迹外，未有迹也。」挺之曰：「君非迹簡策者，其如物理之學何？」他日則又曰：「物理之學學矣，不有性命之學乎？」康節謹再拜，悉受業。於書則先視之以陸淳《春秋》，意欲以《春秋》表儀五經，既可語五經大旨，則授《易》而終焉。世所謂康節先生之《易》者，實受之挺之。挺之器大難乎識者，棲遲久不調，或惜之，則曰「宜少貶以榮進」。友人石曼卿獨曰：「時不足以容君，君盍不棄之隱去。」再調孟州司法參軍。時范忠獻公守孟，亦莫之知也。忠獻初建節鉞帥延安，送者不用故事出境外，挺之獨别近郊，或病之不顧也。居頃之，忠獻責安陸，挺之沿檄見之。洛陽前日遠境之客，無一人來者，忠獻於是乎恨知挺之之晚。友人尹師魯以書薦挺之于葉舍人道卿，因石曼卿致之，曰：「孟州司法參軍李之才，年三十九，能爲古文章，語直意邃，不肆不窘，固足以蹈及前輩，非洙所敢品目，而安於卑位，頗無仕進意，人罕能知之。其才又達世務，使少用於世，必過人遠甚，家貧無貲，不能決其歸心，知之者當成之。」曼卿報師魯曰：「今之業文好古之士至鮮，且不張苟遺，若人其學益衰矣。」是師魯當盡心以成之者也。延年素不喜屈謁貴仕，以挺之之書凡四五，至道卿之門通焉而後已。道卿且樂薦之，以是不悔。挺之遂得應銓新格，有格任五人，改大理寺丞，爲緱氏令，未行。會曼卿與龍圖閣直學士遵路調兵河東，辟挺之澤州簽署判官，於是澤人劉仲更從挺之受曆法。世稱劉仲更之曆，遠出古今，上有揚雄、張衡之所未喻者，實受之挺之。在澤轉殿中丞丁母憂，甫除喪暴，卒于懷州守舍。時友人尹子漸守懷也，實慶曆五年二月。子漸哭挺之過哀，感疾不踰月，亦卒。挺之葬青社。後十有二年，一子以疾卒。又二十有四年，有姪君翁乞康節表其墓，曰：「求於天下，得聞道之君子，李公以師焉。」嵩隱晁説之曰：「士生而不能以其所學及乎世，死又不得以名覺乎後之人，豈大雅君子之志哉！李先生者，師事穆伯長，友石曼卿，尹子漸師魯，其爲弟子者曰邵康節、劉仲更。側聞史氏爲六人者立傳，獨不及李先生，何耶？」輒論次以待他日。史官採擇河南邵伯温，曰李挺之康節先生之師也。昔嘗聞之先公曰：「挺之與尹子漸，貌相類又相友善。挺之死於子漸官舍，子漸哭之慟，遂得疾以卒。」嗚呼！二人者，乃所謂朋友歟？

范太史集　宋范祖禹撰

卷三十六　康節先生傳

邵雍，字堯夫，衛州人。家世貧賤，雍刻厲爲學，夜不就席者數年。雍嘗適吴、楚，過齊、魯，客梁、晉，而歸徙居於洛。蓬蓽環堵，躬爨以養父母。講學於家，不强以語人，而就問者日衆。士人道洛者，必過其廬。雍與人言必依於孝悌忠信，樂道人之善不及其惡，故賢不肖無不親之。病畏寒暑，常以春秋時乘小車，一人挽之，行游城中。所過倒屣迎致。居洛三十年，洛人共爲買田宅，士大夫多助之者，雍皆受而不辭。爲人坦夷無表襮防畛，不爲絶俗之行。其學自天地運化陰陽消長以數推之，逆知其變，自以爲有師授，世無能曉之者。而雍内以自樂浩如也。有書十二卷，曰《皇極經世》，詩二千篇曰《擊壤集》。雍初舉遺逸，試將作監主簿，熙寧初以爲潁州團練推官，與常秩同召，雍卒不起。卒年六十七。知河南府賈昌衡言「雍行義聞於鄉里，乞贈恤」。吴充請於上，贈祕書省著作郎，賜粟帛。韓絳守洛，言雍隱德邱園，聲聞顯著，賜謚曰康節。

卷三十七　康節先生誄文

維熙寧十年七月癸丑，安樂先生卒，洛陽士大夫皆來哭弔，且歸賻門人治喪。天子下詔，贈先生著作郎。其年十月丁酉，葬於伊闕之南。嗚呼哀哉！乃作誄曰：

邵居北土，命姓于燕。康公之後，邈矣其綿。皇之家初，乃遷衡漳。
以及先生，其道大光。中和之發，在於明哲。之性之美，之才之傑。
不激不厲，不異不同。亦坦而莊，亦和而恭。其幽惟顯，其外惟中。
少也志壯，始强於學。聖亦我同，彼惟先覺。直趨其奧，力取其卓。
鶴鳴于皋，鴻漸于陸。厥聲載振，于彼淇澳。幅員之大，目所未窺。
博覽遐觀，以爲吾資。徜徉四方，遵海而歸。爰自帝邱，遷宅中土。
考卜澗瀍，周公之宇。陰陽所和，可以游處。初無一廛，莫蔽風雨。
顏子陋巷，原憲環堵。云何不樂，惟孔之苦。推測天地，元化之祖。
旁羅日月，貫穿今古。爰暨草木，昆蟲之微。細入毫末，大包九圍。
探賾索隱，極深研幾。筆之於書，皇極是統。以充其氣，以養其勇。
富貴不降，威武不竦。豈無爵位，孰可致之。亦有軒冕，孰能榮之。
不雕其樸，不耀其奇。玉韞于山，珠藏于淵。豫章偃蹇，蔽日參天。
莫得而用，其材乃全。昔之隱者，或遇衰世。遯跡山林，其流以敝。
先生之隱，其道彌昭。唐虞之際，於以逍遥。龜龍游沼，麟鳳在郊。
豈必陳力，乃光於朝。先生之化，被於鄉黨。無有遠邇，聞風趨嚮。

來見來請，各滿其望。今也則亡，孰爲師長？嗚呼哀哉！死喪之威，有生所畏。疇昔臨之，精爽不二。委命待終，漠然而寐。惟其一心，俯仰不愧。明明我后，有命自天。錫之好爵，賁于重泉。庶幾來者，景行其賢。嗚呼哀哉！先生之殁，自秋徂冬。不聞其聲，不覩其容。去此故庭，就彼新宫。人誰不殁，名則無窮。惟其令德，有始有終。作此哀誄，播其流風。嗚呼哀哉！尚饗。

龜山集　宋楊時撰

卷十九

康節先天之學不傳於世，非妙契天地之心，不足以知此。某蓋嘗翫之而陋識淺聞，未及足以叩其關鍵。八卦有定位，而先天以乾巽居南，坤震居北，離兑居東，坎艮居西，又以十數分配八卦，獨艮坎同爲三數，此必有説也。以爻當期，其原出於《繫辭》，而以星日氣候分布諸爻，《易》未有也。其説詳於《緯書》，世傳《稽覽圖》是也。揚子草《玄》蓋用此耳。卦氣起於中孚，冬至卦也。《太玄》以中準之，其次復卦，《太玄》以周準之。升，大寒卦也，《太玄》以乾準之。今之歷書亦然，則自漢迄今，同用此説也。而先天以復爲冬至，噬嗑爲大寒，又謂八卦與文王異。若此類，皆莫能曉也。康節之學，究極天人之藴，翫味之久，未能窺其端倪，況敢議其是非耶？以公之精識，貫通古今，於先天必能洞見之矣，願疏示一二。所論康節學伏羲，温公學仲尼，某亦不知其説。夫自八卦重而爲六十四，《易》之大成也。孔子於《易》贊之而已，竊謂無所加損焉。而分爲二説，皆深未諭也，併乞開示。夫孔子之贊《易》尤詳於乾坤二卦，《繫辭》中論釋諸爻亦多矣。然未有及象數者，豈得意而忘象，真孔子之學耶？無由面承，東望徒增企仰耳。

康節先生，某少嘗聞其風矣。每恨不及見。洛中諸嘗從先生游者，皆略識之，亦嘗見其子問之，俱莫能傳其所學萬一也。前書所疑，雖蒙諄誨，愚陋終未能曉。夫八卦有伏羲、文王之辨，於經無見也。天下之賾存焉，豈人私智能爲哉！康節之言，必有稽也。索隱之士，宜知其所以然者，恨未得親叩之耳。乾南而坤北，離上而坎下，位不同也。自乾左而至震一二三四，自坤右而至巽八七六五，本宫之卦乾一、兑二、離三、震四，坤一、艮二、坎三、巽四，數不同也。以爲未嘗同，默而識之可也。位與數相爲異同者明如此，安得無説乎？自羲、農以來，更六七聖人，所因習者八卦而已，六十四卦之名未有也。其制器尚象乃有取於十三卦，則羲、農之世，卦雖未重，而六十四卦之用已在鑪錘之中矣，特其名未顯也，故曰「八卦成列，象在其中矣」。用是言之，文王之《易》固具於伏羲畫卦之初，文王能因而用之，不能有所加損也。乾、坤、屯、蒙之序，意必文王爲之，孔子序卦特釋其義而已。乾、夬、大有、大壯之序，於《易》不見其端倪。所謂文王闔其門而拒其出者，文王闔之，康節闢之，此來書中語。其數其義，必有可玩而習者矣。凡此，皆某所深疑而未諭也。願略疏示，使得稽其門叩其鍵而入，則爲賜多矣。《太玄》之書，昔嘗讀之，雖未竟其義而其略可識也。子雲覃思渾天，三摹而四分之，極於八十一首，旁則三摹九據，極之七百二十九贊，當期之日，又爲踦贏二贊以盡餘分之數，其用自天元惟一晝一夜，陰陽數度，星日之紀，與泰初歷相應。其取數似與《易》異矣。其爲書，則欲自成一家，初無意於贊《易》也。考諸解難之文，可見矣。夫《易》之六十四卦，八卦相錯而成也。《玄》之有方州部家，則各有分域矣，不可相錯也。故一而三之，自三而九，又三之爲二十七，終於八十一，而《玄》之首畢矣。八十一家，又離爲三，以極三玄之數，方州部各三之爲九，又三之爲二十七家，此一玄之數也。以次比之，不可相易。贊辭自一至九，配麗五行，而日星節候分布其間，皆有成數，恐其書特《易》中之一事，與《易經》不盡相涉也。世之治曆者守成法而已，非知曆也。自漢迄今，曆法之更，不知其幾人，未有不知曆理而能創法也。求《玄》於曆理之内，亦恐未足以盡《玄》之妙，更深考之，併以見教。近得温公《太玄論》，閲之皆先儒所共知者，其隱賾不著之事，殆未可窺其藴也。温公之學，篤於自信，雖《論語》亦有未然者，非其深造自得，隱之於心而不疑，不輕以爲信，真善學者，與世之耳濡目染遂以爲得者，有間矣。然子雲、温公之學與《論語》、《孟子》書，其遠近淺深，必有能辨之者，不可誣也。温公自孔子而下，獨揚雄爲知道。雄之論《孟子》曰「知言之要，知德之奥。非苟知之，必允蹈之」，又曰「諸子者以其異於孔子也，孟子異乎不異」。夫雄之言以孟子不異於孔子，則其尊孟子也至矣。温公於《孟子》乃疑之，則雖以雄爲知道，而於雄書亦未盡信也。夫衆言殽亂折諸聖，自漢田、焦、費氏之學興，而三家之傳不一，後雖名儒繼出，而異説益滋，《易》之微言隱矣，學者將安折衷乎？折諸孔子而已。某嘗用是學《易》，以爲孔子之已言者，當詳説而謹守之。其未言而不見其兆者，雖略之可也。《皇極》之書，皆孔子之所未言者，然其論古今治亂成敗之變，若合符節，故不敢略之，恨未得其門而入耳。至其論《易》、《詩》、《春秋》配四時之府生、長、收、藏，與「易之詩」、「易之書」、「易之春秋」之類，竊恐聖人復起，未能易其言也。譬之觀奕，必以李劉爲信。《法言》曰「楊墨塞路，孟子辭而闢之，廓如也。後之塞路者有矣，竊自比於孟子」，夫孟、揚之自任重矣。由漢而來，士以李劉望之非一日也。李劉亦來書語。今其書具在，疑而未信者如此，則後之視今，又焉知不猶今之視昔乎？學者審其是而已，於疑信尤當慎擇也。然某於雄，昔嘗疑之。重蒙誨諭，繼今當力求之以補前過，未由展晤，一决蔽蒙。東望徒增惓耳。

《先天圖》得太極所生自然數，非人私智所能爲也。昔未嘗見幸得一觀，此非堯夫不能知也。蒙示法養觀與相見乎離辭異旨同，開發蔽陋多矣。幸甚世之昧者，妄以狂瞽無稽之言眩瞀學者，方自以爲得，惡足與論此哉！然杜順集此，不涉華嚴一字，束以二門，謂足以貫六經之旨，可謂能説約矣。然不知「二門」者於經何施也？願更開示，以警未悟。

梁溪集　宋李綱撰

卷一百三十四　衍數序

道生一，一生二，二生三，三生萬物，自道降而生物，無非數也……雖天地之大，不能違也，而況於人乎，況於萬物乎？極數之變，執神之機在璇衡以觀大運，據會要以知方來，則探賾索隱，鈎深致遠，推陰陽之荒，考神明之隱，若影響之於形聲，夫何疑哉！漢之揚雄、張衡，唐之魏伯陽、邢和璞，本朝之邵雍，皆深於數者，故雄作《太玄》，衡著《靈憲》，伯陽有《參同契》，和璞有《穎陽書》，雍以先天圖作《皇極經世》，皆宗于《易》而輔翼推明之。至數所在，信如蓍龜，不可誣也。精微之幾，不可以言傳，姑取其可陳者，著于篇，作《衍數》。

卷一百六十二　跋了翁書杜子美哀江頭詩

了翁得邵康節易數皇極先天之學，心解神悟，世故多能前知。如丙午歲事，嘗爲所親者預道之。壬寅春公未没前數日，其孫壻蕭君建功以紙求字，公爲書老杜《哀江頭》一篇，乃絶筆也。非惟筆力遒勁，畧無衰病之氣，蓋寓意靖康之變於其間。以公之學，精微知數之必爾，而平生議論，慨然不少屈折，雖流離顛沛，妻子至於凍餓而不顧，可謂不以天廢人矣。蕭君訪余於武昌，出公書以相示，爲歎息者久之。余嘗著論古人處天人之際者，正與公合。因并書以遺之，使讀者知公於古人無間云。

五峰集　宋胡宏撰

卷四

開闢紀年

或傳自開闢，或曰自燧皇至於春秋獲麟之歲二百七十六萬年，分爲十紀，六紀在包羲前，三紀在包羲後，而末紀流訖於黃帝者也。謹按：包羲始畫卦造書契，夫孰知其前之六紀？五百年必有王者興，自包羲至於黃帝兩紀，五十餘萬年間作者惟神農氏一人，其妄可知。故自盤古至於帝嚳，雖有記其年者，皆不敢信。姑載其事而已。西洛先覺邵雍氏作《皇極經世書》，紀堯即位之年起於甲辰，惟雍精及天地之數，必不妄也。故用之以表時序事，庶幾其可以傳信乎？

史記謬妄

太史公記湯崩，太丁蚤死，外丙立二年，仲壬立四年，相繼而崩。然伊尹立太甲，非其實也。何以知非其實？二帝官天下定於與賢，三王家天下定於立嫡。立嫡者，敬宗也；敬宗者，尊祖也；尊祖者，所以親親也。兄死弟及，不敬宗尊祖，本支亂而争奪起矣。豈親親之道也哉！且成湯、伊尹以元聖之德，戮力創王業，乃舍嫡孫而立諸子，亂倫壞制，大開争奪之端乎？故公儀仲子舍孫而立子，言偃問曰：「禮歟？」孔子曰：「否。立孫。」夫孔子殷人也，宜知其先立之故矣，而不以立弟爲是。此以素理，知其非者一也。夫賢君必能遵先王之道，不賢之君反是者也。以殷世考之，自三宗及祖乙、祖甲，皆立子。其立弟者，盤庚耳，必有所不得已也。豈有諸賢聖之君，皆不遵先王之制，而沃丁、小甲諸中才之君反皆遵耶？此以人情，知其非者二也。商自沃丁始立弟，太史公陽甲之紀曰：「自仲丁以來廢嫡，而更立諸弟子，諸弟子或争相代立，比九世亂。」以其世考之，自沃丁至陽甲立弟者九世，則知仲丁之名誤也。沃丁既以廢嫡立諸弟子生亂爲罪，則成湯未嘗立外丙、仲壬，明矣。不然，是成湯首爲亂制，又可罪沃丁乎？此以事實，知其非者三也。唐李淳風通於小數，猶能逆知帝王世數多少。邵康節極數知來，非淳風比也。其作《皇極經世書》，亦無外丙、仲壬名。此以曆數，知其非者四也。經所傳者，義也；史所載者，事也。事有可疑，則棄事而取義可也；義有可疑，則假事以誣義可也。若取事而忘義，則雖無經史可也。

忠正德文集　宋趙鼎撰

卷三

乞追贈邵伯温狀

臣伏見故右奉直大夫提舉江州太平觀邵伯温，康節先生雍之子。伯温自少出入富弼、司馬光、吕公著、韓絳、韓維、范純仁之門，程頤、范祖禹深知之。元祐初，伯温爲布衣，韓維以十科薦可備講讀，後以經明行修命官維又薦學官。范祖禹薦于經筵，司馬光卒，其子康亦亡，乃特差伯温西京教授，俾教其孫植，因以經紀光家事。紹聖初，章惇作相，意欲用伯温。伯温安于筦庫，澹如也。元符末，以上書得罪，名書黨籍，坐廢者四十年。靖康初，召用一時名士，諫議大夫吕好問薦爲諫官，宰相吴敏欲以東宫官處之，時戎事方興，不果用。建炎初，除利州路轉運判官，遂請宫祠以卒。臣宦學關陝二十年，接其議論，熟其爲人。嘗歎其不可企及也。竊惟陛下褒賢念舊，凡黨籍上書人皆被優恤，况伯温大賢之後，行義顯著，平生所學迄不獲用，深爲聖朝惜之。臣輒録伯温元符末所上書進呈，伏望聖慈特賜褒録，優加追贈，以示寵光。豈獨伯温九泉之榮，實爲士夫名節之勸。臣不勝幸甚。按《宋史》伯温傳，鼎少從伯温游，及當相，乞行追録，始贈秘閣修撰。

鶴山集　宋魏了翁撰

卷三十五

答澧州徐教授復

某囚山五年，殆與世絶，聖賢之書重復温尋，益覺義理無窮。歲月易得，獨恨山深路嶮，帶行之書無多。時寮士人亦無儲書者，遇有記憶不明之事，無從參考。然亦坐是功精專，免於博雜。某自初來此，與同志者日讀《語》、《孟》數章。去年方讀《易》，偶曾裒萃周、程、張、邵、楊、游、胡、二朱、二吕諸儒易説成編，日誦數爻，賓主俱覺有得。邵氏書惟有鄉人觀物先生張文饒行成爲之注解者在此，與諸友講論未容輟納，俟令人抄録一本後便寄去。康節家自有邵子文所注本，雖未盡得本旨，然亦可觀，却無帶行者。向來見門下乾離同位之説，固知留意先天之學。後又聞家學淵源已非一日，今無由再晤，相與共講，第切恨恨。邵氏書有《觀物篇》、《先天圖》、《漁樵問對》、《擊壤》詩、《易學辨惑》等非一，不止《皇極經世》。若某萬一歸蜀，則此等書亦非難得，今偶不帶行，但能省記耳。

答池州張通判

《六有齋銘》與扁額皆作小篆納上，勉以讀《易》補《騷》，滋荷期奬之隆。《易傳》與《本義》之異同，則向來固嘗與輔文漢卿細評之。大抵文公所爲邵傳羲易、程演周經者，蓋於邵子多有取焉，而未嘗顯言之。兼東南學者亦罕得邵學，今正欲迨此暇日，合程、邵之異爲一書，尚恨窮理未至，未欲容易爲之也。

答劉司令宰

張、朱、吕諸先生之亡，學者無所依歸，誠哉是言，詳味公《易》，大抵得於邵子爲多。舊見輔漢卿，略知此意。嘗以問之，餘人亦鮮知之。蓋不讀邵易，則茫不知《啟蒙》、《本義》之所以作，平國以爲如何？

答周晦叔應辰

先天之卦，《繫辭》固有之，《參同》亦有此象。自希夷、康節始盡發其祕，必潛心玩索之久，乃可得之，非信筆脱口所可言也。

答朱擇善改之

先天之説，須有人口講面授，乃可以入。若以紙上書之，恐有未盡。擇善試訪尋朱子發震易圖易傳及臨卭人張文饒行成七易讀之，當自得之。或問之賣書人陳思郎可得也。大抵伏羲之《易》，乾、兑、離、震、巽、坎、艮、坤，左邊數往者順，右邊知來者逆，而文王《易》則乾、坎、艮、震、巽、離、坤、兑，《易》所系甚分明。或取朱文公《啟蒙》觀之，亦可見其詳矣。

卷三十六

答楊次房少張

竊窺詞氣日就平實，蓋慮澹而識明者也。向看《三禮》，每嘆後鄭於禮學極有功，敬之而不敢議。近來再三玩繹，覺得礙處極多。蓋諸經中有一語未達，則牽强揑合增成一義，此非面莫。盡易學則義理、象數俱當留意，合程、邵而貫之，乃爲盡善。

答真侍郎德秀

《先天圖》説，舊雖留意，比入山重讀諸經，頭緒正多。《儀禮》尤煩，其間要言精義亦多先儒所未發。既費目力于此，則俟讀畢諸經，粗知大義，然後温尋易學，有如來諭所謂長子代父，長女代母，有邵氏、張氏行成、朱氏諸儒之説，縱某言之，亦不過勦説，未敢容易言之。少頃自見得一二，方以稟布。

答真侍郎

是間士人近忽來商量讀《易》，不下二三十人，每卦分作兩三日看，先從王注、程傳讀起，且令文義分明。如游、楊、吕、謝諸儒，所以輔程者，固不可廢，而横渠之奥澁，康節之圖數，漢上之伏互，晦翁之兼論象占，皆字字鑽求，一月餘間，讀者聽者人人自謂有益。旁近郡亦有來者，萬一中間開發得數人，亦是報國之大者，且不枉此行也。前所呈謬作，乞以一語訂其可否。先天一圖停停當當，愈玩愈有味，此決是古來曾有此説，特不知何爲漢唐千餘年間，更無一人説著。《參同》中雖略有此意，而方圓圖之妙，則未知古人曾見之否？

答丁大監黼

朱氏《易》則大概本諸邵子，《啟蒙》明述《先天圖》而贊《易》之詞，謂邵明羲易，程演周經，此意可見。曾親聞輔漢卿廣之説《易》，須是識得辭變象占四字，如初九潛龍云云，此辭也，有九則有六，此變也。潛龍即象，勿用即占。人謂《本義》專主占筮者，此未識先生之意。某每以此看《本義》，誠是精密，邵子無易解，不過《觀物》、《經世》、《先天圖》諸書，《擊壤》詩中亦多有發明先天處。參以《漢上易》，則程、邵之説尤明。第漢上太煩，人多倦看，却是不可廢耳。

卷五十二

邵氏擊壤集序

邵子平生之書，其心術之精微在《皇極經世》，其宣寄情意在《擊壤集》。凡立乎皇王帝霸之興替，春秋冬夏之代謝，陰陽五行之運化，風雲月露之霽曀，山川草木之榮悴，惟意所驅，周流貫徹，融液擺落。蓋左右逢原，略無毫髮凝滯倚著之意。嗚呼！真所爲風流人豪者與？或曰：揆以聖人之中，若弗合也。天何言哉？四時行焉，百物生焉。聖人之動静語默，無非至教，雖常以示人，而平易坦明不若是之多言也。老者安之，朋友信之，少者懷之，聖人平心量直與天地萬物上下同流，雖無時不樂，而寬舒和平不若是之多言也。曰：是則然矣。宇宙之間，飛潛動植，晦明流峙，夫孰非吾事，若有以察之，參前倚衡，造次顛沛，觸處呈露，凡皆精義妙道之發焉者，脱斯須之不在，則芸芸並驅日夜，雜揉相代乎前，故於吾何有焉。若邵子使猶得從游舞雩之下，浴沂詠歸，毋寧使曾皙獨見與於聖人也與？洙泗已矣。秦漢以來諸儒，無此氣象，讀者當自得之。

卷五十九

跋明道先生和康節打乖吟真蹟

聖賢事業本經綸，肯爲巢由繼後塵。三幣未回伊尹志，萬鍾難换子輿貧。

且因野老藏千古，已占西軒度十春。時止時行皆有命，先生不是打乖人。

邵氏子嘗以康節先生墓石屬筆于明道先生，久而未得其説，步于庭中，忽躍然曰「吾得之矣，堯夫之學可謂安且成」，乃書之曰「先生少時自雄其才，慷慨有大志，及學益老德益邵，玩心高明，觀於天地之運化，陰陽之消長，以達乎萬物之變，然後頹然其順，浩然其歸」，而最後遂以「安且成」三字終一篇之大指。嗚呼！論康節者多矣，而未有親切的確如斯言者也。學者之觀是詩，誠能以是參焉，而知以打乖自謂，非一於遯，以經綸答賦，非一於通，然後二先生之心可識，而學者亦有所據依也。同時倡疇者如富文忠、王懿恪、文忠烈、司馬文正及洛中時賢，皆有詩。明道獨賦二詩，今所得其蹟惟後一首，而前詩俄空焉。究玩聲畫於百數十年之後，猶足以興起頑懦，況於親炙之者乎？

卷六十一

跋邵康節逢春詩

先生妙極道數，從容於義理之會，雖形諸餘事，無間精粗，莫非實理。秦漢以來，諸儒鮮能及之，此所謂豪傑之士也。陵陽牟君鉉得其所書《逢春詩》，嘗以遺臨卭魏某，辭不敢有，仍書而歸諸。

卷六十二

跋康節先生答富韓公柬

温公《歷年圖》，起共和之庚申汔顯德己未，上下凡千有八百年，以治平元年書成上送，則邵子年五十有四，富公年六十有一矣。帖謂公亦以謂失之，鄙夫亦以謂失之，是富公先有所可否，而康節答之也。前輩講學不倦，聞善相告，聞過相規，若此用能，進則有以尊主庇民，退有以扶世立教也。

跋康節與韓康公唱和詩

惟古於文必己出，而先生此詩全用韓文公送李愿序意，豈人心之所同，固不嫌於相襲邪？

先生雖不爲公卿得時行道，而發明先後天之奧約之於事，必踐於形，所以淑時賢而啟來哲，爲斯世治理之助，其爲公卿不既多乎？

跋秦伯鎮兵部問易康節書

衆人以易觀易而滯於易，先生以易觀心而得乎心。其方圓圖、《皇極經世》諸書，消息陰陽之幾，貫融内外之分，蓋洙泗而後絶學也。其見於《擊壤》諸詩，造次顛沛，無非此理之發焉者，是何嘗有隱於人？特秦伯鎮、鄭揚庭、章子厚諸公，不足以知之耳。先生嘗語鄭曰：「山川風俗人情物理，有益吾學者必取諸焉。」秦曰：「道滿天下何物不有，豈容人關鍵耶？」先生字字言言，莫非推赤心以置人腹中，亦幸夫人之得其傳。彼沈存中謂竟「不知何術」，既不足以語此。邵子文亢其父於太高而待人太薄，亦知汙者也。

跋康節詩

理明義精，則肆筆脱口之餘，文從字順，不煩繩削而合。彼月煅季煉於詞章，而不知進焉者，特秋蟲之吟，朝菌之媚爾。

卷六十三

跋司馬子紀先後天諸圖

涑水司馬叔原，覃思義理之學，自羲文周孔之《易》，河圖洛書之數，陰陽動静之義，日月遲速之度，以及周、程、張、邵、朱、張子之書，旁觀歷覽，爲圖爲書，時賢皆有題識。又欲求一言於予，予還靖未返，不得與叔原共學，姑識數者之疑於末。

且《先天圖》自魏伯陽《參同》陳圖南爻象卦數始略見此意，至邵堯夫而後大明。千數百年間，不知此圖安所託，而圖南始得此圖亦已奇矣，而諸儒無稱焉。數往者順，謂震離兑乾；知來者逆，謂巽坎艮坤，皆以左旋言之。今叔原以爲自乾至震、自坤至巽，此必有所據。朱文公以十爲河圖，九爲洛書，引邵子説辯析甚精，叔原從之。而邵子不過曰「圓者河圖之數，方者洛書之文」，且戴九履一之圖其象圓，五行生成之圖其象方，是九圓而十方也。安知邵子不以九爲圖、十爲書乎？故朱子雖力攻劉氏，而猶曰「《易》《範》之數誠相表裏爲可疑耳」，又曰「安知圖之不爲書，書之不爲圖」，則朱子尚有疑於此也。近世朱子發、張文饒精通邵學，而皆以九爲圖、十爲書，朱以列子爲證，張以邵子爲主。予嘗以《乾鑿度》及《張平子傳》所載太極五行九宫法考之，即所謂戴九履一者，則是圖相傳已久，安知非河圖也？靖士蔣得之云「當以先天圖爲河圖，生成數爲洛書」，亦是一説。叔原謂「日月亦左旋」，此張説朱意也。第日起北陸，春西陸，夏南陸，秋東陸，而冬返乎北陸，則爲右乎左乎？謂日速月遲，讀書窮理正欲其自得，況叔原所引見處一分虧之詩，即予少作也。吾儕所見本不相遠，第以曆家細算分數言之，則月行十三度，餘者特約法耳。其實則一日至四、二十四至晦，行十四度餘，五日至八、二十至二十二，行十三度餘，惟自九日至十九，僅行十二度餘，此猶二至之晷刻最遲，不爲無理，而叔原反疑之，獨取望日爲證，則望日正行遲之日也。況本乎陽者常舒遲，本乎陰者常急促。若日遲而月速，大者舒而小者促，此亦陰陽自然之分也。叔原之圖，精且密矣，盍更以是審思之。《日食書》甲乙如辛卯，日與辰相克爲異，尤不經。康成雖有是説，然《春秋》壬午日食，亦日與辰相克也，而左氏謂不爲灾，又何邪？叔原謂分星起於漢唐，謂漢則已後，謂唐則滋邈，豈以左氏内外傳與《周禮》爲不可信邪？是三書，亦有可疑，而分次之説相傳已久，獨星不依方而以受封之日爲次，此傳注之可疑而未有説以破之耳。大抵叔原之説，十得六七，予方斂衽之不暇，尚有未能釋然者，姑摘一二以備審訂。他時道僰以如邛，叔原必有以復於予也。紹定四年六月甲子臨邛魏某書。

跋邵康節檢束二大字

趙丞相子直孫必愿所藏二字，下注云「檢謂檢其行止，束謂束其情性」。先生嘗爲詩曰：「憶昔初書大字時，學人飲酒與吟詩。若非益友惟金石，四十五年成一非。」然則茲二大字與「束其情性」之語，未必晚年安且成之時也。後學魏某謹書。

卷一百八　師友雅言

近過廬山靈湯院，見温泉沸如火煎，四面盡冷，此理難言。《漁樵問對》説「水有形，火無形，水以體行，火以用行，水隨而不能迎，火迎而不能隨。故天地有温泉而無寒火」，此理極深，可以意喻而不可言傳。

易數至邵康節皆以四起，日月星辰，元會運世，《易》《詩》《書》《春秋》，皇帝王霸，皆以四言。蓋天下皆有四數，如東西南北，北當虛而不用。春夏秋冬，冬亦斂而不用。康節本説。天數五，其一體也，其四用也。

卷一百九

朱晦翁易大概本諸邵子，《啟蒙》明述先天圖而贊之辭，謂邵明羲易，程演周經，此意可見。某曾親聞輔漢卿廣其説，謂須是識得辭變象占四字。如初九「潛龍勿用」，此辭也。有九則有六，此變也。「潛龍」即義，「勿用」即占。人謂《本義》專主占筮者，此未識先生之意耳。某以此看《本義》誠是精密，邵子無易解，不過《觀物》、《經世》、《先天圖》諸書，《擊壤》詩中亦多有發明先天處，參以《漢上易》則程、邵之説尤明。第漢上太煩，人多倦看，却是不可廢耳。

先天一圖，亭亭當當，愈玩愈有意味，決是古來曾有此説，特不知何爲漢唐千餘年間，更無一人説着，及本朝康節發此義，而吾鄉觀物先生張行成文饒頗得易數之詳，有《通變》、《經世》、《述衍》、《玄翼》、《通靈》等凡七書，而大意謂理者太虚之實義，數者太虚之定分，未形之初因理而有數，因數而有象，既形之後因象以推數，因數以推理，今不可論理而遺數。想朱文公不得見之，可惜。

邵康節首尾吟第六篇「堯夫非是愛吟詩，詩是堯夫默坐時。天欲使閒須有意，人心剛動是無知。烟輕柳葉眉閒皺，露重花枝泪静垂。從諫如流是難事，堯夫非是愛吟詩」，此詩意甚深遠，言人違理而輕動也。

攻媿集　宋樓鑰撰

邵康節《觀物篇》易之傳，尚矣。至本朝而後，有先天後天之説。

卷五十三

歷代帝王總要序

帝王之傳尚矣，鴻荒以來至於高辛，其事莫得而詳，故夫子定《書》斷自唐虞，司馬遷亦以爲薦紳先生難言之。洛陽邵雍爲《皇極經世書》，以爲唐堯即天子位歲在甲辰，推而下之以迄我宋之熙寧，又畧載歲之卦爻以推其政迹，比世之《紹運圖》、《編年》、《通載》、《詮要》等書，最爲優焉。

卷七十六

邵康節觀物篇

《易》之傳尚矣，至本朝而後有先天後天之説，戴九履一，左三右七，二四爲肩，六八爲足，坎以一居北，坤以二居西南，震以三居東，巽以四居東南，乾以六居西北，兑以七居西，艮以八居東北，離以九居南，故《説卦》云「帝出乎震，齊乎巽，相見乎離，致役乎坤，説言乎兑，戰乎乾，勞乎坎，成言乎艮」，此後天之説，文王之《易》也。乾一兑二離三震四巽五坎六艮七坤八，乾自南而左，巽自西南而右，故《説卦》云「天地定位，山澤通氣，雷風相薄，水火不相射」，蓋乾上而坤下，離左而坎右，震東北而巽西南，兑東南而艮西北，二卦各各相對，此先天之説伏羲之《易》也。先儒以此二者爲先天、後天之辨，竊嘗考之《説卦》，惟「帝出乎震」之序合於今人之説，其餘如所謂雷以動之，風以散之，雨以潤之，日以晅之，艮以止之，兑以説之，乾以君之，坤以藏之；曰乾健也，坤順也，震動也，巽入也，坎陷也，離麗也，艮止也，兑説也；曰乾爲馬，坤爲牛，震爲龍，巽爲雞，坎爲豕，離爲雉，艮爲狗，兑爲羊；曰乾爲首，坤爲腹，震爲足，巽爲股，坎爲耳，離爲目，艮爲手，兑爲口；又乾稱父，坤稱母，震巽爲長男長女，坎離爲中，艮兑爲少；又乾爲天，坤爲地，震爲雷，巽爲風，坎爲水，離爲火，艮爲山，兑爲澤。終《説卦》之篇，皆先天之説也，顧未詳考爾。先天千載絶學，麻衣得之，傳於希夷，累傳至康節而後盛行。然余始在永嘉得先天方圓二圖於薛象先叔，似傳《皇極經世》之書於王木叔柟，而不見其全。後丞外府蜀士吕澤甫凝之，以閬州奏事進《經世》之説，阜陵大喜其書，留爲太府丞，同官爲寮，始得蜀本全帙。因得叩其一二，後有《觀物篇》。隔眼大書云出「康節親筆」。今見此卷，悚然起敬。始知板本失真爲多，然猶恨不見其全也。二圖探索無窮，康節之學雖不易窺測，要皆不出於此。《繫辭》所謂太極生兩儀，兩儀生四象，四象生八卦，明道先生所謂「加一倍法」，盡在是矣。使伏羲文王周公孔子復生，不能加損毫末於此，不如是，何以順性命之理，通幽明之德，類萬物之情哉！孰復嘆仰以還，罄其謏聞，書之以俟知者。

卷一百二

太府卿王公墓誌銘

公自蜀歸，一見即自言此行他無所得，嘗從康節先生孫曾傳易數甚詳，以兼官玉牒，時時相過，論人窮達壽夭奇驗甚衆。許以傳授，久而弗得。語其家人曰：今年我當厄，會萬里之行，其能免乎？一日取其書細焚之而去，未幾遂下世，豈偶然也。

卷一百六

駱觀國墓誌銘

易道不明久矣，夫子之于《易》不可及已，然讀之至于韋編三絶，是時十翼猶未作也。近世通《易》者，莫如康節先生。亦寫《易》一部貼屋壁間，日誦數十遍。今之學者未論，明《易》能讀者蓋寡。嘗聞旁邑有駱君觀國，能凌晨暗誦全帙。大寒暑如一日，至老不廢。每歎以爲難及，而未之識。近者叔父學賔與從子沐致郡，博士楊君成己之意云：有里士駱士宏與之有連，求志其先人之墓，既而沐又介以見，泣拜，且請就閲，行實即觀國也。乃爲序而系之銘。

止堂集　宋彭龜年撰

卷十

易覽圖序

古者史官記事，以事繫日，以日繫月，以時繫年，自司馬氏作《史記》一變其法，然猶以年表存編年之舊。至西漢功臣表繫以大事，始髣髴簡册遺意，自是以後古法寖不復見矣。本朝司馬文正公作《通鑑》一書，易史記爲編年，裕陵錫名《資治通鑑》，簡帙浩大，未易竟編。公嘗自周威烈至周世宗爲《歷年圖》，年舉大事，又嘗修國朝公卿年表，倣司馬法各舉大事于上，最後合二書爲《稽古録》，可謂精當矣。然猶恨《稽古録》不如《歷年圖》一覽可盡見也。今世所傳圖，乃自漢而下，亦未嘗年舉大事，恐非其舊。姑因其圖實以《稽古録》，又參古《資治通鑑》本書及目録，舉要即康節先生《皇極經世書》、新安朱氏《通鑑綱目》、東萊吕氏曰《大事記》、眉山李氏《通鑑長編》，譜而圖之名曰《易覽圖》。非以求簡便也。昌黎韓文公謂記事必提其要，蓋提要則綱領舉而數千年治亂如指諸掌矣。若不韙之罪，則不敢自恕焉。

浪語集　宋薛季宣撰

卷三十

近世大儒司馬文正推太玄曆，邵康節譜《太玄圖》，坎離震兑氣節直卦皆同一行，唯以五卦初爻相次用事，從《易軌》云。今術專本京氏，用六爲法，以辟卦爲局，六時一卦，日法以直卦爲局，二一刻一爻，坎、震、離、兑、頤、晉、井、大畜，以分數除減半之。蓋三十日三百六十時六日六百刻皆周，而與《易》象俱終，悔吝吉凶亦可直以經卦世爻爲斷。

渭南文集　宋陸游撰

卷二十九

跋蒲郎中易老解

易學自漢以後寖微，自晉以後與老子並行，其説愈高愈非《易》之舊。宋興，有酸棗先生以《易》名家，同時种豹林亦開門傳授，傳至邵康節遂大行於時。然康節欲以授伊川程先生，乃拒弗受，而伊川每稱胡安定、王荆公《易》傳，以爲今學者所宜讀。惟此二家，王公乃自毁其説，以爲不足傳。著論悔之，《易》之難知如此。夜讀蜀蒲公《易傳老子解》，喟然歎曰：「公於《易》與《老子》，蓋各自立説，迹若與晉諸人同而實異也。」書以遺其族孫申仲，試以予言請問信何如也。嘉泰二年九月丁卯笠澤陸某書。

江湖長翁文集　宋陳造撰

卷三十一

題邵太史西山集

邵公濟博，康節孫，子文之子，溥弟也。其文章贍縟峻整傑出。南渡後，晁以道嘗曰：「恨六一東坡不見子。以道名重一時，非多可者。設二文忠果見之，其必置之蘇子美、毛法曹之間乎。其於熙豐元祐用事，臣涇渭去取正色書之，曾無依違，使人增氣盛德，後所立偉然，天報之也。」此書板在蜀，予丞房陵制置常伯袁公惠五書，此其一。公知我有好書癖，致之不憚遠負以馬，蓋綱卒也。其勤叵忘，况吾之能好常伯之肯致子孫繼吾業歟？皆宜念且寶之。

南軒集　宋張栻撰

卷十四

經世紀年序

太史遷作《十二國世表》，始記甲子起於成周共和庚申之歲，庚申而上則莫紀焉。歷世寖遠，其事雜見，於諸書靡適折衷，則亦傳疑而已。本朝嘉祐中，康節邵先生雍出於河南，窮往知來，精極於數，作《皇極經世書》，上稽唐堯受命甲辰之元，爲編年譜。如去外丙、仲壬之祀，康節以數推知之，乃合於《尚書》「成湯既没，太甲元年」之説。因康節之譜，編自堯甲辰至皇上乾道改元之歲，凡三千五百二十有二年，命之曰《經世紀年》，以便觀覽。間有鄙見，則因而明之。如《孟子》謂「堯舜三年之喪畢，舜禹避堯舜之子而天下歸之，然後踐天子位」，此乃帝王奉天命之大旨，其可闇而弗章，故皆書其服喪踐位之實焉。夏后相二十有八載，寒浞弑相，明年少康始生于有仍氏，凡四十年而後祀，夏配天下失舊物，故於此四十載獨書少康出處，而紀元載於復國之歲，以見少康之君臣經營宗祀絶而復續，足以爲萬代之冠冕。於新莽之篡缺而不書，蓋吕氏不可問漢統，而所假立惠帝子亦不得而紀元，故獨以「稱制」書也。以至周文王之稱王，武王之不紀元於國，皆漢儒傳習之繆。先覺君子辨之詳矣，故皆正而書之。漢獻之末，曹丕雖稱帝而昭烈以正義立于蜀，諸葛亮相之，則漢統烏得爲絶？故獻帝之後即係「昭烈」年號，書曰「蜀漢」，逮後主亡國而始繫魏。凡此皆節目之大者。嗟乎！世有古今而古今不間於一息，事有萬變而萬變卒歸於一原。蓋理義根乎天命而存乎人心者，不可没也。是故《易》本太極，《春秋》書元以著其體用，其示後世至矣。然則《大易》、《春秋》之義，其可以不明乎？乾道三年正月甲子謹序。

卷二十七

觀少康年次

邵康節《皇極經世》中以寒浞滅相係於壬寅，是歲或癸卯，少康生，而克復舊物乃在癸未，凡四十有一年。方少康在繈褓，而夏之臣靡固有滅浞而立之之心，經營許久，乃遂其志。若靡者，可謂忠之盛者矣。方寒浞在上澆豷縱横之時，少康獨有田一成衆一旅，其勢可謂湮微，而卒用以興其間，圖回謀慮必大有曲折，惜不復傳於後，猶幸有《左氏傳》所載耳。要之靡與有鬲氏、有仍氏皆佐少康以有爲者也，若使少康之君臣此數十年中不忍而欲速，則身且不保，而況國乎？惟其潛也若深淵之靚，故其發也如春陽之振動，惟其時者也。

北溪大全集　宋陳淳撰

卷十一

河圖洛書説

河圖、洛書有定義，古今傳者多矣。劉牧之説最爲後出，而世之學者多不自知其誤也。噫！盍亦考其源流之實歟？謹按：孔安國曰「河圖者，伏羲氏王天下，龍馬出河，遂則其文以畫八卦；洛書者，禹治水時，神龜負文而列於背，有數至九，禹遂因而第之以成九類」，而劉歆亦曰「伏羲氏繼天而王，受河圖，則而畫之，八卦是也；禹治洪水，錫洛書，法而陳之，九疇是也」。河圖洛書相爲經緯，八卦九章相爲表裏」，此河圖洛書之定説也。又按：關子明曰「河圖之文七前六後，八左九右；洛書之文，九前一後，三左七右，四前左二前右，八後左六後右」，而邵康節亦謂：「圓者河圖之文，歷紀之數其肇於此乎？方者洛書之文，州井之法其放於此乎？」蓋曆法有所謂二始二中二終，正一二五六九十之數，而州井亦以九數爲率，此河圖、洛書之定數也。如劉牧者，又在康節之後，反從而易置之。以九數爲河圖，十數爲洛書，且謂二者「俱出於伏羲之世」，而伏羲之所兼取，託言其傳出於希夷。夫康節亦希夷之後也，豈康節不得之，而牧獨得之乎？吁！是亦未嘗考其源流之實而已矣。

先天圖説

昔者伏羲氏之作《易》也，始畫八卦，又因而重之爲六十四，莫非其理氣象數之自然而然，初無一毫智慮增損於其間。自孔子以來，莫有明其意者，闕以爲伏羲止於八而文王六十四，至我朝邵康節先生闕得其説於《大傳》之文，遂爲之圖，名之曰《先天》。

後天圖説

伏羲之《易》，先天學也。文王之《易》，後天學也。先天之卦，以乾居南坤居北，離居東坎居西，震居東北巽居西南，艮居西北兑居東南。乾坤縱而六子横者，此《易》之所由本也。後天之卦，以離居南坎居北，震居東兑居西，乾居西北坤居西南，艮居東北巽居東南。震兑横而六卦縱者，此《易》之所以爲用也。夫先天之所由本者如彼，而後天變而爲用者乃如此，其故何也？蓋乾本生於子而成於午，坤本生於午而成於子，故乾南而坤北者，天地之成位也。及其交，則乾反其所生於北，坤反其所生於南，於是乎爲泰矣。然乾者陽之極而爲父，坤者陰之極而爲母，父母老則退不用之地，此其再變也，乾所以退乎西北而坤所以退乎西南也。離本升於東，坎本升於西，此日月之常度也。及其交，則東者自上而西，西者自下而東，於是乎爲既濟矣。然坎者乾之中男也，離者坤之中女也，父母既退，則男女得位，此其再變也。坎所以得乾位於北，而離所以得坤位於南也。震爲陽生也，本起於東北，巽爲陰萌也，本伏於西南，然震者乾之長男也，巽者坤之長女也，乾既退，則長男當進而用事以主發生之權，坤既退，則長女當出而代母以司長養之職，此震所以居東而巽所以居東南也。艮爲山也，本高於西北，兑爲澤也，本傾於東南，然艮者乾之少男也，兑者坤之少女也，乾既退，則少男當出附於震之後以習其生，坤既退，則少女當反侍於坤之側以成其養，此艮所以居東北而兑所以居西也。坎離震兑四者，皆當四方之正位而爲用事之卦也。乾坤艮巽四者，當四隅不正之位，乾坤則不用而艮巽則用之偏也。震艮坎三男者，皆相從以承乾而任父事於前也，巽離兑三女者，皆相與以夾坤而輔母儀於左右也。其爲序則始於震，震而巽，巽而離，離而坤，坤而兑，兑而乾，乾而坎，以終於艮也。以其義言之，則爲萬物出乎震，齊乎巽，相見乎離，致役乎坤，説乎兑，戰乎乾，勞乎坎，成乎艮也。此吾夫子之所已發明於《大傳》之文，而非康節臆度而强爲之也。

卷十六

易本義大旨

昔者伏羲氏仰觀俯察，有以見乎陰陽奇耦之相生，交換變易，自然而然，其勢若不容已，於是作《易》以配之，始之爲八卦，一乾二兑三離四震五巽六坎七艮八坤，加倍而重之爲六十四而布之爲圓圖，則乾南盡於午中而姤生焉，坤北盡於子中而復生焉……至我宋康節邵子之圖出，於是乎伏羲之精畫卦以示者，始可得而見。伊川程子之傳，出於是乎？文王周孔之藴因卦以發者，始可得而明。今晦翁先生《本義》之書，蓋又發揮邵圖之法象，而申明程傳之旨趣，本末兼該，精粗具舉。推本四聖所以作述本然之義，而易道之盛至是無餘藴矣。其綱領備於五贊，末可直以占法視之也。抑程子昔以傳示門人曰「只説得七分，後人更自體究」，若晦翁是書，其補程子之三分而上以達于四聖之心也歟？

卷十九

原畫

伏羲作《易》根原，備見於先天一圖。世傳是圖出於邵康節，以爲得之陳希夷、穆伯長而來，而其實固已具於《繫辭傳》「《易》有太極」章及《説卦傳》「天地定位」章矣。

卷二十二

今所刊《本義》六十四卦方位，以乾一八卦居東南，兑二八卦居正東，又蹉退了，不合自然之位。且以復居北之初隅，姤居南之初隅，則是十一月節氣便爲冬至，而五月節氣便爲夏至矣。又無方布，與圖後説不相應，爲悮無疑。書坊所貨《六經圖》有先天象圖，位次恰如此。注出康節，未必果康節，胡本其出此歟？後别换一版者，位次却是，而亦少有未當。如其中方布無卦名，亦可以證圓布之不必注卦名。其八卦界處須有小竪畫以别之，又須注乾一兑二等字於本位之中及冬至子中等語於本方之中。

卷二十五

所論先天順逆之説太泥，左旋右轉相滚雜，終竟未瑩。據《説卦》本語，自古無人曉得字義，直至康節先天之學始説得出，而《啟蒙》、《本義》復用其説而詳之，已甚明白矣。如圓圖之左方，自有乾一而後有兑二離三震四相次而生，而卦氣則自震之初爲冬至，離兑之中爲春分，至乾之末而交夏至焉，皆是順數其已生之卦而言，如順天而左旋，故曰「數往者順」。其右方，自有巽五而後有坎六艮七坤八相次而生，而卦氣則自巽之初爲夏至，坎艮之中爲秋分，至坤之末而交冬至焉，是皆逆數其未生之卦而言，如逆天而右行，故曰「知來者逆」。然推原《易》之所作，乃從乾一兑二離三震四巽五坎六艮七坤八相次而生，然後成六十四卦焉，故曰「易逆數也」。凡此所謂逆順，其主意只是「已生」、「未生」爲别，而康節引天左右旋爲譬，亦各就兩邊言之耳。

卷四十二

康節本從數學入，因而究竟得事物之理，一一有自然歸著到那盡頭，遂亦通及本原。如先天圖象、《經世》、《觀物》及《擊壤》中冬至、天根月窟等詩皆可見，只是理義根原正面大體上未能透徹，無周、程等學問意識。周、程是正用功理義之學，於陰陽太極性命原頭，大根大本人事，大體上極瑩徹精熟，而小小節目亦有疏漏處，如易學象數却無康節《先天圖》畫底意思。乃以抑末視之，不屑爲所論聖賢傳道之統者，惟周、程獨當之，而語君子成德之域，則康節亦所不歉。學者考師友淵源，固不可不灼知本末，而亦不可徒爲高山之仰，當各盡其景行之實，然後於切己俱爲益也。

卷八

邵伯温父邵康節，河南人，熙寧丁巳卒於洛，程明道誌其墓。伯温、仲良，其子也。伯温字子文，傳康節易學，節行尤高，以經明行修薦授大名助教。初，温公之子公休卒，温公之後再絶，獨公休之妻張夫人無恙，遂復立族子爲公休後。朝廷遂除子文教授西京經紀，温國之家屬任之，意略亦可見。其後章子厚欲用之，子文不求進也。徽宗即位，日食求言，伯温坐上書，斥幾四十年。建炎初没，於利路轉運副使。紹興七年，趙忠簡當國，上其所著《辨誣》，乞行追録，始贈秘撰，詔藏其書於史館。子文本末備載於忠簡一疏，其守道行，已可謂始終無愧於師友矣。然賢者遇非其時，顧亦有重不幸者。先是，堂吏魏伯芻嘗知石泉軍，宣和中蔡京用伯芻變鹽法，帑藏驟增，擢伯芻爲外府卿，提舉榷務，其後除伯芻徽制，以賞其功。故事，從官除拜，得自舉代，伯芻狀卷：「伏覩朝奉大夫，權知果州。邵伯温識量淵明，學術該博，外寄遠邦，吏民畏愛，儻置要途，必有異能。臣實不如，舉以自代。」伯温早登富公、温公、小申公、二韓忠宣之門，薦之者乃持國范純夫，伯芻小人，據非其位，乃自詭薦賢而不揆，其不韙不知，誰實教之。雖子文名德皭然，彼安能浼然，亦可謂賢者之不幸矣。

性善堂稿　宋度正撰

卷十

四先生畫像記

紹熙二年，正始來見劉公德修於漕使者之第公辱館之門，已而正首言：「濂溪周先生幸仕敝鄉，宜有祠於學官，祠當以明道、伊川配公。」下其説有司，求二先生像不得，則訪之堅父家，堅父固有二先生書無其像，乃徧求之遺老故家，遂併得横渠、康節四像於懿恪王公世孫焉，既以付有司具祠矣。正歸舉以相示曰：「此中原舊物也，正晚生，不及親見四先生道德之容，不知肖否？」冠皆今三山帽，獨康節小異，唇有翼圍之匝，伊川内服純白袍，以黄草色之透見内服，明道、康節袍以黄土色之不見内服。項間見者，明道皂，康節杏紅，領皆白，横渠内服白道袍如内服之色，領緑皂，下横幅，三先生之袍亦如之。繫皆以縚，今吕公縚也。履皆白。大抵明道、横渠、康節冬服，伊川夏服。明道袖而立，貌方而多髯，有坐如枯木，言如春風之意。横渠拱而立，貌圓而寡髯，有至大至剛以直之意。康節竦而立，貌癯而身大，有傲睨萬物之意。伊川左執縚右執麈尾，粲然而立，有温而厲威而不猛之意。每一觀之，如親見四先生也。像之上序贊各一首，康節門人洛陽楊怡作書以隸。正苦留遂得之，載與俱來，净掃一室，安之其中，起敬起愛。噫！四先生之像，其存者如是。至心之精微，則有若《易傳》，有若《遺書》，有若《正蒙》，有若

《皇極經世》。後之學者不得於心，勿求於貌可也。五年月山陽度正記。

洺水集　宋程珌撰

卷六　講義

易議

易有君子之道四焉，以言者尚其辭，以動者尚其變，以制器者尚其象，以卜筮者尚其占……自王弼以後以至于唐下之人，亦莫有傳此《易》者。江南義疏祖尚虚無，蓋至於唐僅得一孔穎達辨析音義，頗爲當時所宗。然至於聖賢用心，斯道大統，彼固未之深及也。宋興百年，名儒輩出，胡安定得其用也，邵康節得其數也，程明道伊川得其理也，周濂溪得其體也，張横渠得其用也，然後《易》之道遂大明於天下。

蒙齋集　宋袁甫撰

卷十一

贈祝君泌序

康節《觀物篇》，其學自老氏乎？致虚極，守静篤，萬物並作，吾以觀其復，斯道也。豈獨老氏？《易·繫辭》曰「設卦觀象」，物皆象也。又曰「聖人見天下之動，而觀其會通」，物皆動也。

老氏守静，觀復乃動也。易觀其動乃静也，何動非静，何静非動，陰陽剛柔互爲其根。知此者，可以觀矣。祝君好康節書，余大書「觀物」二字遺之，非觀物也，自觀也，觀我生，觀民也，大觀在上，何物何我，祝君識之。

雪坡集　宋姚勉撰

卷七

癸丑廷對

臣伏讀聖策，曰遺逸之召，當取人於巖穴，如藝祖之招王昭素，太宗之召陳摶，真宗之起种放，有光簡册矣。今日亦未有可副明揚之旨者，抑又何歟？臣有以見陛下廣羅人才，而取遺逸於科目之外也。臣聞逸民之舉，天下歸周，幽人之求，民心附漢。遺逸固有國之所先也。然而不求聞達而後可謂之遺逸，借此以釣名者非也。不慕榮貴而後可謂之遺逸，階此以媒進者，非也。漢有樊英，終於敗節。唐有藏用，亦至損名。本朝邵雍、常秩，其初亦無大異，審觀其後，然後秩僞而雍真矣。

卷四十一

書邵堯夫真蹟後

邵子之學，某未能窺其妙也。邵子之妙，烏在在於觀，《觀物篇》所謂皆自我而觀之是也。

觀之妙，妙矣哉！《易》曰「復其見天地之心」，又曰「觀其所感」，又曰「觀其所恒」，又曰「聖人有以見天下之賾而觀其會通」，非謂觀之妙乎。觀象於天，觀法於地，伏羲作《易》之初蓋然矣，觀之妙乎妙矣。自我而觀，妙於觀矣。孟子曰「萬物皆備於我矣，反身而誠樂莫大焉」，程子曰「靜後見萬物自然皆有之意」，皆妙於觀者。邵子之妙，最於觀處得之。邵子臨没且曰「吾欲觀化一巡」，觀至於死生之際，則妙於觀者，蓋不囿於死生而超出乎死生之外矣。妙矣哉！夫觀即格物也，物格則知至矣。此邵子所以妙而神也。雖然，必有以用其力焉。某聞邵子嘗大書「檢束」二字於坐右，夫此心必有檢束，不至放縱，而後可以觀天地萬物古今皇帝王伯之變。檢束者，用力之初也。眉山宋君可傳出邵子《觀物篇》真蹟示某，某焚香寶誦觀之，其字畫莊正，無一筆放縱，其於檢束中得之明矣，後學何敢不力。宋君既珍此帖如金玉，必有得於邵子之學之妙，不知某可與共學否？

卷三十七

康節之詩曰「堯夫非是愛吟詩，詩是堯夫得意時」，詩非愛吟也，得意則詩耳。堯夫之詩不適乎？三百五篇之詩，固有出於塗歌里咏，小夫賤隸之口，未常求爲文也。而其文至後世，老師宿儒有所不能道。此無他，小夫賤隸不求詩而詩，老師宿儒求詩而反不詩，如此可與言詩矣。

竹溪鬳齋十一藁續集　宋林希逸撰

卷十三

題子真人身倡詶集

右五言三百首，石塘林子真所寄也。超倫絶類，出人意表。始若可駭，徐而愛之。曰是詩也，非詩也，真詩也。詩之所以爲詩不如此也，然而必如此也。何爲而不如此，梓匠輪輿，各有規尺，是豈規尺哉？何爲而必如此，蕢桴葦籥，自爲鼓吹，此非鼓吹乎？規尺之常，人人知之，鼓吹之妙，非有道者不知也。删後無詩，固康節言之。然《擊壤》諸吟，何愧於古。彼其規尺，豈與古同，所以鼓吹者，同一機也。康節之後又無詩矣。幸而子真得之，子真之規尺，豈與康節同哉？惟其不同所以爲同，同則不同矣。雖然，難能也，亦難知也。世無康節，人必不知之，雖然，幸而不知也，人人知之。則我不貴而機泄矣。抑不知子真知之乎，人知之乎，身知之乎，倡者知之乎，詶者知之乎，皆不知也。則余又何以知之？子真囑余爲之勘辨，如斯云者，其知乎其不知乎？

卷二十五

太玄精語

子雲作《太玄》以擬《易》，昔人以爲僭，惟韓退之屢稱之。至我朝康節、司馬、老泉却喜其書。康節用其數，老泉論其旨，司馬公爲之註。獨東坡乃謂以艱深之辭文淺近之説，此語固佳，但子雲之辭雖非《易》比，然亦豈《易》能哉？

魯齋集　宋王柏撰

卷四

宇宙紀畧序

伏羲之世，上上古也，天機動而河圖出，人文闢而八卦成。天何言哉？感伏羲之心，假伏羲之手，開千萬世文明之治，伏羲亦何言哉？得於心應於手而自有不可勝言之妙，不知其幾千百年也。至文王繫彖，周公繫爻，吾夫子又從而翼之詞，則費矣。圖將隱矣，夫子憂其圖之遂亡也，以四句十有八字紀之於《大傳》，又不知其幾千百年也。至我本朝康節邵先生始得而傳之，及朱子《本義》之書作，而先天後天之圖於是粲然而大明矣。予往歲於康誠求家見一先天圖，規制甚簡，古云得於徐毅齋，心甚愛之，每疑其中分一半若倒轉，然於造化不合，耿耿久之。壬戌之冬，上蔡書院納交於玉峰車君，首出此圖示予，即向者之所見其可疑者，已正之矣。終日對之如在伏羲之世，甚矣，車君之能古其今也。上天下地，古往今來之紀，孰有大於此者乎？

卷十

夫一非數也，此數之所由始也。天開於子，其體圓而虚，地闢於丑，參乎天中其數爲二，故曰參天兩地，倚數之元，自是一陰一陽，動静變合而生五行。天一生水，地二生火，天三生木，地四生金，天五生土，五行各一陰陽，是曰十干，日月所會之次舍謂之辰，周天凡十有二辰，干辰相摩爲六十甲子，以六十甲子紀其年月日時，此曆數之名號也。後世於曆家窺見此理，則以人之所生歲月日時推其所直之甲子，亦名之曰命。此固不可謂非天之所賦也。於此可以推其性情得於仁義禮智者，孰多孰少，可以推其氣禀得於貴賤壽夭者，孰厚孰薄，苟精其義，亦可入神。又有以五星之躔度吉凶推之，今考其學以日計時，得命十有二次，其六十之十二得命七百二十，計之以日，又六十其七百二十，得命四萬三千二百，又概之以歲，六十其月則得命二百五十有九萬二千矣。夫以二十有二字之至約，參伍錯綜甲子凡三周，敷衍變化，數之繁夥，一至於此。其術可謂神矣。然以古今之遠，四海之廣，人生林林，過者化來者續，維天之命，於穆不已，乃俱囿於二百五十有九萬二千命之中，又何其術之窮也。又有不推五行五星而一依於數者，紛紛衒鬻於天下，如太一之小遊三百六十年，太一之大遊四千三百二十年，軌革之九百六十年，九戹之四千五百六十年，楊氏《太玄》之八十一首，關氏之《洞極》二十七家，司馬公之《潛虚》五十五行，尤局促而易窮也。惟康節邵子之學衍而申之爲最盛，以三十年爲一世，以十二世爲一運，以三十運爲一會，以十二會爲一元。曰元會運世者，不過又加一大年月日時也。然囿於數而終不能無止法，推其極亦不過五萬五千九百八十七萬二千而已。

卷十一

跋趙宰先天圖

嘗讀康節之詩曰「皇王帝伯經褒貶，雪月風花未品題」，蓋直欲以是爲勳業，爲事權比方。聖經爲古人之缺典，先生之詩未易觀也。朱子曰「康節之學，其骨髓在《皇極經世》，其花草便是詩」，草巢之爲編，已於花草上見造化，更能敲出《經世》骨髓，使天下之民皆擊壤而歌之，豈不幸歟？

卷十七

瑩寵示《先天圖》，却於此備見此公之爲學矣。想是他自有願學之心，只是不得師友，不循塗轍，往往自盲擿剽些道理來説，便欲將來立論，誤矣。康節之學非是難學，蓋是不可學。若一一定之於數，則王道可廢，世教可息，三綱五常任他作壞，不必扶持，亂臣賊子任他縱横，不必誅戮，何者？其數當如是也。數之爲學，固不可謂無此理。自是天地間一珍祕物事，不可將來治國平天下，此聖人所不學也。以二程與康節如此密熟，甚欲傳與二程，而二程不肯承當者，是誠無用於世教也。但渠精於數，因用心推得天地萬物之理，於吾道無悖，是以程朱以來推尊之而不敢非也。若是正面工夫只是數學，後學求聖人之道，自有正當常行大路，正不必向康節脚下喫辛苦討道理也。於此可以見他無師友盲擿處，亦甚可憐也。

須溪集　宋劉辰翁撰

卷四

《易》至邵康節初有用耳。康節四不出，出遇人云日有未佳即返，顧不知數耶？此其所以知數也。今人語《易》神異，而日用之不知。古人開口必於《易》，故王子廖、知莊子、子太叔皆曰「是在《易》也」。某之某尚須卜耶，通身皆易，通天地皆易，通古今皆易，而不知，知讀而已。讀何用，又未有知無用之用也。

碧梧玩芳集　宋馬廷鸞撰

卷十三

跋蔡以仁經世曆

鄉友蔡兄，宿悟神解，於康節曆書翻覆研精，以己所到爲是。橐其書，將入閩訪之西山後人，求其遺編，參合考訂以行於世。索書題辭。或問季通曆法於文公，公曰：這都未理會得，如今須是也。會布算也，學似他了，把去推測，方見得他是與不是，而今某自不曾理會，如何説得。自古以來，無一箇人考得到這處然也。只在《史記》、《漢書》上，自是人不曾去考。司馬遷、班固、劉向父子、杜佑説都一同，不解都不是。然則《皇極經世》蓋合遷、固、劉向、杜佑之説爲一書，豈獨自空中樓閣出耶？

卷十五

跋黃君觀物外篇詳説

「何啻千年與萬年，歲寒松桂獨依然。若無揚子天人學，安有莊生内外篇」，蓋先生所自賦者若此，張子堅所授，謂非先生遺書不可也。余嘗讀蜀儒觀物張公所爲《衍義》九卷，今又得鄉之隱君子黃君詳説而讀之。張公書既經淳熙聖人天語訪問，已悉上送官矣。黃君精思妙契，藏之名山，意者猶待萬世而一遇也。先儒謂聖人作《易》爲義爲數，知義不知數，雖善無所統。余於數學蒙蒙然如坐雲霧，無以勘辨二家之書所以爲「衍」爲「詳」也，獨於黃君書有感焉。朱文公謂康節之學稍近莊老，今嘗疑其書時有取於老莊之遺。今君於此書扶道貶異，雖先生所援引，不敢苟狥焉，嚴哉！文公又謂康節以十爲河圖九爲洛書，余又疑其書未嘗及此。書謂九十之説，其實特在乎曆紀州井，無以他説攙入，亂其正意，深哉。嘗鼎一臠所見如此，誠有味乎其言之也。余老矣，計吾所知不若其所不知，則莫如釋而弗推。雖然，吾州固多長才秀民，豈無爲君沽酒奉觴親嘗粥藥於百原之上、雲山水竹之間者？君其無謂吾非黃石癡老子，可以跪履取得而試與彼議其將有爲之衍繹者。

卷二十一

讀史旬編自序

《讀史旬編》者，病叟暮年之所著也。昔東萊呂太史著《大事記》，其爲書也，曰《記事》；列事之目，無所褒貶抑揚，曰《通釋》；本《易・繫辭》、《書》《詩》序，旁採劉向、董仲舒、史遷以及胡五峰之説，明帝王之統紀曰《解題》，爲始學者設，所載皆職分之所當知，非事駁雜求新奇，出於人所不知也。初，公之爲書，本起春秋迄五代，書未及成而絶筆於漢武帝征和三年。朱文公屢惜之，傷斯文之不續，後學之不得私淑諸人也。今輒不自揆，本康節邵氏《經世》紀年圖、朱文公《通鑑綱目》，略倣吕氏義例而爲《讀史旬編》。旬者，日之甲癸也，《書》曰「期三百六旬」是也。吾書以日之甲癸比於年之甲癸，謂之「旬編」。自堯甲辰至五代周顯德七年庚申，原注：周以此年正月四日方禪。三千三百一十七年爲三百三十二旬，原注：末旬自甲至庚。類而編之。自康節先生作《皇極經世書》，紀年始唐堯甲辰，而堯之前無年可紀，於是伏羲而下至唐堯之前，本《易大傳》《家語》《五帝德》與夫百家言皇墳者書，其概以備太古之事而譜黄帝之世焉。原注：譜黄帝所以譜唐虞也。唐虞皆爲五帝而皆不傳於子，則無可譜者。又自堯甲辰以下以至周平王己未之前，原注：太史公編年首共和庚申厲王居彘之歲月，今但以春秋初年爲斷。隨年而書其事，無事則虚其年。終之以《詩》《書》雜傳所載，以備二帝三王之事而譜夏商之世焉。原注：唐虞既無可譜，周之世數未也，未可譜。自孔子作《春秋》編年始周平王之四十九年己未，終敬王之三十九年庚申魯西狩獲麟，《左氏傳》終貞定王元年癸酉魯哀公如越。是編入春秋之後，列事目於前，《春秋》之經是也。述解題於後，凡王事伯事之可論者，著之諸國之事，不著其他，則有左氏之傳諸儒之經説，不敢僭焉。自司馬公作《通鑑》始周威烈王之二十三年戊寅，而威烈王戊寅之前，上距貞定之甲戌，《左傳》之所不書，《通鑑》之所未續，則採劉道原《外紀》爲傳鑑補遺之書，亦隨年書其事，無事則虚其年而不敢遺焉。《通鑑》戰國而下以至五代後周之前，亦列事目於前，朱公之《綱目》是也。述解題於後，倣東萊《大事記》，閲諸家之史以廣其見聞，集諸儒之説而訂其得失。若征伐之本末，制度之沿革，亦粗及之，而譜周至五季之世焉。自黄帝迄五季，其子孫之傳序已見於譜矣。漢、三國、六朝、北魏、齊、周以及五季，其疆理之離合又爲圖焉。成書之首，以通説數條，論作史之源流，歷代之首則以《皇極經世》數考氣運之推遷，凡此皆職分之所當知者，而愚恨其不能盡知，且聊欲便省記也。其如孤陋寡聞何？經始於壬午之冬，徹編於乙酉之秋，越三歲而後三十有八帙之書成，姑以備遺忘授兒曹而已。陳了翁言《通鑑》爲藥山學者，惟當愛日孜孜日游此山而已。吾老且倦游矣，東坡云「脚力盡時山正好，莫將有限趂無窮」，唐子西亦云「棋罷收成敗，書慵卷是非」，棋之成敗猶書之是非，罷且慵之時，收且卷之日也。窺陳編以盜竊，長兀兀以窮年。豈七十老翁事哉！雖然，是固不可不令兒輩覺也。乙酉秋澥書。

厲王共和

太史公讀《春秋》曆譜牒至周厲王，未嘗不廢書而歎。蓋太史公十二諸侯年表序篇之説云爾，是春秋譜之所由起也。人知《春秋》編年，不知編年始於共和之初。人知《春秋》成而亂臣賊子懼，而不知亂賊兆於厲王之世。太史公之説微矣哉！或曰：紀年何必始於共和？曰：康節《經世書》始堯即位甲辰者，疑年也；史遷始共和紀年者，實年也。惟其疑，故甲辰紀元起於皇甫謐之説，而《外紀》附注或曰戊寅辛卯，滋紛紛矣。胡五峰謂邵氏精極天地之數，必不妄，是以從之。惟其實，故共和庚申紀年之後千歲之曆可紀，無異説也。然亦非一朝一夕之故，蓋周自昭王以後，無年可紀。《三統曆》劉歆本《史記·魯世家》推魯之年以紀周之年，自伯禽以後魯之傳序皆有年可書，諸國之所無也。此固魯秉周禮之一驗耳。

斐然集　宋胡寅撰

卷十三

邵伯温贈殿撰

士君子依仁守義，雖不見用，乃有追録褒贈之典，施于既死之後。使聞其風者，興起尚論，如見其人，亦何存没之間哉！維先民康節學貫三《易》，懷寶遯世，而爾以孝謹爲之子。維先正弼光公著純仁，道德勳賢，表儀百代，而爾以學行受其知。浮沈下僚，迄不大試，柄臣有請，朕用慨然，寵以論撰之華資，庸示儒林之深勸。

默堂集　宋陳淵撰

卷二十二

己未十一月十七日夜，夢邵康節論數，手持一卷紙，縱横界如棋局，其上有字，不依窠眼翻卷之，示余云「天地之數不可干他，陽生自至」。余嘗論命，以謂上聖至於下愚，莫不有分。分既定矣，不能乘之。以往而欲致力於其間，非贅則虧，故人爲非命也。《孟子》曰「莫之致而至者，命也」，周公告君奭曰「在亶乘兹大命，所以處之」，其説盡矣。由是言之，數既已定又豈可干乎？待其自至可也。世之不知命者，謂人力可以必爲，縱其欲利之心，無所不至，而終無所成者多矣；或者推之荒忽一切，不爲怠惰委靡，使天之所賦莫或助之，其亦自暴自棄而已。二者胥失也。故命於人無不定，聖人安之，君子信之，至於下愚，則役於陰陽而不自知矣。

文忠集　宋周必大撰

卷十七

跋向子諲家邵康節戒子孫文

康節先生心聲正大，可以銘盤，心畫遒勁，可以貫隼。薌林公寳藏以示子孫，厥有旨哉！淳熙戊戌十月十二日觀於摛文堂。

卷十八

跋向氏邵康節手寫陶靖節詩

康節先生藴先天經世之學，顧獨手抄靖節詩集，是豈專取詞章哉，蓋慕其知道也。宣和末，臨漢曾紘謂舊本讀《山海經》詩「刑天無千歲」，當作「刑天舞干戚」。某初喜其援證甚明，已而再味前篇專詠夸父事，則次篇亦當專咏精衛，不應旁及他獸。今觀康節只從舊本，則紘言似未可憑矣。開歲倏「五十」或作「五日」，近歲祁寬謂五十則與辛丑不合。今康節直作「五日」，尚何疑焉？淳熙己酉重明節，舟次臨江，薌林向公之孫士虎出示此軸，因表而出之。

雪山集　宋王質撰

卷八

又如談《易》，自知數始，世之知數者少，惟康節以此遺後人，爲入《易》之門，而人多因辭生理，惟其意之所欲，不知聖人一字不虛發，寓理于數，寓數於理，旁通曲貫，數理並行。所謂吉凶悔咎，皆有自而生，故以邵意、邵辭、邵數、邵理、邵訣、邵驗而爲「六邵」，稍見康節之緒餘，而不爲艱深，盡屬平易，非如張公文饒之有所泥，而不導當世以通津。此某欲妙而未能妙者也。

東萊集　宋呂祖謙撰

卷六

大事記序

司馬子長《年表大事記》，蓋古策書遺法，獲麟以上既見於《春秋》經，周敬王三十九年以下，今采《左氏傳》歷代史、邵康節先生《皇極經世》、司馬文正公《稽古録》、《資治通鑑目録舉要》歷輯而廣之，意所未安，參稽百氏頗爲增損，書法視太史公所録，不盡用策書凡例云，起春秋後，訖于五代。

卷七

與朱侍講

《通書》已依《易傳》板様刊，但邵康節一段所謂「極論天地萬物之理，以及六合之外」，不知六合如何有外，末載伊川之類，亦恐是邵家子弟欲尊康節，故託之伊川，不知可削去否？其它所疑張丈已報去，更不重出。《太極圖解》近方得本，玩味淺陋，不足窺見精緼，多未曉處……邵氏載康節一段，意主於稱康節而濂溪之語無所見，恐不載亦無害科舉。

西山文集　宋真德秀撰

卷三十

問邵子所謂道之形體

康節先生曰「性者道之形體，心者性之郛郭」，言道不可得而見，因性而後可見，蓋性之所具皆實理也，故曰道之形體。舍性而言道，則流入空虚矣。

鐵菴集　宋方大琮撰

卷二十七

本朝諸儒之學

問學有師承而聖門之教立，聖人之道散見于諸儒答問語言之間，傳得其宗者惟孟子輿氏及韓文公而止耳。荀與楊則大醇而小疵者也。國朝道統一正，師儒輩出，視昔爲盛，粤自柳仲塗以先秦之文倡天下，尹公繼之，歐文忠公又繼之，而古作大振。陳圖南以先天之學授种明逸，一傳而穆伯長，再傳而李挺之，又再傳而邵康節，學始有源。伯長又以《太極圖》授周濂溪，二程子師之，楊、謝、尹、游輩，其流也，性理之學廣矣。安定之門如劉彝以善水利稱，其他如錢如孫如范間，以淵篤純明直温簡亮名世，率皆發明體用之極致。眉山之學雄偉博洽，門人如六君子者，從而光大之，卓卓爲一時冠。横渠張氏、徂徠石氏、泰山孫氏與司馬氏劉或崇經學，或闡理窟，或以力行，篤實爲之倡，承學者和之，翕然不變矣。夷而考之，自大道既隱，扶持羽翼之功，齊驅並駕，誠未易窺涯涘。然傳道者，必著書或形于已見之自陳，或見于門人之紀録，其詳可得聞歟？伊川與康節極論天地萬物之理，至以數學授之則却而不從。二程學《太極圖》于濂溪，所以啟門人者略不及《太極圖》一語。康節謂「我能物之則我爲物之人」，蓋得于李挺之，而程子深不然其説。横渠《西銘》之作，伊川謂「理一而分殊」，而楊龜山深辨其兼愛之患。歐公論性非聖人所先，而世謂其性分之内全無見處。坡公權書衡論之作，或謂戰國縱横之書。或黨其師之學，或叛其師之説，脉絡貫穿，孰異孰同？立朝行己之端，正心治國之要，精粗本末，孰先孰後？門人之所得何者爲優，宗派之所傳，何者爲正？考先儒之緒言，印胸中之定見，願相與折衷之，以觀諸君子淵源之學。

字溪集

宋陽枋撰

卷一

答趙傳之論夏時書

蒙不鄙庸謬，教以春秋行夏時之説，考證辨論委折詳盡，無復餘藴，此豈一時臆説淺見所能到？一再審諦，亦疑左氏似有附會，唯見康節論前古歲月日時，却説春秋二百四十二年，無一字之差，則王周正月等書，已經康節看過，亦不曾辨正，恐或以千五六百載而下輕變古書，且當更入思慮，緩緩辨證未晚。又《周禮》曾有「正月之吉，始和布教于邦國都鄙」，則亦正月證據，「正月之吉」却周正十一月朔也。又《周禮》正歲觀治象、教象、政象、刑象之法，則是正歲乃夏時建寅之月，似此則亦有正月可證矣。如「正月繁霜」，此則音政，不當以正月言，要之以一月言亦無害，以正月言亦無礙。夫何苦拘拘孑孑攻此一字，以别生疵病乎？大抵夏時萬世之政，惟三王不相襲禮，或以建寅，或以建丑，或以建子，各盡三統之義，而春秋冬夏竟取正於夏時而已，不必深改也。

卷九

辨惑

康節先生詩云「平生不作皺眉事，到處應無切齒人」，此近仙釋言語，聖人治天下須有慶賞刑威，若無一點皺眉的事，有甚分曉。此語是康節自説，他自己初不以訓俗，今人自體認之方好。

康節言《好善》詩云「若求騏驥方乘馬，只恐終身無馬騎」，甚切當，便是見善如不及的學力。

陳希夷先生有云「得便宜處落便宜」，康節先生云「落便宜處是便宜」，余謂康節語不若希夷之寓誡，然「便宜」字亦不必説。

卷十二

讀《擊壤集》曰：「誠是灑然快活，然有康節之心則方會如此，不然有弊，終不若學孔、顏、曾、孟大中至正，快活無弊也。」

巽齋文集　宋歐陽守道撰

卷十九

跋陸象山包克堂遺墨

大率人於死生之變，有能精明不亂，必其平生一依本分，無愧於爲人本分也者。如子止於孝、父止於慈之類，人道之正也。曾子易簀之言曰「吾何求哉，吾得正而斃焉，斯已矣」，平生得正，至此更無分毫缺少不滿之處，故於垂絶而自幸焉。康節邵子病革，對程子亦有「觀化一巡」之語，其將逝也，大書詩曰「俯仰天地間，浩然獨無愧」，邵子千古人豪，然細讀《擊壤集》中，每見兢兢敬畏修省之意，更在從容閒適之表，此其浩然無愧以生以死，豈一朝一夕之積哉！充本分之極，至於邵子，至於曾子，臨終皆如此，亦無得不謂之異人，非奇怪變幻之謂，蓋舉世昏冥醉生夢死之中，得見如此人絶少耳。

陵陽集

宋牟巘撰

卷九

以齋記

漢嘉以峨眉重，本名眉山郡，後乃易今名。不但山川奇絶聞天下，昔康節翁前知靖康分裂，此爲善地可避兵，故邵氏之孫皆來卜居，「七易」之學遂盛行于蜀。其地距我鄉百里，雞犬聲相聞也。我先人嘗仕焉，當寶慶丁亥而予以生，越十有二年侍親去蜀，昔之善地莽爲荆棘。六十必復，今已踰其數矣。辛丑，曹君克明舉茂異自燕來杭，漢復有人在省需選，聞之良喜。張仲實爲予言，克明篤實有氣義，異乎流俗，閉門讀書，一意于學，謂《易》六十四卦，卦下象皆有「以」

字，因以「以」名其齋。

潛齋文集　宋何夢桂撰

卷七

夏德甫易窩吟序

《易窩吟·自然》，夏德甫之詩也。德甫吟不爲詩人章句，徒玩弄光景而已。而必於「易窩」，蓋有得於康節窩中之趣也。故其詩曰「安樂窩中事事無，惟存一卷伏羲書」，康節二十年工夫全在一窩中，其柳風蓉月，隨寓成功，猶是長物，復姤中間，弄丸得手，樂意無極，此無名公之至妙至妙者歟？德甫詩必有得諸此。

卷九

邵古香行窩記

玄同，邵某古睦清溪家也，而贅寓於嘉禾之雲間，時玄同有母在，出非其志也。母氏敦命之，弗得爲家營，壽樂堂所以娛母也。堂之面與其背竪亭三，以爲游憩也。歲時歸省，着綵稱觴，母子之天躍如也。《蓼莪》篇廢，事與願違，顧瞻維桑。此心未始一息，不在白雲下也。雲間近創行窩，亦參其亭規制，悉視壽樂，此豈爲蓄姬妓、貯歌舞地哉！示不忘故也。康節先生營安樂窩，其别寓爲行窩，今取此以名，蓋行者亦聊寄焉爾，非終止之地也。吾日於是間視吾一窩之與亭也，猶蘧廬然，詎能如蜎蠋烝在桑野乎？或游或休，故家在目，吾處而見吾壽樂於墻也，吾食而見吾壽樂於羹也。有身羈如，有足疐如，而湯沐故鄉，依依喬木，吾於夢寐若或見之。堂下雞犬蓋不知新豐，廬巷之實，非其故也。六一翁信天下士，將去鄉邦而居潁，獨不念汎掃瀧岡乎？文定公寓宅於許，猶謂百歲後將丘首眉山，可以觀君子之所存矣。夫羽毛之類，非人類比也。偶失其故，歷時而復巡其鄉，將悲鳴躑躅而不忍去。世之人忘其故者多矣，尚忍乎哉？吾於行藏之誼，深有感於玄同之不忘其故也。行窩成，諸公作記以落之者，抑衆矣。復徵余言，言非所靳也，得毋復重玄同之感乎？知玄同之心宜莫余若，遂爲後記。大德戊戌仲秋朔記。

勿軒集

宋熊禾撰

卷一

史纂通要序

堯迄今年六十二甲辰矣，自是而上年代不可考，意混茫初開，洪水未有洩，距洪荒之世未甚久也。邵康節以元會運世推皇帝王伯，自始開物至堯甲辰歲數甚闊，大抵三皇之世邈矣，其不可徵矣。五伯權利又君子所不道，有天下者，行帝道而帝，行王道而王，二者而已，外此無他道也。蓋嘗纂《皇王大紀》一編，託始帝堯元載，下逮威烈王二十二年，以爲古今一部通史。適吾友胡庭芳挾《史纂通要》來閩，甚有契焉。益相與討論，間亦蒙取節，不廢其言。蓋以人心道心爲千萬世治亂興亡之機，此河南程子所謂三代而上純是天理，三代而下純是人欲之意。

卷二

三山郡泮五賢祠記

若夫康節、涑水謂非世之大賢，不可。而其學視此則有間矣。駕風鞭霆之英傑，非可與準繩規矩之君子同科。空中樓閣，自是宇宙間一卓偉之見。觀其玩視古今游戲物外，其出言制行不免近于高曠，非可以爲世常法者也。程子與康節居洛三十年，未嘗一語及于學，亦謂是也。若涑水之力行苦節制行非不誠一，而前輩謂欠却致知一段，如尊揚雄而疑孟子，黜漢統而帝曹魏正，自有不可掩者，又不待辨而定也。故五先生直可以繼顏、曾、思、孟之次，配食夫子而邵焉，則亦仍舊祀之典可也。一或謂涑水之學不由師傳，其德言功烈之所就，亦不過盡其天資之所到而已。若康節則《先天》一圖《皇極》一書，謂之無見于斯道則不可，又何以不進之于五賢乎？曰：康節之高明、涑水之平實，蓋各具是道之一體，要其所見，則涑水之於康節則固不可以同日語也。康節《先天圖》心法，與濂溪《太極圖》實相表裏。至于《皇極》一書，則其志直欲以道經世而自處。蓋欲作雍熙泰和以上人物，此豈易以世俗窺測？但其制行不免近于高曠，若使進之聖門，則曾晳非不高明，子貢非不穎悟，終不可謂與顏、曾同得其傳。百世以俟，不易吾言矣。

四如集　元黄仲元撰

卷三

春臺易圖敘

理者太虚之實，義數者太虚之定分。未形之初，因理而有數，因數而有象，既形之後，因象而推數，因數以推理。論理遺數，惡惡可？此朱文公《啟蒙》所以作也。文公《易》得於康節邵先生爲多。春臺黄君之圖又《啟蒙》之義疏，辨析精密，神智盡在是矣。譬如枝頭樹底一一見花活處，不止擔頭看賣桃杏，豈心猛氣粗者所能了了。然竊有疑戴九履一之象圓，五行生成之象方，安知邵不以九爲圖十爲書乎？圖書自圖書，大衍自大衍，以圖書而合大衍，拘矣。「天地定位」此八卦立圖，「帝出乎震」此八卦舒圖，或以前爲義，後爲文，失之。邵《觀物吟》乾遇巽時，地逢雷處，天根月窟，來往都春，此解《先天圓圖》。《大易吟》否泰、咸損、恒益、既未，四象相反成六十四，此解《先天方圖》。不止乾一坤八也。數往者順，謂天地山澤風雷水火，此已往之象；知來者逆，謂曰雷曰日曰兑，而乾以君之，曰風曰雨曰艮，而坤以藏之，此方來之事。以左爲順，以右爲逆，然乎不也？九十九者蓍之體數，用四十九者以其圜而神也。或以五行言之，何哉？歲月易邁，義理無盡，長江浩漾，音杳，浩漾，水無際也。欲遡從之，邈不可即。何時一樽，與吾春臺細論此事爲快。敬書右方，以答來辱。大德丁未清明莆四如老人黄某七十七筆也。

陵川集　元郝經撰

卷十六

太極圖說

由宋以來，邵康節圖先天以盡卦之理，周茂叔圖太極以盡易之道。張子厚爲《西銘》合先天太極之旨，總爲人道，探於宓犧氏之先，繼於仲尼之後，再造一極而天人之事益備。始則天出圖以示人，末乃人爲圖以契天，而始終一圖。始則以先天爲後天，末乃以後天爲先天，而先後一天，於是太極之道貫萬古而無弊焉。伊洛諸儒，承受開闡，推尊擬議，以爲千載不傳之緒。不爲妄矣。

先天圖說

先儒謂康節先生得是圖於李之才，之才得之於穆修，修得之於希夷先生陳摶。蓋自宓犧氏畫卦已具此圖，而未爲之圖，其意言象數心傳口授，至希夷而傳諸其徒，至康節而遂爲之圖，示之人而筆之書爾；其圖自圓而方，有畫無文；其制作本意則具於《皇極經世書》、《觀物》諸篇；其言論風旨則凡而不目，曰：「圖雖無文，吾終日言而未嘗離乎是。蓋天地萬物之理，盡在其中矣。」曰：「先天之學，心也；後天之學，迹也；出入有無生死之間，道也。」曰：「先天之學主乎誠，至誠可以通神，不誠不可以得道。」曰：「先天圖者，環中也。」有是數語而已，蓋引而不發，欲學者潛心究意以求心法。知天地萬物不外此心，無畫之卦，無體之易，無方之神，盡在于是，則圖亦爲筌蹄矣。經自束髮問學，即以是圖心觀意會，迄今二十餘年，始則見黑白于紙上，後乃見動静于心中。涵茹既久，推而放之，則見開闔於天地，參錯于萬物，變化于鬼神，重重相因，井井不紊，死生消息，莫非自然。反之于心，會爲一圖，乃申而爲之説，以明先生之意云。

按：乾之《文言》曰「大人者，與天地合其德，與日月合其明，與四時合其序，與鬼神合其吉凶。先天而天弗違，後天而奉天時」，先天之文昉乎此。仲尼以之贊大人也，先生之學大人之學也。以爲能造天地者，太極。能先天地者，此心也。盡心窮理與道不違，默執左契，無往不合，我亦一太極，亦能造一天地。於是謂畫前有易，而以先天名圖，先天即太極也。故濂溪先生則圖太極，先生則圖先天，其原則皆本於河圖。昔者宓犧氏當制作之時，將造書契，以代結繩開斯文之統，作《易》以明道，面目太極以爲萬世用，則必假物以示象，於是因河圖而畫卦。仲尼曰「河不出圖，吾已矣夫」，言雖無圖亦當制作也。故伊川見賣兔者，謂此兔亦可作八卦。宓犧見河圖而畫卦，孔子感麟而作《春秋》，取神物之至著者，以發端爾。故有理而後有象，有象而後有數，象數既具，理在其中。而當其可即物，而皆可畫也。前乎宓犧，豈無聖人，不當其可，雖有河圖而弗畫也。後乎宓犧，豈無聖人，不當其可，復有河圖亦弗畫也。當其可而圖出焉，則宓犧所不得辭，是以畫之，以爲大經大法之始。雖曰後天，其實先天也。然不知何以爲圖，何以爲畫？按《大傳》「河出圖，洛出書，聖人則之」，而不言其何者爲圖，何者爲書，何以爲則？《書・顧命》謂

「天球河圖在東序」，則河圖乃一物，歷代以爲實，然亦不知其爲何物與其圖之所以制作度數。孔子又嘗嘆「鳳鳥不至，河不出圖」，終不知其所以爲畫，所以爲卦。《周官》雖有太卜筮人，並言「三易」，而亦不言圖書之所以爲卦。由漢以來，孔安國、劉歆、關朗謂《大傳》之天一地二天三地四天五地六天七地八天九地十爲河圖，去十用九而爲洛書，遂以河圖爲八卦，洛書爲九疇，而《大傳》與《書》皆無明文，亦無點誌，孔子則並稱河圖洛書，聖人則之，不別爲八卦九疇。然河圖之數凡五十五，洛書之數凡四十五，而河圖十位洛書九位，不知其何以畫三卦八，重而爲六，錯綜爲六十四。若以位言，則去九與十，而一二三四五六七八合夫乾兑離震巽坎艮坤之序，然不知其所以爲卦，所以爲畫。雖爲推衍湊定，不免牽合，不能合夫畫三卦八之所以然。若以生成之數而言，則一六爲水，二七爲火，三八爲木，四九爲金，五十爲土，祇成五行而無八卦，亦無三畫。若以五十爲衍，母一九爲衍數，則揲蓍求卦之法非。按圖畫卦之本河圖，卦之本數蓍策擬卦之數，故謂之衍，謂之象，謂之參天兩地而擬數，衍則推之，象則放之，擬則比之也。蓍策出於卦畫，非卦畫出於蓍策也。夫神生數，數生象，象生畫，畫生卦，而後蓍贊神，神藴象，象成數，數成畫，畫成卦，十有八變而成卦，八卦而小成，六十四而大成，故卦畫非點誌之，牽合河圖之象固有之，宓犧因而畫之也。按《大傳》曰「易者，象也。象也者，像此者也」，圖則圖像云耳。易之爲畫象，河圖之像也。夫道有一即有二，二者一之耦也。至於三四五六七八九十皆本然之一二，至十而終之耳。至於百千萬億皆是也，故有静即有動，有陰即有陽，有奇即有耦，死爲生根，實爲虚形，地爲天體，月爲日魄，莫不兩兩對待以成變化，而後生生不窮，所以爲易也。故《大傳》謂：「天一地二，天三地四，天五地六，天七地八，天九地十。天數五，地數五，五位相得而各有合。天數二十有五，地數三十，凡天地之數五十有五，此所以成變化而行鬼神也。」即河圖本然，天地相錯，初無點誌，亦無文字，祇如是耳。天地象數卦畫蓍策，皆具其中，太極爲道之物，主静而本陰，以静生動，以陰含陽，故此即太極所謂天地之中也。從中因起以一具兩，一奇爲陽，三耦爲陰，陽旋轉而上而爲天，陰翕聚而下而爲地，相銜相次，兩兩相因，各環乎中，内則參天兩地而爲五，外則參地兩天而爲十，於是一三五之間而有二四，以奇兼耦，天中有地，而陽根陰，六八十之間而有七九，以耦兼奇，地中有天，而陰根陽。參天兩地則陰從陽，參地兩天則陽從陰，於是參伍錯綜，互相依附，陽伏乎陰，陰伏乎陽，天依乎地，地依乎天，陰陽相爲倚伏，天地互相依附，陽變陰化，天推地盪，開闔聚散，擺拉旋轉。人與萬物莫不各具一天地，以本太極三才兼兩卦畫自成，不假作爲，而莫非自然。故一三五之三天而自爲乾，二四六之三地而自爲坤；一天依二地而自爲震，一地依二天而自爲巽；二天間一地而自爲離，二地間一天而自爲坎；二天依一地而自爲兑，二地依一天而自爲艮。太極動而生陽，一變爲天，自子變而進，信而爲神，繼道成性，左旋行健。故一天爲震，二天爲離兑，三天爲乾，至午則極，奇而窮上，静而生陰，二化爲地，自午化而退，屈而爲鬼，歸根復命，右轉處順，故一地爲巽，二地爲坎艮，三地爲坤，至子極耦而窮下。故一奇一耦合而爲三，錯綜天地爲易真數。陽卦則天包乎地，陰卦則地包乎天。三奇三耦自成本然，三畫奇耦相參自成，本然六位，重卦已在其間矣。又益之以兩，而天地各五者，所以極數之終著重卦之六，爲蓍策之本也。太極不動而居中，則不用之一也，非不用之一，無以爲有用之兩。故五天五地各一太極而爲六，太極則成始之一，十則成終之一，天地之數各五，而不用者各一，故一與十如初上，其四則中爻也。乾知太始，故有一而無十；坤作成物，故有十而無一。分而言之，内各具天地之三，因一以生三，外各因天地之三加兩以成三，合而言之，天無十，因地以成十，地無一，因天以爲一，於是乎奇因十以成耦，耦因一以成奇。始則陽因陽、陰因陰，終則陽因陰、陰因陽，重重相因，從中因出，如水之漣漪，卵之渾淪，而無間斷。道之體用備，内外合吻而爲一，别而爲兩，畫三卦八重而爲六，錯綜而爲六十四，《易》於是乎與天地準矣。故《大傳》復曰「參伍以變，錯綜其數。通其變遂成天地之文，極其數遂定天下之象」，極道之變所以爲易，固無點誌之牽合也。此則河圖之本然，卦畫之具體具在，而未畫未分也。故《大傳》復明畫三卦八之所以然，曰：「易有太極，是生兩儀，兩儀生四象，四象生八卦，八卦定吉凶，吉凶生大業。」夫太極一也，非一莫能生兩，故太極以一具兩，爲易之樞機。天地萬物之根柢，旋轉而生生而又生，所以爲易而爲奇耦之原也。故一分而爲二，二分爲四，四分爲八，别圖定象，其序如此。

左三十二卦，自一陽爲復，至六陽爲乾，内皆陽畫，爲乾兑離震四卦，自震向乾左旋，其卦外皆各具乾兑離震巽坎艮坤，亦皆自震向乾左旋；右三十六卦，自一陰爲姤，至六陰爲坤，内皆陰畫，爲巽坎艮坤四卦，自姤背乾右轉，其卦亦皆各具乾兑離震巽坎艮坤，亦皆自姤背乾右轉。是圖本以《説卦》「天地定位」一節，下「數往者順，知來者逆，是故易逆數也」爲法，故先生謂「數往者順，若順天而行，是左旋也，皆已生之卦也，故數往也。知來者逆，若逆天而行，是右行也，皆未生之卦也，故知來也，夫易之數由逆而成爾」，此制圖之本意也。故其内之一陰一陽而統夫八者，不易之體也。外之陰陽相錯而各具夫八者，變易之用也。變雖八而不變其序者，雖易而不易也。乾直午，坤直子，陰陽之極也。離居東，坎居西，陰陽之中也。震巽兑艮居於四隅，陰陽之偏也。乾兑離震在天爲陽，在地爲剛，巽坎艮坤在天爲陰，在地爲柔，四象於是乎具，八卦以之分也。陰生於午而並乾，陽生於子而並坤，陰根陽，陽根陰也。乾盡午中，坤盡子中，窮則變也。剥復夾坤，夬姤夾乾，死生之交，變通之本，雖盡而不盡，陰陽之幾要，造化之原委，太極之本然，所以易與天地準。乾坤毁，則無以見易者也。故先生謂「天生於動者也，地生於静者也。一動一静交而天地之道盡矣。動之始則陽生焉，動之極則陰生焉，一陰一陽交而天之用盡矣。静之始則柔生焉，静之極則剛生焉，一剛一柔交而地之用盡矣」，又謂「無極之前陰含陽也，有象之後陽分陰也。陰爲陽之母，陽爲陰之父，故母孕長男而爲復，父生長女而爲姤。是以陽始於復，而陰起於姤也」，自乾至復，陰在陽中則陰逆行，自坤至姤，陽在陰中則陽逆行，自復至乾，則陽在陽中，皆順行。自姤至坤則，陰在陰中，亦皆順行。於是天地相銜，陰陽相交，晝夜相雜，剛柔相生，其理自然而其變無窮，其皆本於乾者。先生謂「陽尊而神尊故役物，神故藏用」，又謂

「陽者，道之用，陰者道之體。陽幾於道，故以况道也」，是以圖自中起而止於中，始於乾而終於坤也。乾兑離震居東南爲陽，而震離爲春，當丑寅卯，兑乾爲夏，當辰巳午，巽坎艮坤，居西北爲陰，而巽坎爲秋，當未申酉，艮坤爲冬，當戌亥子。乾知大始，坤作成物也。故先生謂「乾坤定上下之位，坎離列左右之門。天地之所開闔，日月之所出入。是以春夏秋冬晦朔弦望晝夜長短行度盈縮，莫不由乎此矣」。此圓圖之理也。圖之既爲圓而備之矣，又爲方以變之者，復推本三聖吻合一易，以盡卦畫之變也。其在圖之中者，象宓犧變圖畫卦之始也。

卷二十二

先天圖贊并引

宓犧氏按圖畫卦，以造書契而爲民用，初不以爲《易》也。歷黄帝堯舜氏而王法大備，畫卦之説默而不傳，夏殷之世乃有《連山》、《歸藏》以爲卜筮，亦不知其爲《易》也，及紂囚文王於羑里，始以宓犧氏之卦重而制名而謂之《易》，武王有天下代殷爲周，於是謂之《周易》，而河圖之文，畫卦之理，重卦之義，變卦之由，其所以然而莫非自然者，則亦未之言也。至仲尼氏贊易道，於「易有太極」則言河圖之本然，於「天地定位」則言畫卦之本然，於「帝出乎震」則言變卦之本然，於「有天地，然後有萬物」則言重卦之本然。制作犧文之後，超出犧文之前。於是宓犧文王爲後天，仲尼爲先天矣。由仲尼氏以來，學者求易於繇彖文象辭説之間，不復探原窮本，以造夫宓犧氏，至康節先生因仲尼氏之言，推本河圖之文，究竟宓犧之畫，錯綜文王之重，以復八卦之序，爲圓方一圖，以明仲尼氏之所以先天者，曰先天圖不用辭説，再造一《易》而居宓犧之前，河圖之上矣。經潛心玩味踰二十年，近以久在舍館，益得致志，故爲之説，而意味無窮，復拜手而爲之贊曰：

大易全體，渾淪厥初。天地萬物，本然一圖。
匝密充周，自爲規模。停穩妥帖，極盡無餘。
兩兩生生，並爲根株。當爲書契，歷數有在。
匹馬隻輪，上天之載。觀象起本，不假神怪。
太極兩儀，更相禪代。因而爲數，倍而爲卦。
奇則有耦，理不獨生。一則有二，鬼神以行。
影不離形，響即應聲。不作不爲，自然而成。
無慮無營，本真則誠。死生兩原，穿徹一竅。
動端有幾，月窟騰曜。變乃不測，天門龍跳。
神定無方，在物則妙。君看元陽，可以盡道。
乾兑離震，巽坎艮坤。天地列位，日月闢門。
雷風噫氣，山川出雲。變動錯蹂，萬物糾紛。
數爲之位，道爲之君。重以合兩，錯綜旋轉。

意言象數，由此以見。卦交以背，畫交以變。
應違則惡，理契則善。本自震出，孰使乾戰。
自犧而文，體用具完。仲尼探賾，扣其兩端。
不復爲圖，衹以文觀。梁折山摧，喪其本原。
刻舟求劍，聽日擊盤。惟無名公，創圖弗説。
獨造犧皇，撐霆裂月。鞭出龍馬，再爲區别。
奇耦重復，先天一訣。顛倒羑里，翻覆乾坤。
分陰分陽，接續韋編。自震右轉，由巽左旋。
一本乎中，皆先乎天。不假刓削，自然而圓。
不離陰陽，皆本兩畫。坎伏于蒙，離轉爲革。
陰陽之精，互藏其宅。復長剥消，姤遇夬決。
陰陽相根，盛衰以别。分陰分陽，用柔爲剛。
倒乾爲坤，旋長爲藏。天地反覆，不失其常。
八卦相錯，焕乎其章。不假裁截，自然而方。
自下而上，不紊其序。由左而右，不失其故。
縱入横出，緯錯綦布。神樞鬼紐，消息散聚。

地中有天，闔闢一户。自奇合耦，以方契圓。再造一易，自爲二篇。祇是河圖，更無一言。道以象示，神以方傳。退藏于密，直在畫前。内聖外王，雜而不越。範圍化幾，經界心法。層層相呀，宛宛互發。一本萬殊，四面八達。都無轍迹，但見黑白。造天人際，復地天通。渾沌破碎，太虚玲瓏。却從有限，推出無窮。惟有數畫，纔留幾重。天地萬物，盡在其中。東堂西樓，毁爲一閣。醉裏跳丸，笑傲安樂。忽把地維，掛向大角。共山雲沉，洛陽花落。吁嗟先生，萬古絶學。

卷二十九

周易外傳序

宋興，大儒輩出，莫不以闡明易道爲己任。於是華山陳摶肇開宗統，而濂溪周敦頤、西都邵雍遠探羲文周孔之業，推演意言象數之本，至侍講程頤大變傳註，爲《易》作傳，直造先秦，布武聖門，其諸師友更唱迭和，易道幾明，今二百有餘年矣。學者復各擅其師傳立論，馳説求新，角奇誕夸而自聖，言義理者不及象數，象數者不及義理，又往往雜入偏駁小數異端曲學。周、邵、程氏之學，復昧没而不明。其誚王弼蔑《正義》，厚誣妄訾悖理傷道者，不可勝紀，又甚於專門之弊矣。反復壞爛，遂至此極，世代如是之遠，聖人不作如是之久，蠹食穿鑿如是之衆且多也，又豈一人之專見臆戾所能蔽之哉！則聖人之意，終不可得而見矣。竊嘗以爲後世雖無大聖人，兼綜諸聖以述夫聖，如孔子之集大成。苟不以一人自私，曲學自蔽，專門自聖，削去畦町，没夷滋蔓，排斥一我，開示公道，合漢魏唐宋諸儒之學，順考其往，逆徵其來，積數千百年之學問，數十百人之能事，契其所見，會其所得，合天下以一心，通天下以一理，貫古今以一易，聖一而後世百之，聖十而後世千之，遡流求原問津以濟乎道，則亦庶乎其可也。

歸田類稿　元張養浩撰

卷四

《易》曰「易有大極，是生兩儀，兩儀生四象，四象生八卦」，而伏羲因之「以通神明之德，以類萬物之情」，則伏羲之前又若未嘗有傳矣。雖然，聞諸康節邵雍，凡物有形者終入於敝，雖天地亦不能出一十二萬九千六百年之數，推是而論，豈伏羲之前天地亦嘗有弊邪？夫天雖氣之積，地既有敝，天亦安能獨神哉？嗚呼！如其言信，抑不知自有天地新而復敝，既敝復新者凡幾矣。

稼村類藁　元王義山撰

卷十

温公陝人，康節衛人，皆移居於洛。温公買園於尊賢坊，名獨樂園。每出，解鞍縱馬，罷去前呼，著深衣，過天津橋訪康節，相與倡和。諸君子往往慕風土之勝，林壑之美，不曰某水某丘。吾童子時所釣遊也。草塘黄君任伯，吾洪人，自鄉而遷於城，好事者寫以爲圖，一翁導前，奚奴相隨，三兒侍行，亦步亦趨，長兒背琴，以次抱書，路逢梅花，笑撚一枝，沉吟索句，且行且遲，道傍聚觀，相語爲誰，望見東湖，拍手大呼，老鶴來迎，白鷗與俱，圖未足以盡之。昔孟東野遷居有詩云「借車載家具，家具少於車」，草堂無家具之可載，胸中之書，筆下之詩，有不用車載者，而草塘以身載之，具載草塘而來，異乎東野之所載者矣。

卷十四

蓋天下之數起於甲，而天下之勢合於庚。自大撓作甲子而有理即有數，據邵雍《皇極經世書》謂帝堯在位一百年，而即位之元爲甲辰，因是而逆推大撓甲子之數，則知盛帝明王即位之元多在甲。黄帝受命之元，其元爲甲子，主三才之統一百年；少昊受命之元，其元爲甲申，主三才之統一百年；帝堯受命之元，其元爲甲辰，主三才之統一百年。若夫《經世》紀年所載，帝舜受命之元，其元爲甲申；大禹受命之元，其元爲甲戌，而壽皆百有餘歲。彼數聖人者，其合乎甲之數，止得其一而主三才且百餘年之久。陛下電繞之年，實在甲子，龍飛之年，實在甲申，親政之年，實在甲午，是陛下之大氣運，又兼乎黄帝少昊堯舜禹之所未有。

桐江續集　元方回撰

卷二十三

次韻全君玉和高士馬虚中道院并序

朱文公所注《參同契》即同美之本，無識也。其一環圖言震至乾、巽至坤，與康節《先天圖》合。康節以此圖，窮易學之奧。魏伯陽，何人哉？進火退火，欲三年而成仙，乃一己之私也。回以爲淺之又淺，非立之立者也。諸人鬨然見罵，謂回不識《參同契》，背朱文公之説。回敢謂：汝小子不識回之説。回之説《先天圖》心法學，聖賢也。伯陽道家學偷生逃死，淺之淺者也。世人讀書不究義理，哀哉！

卷三十四

算先天後天易詩序

《易・文言》乾九五之大人，「先天而天弗違，後天而奉天時」，紫陽山叟斷之曰：「我欲如之天從之，先天天弗違，未來之天也；天已如此我從之，後天奉天時，已往之天也。」……康節邵先生神交乎伏羲之《易》，著《皇極經世書》用「加一倍法」圜轉宇宙，曰先天學。其運行不已，光明無窮，變化叵測，代謝弗替之妙，貫已往未來之天於掌握，嘗教人云：「堯之時先天也，堯之後後天也，後天乃效法耳。」謙復歐陽君子文，善推人命，以予之生辰流年，立先天後天大象小象卦以評之，議論可喜。七十八老翁久無求於世，君之術自成一家，則深敬之不敢忽云。

剡源集　元戴表元撰

卷七

讀易蠡測序

古聖人之經至難言者，莫如《易》……儒者徐君之祥自番《易》，槖所著《易經蠡測》若干言，見余於餘杭。其言象數取《皇極》於康節，取《太極》於濂溪，厥既知所先務，而諸卦之中多詳其變。曰非變無以明《易》，自正體，伏體，互體，變體，反對，體上，下體而通之。一卦有六十四以至於四千九十六，愈變愈通而卦愈不窮，有辯卦中有四畫五畫而成卦者，皆見於《易》，反覆懇欵，實皆不叛於新安、漢上二朱氏之學。

先天圖義序

自漢儒《易林》之傳絶，而士大夫一切以理談《易》，幾二千年。如揚子雲《太玄》、虞仲翔納甲、關子朗《洞極》、魏伯陽《參同契》之類，往往皆古人象數之餘説，而學者疑其近於曆家方士，棄不肯習。迨至近世，乃有《太極》《先天》二圖，於《易》最爲深密，然非濂溪、康節闡張於前，考亭朱先生尊獎於後，則二圖者，安知不以疑廢？今二圖既皆顯行於時，而今談先天者，猶不如太極之盛，何也？太極以理，先天以象數，理易喻而象數難精，前賢所以有狗馬鬼神之論也。

紫山大全集　元胡祗遹撰

卷十四

題晦庵易卦横圖

易圖甚多，不唯不能發明易之藴奥，牽强穿鑿，通滯合離，不見伏羲畫卦本末，生成自然之全圖。惟邵康節《先天圖》，原委條貫，以類相從。然以圓方位置，使人不易曉。晦菴此圖自下而上，大極、兩儀、四象、八卦，分陰分陽，迭用柔剛，而六十四卦粲然成列，乾一至坤八，自然生成，易之全體，無毫髮紊亂虧欠。此圖一出，前人皆廢。乾端坤倪，軒豁呈露，六子萬象，咸具于中。原始要終，不出乎一陰一陽。

卷二十

天地之小，終始四時成歲也。故一歲十二月、三百六十日、四千三百二十時，擴而充之，極其始終之大，則一元十二會、三百六十運、四千三百二十世，每世三十年，計十二萬九千六百年是爲一元之數。以一歲觀之，陽開而陰闔，陽生而陰殺，陽和而陰慘，四分之則氣有生長收藏，而時爲春夏秋冬，四時一陰陽也，陰陽止一氣也。春乃陽之微，夏乃陽之盛，秋乃陰之微，冬乃陰之盛，豈非四時亦陰陽乎？一氣不能長動而無静，長静而無動，動則温，温則暑，故名之曰陽。動極則漸静，静則涼，涼則寒，故名之曰陰。豈非陰陽乃一氣之動静乎。天地之大，亦囿於形氣，當其暑不能不爍石流金，其寒也不能不坼地凝海，形氣之使然也。既囿於形氣，不能永盛而無衰，不能永恒而無變。以小觀之，積十二時爲一日，積五日爲一候，氣至與物類，已不同矣。積三候爲一氣，氣至與物類，又不同矣。積四時而爲一歲，氣至物類始而終，爲之一周矣。是知形氣之稟賦長短雖不同，而變化盛衰則一也。稟之厚者其變遲，稟之薄者其變速。蚊蚋朝菌得一日之氣數者，生成衰死在乎一日之間也。天地之數豈非在一元之間乎？故康節中分之，前六萬四千八百年爲開物，後六萬四千八百年爲閉物，故以大觀之積十二世爲一運，積三十運爲一會，積十二會爲一元，而中間氣至之變物類之化，豈能恒久而若一哉！

天地有數，故萬物莫不有數。何謂之數，一歲四時，二十四氣，十二月，七十二候，晝夜十二時百刻，豈不昭昭然，毫髪之不可差，越日月之蝕尤爲著明。五行之生成衰旺，亦無僭忒。聖人見之明，審之準，推之詳，度之定，故邵康節《觀物篇》曰，有一時，一月，一日，一歲，十歲，百歲，千歲，萬歲，十萬歲，百萬歲之物，蓋其氣稟一定，短長之量，不可增損於其間也。惟人也得天地之秀而最靈，聖人定之以仁義中正，立人極焉，順受其正得終天年，保安天禄，能吉其凶，不桎梏巖牆若壓溺戕伐而死，是又數之所不能拘也。邵康節每歲便作四段看，以天地觀物也。天有四時，故每物不出四節，蓋爲氣數所囿，不能逃生長收藏之數也。物無再盛，盛於春，盛於夏，盛於秋，盛於冬，各有其時。人百年之物，舉盈數則百年皆不能滿，當以八十歲爲四段。弱冠春也，年四十以前夏也，至六十則秋，八十則冬，聖人故戒之色、戒之鬬、戒之得。蓋人之血氣，即天地生長收藏血氣之使然也。

邵康節云「風化物之飛，露化物之草」，百草之死生，歲各不同。今歲此地生蓬蓼，明歲變而爲蒿茅，後歲化而爲莧苔，又後歲復化而爲蒲蘆。有種者不必生，無種者化之而滋殖，豈知百草之生息，在於所感本原之何如，殊不係乎種粒。至於世之治亂，人材之美惡，亦猶草之於露耳。蓋天地泰日月昌時，則聖智賢哲才能美傑，應類而生，發而爲事業，則文物昇明，萬善畢舉，乾坤夷而萬物各得其所。及其天地否，日月不明，氣運舛逆，則明主姦臣，醜類惡物，亦從類而生，則事事物物顛倒錯繆，而天下大亂。是理也，莫非天也。然求其弛張之幾，時出乎氣數流轉之當然，雖天亦無如之何耳。區區薄學，欲以人勝天，辨之以口舌，御之以權謀，可謂陋矣。苟能觀《易》之旨，得聖賢處否之道，則庶幾儉德避難，遯世無悶，危行言遜而無毁無譽矣。不然，則鮮有不陷於禍者也。

吴文正集　元吴澄撰

卷一

太玄敘録

揚子雲擬《易》以作《太玄》，易自一而二，二而四，四而八，八而十六，十六而三十二，三十二而六十四，太玄則自一而三，三而九，九而二十七，二十七而八十一。易之數乃天地造化之自然，一豪知力無所與於其間也。異世而同符，惟邵子《皇極經世》一書而已。至若焦延壽《易林》，魏伯陽《參同契》之屬，雖流而入於伎術，尚不能外乎易之爲數。子雲《太玄》名爲擬易，而實則非易矣。其起數之法，既非天地之正，又强求合於歷之日，每首九贊，二贊當一晝夜，合八十一首之贊，凡七百二十九，僅足以當三百六十四日有半，外增一踦贊以當半日，又立一羸贊以當四分日之一。吁，亦勞且拙矣。子雲此書，未能見重於當時，後世雖有好者，亦未可謂大行也。宋大儒司馬公愛之甚，嘗有集註，晚作潛虚以擬之，以邵子範圍天地之學，卓絶古今之識而亦稱其書。要之，惟朱子所論可以爲萬世之折衷。本經八十一首，分天玄地玄人玄三篇，蓋擬易之上下經，經後十一篇，則擬夫子之十翼而爲太玄之傳。晉范望始依《周易》彖傳象傳附經例，升首辭於經贊之前，散測辭於各贊之下，首測兩篇之總序，無從而附則合爲一，以寘經端，其牽綴割裂無復成文，殆有甚於《易經》者。《易經》有晁氏吕氏定從古本，而朱子因之，故今於此書亦俾復舊，而第其目如右，兼以讀經者病其揲法不明，驟觀未易通曉，復爲之别白其辭以著於後。雖非願爲後世之揚子雲，亦欲使後之學者知前人之作不可以己意妄有易置。按《法言》序篇，監本共爲一篇，繼十三篇之末，今本亦如書之小序，各冠篇首，併爲考正，於子雲之書蓋不無小補云。

卷三

答田副使第二書

又謂「畫前元有易」，爲言「易之體」，此是錯解了康節詩。然是蔡節齋錯解了。畫者，伏羲奇偶之畫也。有天地以來，不知幾千年，而後有伏羲出來畫卦。伏羲畫卦，所以明陰陽之變易也。然伏羲未畫卦以前，陰陽未嘗不變易，故曰「畫前元有易」。非是指畫字屬陰陽，易字屬空虚之理。若曰未有陰陽之畫以前，先有不屬乎陰陽之理，在此是不知道者之言。康節不如是也。

又云「無極之前陰含陽也」，是又先言用也。亦是蔡節齋錯解了。康節言語，然節齋并改了字，以無字爲太。今所引幸而不曾改字，邵子所謂「無極」即非周子所言之「無極」，但二字相同耳。「無極之前陰含陽也，有象之後陽分陰也」，此是邵子解伏羲六十四卦圓圖，左邊自復卦至乾卦屬陽，陽主生，言生物自無而有也；右邊自姤卦至坤卦屬陰，陰主殺，言殺物自有而無也。「無極之前」謂自坤卦右旋，以至於姤也；「有象之後」謂自復卦左旋，以至於乾也。自坤前至姤皆屬陰，而陰之中有八十陽者，陰中所含之陽也；自復後至乾皆屬陽，而陽之中有八十陰者，陽中所分之陰也，即非先言用也。

澄之以「精氣爲物」爲自無而有，「遊魂爲變」爲自有而無。以《先天圖》左邊爲自無而有，右邊爲自有而無，乃是言萬物形體之無有有無，如春夏所生之物，皆去冬之所無，而今忽有秋冬所殺之物，皆今夏之所有，而今忽無人之生也，漸至於長大，是自無而有。人之死也，遂至於朽腐，是自有而無。

一元凡十二萬九千六百歲，分爲十二會，一會計一萬八百歲，天地之運至戌會之中爲閉物，兩間人物俱無矣。如是又五千四百年而戌會終，自亥會始五千四百年當亥會之中，而地之重濁凝結者，悉皆融散，與輕清之天混合爲一，故曰渾沌。清濁之混，逐漸轉甚。又五千四百年而亥會終，昏暗極矣。是天地之一終也。貞下起元，又肇一初爲子會之始，仍是混沌，是謂太始，言一元之始也。是謂太一，言清濁之氣混合爲一而未分也。又謂之混元，混即太一之謂，元即太始之謂，合二名而總稱之也。自此逐漸開明，又五千四百年當子會之中，輕清之氣騰，上有日有月有星有辰，日月星辰四者成象而共爲天，故曰天開於子，濁氣雖摶在中間，然未凝結堅實，故未有地。又五千四百年而子會終，又自丑會之始，五千四百年當丑會之中，重濁之氣凝結者始堅實而成土石，濕潤之氣爲水流而不凝，燥烈之氣爲火隱而不顯，水火土石四者成形而共爲地，故曰地闢於丑。又五千四百年而丑會終，又自寅會之始，五千四百年當寅會之中，兩間之人物始生，故曰人生於寅。開物之前，渾沌太始混元之如此者，太極爲之也。開物之後有天地有人物如此者，太極爲之也。閉物之後人銷物盡天地又合爲混沌者，亦太極爲之也。

卷十六

皇極經世續書序

邵子之書，其初十二篇，以元經十二會，而繫之以運與世；其次十二篇，以九會經二百四十運，而繫之以世與歲；又其次十篇，以十運經一百二十世，而繫之以歲與字。元之經會始月子訖月亥，效天也；會之經運始星己開物，訖星戊閉物，法地也；運之經世，始辰子二千一百四十九，訖辰亥二千二百六十八，紀人也。紀事起二千二百五十六世内之甲辰，止二千二百六十六世内之己未。唐帝荒以前不紀，無考也；周顯德以後未紀，有俟也。鄭松特立甫爲續二百七十五年，自庚申宋興至甲午金亡。近述邵子《經世》之事，遠繼夫子《春秋》之志，用意宏矣。邵子所紀三千三百一十六年間，頗有更定，書法視昔尤謹。論國統絶續離合，謂興國無所承，亡國無所授者，各爲系。漢、魏、晉、宋、齊、梁、陳，統代一系。魏、周、隋、唐、梁、唐、晉、漢、周、宋，十代一系也。遼、金、國朝，又一系也。斯論也，世儒未之及也。噫！鄭續邵之書，它時豈無續鄭之書者乎？雖千世可知也。特立在前代三預進士貢不第，在今日隱處三十年不仕，獨折行輩與澄友，古今因革，聖賢心迹，每共細商焉。是書之成，以澄能知之，而俾題其端。所纂《經説拾遺》，亦多可取云。

卷三十

贈數學胡一山序

數學至康節而極,《觀物内篇》六十二,演數學者五十篇,始於一五乘而十二萬九千六百者,年數也。元會運世三十有四,干三圓支一徑,其圍象天,始於四三乘而一萬七千二十四者,物數也。聲音六吕十有六,干四唱,支四和,其方法地。康節之數,此二例而已。前乎千歲之日至,可致後乎百世之事,會可知數云乎哉?康節之心,如明鏡止水,不塵不波,凡物無以遯其形,所謂至誠如神者,此心不傳而數固在。近世術家以年月日時干支起數,推人貧賤富貴禍福壽夭,曰先天,曰後天,曰太極,曰皇極,其名至不一,而皆出乎二例之外。坐市肆立標榜以自衒,鬻必「康節」、「康節云」,甚哉!醫之多盧巫,步之多禹也。獨範圍一家,不事假托,初蓋取諸圖,次蓋取諸《玄》,雖其用卦用爻未中理,然視諸家則遠矣。吾里中胡君,手横布竪布,口横説竪説,言之中者十七八,數則同,而所以用其數者,又各不同,是必有獨得於心而吾不與知者,故樂爲之道,而願與世之學數者共屬心焉。

卷四十

約齋記

召公封於燕,燕之有邵舊矣。康節邵子,徙衛徙洛,偉然爲百代人豪。予每尚友其人,樂聞其風雅,推尋其姓所本。今猶有人以否,蓋尊之之至,慕之之深,而不能自已者。來京師,康里衍中爲予言：薊州邵權平衡之賢，質願而守堅，志篤而學粹，安分好修，凡枉己殉人超時競利之意，一毫不萌。生於中薊東門之外、翁同山之下，構一室命之曰「約齋」，讀書其間，泊如也……邵子自言其學於里，學於鄉，學於國，學於古今，學於天地，盡里人、鄉人、國人，古今天地之情，以去己之滓。夫天地古今鄉國之情，不易盡也，而其要歸，則以去己之滓而已。約者蓋如是《孟子》云：「博學而詳説之，將以反説約也。」守之約者，曾子也；約以禮者，顏子也。邵子之學，原於《孟子》，孟子同乎曾子、顏子，曾子、顏子得之夫子者也。吾道一以貫之，約之極至歟？平衡知此，學之進於邵子而上達於孟、曾、顏也。

卷五十六

題陶庵邵庵記後

往年嘗於吾廬之側治一室，置文成張司徒、靖節陶徵士、希夷陳先生、康節邵先生畫像其中，晨夕瞻敬。後以寇擾弗靖，遷徙不常而廢。吾友國子助教虞伯生，取靖節、康節二賢之氏名其庵，與予意豈異也。夫二賢所志所學，有未易窺測者，於其言語文字之遺，時或瞥見仿佛焉，至今尚論其人，不過見所能見，而己身之所寓，心之所會，要不可一概齊而其所以同者一也。

題常道士易學圖

眉山則堂家公，如箕子歸周而不仕周，其外孫臨邛常君，不肯爲農、爲賈、爲胥、爲吏，以賤辱其身，而寄跡于老氏清静之教。公遂爲言老氏所以同於吾聖人之《易》者，而并及陳、邵、周子之學，所望於其外孫者不其遠乎？常君籍記外祖之訓，罔敢墜遺，述一圖以廣羲文八卦之説，可謂不羞其先世，不忝其外氏者矣。邵子曰「老子得易之體」，又曰「孟子得易之用」，進退存亡不失其正，家公有焉，消息盈虛與時偕行，常君有焉。祖孫之所得於易者如是，邵、周授受之次，則頗與予所聞異。予所據者邵子文所記，陳授穆，穆授李，李授邵，而非轉受於种也。种亦得陳學之一支，傳於南方，劉牧承其緒，或以周子與牧同出此一支者，非也。

静修集　元劉因撰

卷十二

書康節詩後

物齊也，齊之則不齊矣。猶之東西也，東自東而西自西，固不齊也。然東人之西，則西人之東也，是曰東亦可，曰西亦可，則是未始不齊也。然東西之形既立，指其西而謂之曰東，則爲東者必將起而争之，而不齊者出矣。不齊之，則物將自齊而平矣。東也西也，吾立於中而制其東西焉，如是則謂之無所著可也。一有所著，則不西而東矣。謂之無所著，可乎？彼空將無所著也。一倚於空，獨非著乎？此程子深有取於邵子之言也。然彼爲其説者，曰是不足以破吾説也。吾曰齊固未嘗齊夫物也，吾曰空固未嘗著夫空也。噫！悠謬輾轉，愈遁而愈無實也。

秋澗集　元王惲撰

卷四十

創建伊洛五賢祠堂記

大德丁酉春，洛陽薛君友諒，即邵氏安樂窩故址起祠，屋中設康節、迂叟、明道、伊川、横渠肖像，庸致歲時香火之奉，榜曰伊洛五賢祠。神嵩清洛，光動户庭。明年秋來京師，屬不肖爲之記。乃告之曰：二帝三王修己治人之道，待孔孟而後明，立極垂憲，貽則無窮。不幸厄于秦，雜于漢，歷六朝、隋、唐，雖有名公碩士間作迭出，其器量足以恢弘至道，闢除異端，奈智識不能盡窺聖賢要奥，擇焉不精，語焉不詳，又局夫章句文辭之末，亂以功利禍福之説，故學者汗漫支離，莫知統紀。時則有衛道之士，而無傳道之儒。陵遲至于五季，其斵喪可謂極矣。伊洛諸公，奮起百世，綰持道樞，探窮淵源，克紹絶學，内有以究聖賢規模之大，外有以備踐履節目之詳，故孔孟之教復明，斯文得歸于正，後學知所適從，蓋二百年於兹矣。然科舉利禄之習既久，遽未丕變，以極夫功用之至。伏遇我世祖文武皇帝，資挺上聖，運啟休明，崇尚儒術，尊禮賢俊，于是許、竇、王、姚諸公宗伊洛學，陳説孔孟立極垂憲之教，以致二帝三王所以修己治人要道，蓋已收明德新民殊效于中統、至元之際。今内而贊助經綸，外而佐理政化，多前日執簡傳經之士，推原本自則伊洛諸賢，發明維持之功，不爲鮮矣。雖配享學宫，天下通祀可也。況二程世家河南，康節、迂叟、横渠、聿來胥宇相從，至數十年之久，聚精會神，推明訂正，莫非修齊治平之方，性命道德之理，至于談笑游衍，亦皆格物致知之餘，篤志力行，清修苦節，專以移風易俗勉勵學者爲主。今讀遺書按故迹，其英邁純粹氣象，尚可髣髴復廟而貌之，俾向之景仰高風者，足以致其誠懇。今而後瞻拜清光者，可以感其善心，尚何俟贅蕪陋於其間哉！敢以不敏辭。友諒曰：昔潮人修韓文公廟，東坡有碑，南雄三先生祠，晦菴作記，謹著歲月以示來者，不爲無例。曰若扳援昔賢，則不肖年迫衰老，懶於筆研，又瞠乎其後。惟友諒先世爲洛中名士，其讀書慎行，名箍仕版，可謂不墜箕裘矣。前任常德府推復九賢祠，今又創兹宇，庶幾有志于修己治人者，非特邀取美名而已也。是不可不書。大德戊戌歲冬十二月臘日記。

卷八十二

中堂事記下

先生字用章，菏澤人。明昌間進士，道號鶴鳴老人。在河南時，於隱士荆先生傳《皇極》數學。己未間，聖上在潛，令張仲一就問禎祥，優禮有加，至是先生已歿。其言盡徵，故有是命以旌其德學云。初張辭去，田繼請以蒲輪來起，公先生笑不答，贈詩以見方來。其辭曰：「丹鳳銜書下九霄，山城和氣動民謡。久潛龍虎聲相應，未戮鯨鯢氣尚驕。萬里江山歸一統，百年人事見清朝。天教老眼觀新化，白髮那堪不肯饒。」明年正月，先生卒於家。愚觀其遺書，所得蓋康節之傳云。嘗與劉尚書才卿講究「焚黄」故事，劉曰：「閒嘗聞之高士美云，其勅之全式尚書省牒，故某官某職某人牒，奉勅可追謚某名，牒至準勅，故牒年月日後備具相卿圓押，其勅封上題給付某人第其子孫，録全文如式，火於本官家廟以告，謂之焚黄。」

卷九十六

玉堂嘉話卷之四

康節與客遊嵩山，中途客指所憇樹問曰：「此何日枯悴？」先生久不對，客疑焉。答曰：「非不答，吾有所俟也。」俄一葉墜，先生曰：「比吾二人還，亡矣。」既回，樹已爲人伐去。占法蓋取葉墜時刻而定其存亡者焉。

雪樓集　元程鉅夫撰

卷十五

歷代帝王紀年纂要序

史莫信於《書》《春秋》，莫博於《史記》，後之稽古者，舍此何以哉？然孔子斷自唐虞，政以世近而可信也。司馬遷乃上述黄帝以來，又遠詳其世次，先儒固嘗疑之矣。至於諸家編紀，沿訛襲舛，此皆好博之過。後惟康節《經世書》，以歷紀之始，明白可信。然好奇惑異者，猶不能據依著述，紛然莫之統壹。近平章白雲翁，以政事餘暇悉取諸家紀載而集正之，一以康節爲準，名曰《歷代帝王紀年纂要》，亦上及羲農者，因備博覽而已。嗚呼！白雲知所去取哉！白雲信道篤學，博觀約取，於天下之務莫不盡然。不獨是書也，是書既經乙覽，復徵予序。夫康節所以可信者，以其信孔子也。白雲所以可信者，以其信康節也。然則可信者莫若孔子，信孔子者莫若康節，信白雲者端在此編矣。

卷二十七

韓孔惠孝廉挽詞

杜門三十載，辟世抑何嚴。身隱一時屈，民彝萬古瞻。徵君宋康節，處士晉陶潛。題墓真無媿，三山韓孝廉。

清容居士集　元袁桷撰

卷二十一

易集傳序

觀象畫卦，庖犧之本旨也。因言意而廣象焉，三聖人之本旨也。王弼後出，附《小象》以言理，儒先莫能病。若《繫辭傳》《説卦》等篇，弼莫能措辭，審是則弼幾一偏矣……夫子於《説卦》焉始彙之，彙以窮其變占，則變占者筮之始也。故其首章先於蓍，一章次於卦，先天之説七言之，懼溺於占也。後天之説一言之，人事之本也，而終之以象焉。維昔康節邵先生作方圓環中圖，合於天人，皆本《説卦》充類以至知。夫聰明特達之士，不在於諄告也。若《繫辭傳》設卦之方，窮神之妙，其詳於爻者，毫釐不能以易，積數以成變，易以動肇於方寸，散於六合，幽眇廣大，取而莫窮，應而莫遺，因卦以測，善算喻者不能窮也。舉世舍是，矛盾互持，雖百世莫能以解。吾故曰非《繫辭傳》不能以知《易》，是説也，邵子之説，非僕之説也。

龔氏四書朱陸會同序

五經專門之説不一，既定於石渠鴻都，嗣後學者靡知有異同矣。易學以辭、象、變、占爲主，得失可稽也。王輔嗣出，一切理喻，漢學幾於絶熄。宋邵子、朱子震始申言之，後八百餘年而始興者也。

卷四十二

答高舜元經史疑義十二問

《太玄》以蓋天之法爲之方州部家在上，此地承天之説也，起於牛宿隨天而左行也。方州部家者，以元而生三方，方爲三州，州爲三部，部爲三家，其所謂八十一者，則棄其方州部而言之也。先儒多以辭、象、變、占擬《玄》之方州部家，僕獨以爲非。《易》成六十四卦之後，一卦之内必有辭焉，有象焉，有變焉，有占焉，是四者缺一不可也。揚氏之《玄》，既棄其方州部而獨取家而爲八十一，復取八十一而爲七百二十九以贊，是方州部者緣三以起，於家若無預者焉。先儒嘗言《太玄》與卦氣圖偶合，邵子亦言「《易》之卦始於乾而終於未濟，《玄》之首始於中而終於養」。中者法於中孚，養者法於頤，此始終之異，自邵子、温公、荆公尊《玄》之後，如三蘇譏《玄》之說，遂棄不道，然其中十有七卦分而爲二義，殊不可曉。所謂《卦氣圖》公辟侯大夫卿之定卦，亦不能通。執事其詳思之。

問：邵子謂「天覆地，地載天，天地相函。故天上有地，地上有天」。

答：邵子言「天依乎地」，先儒言地在其中，蓋如磨然。上下皆天，虚者爲氣，只天之形。濁者爲體，只地之形。所謂天上有地者，日月五星周行晝夜，日没於地下，但認得地在其中，則天上天下皆可通矣。

問：邵子謂「數起於午」。

答：數起於午，微妙不可言。已生之數，皆順天而行，復至於乾也。未生之數，皆逆天而行，姤至於坤也。非午不能起，陽盡於午由静而動，此知來之妙，邵子之秘，先儒未嘗言之。

問：邵子謂「天行不息，未嘗有晝夜。人居地上以爲晝夜」，故以地上之數爲人之用。

答：邵子曰「先天學，心法也，圖從中起，萬化萬事生乎心」，又曰「先天圖者，環中也」，方圓之圖尤密，所謂地上之數爲人之用，方圖是也。用九環中，則依天而行，圓圖是也。合天而行，附地而生，故人爲萬物之靈，而乾之九三、九四，其功用尤可見。

道園學古録　元虞集撰

卷二十二

天心水面亭記

天曆三年春，臣集、臣洞、臣九思，得侍清閒之燕，論山川形勝。臣九思曰：濟南山水似江南，殆或過之。臣洞之居在大明湖上，雍土水中而爲亭，可以周覽其勝，名之曰「天心水面」，可想見其處矣。於是有勑臣集，書其牓而記之。臣集再拜稽首而言曰：昔宋儒邵雍氏之詩曰「月到天心處，風來水面時」，臣洞蓋取諸此。臣聞雍之爲道，上達乎包羲，以至於帝堯周文孔子之盛。其始學也，隱居百原之山，仰而思之，至忘寒暑，如是者且二十年。其制作在《皇極經世》，其性情寓於詩。程顥氏之言曰「就其所至而論之，可謂安且成矣」。噫！非幾於古之所謂睿知者，其孰能與於此。然則臣何足以知之？雖然，竊嘗聞之斯二言者，豈非陰陽動静之交乎？按《先天圖》陽盡午中而姤生焉，擬之爲月窟。陰盡子中而復生焉，擬之爲天根。天根又曰天心，所謂「天心無改移」是也。以月臨天心，非陰陽之互交者乎？巽之爲卦陰爲主，於物爲風；坎之爲卦陽爲主，於物爲水。以風之初而行乎水之上，非動静之始交者乎？所謂一動一静之間，天地人之至妙，至妙者，庶於此乎可見，而臣不足以言之也。請以人事論之，月到天心清之至也，風來水面和之至也。今夫月未盈則不足於東，既虧則不足於西，非在天心，則何以見其全體？譬諸人心有絲毫物欲之蔽，則無以爲清，墮乎空寂則絶物，又非其至也。今夫水滔滔汩汩，一日千里，趨下而不争，渟而爲淵，注而爲海，何意於衝突？一旦有風鼓之，則横奔怒激，拂性而害物，則亦何取乎水也？必也至平之水而遇夫方動之風，其感也微，其應也溥，涣乎至文生焉，非至和乎？譬諸人心拂嬰於物則不能和，流而忘返又和之過，皆非其至也。是以君子有感於清和之至，而咏歌之不足焉。臣洞天資明爽，應物樂《易》，宜能有取於此，請以是爲記。

定宇集　元陳櫟撰

卷七

答問

問：朱子云康節以品題風月自負，其實勝似《皇極經世書》，如何？

答曰：此一節，亦可疑。《經世書》乃人間奇偉之書，康節問學盡在此，惜吾輩有識不透處，亦實有不必拘泥處。《擊壤集》乃述其平生快活之興趣，康節之餘事也。「天根月窟」一詩乃一部詩中第一首，而「一中造化」、「心上經綸」之聯次之，賢甥以爲如何？

問：《發微》有歲會篇者，元會運世之説也。虚谷云：劉道原《通鑑外記》謂開闢至獲麟二百二十六萬歲，分爲十紀，大率一紀二十七萬六千年。邵子一元開閉却只有十二萬九千六百年，彼何太修，此何太短？且一元十二會三百六十運四千三百二十世。蓋以一歲始終十二月測之，亦以一日一夜十二時，觀之以一歲三百六十日，推十二月自子至午始陽用事而春常治，自午至子始陰用事而秋常亂。專以氣數論，亦有此理。然氣數又繫人君轉移，修德用賢或當亂而亦治，氣數不可泥也。若論氣數而無範圍彌綸，輔相財成天地之人，則生民之絶久矣。其所謂第三會始寅開物，至戌會閉物，人物消盡，十二萬九千六百年，一半爲黑暗晦昧之時，誰得之目擊，而以意揣摩之，恐未必然也。故程子不肯學邵子之數。彬謂自子至巳爲息數，自午至亥爲消數，何可于此分先天後天，此鮑之妄説。《朱子語録》云堯舜時在午，今在未，看來天地今古大氣數極盛時已過了，宜其愈降愈下，不能及古治之盛。康節之説與道原不合。虚谷又述鮑氏之妄説云：京房卦氣，揚子因之爲《太玄》，邵子因之爲《經世》，回不以爲然。虚谷又云：前朝曆必書坎震離兑與夫羣公卿大夫之名，于曆中七十二候亦書之，今曆皆去之。惟于一月之首書六候，亦不失爲曆。焦氏《易林》今傳于世，一卦變六十三卦，四千九十六占，其辭甚率然，京房得之以殺身，揚子又以艱深文淺易爲《太玄》，亦終至于敗名。京房病在于泥數而昧理，揚雄病在學老氏之静而不知動。邵子高妙，開物閉物之説，存之可也，不亦小待天地乎？詩云：「冬至子之半，天心無改移。一陽初動處，萬物未生時。」則冬至節十一月中，陽已復矣，六日七分之説必謂更隔中孚一卦六爻，而後陽復如此，則康節詩不可用也。凡胸中一有滯凝，則道理不容不問。

答曰：劉道原之説，不知何所本，似茫然無統紀。邵子元會運世之説當可據，一元有十二會，一會有三十運，一運有十二世，一世有三十年，一年有十二月，一月有三十日，一日有十二時，大則爲元會運世，小則爲歲月日時，甚有統紀。《朱子語録》中亦屢提掇，甚是其説。但謂寅開物，戌閉物，至戌亥會則人物亦消盡，是以天地造化爲有終窮紀極矣。記蔡西山有一段及此，或問戌閉物以後如何？曰：消極爲復息，無有終窮之理。此説則是天地又重開闢一番，今亦未見得確是如此。自堯舜至今不過三千六百餘年，未、申、酉、戌尚有四個一萬八千年，一治一亂相因，多少番覆，且寬心存此説在胸中，信之可也，不盡信亦可也。半明白半黑暗，如曰半治半亂，半好半不好云耳。前朝暦必書坎震離兑羣公卿大夫之名，此正李溉圖之説，羣公卿大夫似是杜撰。魏鶴山喜《太玄》，証之《朱子語録》，甚笑雄之拙，真是不可行之書。

問：虚谷云：左右順逆四字，以意爲之解。數往者順，知來者逆，只先天一圓圖盡之，不必如邵子所説已生之卦、未生之卦，反爲人纏繞也。《易》中往字有二義，有已往、方往。已往之往，告諸往而知來者，寒來則暑往是也；方往之往，利有攸往，不聞往教與數往者順是也。自子順數至亥是往是順，自亥逆數至子是來是逆。此説如何？

答曰：「數往者順，知來者逆，是故易逆數也」三句，在「天地定位」至「八卦相錯」之下，是結上五句。乾南坤北者，天地定位也；離東坎西者，水火不相射也；兑東南對艮西北，山澤通氣也；巽西南對震東北，雷風相薄也。此正是伏羲八卦之位，因而重之爲六十四卦，亦不過如此，即先天六十四卦圓圖之位也。起震而離而兑而乾，數已生之卦也，故曰「數往者順」；起巽而坎而艮而坤，推未生之卦也，故曰「知來者逆」。《易》之生卦則以乾兑離震巽坎艮坤爲次序，皆是逆數，故曰「《易》逆數也」。邵子如此説，朱子解《易》亦同，極爲明白平正順易，初不見其纏繞也。往對來言，正是已往對未來，不比單言往者，如「利有攸往」，單言往如此。何謂之方往之往，自子順數至亥，且做是數往者順，由一陽至六陽，六陽至一陰，又自一陰至六陰，可以如此言，有情有理。自亥逆數至子，是知來者逆，何必自亥逆數至子，將來作何用，無情無理，又如何解下文「《易》逆數也」四字，全推不去。方公此説不可行也。由乾方生兑，由兑方生離，由離方生震生巽坎艮坤，皆是未生之卦，皆是逆推。今先天圓圖中分六十四卦爲兩段，左邊由一陽而六陽，震離兑乾皆是已生之卦，比之乾一兑二離三震四却倒了，故曰數往者順數，已生之卦爲順，如自今日而説昨日前日，此之謂數往；右邊由一陰而六陰，巽坎艮坤皆是未生之卦，其于巽五坎六艮七坤八却不倒，故曰知來者逆，推未生之卦爲逆，如今日而逆説明日後日，此之謂知來，作如此説，則解得「《易》逆數也」四字又是總論六十四卦横圖之序也。如方公之説，不特自亥逆數至子，用不著「《易》逆數也」，尤用不著不應《易》只是逆數自亥至子，全不順數自子至亥乎？只以《本義》六十四卦横圖及圓圖觀之，便可見矣。蔡節齋曰：已往者數之而已，未來則當有以知之，順者馴也，馴其舊迹，逆者迎也，迎之于未形，如逆料之逆。按古註韓氏及《繫辭精義》中，張横渠、尹彦明、吕與叔及楊誠齋此五家，解「數往」、

「知來」、「逆數」三句，只泛泛說占《易》之事，全不兼上文「天地定位」以下解之。如今鍾學古之徒，算命知未來事之類甚淺近，全不及先天圓圖横圖。此「知來者逆」與「極數知來之謂占」全不同。知來之謂占，是說占卦時事。韓、張之徒之說只說得極數知來之謂占，渾同說了，殊不知此三句是結斷自「天地定位」以下五句也。方公謂性理看得好處，自不可及，杜撰如此樣者，又可笑。

滋溪文稿　元蘇天爵撰

卷二十四

答達兼善郎中書

近承賜教，知久病新愈，夫君子之仕，固欲行其志也。然事之齟齬者，十常八九，欲舍而去之，不知者以爲忘斯世矣。閤下由進士得官二十餘年，始以文字爲職業，人則曰儒者也。及官風紀屢行而屢止，孰知其志之所存乎？向諭印祝泌《皇極經世説》，謹裝璜納上。某嘗學於臨川吴先生，聞其言曰：「邵康節，天人之學也。雖其子弗克傳焉，蜀人張行成，蓋能得其彷彿。行成既没，其學又弗傳矣。」祝泌生於宋季，所學者風角鳥占之術，特假《皇極》之名張大之耳。撫州有傳其術者，睹物即知休咎。嘗欲以學授予，予弗從而止。某又嘗學于太史齊公，每見公讀邵子書不去手，晚歲又釋《外篇》，令某傳録其言，曰：「皇極之名，見於《洪範》，皇極之數，始於《經世書》。數非極也，特寓其數於極耳。《經世書》有內外篇，內篇則因極而明數，外篇則由數以會極。」某嘗欲集諸家釋外篇者爲一書，顧未能也。又聞國初李徵君俊民、李翰林冶皆能通邵子之書，或言徵君傳於河南隱士荆先生，而翰林不知得於何人也。世廟在潛邸時，嘗召徵君問之。徵君既亡，復召翰林問之。以某觀之，二公不過能通其數耳，而康節之學蓋未易言也。故曰「欲知吾之學者，當於林下相從二十年方可學也」。因閤下求祝泌之書，偶言及之。

東維子集　元楊維楨撰

卷二十六

雪溪處士邵公墓誌銘

予嘗客雲間，雲間陸先生嘗稱：胥水之南多世家，邵、呂、陳、陸其尤也。先生自其先館邵氏幾七世，歷凡一百五十年。又云：邵氏家老侍僮，亦自高曾曾玄，皆世其職業，禄養爲一家之世臣。予求世家於近代三葉，而不替者鮮矣。矧六葉七葉乎？客有持先生狀雪溪公者，抵予次舍，爲雪溪之壻倪琦也。以墓文爲請，即胥水邵也。予欣然其世澤，爲之叙而銘。公諱彌遠，字子猷，自號雪溪，有譜爲康節公十世孫也。高祖宗穆，流避兵火，渡江至華亭，遂家焉。

文憲集　明宋濂撰

卷三

宋九賢遺像記

康節邵子，色微紫，廣顙，身頎然，有顴特然，其下癯骨爽而神清，須長過領，内服皂領，帽有翼圍之，袍緇，履如伊川，聳肩低，袖手立而睨視，坦而莊，和而能恭。

卷二十六

河圖洛書説

或問於宋濂曰：關子明云「河圖之文，七前六後，八左九右；洛書之文，九前一後，三左七右，四前左二前右，八後左六後右」，邵堯夫云「圖者星也，曆紀之數其肇於此乎？方者土也，畫州井地之法其昉於此乎」？是皆以十爲河圖，九爲洛書，唯劉長民所傳獨反而置之，則洛書之數爲十，河圖之數爲九矣。朱子發深然其説，歷指序其源流，以爲濮上陳摶以先天圖傳种放，放傳穆修，修傳李之才，之才傳邵雍。放以河圖洛書傳李溉，溉傳許堅，堅傳范諤昌，諤昌傳劉牧。修以太極圖傳周敦頤，敦頤傳程顥、程頤，其解《易大傳》大概祖長民之意。至于新安朱元晦，則又力詆長民之非，而遵關、邵遺説，且引《大戴禮》書二九四、七五三、六一八之言以證洛書，以爲《大傳》既陳天地五十有五之數，《洪範》又明言天乃錫禹洪範九疇，則九爲洛書，十爲河圖，夫復何疑？其説以經爲據，似足以破長民之惑。臨卭魏華父，則又疑元晦之説，以爲邵子不過曰圓者河圖之數，方者洛書之文，且戴九履一之文其象圓，五行生成之圖其象方，是九圓而十方也。安知邵子不以九爲圖十爲書乎？朱子發、張文饒精通邵學，而皆以九爲圖、十爲書。朱以列子爲證，張以邵子爲主，《乾鑿度》《張平子傳》所載太乙下行九宫法，即所謂戴九履一者，則是圖相傳已久，安知非河圖也。及靖士蔣得之，著論以先天圖爲河圖，五行生成數爲洛書，戴九履一圖爲太乙下行九宫。華父則又以爲劉取太一圖爲河圖，誠有可疑。先天圖卦爻方位縝密亭當，乃天地自然之數，此必爲古書無疑。乃僅見於魏伯陽《參同》，陳圖南爻象卦數，猶未甚白。至邵而後大明得之，定爲河圖，雖未有明證，而僕亦心善之。則是華父心疑元晦之説，而亦無定見也。新安羅端良嘗出圖書示人，謂建安蔡季通傳於青城山隱者，圖則陰陽相合，就其中八分之則爲八卦，書則畫井文於方圈之内，絶與前數者不類。江東謝枋得又傳河圖於異人，頗祖於八卦，而坎離中畫相交流，似於方士抽坎填離之術。近世儒者又有與《太極圖》合者，即河圖之説。又有九十皆河圖，而有一合一散之異。洛書既曰書，而決非圖之説。夫圖書乃儒者之要務，若數者之不同，何也？

濂應之曰：羣言不定，質諸經、聖。經言之，雖萬載之遠，不可易也，其所不言者，固不强而通也。《易大傳》曰「河出圖，洛出書，聖人則之」，《書・顧命》篇曰「河圖在東序」，《論語・子罕》篇曰「河不出圖」，其言不過如是而已，初不明言其數之多寡也。言其數之多寡者，後儒之論也。既出後儒，宜其紛紜而莫之定也。夫所謂「則之」者，古之聖人但取神物之至著者而畫卦，陳《範》苟無圖書，吾未見其止也。故程子謂觀兎亦可以畫卦，則其他從可知矣，初不必泥其圖之九與十也，不必推其即太乙下行九宮法也，不必疑其爲太乙圖也，不必究其出於青城山隱者也，不必實其與《太極圖》合也。唯劉歆以八卦爲河圖，班固以《洪範》初一至次九六十五字爲洛書本文，庶幾近之。蓋八卦、《洪範》見之於經，其旨甚明。若以今之圖書，果爲河洛之所出，則數十載之間，孰傳而孰受之？至宋陳圖南而後大顯邪？其不然也昭昭矣。

或曰：子之所言善則善矣。若鄭康成據《春秋緯》文所謂「河以通乾出天苞，洛以流坤吐地符。河龍圖發，洛龜書感。河圖有九篇，洛書有六篇」者，將果足信乎？

濂曰：龜山楊中立不云乎「聖人但言圖書出於河洛，何嘗言龜龍之兆，又何嘗言九篇六篇乎」？此蓋康成之陋也。此所以啟司馬君實、歐陽永叔之辨，而并《大傳》疑非夫子之言也。

或云：揚雄《覈靈賦》云「大易之始，河序龍馬，洛貢龜書」，長民亦謂「河圖洛書同出於伏羲之世」，程子亦謂「聖人見河圖洛書而畫八卦」，然則孔安國、劉向父子、班固以爲「河圖授羲，洛書錫禹」者，皆非歟？

濂曰：先儒固嘗有疑於此，揆之於經，其言皆無明驗，但河圖洛書相爲經緯，八卦九章相爲表裏。故蔡元定有云「伏羲但據河圖以作《易》，則不必預見洛書而已逆與之合矣。大禹但據洛書以作《範》，則亦不必追考河圖而已暗與之符矣。誠以此理之外，無復他理也」，不必置疑於

其間也

或曰：世傳《龍圖序》謂出於圖南，若河圖由圖南而傳，當以龍圖解河圖可也，而容城劉夢吉力辨其僞焉，何哉？

濂曰：《龍圖序》，非圖南不能作也，是圖南之學也，而非《大易》「河出圖」之本旨也。八卦之設，不必論孤陰與寡陽也，不必論已合之位與未合之數也。

或曰：然則《易》之象數舍河圖將何以明之？

濂曰：《易》不云乎「大衍之數五十，其用四十有九」，又曰「乾之策二百一十有六，坤之策百四十有四」，此固象數之具於《易》然也，不必待河圖而後著也。

或者無辭以對，濂因私記其説而與知《易》者証焉。

卷三十

溟涬生贊有序

溟涬生者，盱江廖應淮海學也。抱負奇氣，好研摩運世推移及方技諸家學。年三十游杭上，疏言丁大全誤國狀，大全怒，中以法配漢陽軍。生荷校，行歌出都門，道傍觀者，嘖嘖壯之。抵漢江濱，遇蜀道士杜可大，揖曰：「子非廖應淮耶？」生愕然曰：「道士何自知之？」可大曰：「宇宙太虛一塵爾，人生其間爲塵幾何？是茫茫者尚了然心目間，矧吾子耶？」然自邵堯夫以先天學授王豫天悦，天悦死無所授，同葬玉枕中。未百年而吴曦叛，盜發其冢，得《皇極經世體要》一篇，内外《觀象》數十篇。余賄盜得之，今餘五十年，數當授子。吾俟子亦久矣。」乃言于上官，脱其籍，盡教以冢中書。其算繇聲音起。生神鑒穎利，可大指晝未到者，生已先意逆悟，可大自以爲不及。學既成，去，隱宣歙間。遇余安裕戈陽，將教之，安裕勸生業《中庸》，生瞠目厲聲曰：「俗儒幾辱吾康節於地下矣。」復去之杭，客賀外史家，晝市大衍數，夜沽酒痛飲，飲即吐，吐即飲，不醉如泥弗休。醉中嘗大呼曰：「天非宋天，地非宋地，奈何？奈何？」語聞賈似道，遣客叩之，生曰：「毋多言。浙水西地髮白時，是其祥也。」似道未解，復召至，屏人與語。生曰：「明公宜自愛，不久宋鼎移矣。」似道惡其言，掩耳走。生亦徑出，過曾淵子家，索酒轟飲，酒酣作嬰兒啼，曰：「大厦將焚，燕猶呢喃未已耶？」復賦歌以見意，都人士聞之，競指以爲怪民，不與接獨。太學生熊希聖猶時造其廬，生私執熊手，謂曰：「吾端居層樓，聞空中戎馬百萬來，人鬼作哭泣聲。壬申襄樊陷，甲戌宫車晏駕，乙亥長江飛渡，似道亦殛死臨漳，丙子三宫播遷，諸王大臣皆南北亂走噓吸事耳。子不去，欲何爲？」居亡何，宋事日非，沿江州郡望風奔潰，生大慟曰：「殺氣又入閩廣中，吾不知死所矣。」遂遁去，其言無一不驗。後四年，病死處州學中，年五十二，無子，唯一義女從之。生宗堯夫先天之學，頗自謂知《易》。每見諸《易》師傳疏，不問淺深，輒訕駁以爲樂。及論後天則尊羲畫爲經，彖爻《繫辭》爲傳，黜《文言》、《彖》、《象》二傳爲九師之言，且謂《説卦》非聖筆不能作。上下《繫》乃門人所述，《序卦》直漢儒記爾。蓋生聰明絶人，未聞道而驟語數，故其論經多失中。然性使酒難近，又好訐人陰私，人面頸發赤不顧，罕有從其學者。唯國子簿吴浚進士、彭復樂師之，浚不卒業，復屢受唾斥不怨。生將遁時，召復至，口發例，手布籌，雖平昔所靳若終身不示人者，一舉授復，復後又授鄱陽傅立云。或曰：生瀕死語女曰「吾死後一月中，朝命山姓鳥名使，徵吾及傅立，當過予門，汝可出藏書示之，立當以此致大官」，後皆如其言。所謂山姓鳥名，崔鵬飛也。生所著書有《玄玄集》、《曆髓星野指南》、《象喻統會》、《聲譜》、《畫前妙用數》十萬言，今猶間傳于世。

峴泉集　明張宇初撰

卷一

讀觀物篇

孔孟之書，出而其道明，逮其道晦，則王化弊，非書之不傳，言道者之不明也。列國而下，漢唐之盛，稱知行者寡矣。宋興而道著，周子暢太極未明之藴於前，邵子發先天無窮之理於後，由是而羲文周孔之旨繼絶學者莫是若也。聖人之道本乎心，《易》心學也。邵子之言曰「心爲太極」，爲學養心，先天之學心也。其言心至矣，其論理明矣。暨圖方原以盡《易》之妙，雖天地之大，陰陽之微，鬼神之幽，象數之奥，有無之變，物之至廣，理之至神，皆出乎太極，復歸於無極者，斂之於一心而已。充而宇宙，散而毫忽，其潔净精微，淵深幽眇，可謂詳矣密矣。此其所謂觀之以心，而觀之以理。又曰不以心觀物，不以我觀物，不以物觀物也，若堯舜禹湯之禪，有德功放殺之異，周秦漢楚運祚之修短，擇乎善惡而已。是知治亂由義利之所尚，邪正由言行之所致。凡三皇五帝三王五伯之事，若水鑑之燭，毫髪不能隱，則其反觀者，所謂聖人能一萬物之情哉。是爲窮理盡性至命之道也。大而化之則天地陰陽之數，以無體之一以況自然，不用之一以況道也。用之者三，以況天地人也。故曰「無極之前陰含陽也，有象之後陽分陰也」。則天根月窟之往來，存乎無極之間矣。與周子之言，豈不合歟？自有《易》以來，後之疏議者千百其人，而造聖人之旨者幾何？能達夫未畫之先乎？然世之慕者徒求之幽閑逸樂之餘，於其道則未知有聞焉。韓子讀荀取其近孔子者，復以雄亦聖人之徒歟？若《太玄》之於《易》，方之邵子之謂「先天之學心也，後天之學跡也」，「出入有無死生者道也」。若用智數由逕而求之，是屈天理而徇人欲也。其見豈不相去遠矣。是足以知其見至廣，其聞至遠，其論至高，其樂至大，能爲至廣至遠至高至大之事而中無一焉，豈非至神至聖者乎？其一信不誣矣。孰得善養心者與之言心學也乎？嗚呼！或曰「六合之外，聖人存而不論」，若邵子者可謂窮神知化矣。復有謂之聖人，所不論者歟？

讀書後　明王世貞撰

卷四

讀皇極經世觀物内篇

邵子之《皇極經世書》，吾所不敢輕言，而中有扞格而不敢輕信者。如《觀物篇》「天生于動，地生于静」，天動地静，誰不知之？第一氣之分，自然輕清上浮，重濁下墮。上浮則自動，下墮則自静。以動静見天地則可，謂動静生天地則不可也。因天有日月星辰，則以少陽爲星，少陰爲辰矣。地有水火土石，則以少陽爲石，少陰爲土，何所見耶？然猶可也，而以星爲晝，辰爲夜者，何也？寒暑久耳，晝夜速耳，何以辨其陰陽太少也？雨露風雷陰陽之所化也，何以屬之地而謂土爲露，石爲雷也？雷之發聲，往往在水土中，不聞在石也。露至輕清，最高在雲之上，不聞在上也。皇帝王霸以配春夏秋冬之升降，可耳，至配生長收藏，抑何贅也？謂三王收而五霸藏，不知其所證引也。夫子有曰「聖人立象以盡意」，至設卦之後始繫辭以盡其言，今以言配五帝，以象配三王者，何也？且夫五霸之時以語冬則可，五霸之術以語冬則不可。冬之藏爲春地也，五霸之藏亦爲三王地乎？不得已而又以體用心跡交互焉，抑何其割裂穿鑿也？使此書在宋前，其見排斥而揮之籓籬之外久矣。

重編瓊臺會藁　明邱濬撰

卷七

章奏

謹按：宋儒邵雍《皇極經世書》謂天地大數以十二萬九千六百年爲一元，國祚大數以九千六百年爲一元，三代以後惟漢唐宋國祚爲最長，然皆不能滿其國祚之元數，多者不過三四百年，如人壽以百二十年爲一元，然非善攝養者，惜元氣，存仁心，謹身節用，不能盡其天年，以滿其元也。是以漢唐宋之世，自百五六十年以後，往往中微，政務日趨於弊，風俗日趨於薄，紀綱日趨於弛，由是馴至於不可振起而底於亡，此無他，中世繼體之君皆生於世道豐亨之際，宫闈安樂之中，不歷險阻，不經憂患，天示變而不知畏，民失所而不知恤，人有言而不知信，好尚失其正，用度無其節，信任非其人，因循苟且無有奮發之志，顛倒錯亂甘爲敗亡之歸故也……邵數以三十年爲一世，至百二十年則四世矣。四世則當四時之數而爲一期也，歲事周矣。月窮於紀星回於天，至是則三陽開泰，萬象惟新之時焉。當此之時，事必更始，使舊者新，廢者起，閉者通，缺者完，然後可以延而長之，以固久遠不拔之基，所以補偏救弊，振仆持顛，洗濯疏達，衍國祚靈長之慶於千萬億年，玆其時也。

望溪集　清方苞撰

卷三

書邵子觀物篇後

余讀邵子《觀物篇》，不能究知其義，問諸朋儕，則曰：「子好之，則能知之。是書之祕，可心喻而不可言傳也。」夫聖言之精者，具《易》與《春秋》，學者雖不極其隱深，而大體固昭然明白也。世乃有理之至者，而不可以言傳乎？邵子自謂因《春秋》以通《易》，今觀其書，以秦穆首四伯，謂其有功於周，伐鄭而敗，悔過自誓，幾於王道。以晉文侯還平王於洛而進其裔孫於齊桓，其於《春秋》所書事迹顯著者如此，則夫天造物化之絪緼於無形者，其盡可詰耶？余於是書固未能窺其樊，然世之所謂知者，其果能好之耶，抑韓子所云「惟怪之欲聞而利其不可稽尋」者耶？

榕村集　清李光地撰

卷二十八　劄子一

邵雍之説，謂一元有十二會，如一年有十二月；天開於子，如一年之子月，陽氣回也；地闢於丑，如一年之丑月，土膏動也；人生於寅，如一年之寅月，萬物萌芽也。儒者取此以證三皇之説，故謂天皇十二人，是十二會全數，各一萬八百歲者，每會一萬八百年也；地皇十一人，是從丑會算起，去子會而言也，亦各一萬八百歲者，每會亦一萬八百年也；人皇九人，是從寅會開物算起，至戌會閉物而盡，前去子丑後去亥而言也，亦各一萬八百歲者，每會亦一萬八百年也。據此説則當依綱鑑補作一萬八百者爲是。但據此説又須改古書十三爲十二方合。又一本作人皇兄弟九人，合四萬五千六百歲，按九會之數九萬七千二百年，今以開闢至中天折半算，得四萬八千六百年，亦須改古書五千爲八千方合，未知是否？

陰陽之數雖各居其半，然陽饒陰乏，陽多陰少，故數之有餘者，必歸之於陽，其不足者必歸之於陰。此非聖人以意爲之，蓋造化尊陽之理，天地生物之心其本來如此也。故乾坤二策當期之日，然乾之策二百一十有六則七月而有奇，坤之策百四十有四則五月而不足。此邵雍所謂開物於寅，末至戌初而後閉物者。

存研樓文集　清儲大文撰

卷十一

易學圖説會通序

唐貞觀纂注疏，王氏説獨行，至宋初且三百年有奇，而華山象數之學始復傳。夫易道樞鍵，實在象數，雖宋元儒者詮闡義理，不必類輔嗣之虛遠，而象數要不可闕。晉陵符蒼楊子默而著《周易圖説會通》，凡八卷，而前儒之畫圖立説者，寖以備矣。丹黄黑白，展紙瞭然，蓋有功於易學者也。宋王稱傳李之才曰：易學惟邵雍得之，初，華山陳摶以數學授穆修，修授之才，之才授雍。以象學授种放，放授許堅，堅授范諤昌。是象學數學又析而爲二也。後之知數學者鮮矣，奚有於象學乎哉！

皇清文穎

卷四十九

五六天地之中合賦以敬授民時聖人所先爲韻　于振

邵雍《經世》之書，鮮窮其緒。幸長夜之懸黎，比衆星之向所。究之性，率乎命，命本乎天。植鼇維而永奠，法亭毒而不愆。合羲文周孔爲一人，道何分於上下，滙河洛龜龍爲一理，圖何别於後先允矣哉。元圭錫麟符，啟炳吾道於億萬斯年。

宋元學案之百源學案

黄宗羲原本　黄百家纂輯　全祖望次定

點校底本爲道光二十六年道州何紹基刻王梓材重校本

宋元學案卷九　百源學案上

百源學案表

邵雍 祖德新 父古 附師李之才 涑水講友

- 弟 睦
- 子 伯温
  - 孫 溥 別見劉李諸儒學案
  - 趙鼎 別爲趙張諸儒學案
  - 司馬植
- 王豫
- 張崏 並爲王張諸儒學案
- 呂希哲 別爲滎陽學案
- 呂希績
- 呂希純 並見范呂諸儒學案
- 李籲 別爲劉李諸儒學案
- 周純明 別爲劉李諸儒學案
- 田述古 別見安定學案
- 尹材
- 張雲卿 並見涑水學案 又九人並見王張諸儒學案

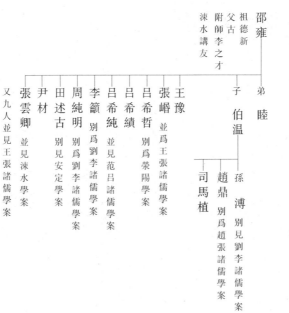

私淑 晁説之 別爲景迂學案

陳瓘 別爲陳鄒諸儒學案

牛師德——子 思純

劉衡

蔡發 附見西山蔡氏學案

王湜

張行成 別爲張祝諸儒學案

並百源續傳

富弼 別見高平學案

程珦 別見濂溪學案

並百源講友

張載 別爲横渠學案

程顥 別爲明道學案

程頤 別爲伊川學案

並百源學侶

祖望謹案：康節之學，別爲一家。或謂《皇極經世》秖是京、焦末流，然康節之可以列聖門者，正不在此。亦猶温公之造九分者，不在《潛虛》也。述《百源學案》。梓材案：盧氏藏底作《康節學案》，又有作《百泉學案》者。本傳，堯夫「居蘇門山百源之上」。明道先生誌墓云，「先生始學于百原」。蓋「原」爲「源」之本文，「泉」又「原」之省文爾。

涑水講友

康節邵堯夫先生雍祖德新，父古。附師李之才。

邵雍，字堯夫，其先范陽人，曾祖令進以軍職逮事藝祖，始家衡漳。祖德新，父古，皆隱德不仕。先生幼從父遷河南，雲濠案：明道誌先生墓云：「幼從父徙共城，晚遷河南。」今曰「幼從父遷河南」，蓋誤。即自雄其才，力慕高遠，謂先王之事必可致。居蘇門山百源之上，布裘蔬食，躬爨養父之餘，刻苦自勵者有年。已而嘆曰：「昔人尚友千古，吾獨未及四方。」于是踰河、汾，涉淮、漢，周流齊、魯、宋、鄭之墟而始還。

時北海李之才攝共城令，授以《圖》、《書》先天、象數之學。先生探賾索隱，妙悟神契，多所自得。蓬篳甕牖，不蔽風雨，而怡然有以自樂，人莫能窺也。富鄭公、司馬温公、吕申公退居洛中，爲市園宅。出則乘小車，一人挽之，任意所適。士大夫識其車音，争相迎候。童孺廝隸皆曰：「吾家先生至也。」不復稱其姓字。遇人無貴賤賢不肖，一接以誠。羣居燕飲，笑語終日，不甚取異于人。樂道人之善，而未嘗及其惡，故賢者悦其德，不賢者喜其真，久而益信服之。

嘉祐中，詔舉遺逸，留守王拱辰薦之，授試將作監簿，先生不赴。熙寧初，復求逸士，中丞吕誨等復薦之，補潁州團練推官，皆三辭而後受命，終不之官。新法作，仕州縣者皆欲解綬而去，先生曰：「此正賢者所當盡力之時，能寬一分則民受一分之賜矣！」王安石罷相，吕惠卿參政，富公憂之，先生曰：「二人本以勢利合。勢利相敵，將自爲仇矣，不暇害他人也。」未幾，惠卿果叛安石。先是，于天津橋上聞杜鵑聲，先生慘然不樂，曰：「不二年，南士當入相，天下自此多事矣！」或問其故，曰：「天下將治，地氣自北而南；將亂，自南而北。今南方地氣至矣，禽鳥得氣之先者也。」至是，其言乃驗。疾革，謂司馬公曰：「試與觀化一遭。」公曰：「未應至此！」先生笑曰：「死生亦常事爾！」橫渠問疾論命，先生曰：「天命則已知之，世俗所謂命，則不知也。」伊川曰：「先生至此，他人無以爲力，願自主張。」先生曰：「平生學道，豈不知此？然亦無可主張。」伊川問：「從此永訣，更有見告乎？」先生舉兩手示之。伊川曰：「何謂也？」曰：「面前路徑須令寬，路窄則自無著身處，況能使人行也？」先生居内寢，議事者在外甚遠，皆能聞之。召其子伯温謂曰：「諸公欲葬我近地，不可，當從先塋爾。墓誌必以屬吾伯淳。」熙寧十年七月五日卒，年六十七。程伯子爲銘其墓。雲濠案：先生既卒，贈秘書省著作郎。元祐中，賜謚曰「康節」。初，歐陽棐過洛，見先生，先生自序其履歷甚詳，臨别屬之曰：「願足下異日無忘此言。」棐受而疑之，所謂不忘者亦何事邪？後二十年，棐入太常爲博士，當作謚議，方知先生所屬者在是也。所著有《觀物篇》《漁樵問答》《伊川擊壤集》《先天圖》《皇極經世》等書。咸淳初，從祀孔子廟庭，追封新安伯。明嘉靖中，祀稱「先儒邵子」。

百家謹案：周、程、張、邵五子並時而生，又皆知交相好，聚奎之占，可謂奇驗，而康節獨以《圖》《書》象數之學顯。攷其初，《先天卦圖》傳自陳摶，摶以授种放，放授穆修，修授李之才，之才以授先生。顧先生之教，雖受于之才，其學實本于自得。始學于百源，堅苦刻厲，冬不爐，夏不扇，日不再食，夜不就席者凡數年。大名王豫嘗于雪中深夜訪之，猶見其儼然危坐。蓋其心地虚明，所以能推見得天地萬物之理。即其前知，亦非術數比。明道嘗謂先生「振古之豪傑」，又曰「内聖外王之道也」。有問朱子：「康節心胸如此快活廣大，安得如之？」答曰：「他是甚麽樣工夫！」又有問朱子：「學者有厭拘檢、樂放舒、惡精詳、喜簡便者，自謂慕堯夫爲人，何如？」曰：「邵子這道理豈易及哉！他胸襟中這箇學，能包括宇宙，始終古今，如何不做得大，放得下。今人卻恃箇甚，敢復如此！」

觀物内篇

百家謹案：先生《觀物内外篇》，《内篇》先生所自著，《外篇》門弟子所記述。《内篇》註釋，先生子伯温也。

物之大者，無若天地，然而亦有所盡也。天之大，陰陽盡之矣；地之大，剛柔盡之矣。陰陽盡而四時成焉，剛柔盡而四維成焉。夫四時四維者，天地至大之謂也。凡言大者，無得而過之也，亦未始以大爲自得，故能成其大，豈不謂至偉者與！天生于動者也，地生于静者也，一動一静交而天地之道盡之矣。動之始則陽生焉，動之極則陰生焉，一陰一陽交而天之用盡之矣。静之始則柔生焉，静之極則剛生焉，一剛一柔交而地之用盡之矣。動之大者謂之太陽，動之小者謂之少陽；静之大者謂之太陰，静之小者謂之少陰。太陽爲日，太陰爲月，少陽爲星，少陰爲辰，辰者天之土，不見而屬陰。日月星辰交而天之體盡之矣。太柔爲水，太剛爲火，少柔爲土，少剛爲石，水火土石交而地之體盡之矣。

或曰：「《皇極經世》舍金木水火土，而用水火土石，何也？」曰：日月星辰，天之四象也；水火土石，地之四體也。金木水火土者，五行也。四象、四體，先天也；五行，後天也。先天，後天之所自出也。水火土石，五行之所自出也。水火土石，本體也；金木水火土，致用也。以其致用，故謂之五行，行乎天地之間者也。水火土石，蓋五行在其間矣。金出于石而木生于土，有石而後有金，有土而後有木，金者從革而後成，木者植物之一類也。是豈舍五行而不用哉！五行在其間者，此之謂也。《皇極經世》用水火土石，以其本體也；《洪範》用金木水火土，以其致用也。皆有所主，其歸則一。

混成一體，謂之太極。太極既判，初有儀形，謂之兩儀。兩儀又判而爲陰、陽、剛、柔，謂之四象。四象又判而爲太陽、少陽、太陰、少陰、太剛、少剛、太柔、少柔，而成八卦。太陽、少陽、太陰、少陰成象于天，而爲日月星辰；太剛、少剛、太柔、少柔成形于地，而爲水火土石。八者具備，然後天地之體備矣。天地之體備，而後變化生成萬物也。所謂八者，亦本乎四而已。在天成象，日也；在地成形，火也。陽燧取于日而得火，火與日本乎一體也。在天成象，月也；在地成形，水也。方諸取于月而得水，水與月本乎一體也。在天成象，星也；在地成形，石也。星隕而爲石，石與星本乎一體也。在天成象，辰也；在地成形，土也。自日月星之外高而蒼蒼者皆辰也，自水火石之外廣而厚者皆土也，辰與土本乎一體也。天地之間，猶形影、聲響之相應，象見乎上，體必應乎下，皆自然之理也。蓋日月星辰猶人之有耳目口鼻，水火土石猶人之有血氣骨肉，故謂之天地之體。陰陽剛柔則猶人之精神，而所以主耳目口鼻、血氣骨肉者也，故謂之天地之用。

日爲暑，月爲寒，星爲晝，辰爲夜，寒暑晝夜交而天之變盡之矣。水爲雨，水氣所化。火爲風，火氣所化。土爲露，土氣所化。石爲雷，石氣所化。四者又交相化焉，故雨有水雨，有火雨，有土雨，有石雨。水雨則爲霶霈之雨，火雨則爲苦暴之雨，土雨則爲霢霂之雨，石雨則爲雹凍之雨。所感之氣如此，皆可以類推也。雨風露雷交而地之化盡之矣。

暑變物之性，寒變物之情，晝變物之形，夜變物之體，性情形體交而動植之感盡之矣。雨化物之走，風化物之飛，露化物之草，雷化物之木，走飛草木交而動植之應盡之矣。

人之所以靈于萬物者，謂其目能收萬物之色，耳能收萬物之聲，鼻能收萬物之氣，口能收萬物之味。聲色氣味者，萬物之體也；耳目鼻口者，萬人之用也。體無定用，惟變是用；用無定體，惟化是體。體用交而人物之道于是乎備矣。然則人亦物也，聖亦人也。有一物之物，有十物之物，有百物之物，有千物之物，有萬物之物，有億物之物，有兆物之物。生一物之物當兆物之物者，豈非人乎？有一人之人，有十人之人，有百人之人，有千人之人，有萬人之人，有億人之人，有兆人之人。生一人之人當兆人之人者，豈非聖乎？是知人也者，物之至者也；聖也者，人之至者也。人之至者，謂其能以一心觀萬心，一身觀萬身，一世觀萬世者焉。其能以心代天意，口代天言，手代天工，身代天事者焉。其能以上識天時，下盡地理，中盡物情，通照人事者焉。其能以彌綸天地，出入造化，進退古今，表裏人物者焉。

《易》曰：「窮理盡性，以至于命。」所以謂之理者，物之理也；所以謂之性者，天之性也；所以謂之命者，處理性者也。所以能處理性者，非道而何？是知道爲天地之本，天地爲萬物之本。以天地觀萬物，則萬物爲物；以道觀天地，則天地亦爲萬物。道之道盡于天矣，天之道盡于地矣，天地之道盡于物矣，天地萬物之道盡于人矣。人能知天地萬物之道所以盡于人者，然後能盡民也。天之能盡物，則謂之昊天；人之能盡民，則謂之聖人。

夫昊天之盡物，聖人之盡民，皆有四府焉。昊天之四府者，春、夏、秋、冬之謂也，陰陽升降于其間矣；聖人之四府者，《易》《書》《詩》《春秋》之謂也，禮樂污隆于其間矣。

孔子贊《易》，自羲、軒而下；序《書》，自堯、舜而下；删《詩》，自文、武而下；修《春秋》，自桓、文而下。自羲、軒而下，祖三皇也；自堯、舜而下，宗五帝也；自文、武而下，子三王也；自桓、文而下，孫五霸也。

夫古今者，在天地之間猶旦暮也。以今觀今，則謂之今矣；以後觀今，則今亦謂之古矣；以今觀古，則謂之古矣；以古自觀，則古亦謂之今矣。是知古亦未必爲古，今亦未必爲今，皆自我而觀之也。安知千古之前，萬古之後，其人不自我而觀之也！

人皆知仲尼之爲仲尼，不知仲尼之所以爲仲尼，則舍天地將奚之焉？人皆知天地之爲天地，不知天地之所以爲天地，則舍動静將奚之焉？夫一動一静者，天地之至妙者與！夫一動一静之間者，天地人之至妙至妙者與！是故知仲尼之所以能盡三才之道者，謂其行無轍迹也。故有曰：「予欲無言。」又曰：「天何言哉！四時行焉，百物生焉。」其斯之謂與！

夫好生者，生之徒也；好殺者，死之徒也。周之好生也以義，漢之好生也亦以義。秦之好殺也以利，楚之好殺也亦以利。周之好生也以義，而漢且不及；秦之好殺也以利，而楚又過之。天之道，人之情，又奚擇于周、秦、漢、楚哉？擇乎善惡而已！是知善也者，無敵于天下，而天下共善之；惡也者，亦無敵于天下，而天下共惡之。天之道，人之情，又奚擇于周、秦、漢、楚哉？擇乎善惡而已矣！天與人相爲表裏，天有陰陽，人有邪正。邪正之由，繫乎上之所好也。上好德，則民用正；上好佞，則民用邪。邪正之由，有自來矣。雖聖君在上，不能無小人，是難其爲小人；雖庸君在上，不能無君子，是難其爲君子。自古聖君之盛，未有如唐堯之世，君子何其多邪！時非無小人也，是難其爲小人，故君子多也，所以雖有四凶，不能肆其惡。自古庸君之盛，未有如商紂之世，小人何其多邪！時非無君子也，是難其爲君子，故小人多也，所以雖有三仁，不能遂其善。是知君擇臣、臣擇君者，是繫乎人也；君得臣、臣得君者，是非繫乎人也，繫乎天也。

夫天下將治，則人必尚行也；天下將亂，則人必尚言也。尚行，則篤實之風行焉；尚言，則詭譎之風行焉。天下將治，則人必尚義也；天下將亂，則人必尚利也。尚義，則謙讓之風行焉；尚利，則攘奪之風行焉。三王，尚行者也；五霸，尚言者也。尚行必入于義也，尚言必入于利也。義利之相去，一何遠之如是邪！是知言之于口，不若行之于身；行之于身，不若盡之于心。言之于口，人得而聞之；行之于身，人得而見之；盡之于心，神得而知之。人之聰明猶不可欺，況神之聰明乎！是知無愧于口，不若無愧于身；無愧于身，不若無愧于心。無口過易，無身過難；無身過易，無心過難。既無心過，何難之有！吁！安得無心過之人而與之語心哉！是知聖人所以能立無過之地者，謂其善事于心者也。

天由道而生，地由道而成，人物由道而行。天、地、人物則異也，其于由道則一也。夫道也者，道也。道無形，行之則見之于事矣。如道路之道坦然，使千億萬年行之，人知其歸者也。

夫所以謂之觀物者，非以目觀之也。非觀之以目，而觀之以心也；非觀之以心，而觀之以理也。聖人之所以能一萬物之情者，謂其能反觀也。所以謂之反觀者，不以我觀物也。不以我觀物者，以物觀物之謂也。既能以物觀物，又安有我于其間哉！

日經天之元，月經天之會，星經天之運，辰經天之世。以日經日則元之元可知矣，以日經月則元之會可知矣，以日經星則元之運可知矣，以日經辰則元之世可知矣；以月經日則會之元可知矣，以月經月則會之會可知矣，以月經星則會之運可知矣，以月經辰則會之世可知矣；以星經日則運之元可知矣，以星經月則運之會可知矣，以星經星則運之運可知矣，以星經辰則運之世可知矣；以辰經日則世之元可知矣，以辰經月則世之會可知矣，以辰經星則世之運可知矣，以辰經辰則世之世可知矣。元之元一，元之會十二，元之運三百六十，元之世四千三百二十；會之元十二，會之會一百四十四，會之運四千三百二十，會之世五萬一千八百四十；運之元三百六十，運之會四千三百二十，運之運一十二萬九千六百，運之世一百五十五萬五千二百；世之元四千三百二十，世之會五萬一千八百四十，世之運一百五十五萬五千二百，世之世一千八百六十六萬二千四百。

以日經日爲元之元，其數一，日之數一故也；以日經月爲元之會，其數十二，月之數十二故也；以日經星爲元之運，其數三百六十，星之數三百六十故也；以日經辰爲元之世，其數四千三百二十，辰之數四千三百二十故也。則是日爲元，月爲會，星爲運，辰爲世，此《皇極經世》一元之數也。一元象一年，十二會象十二月，三百六十運象三百六十日，四千三百二十世象四千三百二十時也。蓋一年有十二月，三百六十日，四千三百二十時故也。經世一元、十二會、三百六十運、四千三百二十世，一世三十年，是爲一十二萬九千六百年，是爲《皇極經世》一元之數。一元在大化之間，猶一年也。自元之元更相變而至于辰之元，自元之辰更相變而至于辰之辰，而後數窮矣。窮則變，變則生，生而不窮也。《皇極經世》但著一元之數，使人伸而引之，可至于終而復始也。其法皆以十二、三十相乘。十二、三十，日月之數也。其消息盈虛之説，不著于書，使人得而求之，蓋「藏諸用」也。此《易》所謂「天地之數」也。

太陽之體數十，太陰之體數十二；少陽之體數十，少陰之體數十二；少剛之體數十，少柔之體數十二；太剛之體數十，太柔之體數十二。進太陽、少陽、太剛、少剛之體數，退太陰、少陰、太柔、少柔之體數，是謂太陽、少陽、太剛、少剛之用數；進太陰、少陰、太柔、少柔之體數，退太陽、少陽、太剛、少剛之體數，是謂太陰、少陰、太柔、少柔之用數。太陽、少陽、太剛、少剛之體數一百六十，太陰、少陰、太柔、少柔之體數一百九十二；太陽、少陽、太剛、少剛之用數一百一十二，太陰、少陰、太柔、少柔之用數一百五十二。以太陽、少陽、太剛、少剛之用數，倡太陰、少陰、太柔、少柔之用數，是謂日月星辰之變數；以太陰、少陰、太柔、少柔之用數，和太陽、少陽、太剛、少剛之用數，是謂水火土石之化數。日月星辰之變數一萬七千二十四，謂之動數；水火土石之化數一萬七千二十四，謂之植數；再倡和日月星辰、水火土石之變化，通數二萬八千九百八十一萬六千五百七十六，謂之動植通數。

日爲太陽，其數十；月爲太陰，其數十二；星爲少陽，其數十；辰爲少陰，其數十二；石爲少剛，其數十；土爲少柔，其數十二；火爲太剛，其數十；水爲太柔，其數十二。太陽、少陽、太剛、少剛之本數四十，太陰、少陰、太柔、少柔之本數四十有八。以四因四十，得一百六十；以四因四十八，得一百九十二；是謂太陽、少陽、太陰、少陰、太剛、少剛、太柔、少柔之體數。一百六十數之内退四十八，得一百一十二；一百九十二數内退四十，得一百五十二；是謂太陽、少陽、太陰、少陰、太剛、少剛、太柔、少柔之用數也。陰陽剛柔，互相進退，去其體數，而所存者謂之用數。陰陽剛柔所以相進退者，陽中有陰，陰中有陽，剛中有柔，柔中有剛，天地交際之道也。以一百一十二因一百五十二，得一萬七千二十四，謂之水火土石之化數；以一百五十二因一百一十二，得一萬七千二十四，謂之日月星辰之變數。變數謂之動數，化數謂之植數。以一萬七千二十四因一萬七千二十四，得二萬八千九百八十一萬六千五百七十六，是謂動植之通數。此《易》所謂「萬物之數」也。或曰：「經世之數，與大衍之數不同，何也？」曰：《易》用九、六，《經世》用十、十二。用十、十二，用極數也。十去其一，則九矣；十二分而爲二，則六矣。故曰，陽也，止于十；月，陰也，止于十二。此之謂極數。大衍、經世，皆本于四。四者，四象之數也。故大衍四，四因九，得三十六，是謂乾一爻之策數；四因六，得二十四，是謂坤一爻之策數。六因三十六，得二百一十有六，是謂乾一卦之策數；六因二十四，得一百四十有四，是謂坤一卦之策數。乾、坤之策，凡三百六十也。三十二因二百一十六，得六千九百一十有二，是謂三十二陽卦之策數；三十二因一百四十有四，得四千六百有八，是謂三十二陰卦之策數。合二篇之策，凡萬有一千五百二十也。如太玄之數，則用三數。聖賢立法不同，其所以爲數則一也。

日月星辰者，變乎暑寒晝夜者也；水火土石者，化乎雨風露雷者也。暑寒晝夜者，變乎性情形體者也；雨風露雷者，化乎走飛草木者也。性情形體者，本乎天者也；走飛草木者，本乎地者也。本乎天者，分陰分陽之謂也；本乎地者，分柔分剛之謂也。夫分陰分陽、分柔分剛者，天地萬物之謂也。備天地萬物者，人之謂也。

觀物外篇

性非體不成，體非性不生。陽以陰爲體，陰以陽爲性。動者性也，靜者體也。在天則陽動而陰靜，在地則陽靜而陰動。性得體而靜，體隨性而動，是以陽舒而陰疾也。陽不能獨立，必得陰而後立，故陽以陰爲基。陰不能自見，必待陽而後見，故陰以陽爲倡。陽知其始而享其成，陰效其法而終其勞，陽能知而陰不能知，陽能見而陰不能見也。能知能見者爲有，故陽性有而陰性無也。陽有所不徧，而陰無所不徧也；陽有去，而陰常居也。無不徧而常居者爲實，故陽體虛而陰體實也。自下而上謂之升，自上而下謂之降，升者生也，降者消也，故陽生于下而陰生于上，是以萬物皆反。陰生陽，陽生陰，陰復生陽，陽復生陰，是以循環而無窮也。

天地之本，其起于中乎！是以乾坤交變而不離乎中，人居天地之中，心居人之中，日中則盛，月中則盈，故君子貴中也。

本一氣也，生則爲陽，消則爲陰，故二者一而已矣，四者二而已矣，六者三而已矣，八者四而已矣。是以言天而不言地，言君而不言臣，言父而不言子，言夫而不言婦也。然天得地而萬物生，君得臣而萬物化行，父得子、夫得婦而家道成，故有一則有二，有二則有四，有三則有六，有四則有八。

氣則養性，性則乘氣，故氣存則性存，性動則氣動也。堯之前，先天也；堯之後，後天也。後天乃效法耳。

氣一而已，主之者神也。神亦一而已，乘氣而變化，能出入于有無死生之間，無方而不測者也。

時然後言，乃應變而言，言不在我也。

氣者，神之宅也。體者，氣之宅也。

陸中之物，水中必具者，猶影象也。陸多走，水多飛者，交也。是故巨于陸者必細于水，巨于水者必細于陸也。虎豹之毛猶草也，鷹鸇之羽猶木也，人之骨巨而體繁，木之幹巨而葉繁，應天地之數也。動者體橫，植者體縱，人宜橫而反縱也。

動物謂鳥獸，體皆橫生，橫者爲緯，故動。植物謂草木，體皆縱生，縱者爲經，故靜。非惟鳥獸草木，上而列宿，下而山川，莫不皆然。至于人，亦動物，體宜橫而反縱，此所以異于萬物，爲最貴也。

天有四時，地有四方，人有四支，是以指節可以觀天，掌文可以察地。天地之理具乎指掌矣，可不貴之哉！

天圓而地方。天南高而北下，是以望之如倚蓋焉。地東南下西北高，是以東南多水，西北多山。日行陽度則盈，行陰度則縮，賓主之道也。月去日則明生而遲，近日則魄生而疾，君臣之義也。陽消則生陰，故日下而月西出也。陰盛則敵陽，故日望而月東出也。天爲父，日爲子，故天左旋，日右行。日爲夫，月爲婦，故日東出，月西出也。

月本無光，借日光以爲光。及其盛也，遂與陽敵。爲人君者可不慎哉！

陽得陰而爲雨，陰得陽而爲風，剛得柔而爲雲，柔得剛而爲雷。無陰則不能爲雨，無陽則不能爲雷。雨，柔也，而屬陰，陰不能獨立，故待陽而後興；雷，剛也，而屬體，體不能自用，必待陽而後發也。雲有水火土石之異，他類亦然。

張崏曰：「水火土石，地之體也。凡物皆具地之體。先生曰：『水雨霖，火雨暴，土雨濛，石雨雹；水風涼，火風熱，土風和，石風烈；水雲黑，火雲赤，土雲黄，石雲白；水雷霆，火雷虩，土雷連，石雷霹。』故一物必通四象。」

象起于形，數起于質，名起于言，意起于用。天下之數出于理，違乎理則入于術。世人以數而入術，故失于理也。天下之事皆以道致之，則休戚不能至矣。

天之神棲于日，人之神發于目。人之神寤則棲心，寐則棲腎，所以象天也，晝夜之道也。

夫卦各有性體，然皆不離乾、坤之門，如萬物受性于天，而各爲其性也：在人則爲人之性，在禽獸則爲禽獸之性，在草木則爲草木之性。天以氣爲主，體爲次；地以體爲主，氣爲次。在天在地者亦如之。

天之象數則可得而推，如其神用，則不可得而測也。自然而然者天也，惟聖人能索之。效法者人也，若時行時止，雖人也亦天。神者人之主，將寐在脾，熟寐在腎，將寤在肝，正寤在心。

將寐在脾，猶時之秋也；熟寐在腎，猶時之冬也；將寤在肝，猶時之春也；正寤在心，猶時之夏也。

以物觀物，性也；以我觀物，情也。性公而明，情偏而暗。

天地之大寤在夏，人之神則存于心。

鮑時曰：「午則日隨天在南，子則日隨天在北，一日之寤寐也；夏則日正在午，冬則日正在子，一年之寤寐也。日者，天之神也。人之神，晝在心，夏也；夜在腎，冬也。火無體，因物以爲體。金石之火烈于草木之火者，因物而然也。」

曆不能無差。今之學曆者但知曆法，不知曆理。能布算者，洛下閎也；能推步者，甘公、石公也。洛下閎但知曆法；楊雄知曆法，又知曆理。

百家謹案：細觀《太玄》，子雲便未即知曆理。

學不至于樂，不可謂之學。

漢儒以反經合道爲權，得一端者也。權所以平物之輕重。聖人行權，酌其輕重而行之，合其宜而已。故執中無權者，猶爲偏也。

夫《易》者，聖人長君子、消小人之具也。及其長也，闢之于未然；及其消也，闔之于未然。一消一長，一闔一闢，渾渾然無迹。非天下之至神，其孰能與于此！

知《易》者不必引用講解，是爲知《易》。孟子之言未嘗及《易》，其間《易》道存焉，但人見之鮮耳。人能用《易》，是爲知《易》。如孟子，所謂善用《易》者也。

月者，日之影也。情者，性之影也。心性而膽情，性神而情鬼。

心爲太極。又曰：道爲太極。

形可分，神不可分。

木結實而種之，又成是木而結是實。木非舊木也，此木之神不二也。此實生生之理也。

以物喜物，以物悲物，此發而中節者也。

不我物，則能物物。

任我則情，情則蔽，蔽則昏矣。因物則性，性則神，神則明矣。潛天潛地，不行而至，不爲陰陽所攝者，神也。

先天之學，心也；後天之學，迹也；出入有無死生者，道也。

神無所在，無所不在。至人與他心通者，以其本于一也。道與一，神之强名也。以神爲神者，至言也。

陰對陽爲二，然陽來則生，陽去則死，天地萬物生死主于陽，則歸之于一也。

神無方而性有質。

凡人之善惡，形于言，發于行，人始得而知之。但萌諸心，發乎慮，鬼神已得而知之矣，此君子所以慎獨也。

人之類，備乎萬物之性。

人之神，則天地之神。人之自欺，所以欺天地，可不慎哉！

物理之學，或有所不通，不可以强通。强通則有我，有我則失理而入于術矣。

心一而不分，則能應萬變。此君子所以虛心而不動也。

君子之學，以潤身爲本，其治人應物，皆餘事也。

兑，説也。其他説皆有所害，惟朋友講習，無説于此，故言其極者也。

能循天理動者，造化在我也。

學不際天人，不足以謂之學。

人必内重，内重則外輕。苟内輕，必外重，好利好名，無所不至。

天下言讀書者不少，能讀書者少。若得天理真樂，何書不可讀，何堅不可破，何理不可精！

所行之路不可不寬，寬則少礙。

天主用，地主體。聖人主用，百姓主體，故日用而不知。

天使我有是之謂命，命之在我之謂性，性之在物之謂理。

劉絢問無爲，對曰：「時然後言，人不厭其言；樂然後笑，人不厭其笑；義然後取，人不厭其取。此所謂無爲也。」

金須百鍊然後精，人亦如此。

「多聞，擇其善者而從之」，雖多聞，必擇善而從之。「多見而識之」，識，別也。雖多見，必有以別之。

鬼神者，無形而有用，其情狀可得而知也，于用則可見之矣。若人之耳目鼻口手足，草木之枝葉華實顔色，皆鬼神之所爲也。福善禍淫，主之者誰邪？聰明正直，有之者誰邪？不疾而速，不行而至，任之者誰邪？皆鬼神之情狀也。

太羹可和，玄酒可漓，則是造化亦可和可漓也。

易地而處，則無我也。

思慮一萌，鬼神得而知之矣。故君子不可不慎獨。

漁樵問答

百家謹案：《黄氏日鈔》云：「《伊川至論》第八卷載《漁樵問答》，蓋世傳以爲康節書者，不知何爲亦剿入其中？近世昭德先生晁氏《讀書記》疑此書爲康節子伯温所作。」今觀其書，惟「天地自相依附」數語爲先儒所取，餘多膚淺。子文得家庭之説而附益之，明矣。今去其問答浮詞并與《觀物篇》重出者，存其略焉。

祖望謹案：晁氏但云邵氏言其祖之書也，是蓋疑詞，而亦未嘗竟以爲伯温作也。但劉左史安節集中亦載此篇，而頗略，則更可怪。左史未必爲此文也。

漁者曰：「可以意得者物之性也，可以言傳者物之情也，可以象求者物之形也，可以數取者物之體也。用也者，妙萬物爲言者也，可以意得而不可以言傳。」

樵者曰：「天地之道備于人，萬物之道備于身，衆妙之道備于神，天下之能事畢矣。又何思何慮！」

漁者曰：「以我徇物則我亦物也，以物徇我則物亦我也。我物皆致意，由是明天地亦萬物也，萬物亦我也，我亦萬物也，何物不我！何我不物！如是則可以宰天地，可以司鬼神，而況于人乎？況于物乎？」

樵者問漁者曰：「天何依？」曰：「依乎地。」「地何附？」曰：「附乎天。」曰：「然則天地何依何附？」曰：「自相依附。天依形，地附氣，其形也有涯，其氣也無涯。有無之相生，形氣之相息，終則有始，終始之間，天地之所存乎！天以用爲本，以體爲末；地以體爲本，以用爲末。利用出入之謂神，名體有無之謂聖，惟神與聖，能參乎天地者也。」

「竊人之財謂之盗。其始取之也，惟恐其不多也；及其敗露也，惟恐其多矣。夫賄之與贓，一物也，而兩名者，利與害故也。竊人之美謂之徼。其始取之，惟恐其不多也；及其敗露也，惟恐其多矣。夫譽之與毁，一事也，而兩名者，名與實故也。凡言朝者，萃名之所也；市者，聚利之地也。能不以争處乎其間，雖一日九遷、一貨十倍，何害生實喪之有邪？是知争也者取利之端也，讓也者趨名之本也。利至則害生，名興則實喪，利至名興而無害生喪實之患，唯有德者能之。」

樵者曰：「人有禱鬼神而求福者，福可禱而求邪？求之而可得邪？敢問其所以。」曰：「語善惡者人也，禍福者天也，天道福善而禍淫，鬼神其能違天乎？自作之咎，固難逃已；天降之災，禳之奚益？修德積善，君子常分，安有餘事于其間哉！」樵者曰：「有爲善而遇禍，有爲惡而獲福者，何也？」漁者曰：「有幸有不幸也。幸不幸，命也；當不當，分也。一命一分，人其逃乎？」曰：「何爲分？何爲命？」曰：「小人之遇福，非分也，有命也；當禍，分也，非命也。君子之遇禍，非分也，有命也；當福，分也，非命也。」

漁者謂樵者曰：「人之所謂親，莫如父子也；人之所謂疏，莫如路人也。利害在心，則父子過路人遠矣。父子之道，天性也，利害猶或奪之，况非天性者乎！夫利害之移人，如是之深也，可不慎乎！路人之相逢則過之，固無相害之心焉，無利害在前故也。有利害在前，則路人與父子又奚擇焉？路人之能相交以義，又何况父子之親乎！夫義者，讓之本也；利者，争之端也。讓則有仁，争則有害，仁與害，何相去之遠也。堯、舜亦人也，桀、紂亦人也，人與人同，而仁與害異爾。仁因義而起，害因利而生，以利不以義，則臣弑其君者有焉，子弑其父者有焉，豈若路人之相逢、一日而交袂于中逵者哉！」

樵者謂漁者曰：「無妄，災也，敢問其故？」曰：「妄則欺也，得之必有禍，斯有妄也。順天而動，有禍及者，非禍也，災也。猶農有思豐年而不勤稼穡者，其荒也，不亦禍乎？農有勤稼穡而復敗諸水旱者，其荒也，不亦災乎？故象言『先王以茂對時育萬物』者，貴不妄也。」

漁者謂樵者曰：「春爲陽始，夏爲陽極，秋爲陰始，冬爲陰極；陽始則温，陽極則熱，陰始則涼，陰極則寒；温則生物，熱則長物，涼則收物，寒則殺物。皆一氣，其別而爲四焉，其生萬物也亦然。」

樵者謂漁者曰：「人謂死而有知，有諸？」曰：「有之。」曰：「何以知其然？」曰：「以人知之。」曰：「何者謂之人？」曰：「耳、目、鼻、口、心、膽、脾、腎之氣全，謂之人。心之靈曰神，膽之靈曰魄，脾之靈曰魂，腎之靈曰精。心之神發乎目，則謂之視；腎之精發乎耳，則謂之聽；脾之魂發乎鼻，則謂之臭；膽之魄發乎口，則謂之言。八者具備，然後謂之人。夫人者，天地萬物之秀氣也。然而亦有不中者，各求其類也。若全得人類，則謂之曰全人之人。夫全類者，天地萬物之中氣也，謂之曰全德之人也。全德之人者，人之人者也。夫人之人者，仁人之謂也，惟全人然後能當之。人之生也，謂其氣行；人之死也，謂其形返。氣行則神魄交，形返則精魄存。神魂行于天，精魄返于地。行于天，則謂之曰陽行；返于地，則謂之曰陰返。陽行則晝見而夜伏者也，陰返則夜見而晝伏者也。是故知日者月之形也，月者日之影也；陽者陰之形也，陰者陽之影也；人者鬼之形也，鬼者人之影也。人謂鬼無形而無知者，吾不信也。」

漁者問樵者曰：「小人可絶乎？」曰：「不可。君子稟陽正氣而生，小人稟陰邪氣而生，無陰則陽不成，無小人則君子亦不成，唯以盛衰乎其間也。陽六分則陰四分，陰六分則陽四分，陰陽相半則各五分矣。由是知君子小人之時有盛衰也。世治則君子六分，君子六分則小人四分，小人固不勝君子矣。亂世則反是。君君、臣臣、父父、子子、兄兄、弟弟、夫夫、婦婦，謂各安其分也；君不君、臣不臣、父不父、子不子、兄不兄、弟不弟、夫不夫、婦不婦，謂各失其分也。此則由世治、世亂使之然也。君子常行勝言，小人常言勝行，故世治則篤實之士多，世亂則緣飾之士衆。篤實鮮不成事，緣飾鮮不敗事。成多國興，敗多國亡，家亦由是而興亡也。夫興國興家之人與亡國亡家之人，相去一何遠哉！」

樵者問漁者曰：「人所謂才者，有利焉，有害焉者，何也？」漁者曰：「才一也，利害二也。有才之正者，有才之不正者。才之正者，利乎人而及乎身者也；才之不正者，利乎身而害乎人者也。」曰：「不正，則安得謂之才？」曰：「人之所不能而皆能之，安得不謂之才？聖人所以惜乎才之難者，謂其能成天下之事而歸之正者寡也。若不能歸之以正，才則才矣，難乎語其仁也。譬猶藥之療疾也，毒藥亦有時而用也，可一而不可再也，疾愈則速已，不已則殺人矣。平藥則常日而用之可也，重疾非所以能治也。能驅重疾而無害人之毒者，古今人所謂良藥也。《易》曰：『大君有命，開國承家，小人勿用。』如是，則小人亦有時而用之。時平治定，用之則否。《詩》云：『他山之石，可以攻玉。』其小人之才乎！」

宋元學案卷十　百源學案下

先天卦位圖

八卦次序之圖

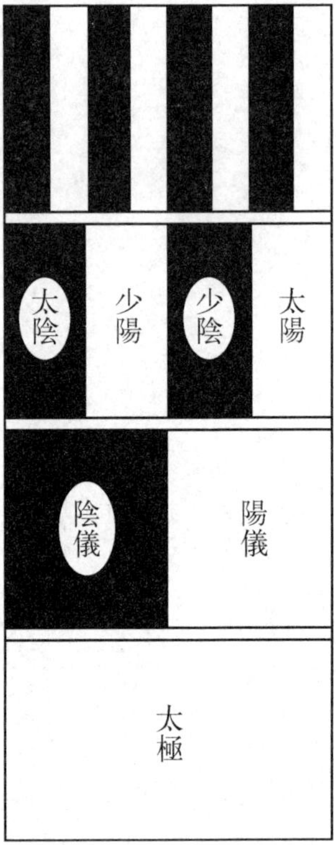

一分爲二，二分爲四，四分爲八也。

《啟蒙》曰：太極之判，始生一奇一耦，而爲一畫者二，是爲兩儀，其數則陽一而陰二，在《圖》《書》則奇耦是也。兩儀之上，各生一奇一耦而爲二畫者四，是爲四象，其位則太陽一、少陰二、少陽三、太陰四，其數則太陽九、少陰八、少陽七、太陰六。以《河圖》言之，則六者一而得五者也，九者四而得五者也，八者三而得五者也，七者二而得五者也。以《洛書》言之，則九者十分一之餘也，八者十分二之餘也，七者十分三之餘也，六者十分四之餘也。四象之上，各生一奇一耦而爲三畫者八，于是三才畧具而有八卦之名，其位則乾一、兑二、離三、震四、巽五、坎六、艮七、坤八。在《河圖》則乾坤離坎分居四實，兑震巽艮分居四虚。在《洛書》則乾坤離坎分居四正，兑震巽艮分居四隅。《周禮》所謂「大卜掌三《易》之法，夏曰《連山》，商曰《歸藏》，周曰《周易》，其經卦皆八」也，《太傳》所謂「八卦成列」也。

百家謹案：《大傳》，包犧氏仰觀俯察，遠求近取，于是始作八卦，非因《河圖》而作也。至于《河圖》，自漢以來未有定説。孔安國、劉歆以八卦爲《河圖》，《洪範》本文爲《洛書》。鄭康成依《緯書》，則云《河圖》九篇，《洛書》六篇，其一六居下之圖，皆以爲天地之數，初未嘗以此爲《河圖》也。至劉牧謂《河圖》之數九，《洛書》之數十，亦以今之《洛書》爲《河圖》，《河圖》爲《洛書》。而朱子始反置之，作《啟蒙》。説詳先遺獻《象數論》中。據《啟蒙》，以圖中虚五與十爲太極，一六居下、二七居上、三八居左、四九居右，奇耦數各二十爲兩儀，以一二三四合五而成六七八九爲四象，拆四方之合爲乾坤離坎，補四隅之空爲兑震巽艮，并牽扯《洛書》入之，以傅會《大傳》「河出圖，洛出書，聖人則之」之文。而蔡氏謂伏皇但據《河圖》以作《易》，不必豫見《洛書》而已逆與之合，《圖》者伏皇之所由以畫卦，《書》者大禹之所由以衍疇也。其實八卦與《河圖》不相黏合，即朱子自于《原象篇》云：

「惟皇太昊，仰觀俯察，奇耦既陳，兩儀斯設。既幹乃支，一各生兩，陰陽交錯，以立四象。兩一既分，一復生兩，三才在目，八卦指掌。」其《感興篇》又云：「皇羲古神聖，妙契一俯仰。不待龍馬圖，人文已宣朗。」其附録語又謂：「仰觀俯察，遠求近取，安知《河圖》非其中之一事。」據此，殆亦自悟《啟蒙》之失矣。

八卦方位之圖

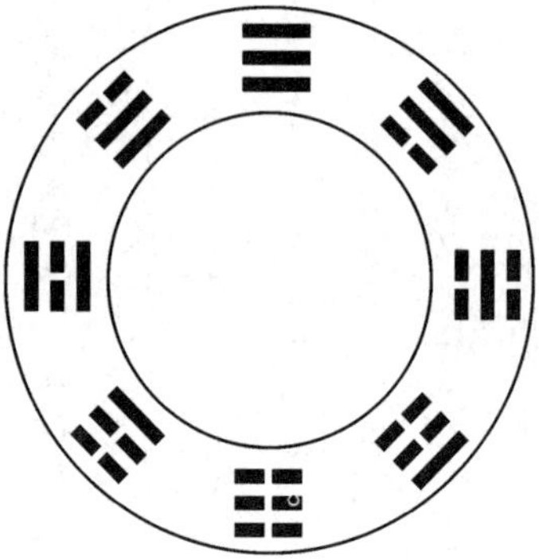

此明伏羲八卦也。又曰：乾南、坤北、離東、坎西、震東北、兑東南、巽西南、艮西北，自震至乾爲順，自巽至坤爲逆。後六十四卦方位倣此。

「八卦相錯」，明交相錯而成六十四卦也。「數往者順」，若順天而行，是左旋也，皆已生之卦也，故云「數往」也。「知來者逆」，若逆天而行，是右行也，皆未生之卦也，故云「知來」也。

胡庭芳曰：「《伏羲八卦方位之圖》，天位乎上，地位乎下，日生于東，月生于西，山鎮西北，澤注東南，風起西南，雷動東北，自然與天地造化合，先天八卦對待以立體如此。八卦之在《横圖》，則首乾，次兑離震巽坎艮坤，是爲生出之序；及八卦之在《圓圖》，則首震一陽，次離兑二陽，次乾三陽，接巽一陰，次坎艮二陰，終坤三陰，是爲運行之序。」

六十四卦次序之圖

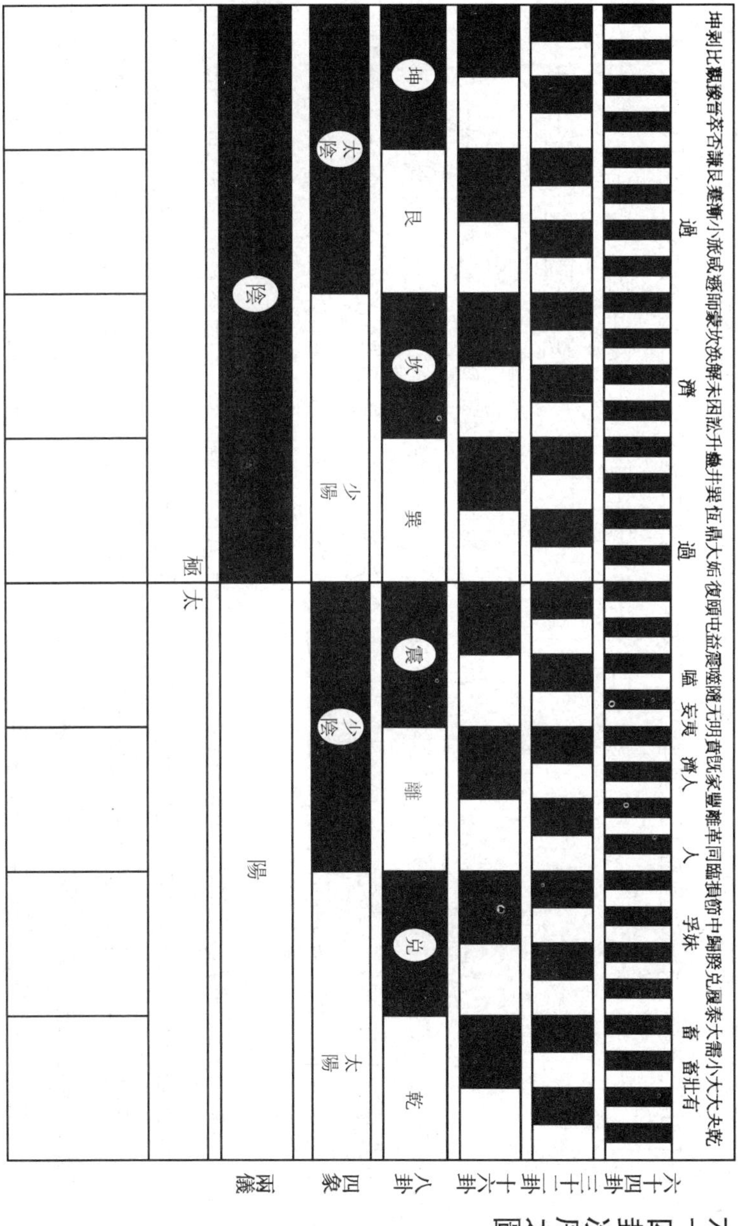
坤剝比觀豫晉萃否謙艮蹇漸小過旅咸遯師蒙坎渙解未濟困訟升蠱井巽恆鼎大過姤復頤屯益震噬嗑隨无妄明夷賁旣濟家人豐離革同人臨損節中孚歸妹睽兌履泰大畜需小畜大壯大有夬乾
六十四卦
三十二卦
十六卦
八卦
四象
兩儀
坤
艮
坎
巽
震
離
兌
乾
太陰
少陽
少陰
太陽
陰
陽
太極

八分爲十六，十六分爲三十二，三十二分爲六十四也。

《啟蒙》曰：「八卦之上，各生一奇一耦，而爲四畫，邵子所謂八分爲十六也。是于兩儀之上各加八卦，八卦之上各加兩儀也。四畫之上各生一奇一耦而爲五畫，邵子所謂十六分爲三十二也。是于四象之上各加八卦，八卦之上各加四象也。五畫之上各生一奇一耦而爲六畫，邵子所謂三十二分爲六十四也。是八卦之上各加八卦，《大傳》謂『因而重之』者此也。自此以上又各生一奇一耦以至爲十二畫，成四千九十六卦，此即焦贛《易林》卦變之數，蓋以六十四乘六十四也。」

百家謹案：此邵子所謂《伏皇先天六十四卦横圖》也。下三畫即前圖之八卦，上三畫則各以其序重之，而下卦因亦各衍而爲八也。朱子《本義》于《横圖》用黑白以别陰陽爻畫，其答袁樞有云：「黑白之位，亦非古法。但以奇耦爲之，終不粲然。今欲易曉，固不若黑白之了了心目間也。」《圓圖》即以此序規而圓之，《方圖》以此割而疊之。

六十四卦圓圖方位圖

先天學，心法也。圖皆從中起，萬化萬事生于心也。

乾以分之，坤以合之，震以長之，巽以消之。長則分，分則消，消則翕也。乾坤，定位也；震巽，一交也；兑離坎艮，再交也。故震，陽少而陰尚多也；巽，陰少而陽尚多也；兑離，陽浸多也；坎艮，陰浸多也。無極之前，陰含陽也；有象之後，陽分陰也。陰爲陽之母，陽爲陰之父，故母孕長男而爲《復》，父生長女而爲《姤》，是以陽起于《復》而陰起于《姤》也。自《姤》至《坤》爲陰含陽，自《復》至《乾》爲陽分陰。《坤》、《復》之間爲無極，自《坤》反《姤》爲無極之前。

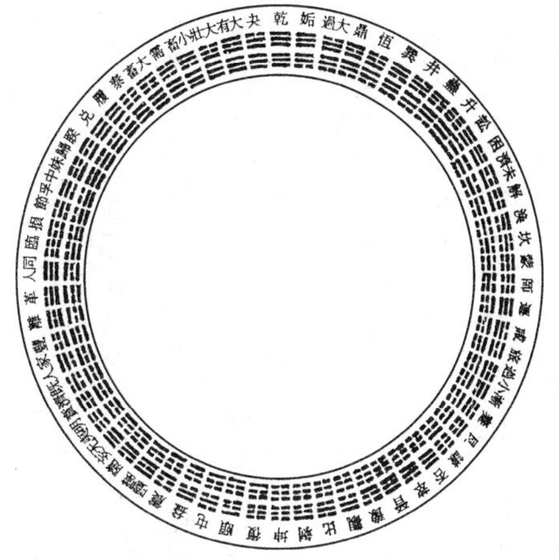

乾四十八而四分之一分，爲陰所克也；坤四十八而四分之一分，爲所克之陽也。故乾得三十六，而坤得十二也。陽在陰中，陽逆行；陰在陽中，陰逆行；陽在陽中，陰在陰中，皆順行。

朱子曰：「《圓圖》左屬陽，右屬陰。坤無陽，艮坎一陽，巽二陽，爲陽在陰中逆行。乾無陰，兑離一陰，震二陰，爲陰在陽中逆行。震一陽，離兑二陽，乾三陽，爲陽在陽中順行。巽一陰，坎艮二陰，坤三陰，爲陰在陰中順行。此以内八卦言也。若以外八卦推之：右方外卦四節，皆首乾終坤，四坤無陽，自四艮各一陽，逆行而至于乾之三陽，其陽皆自下而上，亦陽在陰中，陽逆行也。左方外卦四節，亦首乾終坤，四乾無陰，自四兑各一陰，逆行而至于坤之三陰，其陰皆自上而下，亦陰在陽中，陰逆行也。左方外卦四坤無陽，自四艮各一陽，順行而至于乾之三陽，其陽皆自下而上，亦陽在陽中，陽順行也。右方外卦四乾無陰，自四兑各一陰，順行而至于坤之三陰，皆自上而下，亦陰在陰中，陰順行也。以逆順之説推之：陰陽各居本方，則陽自下而上，陰自上而下，皆爲順。若反居其位，則陽自上而下，陰自下而上，皆爲逆。」

復至乾凡百一十有二陽，姤至坤凡八十陽，姤至坤凡百一十有二陰，復至乾凡八十陰。坎、離者，陰陽之限也。故離當寅，坎當申。而數常踰之者，陰陽之溢也。然用數不過乎中也。

百家謹案：邵子之説，以得半爲中，又不敢至于已半，而以將半爲中也。朱子謂：「邵子初只看得太極生兩儀，兩儀生四象，心只管在那上轉，久之理透，一舉眼便成四片。其法四之外又有四焉。凡物纔過到二之半時，便煩惱了，蓋以漸趨于衰也。如見花方蓓蕾，則謂其盛；既開，則謂其衰。其理不過如此。」

方圖四分四層圖

《方圖》中起震巽之一陰一陽，然後有坎離艮兑之二陰二陽，後成乾坤之三陽三陰，其序皆自内而外。内四卦四震四巽相配而近，有雷風相薄之象。震巽之外十二卦縱横，坎離有水火不相射之象。坎離之外二十卦縱横，艮兑有山澤通氣之象。艮兑之外二十八卦縱横，乾坤有天地

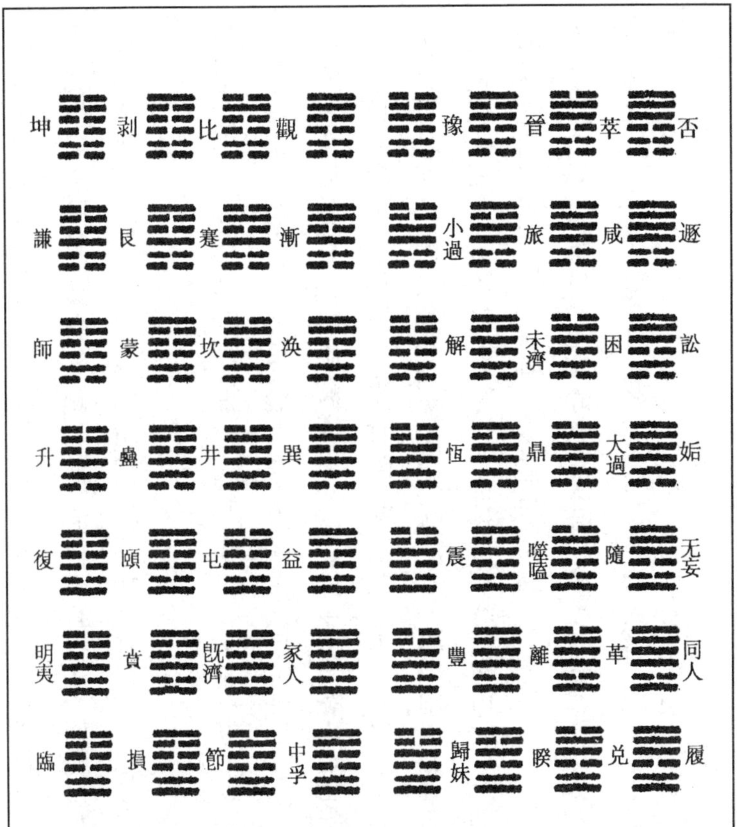
否
萃
晉
豫
觀
比
剥
坤
遯
咸
旅
小過
漸
蹇
艮
謙
訟
困
未濟
解
渙
坎
蒙
師
姤
大過
鼎
恒
巽
井
蠱
升
无妄
隨
噬嗑
震
益
屯
頤
復
同人
革
離
豐
家人
既濟
賁
明夷
履
兑
睽
歸妹
中孚
節
損
臨
乾
夬
大有
大壯
小畜
需
大畜
泰

定位之象。四而十二，而二十，而二十八，皆有隔八相生之妙。以交股言，則乾、坤、否、泰也，兑、艮、咸、損也，坎、離、既、未濟也，震、巽、恒、益也，爲四層之四隅。

朱子曰：「《圓圖》象天，一順一逆，流行中有對待，如震八卦對巽八卦之類；《方圖》象地，有逆無順，定位中有對待，四角相對，如乾八卦對坤八卦之類。此則《方》、《圓圖》之辨也。」

程道大曰：「邵子謂『圖皆從中起』，此『皆』字兼《方》《圓圖》而言。天地定位，《圓圖》之從中起也；雷以動之，風以散之，《方圖》之從中起也。《圓圖》，乾、坤當南北之中；艮居坤之右，兑居乾之左，爲山澤通氣；震居坤之左，巽居乾之右，爲雷風相薄；坎居正西，離居正東，爲水火不相射。是《圓圖》起南北之中，而分于東西也。《方圖》，震、巽當圖之中，故曰雷以動之，風以散之；坎次巽，離次震，故曰雨以潤之，日以晅之；艮次坎，兑次離，故曰艮以止之，兑以説之；乾次兑，坤次艮，故曰乾以君之，坤以藏之。是《方圖》起圖之中，而達乎西北東南也。故曰『皆從中起』。」

百家謹案：《方圖》不過以前《大横圖》分爲八節，自下而上疊成八層，第一層即《横圖》自乾至泰八卦，第二層即《横圖》自臨至履八卦，以至第八層即《横圖》自否至坤八卦也。

卦氣圖

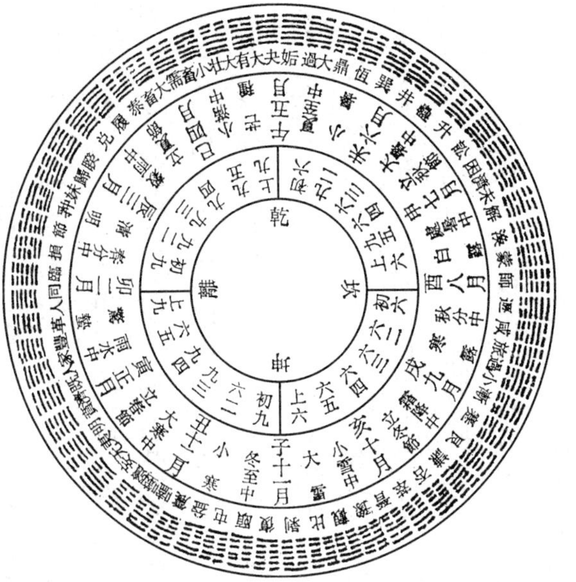

《發微》曰：「邵子先天卦氣皆中起，子午卯酉爲四中，二至、二分當之；寅申巳亥爲四孟，四立當之。○邵子以六十四卦分二十四氣，每月二氣，氣有在月初者，有在月半者，惟二至、二分則日在中，故乾、坤、坎、離當上下左右之中，其實于中亦得半，故以冬至子之半一例明之。○冬至日與天會，月與地會，爲復，天地皆在坤，故坤不用。春分日在卯，爲大壯，日月皆入離，故離不用。夏至日與天遇，月與地遇，爲姤，天地皆在乾，故乾不用。秋分日在酉，爲觀，日月皆入坎，故坎不用。」

胡玉齋曰：「當因邵子子半之説推之，依《先天卦圖》以卦分配節候。復爲冬至，子之半；頤、屯、益爲小寒，丑之初；震、噬嗑、隨爲大寒，丑之半；无妄、明夷爲立春，寅之初；

賁、既濟、家人爲雨水，寅之半；豐、離、革爲驚蟄，卯之初；同人、臨爲春分，卯之半；損、節、中孚爲清明，辰之初；歸妹、睽、兑爲穀雨，辰之半；履、泰爲立夏，巳之初；大畜、需、小畜爲小滿，巳之半；大壯、大有、夬爲芒種，午之初；至乾末交夏至，爲午之半。此左方陽儀三十二卦也。姤爲夏至，午之半；大過、鼎、恒爲小暑，未之初；巽、井、蠱爲大暑，未之半；升、訟爲立秋，申之初；困、未濟、解爲處暑，申之半；渙、坎、蒙爲白露，酉之初；師、遯爲秋分，酉之半；咸、旅、小過爲寒露，戌之初；漸、蹇、艮爲霜降，戌之半；謙、否爲立冬，亥之初；萃、晉、豫爲小雪，亥之半；觀、比、剥爲大雪，子之初；至坤末交冬至，爲子之半。此右方陰儀三十二卦也。二分、二至、四立，總爲八節，每節各計兩卦，餘十六氣每氣各計三卦，合爲六十四卦。以卦配氣者如此。」

周一敬曰：「邵子詩云：『冬至子之半，天心無改移。一陽初動處，萬物未生時。』明乎氣無中歇，但有動静屈伸，幾希可會耳。一歲之元，以此爲根。今第取每歲冬至之日，視屬何甲，甲屬何干何支，即擬此干支爲一歲之冬至矣。再視此日冬至確屬何時，即擬此時爲天心乍轉，定爲復卦矣。自此復之一刻積而引之，五日爲候，或十日，或十五日，爲一氣之節，逐時逐日叙而數之，或爲甲子，或爲乙丑，本日所值之干支即占者所值之卦爻也。凡干支之一日，即卦中之一畫，以畫配日，毫不得謬。于是以干支詳理氣之盛衰，以卦爻詳理氣之當否。理貞者吉，不貞者凶；氣舒者昌，氣促者掩；數長者福，數盡者迍。消息盈虛，歸于太極，萬物萬事莫能遁矣。○如今年歲在辛巳，筮者于六月朔問焉，其日在乙巳，則冬至當在庚辰歲戊子月九日丙戌之辰時矣。由丙戌日之辰時而順數之，至辛巳歲六月之朔，適得二百日，因就復之初爻順數之，遞頤而屯而益，以至姤之上及大過初，適得二百爻，在姤、過乘承之候，其節氣爲小暑矣。視所值爲姤之上邪，則日爲甲辰，于冬至丙戌，干爲生而支爲沖，姤上角剛喜觸，黨助皆剛，無處静之德。五月木盛，陽氣將窮，正乾盡午中時也。視所值者其大過之初邪，則日爲乙巳，于冬至丙戌，干既逢生，支又助旺，初爻白茅無咎，慎德載物，濟事有人。正月木盛，而藉之用茅，又在陰候，得時得朋，有才有器者也。消息盈虛，理正如此。總之，視冬至之日時以順數，節氣配分卦畫，無不應者，在學者神而明之耳。」

百家謹案：康節《卦氣圖》卦主六日七分，亦京房日法也。而用《先天圖》六十四卦以分布氣候，去乾、坤、坎、離四正卦以主二至二分，蓋六十四卦凡三百八十四爻，去四卦二十四爻，以一爻當一日，恰合當期之三百六十日。朱子謂康節之學似楊子雲。康節謂：「楊雄知曆法，又知曆理。」又曰：「楊子作《玄》，可謂見天地之心者也。」然今觀《太玄》，有氣而無朔，有日星而無月，亦便未可謂知曆理、見天地之心者也。康節《先天卦位》，崇奉之者莫如朱子，至舉其圖架于文王、周公、孔子之上。然而辯之者亦不少。兹畧採辯圖之説于後，以俟千秋論定焉。

附先天圖辯

歸震川曰：「《易圖》，邵子之學也。昔者包犧氏之王天下也，仰觀俯察，觀鳥獸之文，與地之宜，遠稽近取，于是始作八卦，以通神明之德，以類萬物之情。蓋以八卦盡萬物之理，宇宙之間，洪纖巨細，往來升降，死生消息之故，悉著之于象矣。後之人苟以一説求之，無所不通，故雖陰陽小數、納甲飛伏、坎離填補、卜數隻耦之類，人人自以爲《易》。要之，皆可以言《易》也。《易》不離乎象數，象數之變至于不可窮。然而有正焉，有變焉。卦之明白而較著者爲正，此聖者之作也。旁推而衍之者爲變，此明者之述也。伏羲之作，止于八卦，因而重之，如是而已矣，初無一定之法，亦無一定之書，而剛柔、上下、陰陽之變態極矣。今所謂《易圖》者，列《横圖》于前，又規而圓之，左順右逆以象天，填而方之，交加八卦以象地，謂出于伏羲。太古無言之數，何若是紛紜邪？《大傳》曰：『神无方，《易》无體。』夫卦散于六十四，可圓可方。一域于圓方之形，則局矣。故散圖以爲卦而卦全，紐卦以爲圖而卦局。邵子以步算之法衍爲《皇極經世》之書，有分秒直事之術，其自謂得先天之學固以此。要其旨不叛于聖人，然不可爲作《易》之本。故曰推而衍之者變也。此邵子之學也。」

或曰：「邵子所據，《大傳》之文也。《大傳》『《易》有太極』節，先天卦序也。『天地定位』章，先天卦位也。『帝出乎震』節，文王卦位也。」曰：此邵子謂之云爾。夫《易》之法，自一而兩，兩而四，四而八，其相生之序則然也。八卦之象，莫著于八物，天、地也，山、澤也，雷、風、水、火也。八者，不求爲耦而不能不爲耦者也。帝之出入，《傳》固已詳之矣。以八卦配四時，夫以爲四時，則東南西北緊是焉，非文王易置之而有此位也。總之，圖與《傳》雖無乖剌，然必因《傳》爲此圖，不當謂《傳》爲圖說也。

附黎洲《易學象數論》，論《先天圖》曰：「邵子《先天橫圖》次序，以『《易》有太極，是生兩儀，兩儀生四象，四象生八卦』爲據。黄東發言：『生兩、生四、生八，《易》有之矣；生十六、生三十二，《易》有之否邪？』某則據《易》之生兩、生四、生八，而後知《橫圖》之非也。『易有太極，是生兩儀』，所謂『一陰一陽』者是也。其一陽也，已括一百九十二爻之奇；其一陰也，已括一百九十二爻之耦。以三百八十四畫爲兩儀，非以兩畫爲兩儀也。若如朱子以第一爻而言，則一陰一陽之所生者各止三十二爻，而初爻以上之奇耦，又待此三十二爻以生。陰陽者氣也，爻者質也，一落于爻，已有定位，焉能以此位生彼位哉？『兩儀生四象』，所謂老陽、老陰、少陽、少陰是也。乾爲老陽，坤爲老陰，震坎艮爲少陽，巽離兑爲少陰。三奇（☰）者老陽之象，三耦（☷）者老陰之象，一奇二耦（☳、☵、☶）者少陽之象，一耦二奇（☱、☲、☴）者少陰之象。是三畫八卦即四象也，故曰『八卦成列，象在其中矣』，『八卦以象告』。此質之經文而無疑者也。又曰：『《易》有四象，所以示也。』又曰：『《彖》者，言乎象者也。』今觀《彖傳》必發明二卦之德，則象之爲三畫八卦明矣。是故四象之中，以一卦爲一象者，乾、坤是也；以三卦爲一象者，震、坎、艮與巽、離、兑是也。必如康節均二卦爲一象，乾、離、坎、坤于四象之位得矣，兑之爲老陽，震之爲少陰，巽之爲少陽，艮之爲老陰，無乃雜而越乎？《易》言『陽卦多陰，陰卦多陽』，艮、震之爲陽卦，巽、兑之爲陰卦，可無疑矣。反而置之，明背經文，而學者不以爲非，何也？至于八卦次序，乾、坤、震、巽、坎、離、艮、兑，其在《説卦》者亦可據矣。而易爲乾一、兑二、離三、震四、巽五、坎六、艮七、坤八，以緣飾圖之左陰右陽，學者信經文乎？信傳注乎？『四象生八卦』者，《周禮·太卜》『經卦皆八，別皆六十四』，『占人以八卦占簭之八故』，則六十四卦統言之，皆謂之八卦也。蓋内卦爲貞，外卦爲悔，舉貞可以該悔，舉乾之貞而坤乾、震乾、巽乾、坎乾、離乾、艮乾、兑乾該之矣。以下七卦皆然。證之于《易》，曰『八卦定吉凶』，若三畫之八卦，吉凶何從定乎？曰『包犧氏始作八卦』，其下文自益至夬，所取之十卦已在其中，則八卦之該六十四卦亦明矣。由是言之，太極、兩儀、四象、八卦，因全體而見。蓋細推八卦，即六十四卦之中皆有兩儀四象之理，而兩儀四象初不畫于卦之外也。其言生者，即『生生謂易』之生，非次第而生之謂。康節加一倍之法，從此章而得，實非此章之旨，又何待生十六、生三十二而後出經文之外也？其謂之『先天』者，以此章所生八卦，與前章『始作八卦』，其文相合，以爲宓戲之時止有三畫而無六畫，故謂之先天。又以己之意生十六、生三十二、生六十四，倣此章而爲之，以補羲皇之闕，亦謂之先天。不知此章于六十四卦已自全具，補之反爲重出。《易》言『因而重之』。生十六、生三十二、生六十四，是積累而後成者，豈可謂之重乎？既不難明背，何止如東發言非《易》之所有邪！」

其二曰：「邵子《先天方位》，以『天地定位，山澤通氣，雷風相薄，水火不相射，八卦相錯』爲據，而作乾南、坤北、離東、坎西、震東北、兑東南、巽西南、艮西北之圖。于是爲之説曰：『數往者順，若順天而行，是左旋也，皆已生之卦也。乾一、兑二、離三、震四，生之序也。震初爲冬至，離兑之中爲春分，乾末交夏至。故由震至乾皆已生之卦。知來者逆，若逆天而行，是右行也，皆未生之卦也。巽五、坎六、艮七、坤八，生之序也。巽初爲夏至，坎艮之中爲秋分，坤末交冬至。故由巽至坤，皆未生之卦。』又倣此而演之，以爲六十四卦方位。夫卦之方位，已見『帝出乎震』一章。康節舍其明明可據者，而于未嘗言方位者重出之以爲先天，是謂非所據而據焉。『天地定位』，言天位乎上，地位乎下，未聞南上而北下也。『山澤通氣』，山必資乎澤，澤必出乎山，其氣相通，無往不然，奚取其相對乎？『雷風相薄』，震居東，巽居東南，遇近而合，故言相薄，遠之則不能薄矣。東北爲寅，時方正月，豈雷發聲之時邪？『水火不相射』，南方炎，北方寒，猶之冬寒夏熱也。離東坎西，是指春熱秋寒，誰其信之！此皆先儒所已言者，某則即以邵子所據者破邵子之説。『帝出乎震』之下文『動萬物者莫疾乎雷，撓萬物者莫疾乎風，燥萬物者莫熯乎火，説萬物者莫説乎澤，潤萬物者莫潤乎水，終萬物始萬物者莫盛乎艮』，其次序非即上文離南坎北之位乎？但除乾坤于外耳。而繼之以『故水火相逮，雷風不相悖，山澤通氣，然後能變化，既成萬物也』，然則前之『天地定位』四句，正爲離南坎北之方位而言也，何所容先天之説雜其中邪！且卦爻之言方位者，『西南』皆指坤，『東北』皆指艮，『南狩』『南征』必爲離，『西山』『西郊』必爲兑。使有乾南坤北之位在其先，不應卦爻無闌入之者。康節所謂『已生』『未生』者，因擴圖乾一兑二之序。乾一兑二之序，一人之私言也，則『左旋』『右行』之説益不足憑耳。凡先天四圖，其説非盡出自邵子也。朱震《經筵表》云：『陳摶以《先天圖》傳种放，放傳穆修，修傳李之才，之才傳邵雍。放以《河圖》《洛書》傳李溉，溉傳許堅，堅傳范諤昌，諤昌傳劉牧。』故朱子云宓戲四圖其説皆出自邵氏。然觀劉牧《鉤深索隱圖》，乾與坤數九也，震與巽數九也，坎與離、艮與兑數皆九也。其所謂九數者，天一地八定位，山七澤二通氣，雷四風五相薄，水六火三不相射。則知《先天圖》之傳，不僅邵氏得之也。」

論《天根月窟》曰：「康節因《先天圖》而創爲天根月窟，即《參同契》乾坤門户牝牡之論也。故以八卦言者，指坤震二卦之間爲天根，以其爲一陽所生之處也；指乾巽二卦之間爲月窟，以其爲一陰所生之處也。程前村直方謂天根在卯，離兑之中是也；月窟在酉，坎艮之中是也，引《爾雅》『天根，氐也』，《長楊賦》『西壓月窟』證之，然與康節『乾遇巽時觀月窟，地逢雷處見天根』之詩背矣。以六十四卦言者，朱子曰：『天根月窟指復、姤二卦。』有以十二辟卦言者，十一月爲天根，五月爲月窟。其三十六宫，凡有六説。以八卦言者三：乾一、兑二、離三、震四、巽五、坎六、艮七、坤八之次序，積數爲三十六。乾一對坤八爲九，兑二對艮七爲九，離三對坎六爲九，震四對巽五爲九，四九亦爲三十六。乾畫三，坤畫六，震、坎、艮畫各五，巽、離、兑畫各四，積數亦三十六。以六十四卦言者二：朱子曰：『卦之不易者有八，乾、坤、坎、離、頤、中孚、大過、小過，反易者二十八，合之爲三十六。』方虚谷回曰：『復起子，左得一百八十日；姤起午，右得一百八十日。一旬爲一宫，三百六十日爲三十六宫。』以十二辟卦言者一：鮑魯齋恂曰：『自復至乾六卦，陽爻二十一，陰爻十五，合之則三十六；自姤至坤六卦，陰爻二十一，陽爻十五，合之亦三十六；陽爻陰爻總七十二，以配合言，故云三十六。』案諸説雖異，其以陽生爲天根，陰生爲月窟，無不同也。蓋康節之意，所謂天根者，性也；所謂月窟者，命也。性命雙修，老氏之學也，其理爲《易》所無，故其數與《易》無與也。」

論《八卦方位》曰：「離南坎北之位，見于經文，而卦爻所指之方亦與之相合，是亦可以無疑矣。蓋卦畫之時即有此方位，《易》不始于文王，則方位亦不始于文王，故不當云『文王八卦方位』也。乃康節必欲言文王因先天乾南坤北之位改而爲此。朱子則主張康節之説過當，反致疑于經文，曰：『曷言「齊乎巽」，不可曉。』曰：『坤在西南，不成東北方無地？』曰：『乾西北亦不可曉，如何陰陽來此相薄？』曰：『西方肅殺之氣，如何言萬物之所説？』凡此數説，有何不可曉！巽當春夏之交，萬物畢出，故謂之齊。觀北地少雨，得風則生氣郁然，可驗也。夏秋之交，土之所位，故坤位之，非言地也。若如此致難，則先天方位巽在西南，何不疑東北無風邪？其餘七卦，莫不皆然。乾主立冬以後，冬至以前，故陰陽相薄。觀《説卦》乾之爲寒、爲冰，非西北何以置之？萬物告成于秋，如何不説？朱子注『元亨利貞』之利曰：『利者，生物之遂，物各得宜，不相妨害，于時爲秋，于人爲義，而得其分之和。』非説乎？顧未嘗以肅殺爲嫌也。然則朱子所以致疑者，由先天之説先入于中，故曰主張太過也。康節曰『乾坤交而爲泰』，言文王改《先天圖》之意，先天乾南坤北，交而爲泰，故乾北坤南。『坎離交而爲既濟』，先天離東坎西，交而爲既濟，故離南坎北。『乾生于子』，先天乾居午，而其生在子，故下而至北。『坤生于午』，坤居子，而其生在午，故上而至南。『坎終于寅』，坎當申，交于離，故終寅。『離終于申』，離當寅，交于坎，故終申。所謂交者，不取對待言之也。即以對待而論，則乾南坤北者，亦必乾北坤南而後泰之形可成也，今坤在西南，乾在西北；離東坎西者，亦必離西坎東而後既濟之形可成也，今離在上，坎在下，于義何居？藉變曰『再變而後爲今位』，是乾南坤北之後，離南坎北之前，中間又有一方位矣。乾位戌，坤位未，坎位子，離位午，于子午寅申皆無當也。康節又曰：『震、兑，始交者也。』陽本在上，陰本在下。陽下而交于陰，陰上而交于陽。震一陽在下，兑一陰在上，故爲始交，故當朝夕之位。『坎、離，交之極者也。』坎陽在中，離陰在中，故爲交之極，故當子午之位。四正皆爲用位。『巽、艮，不交而陰陽猶雜也。』巽一陰在下，艮一陽在上，適得上下本然，故爲不交，故當用中之偏。『乾、坤，純陽純陰也，故當不用之位。』東方陽主用，西方陰爲不用。夫氣化周流不息，無時不用。若以時過爲不用，則春秋不用子午，冬夏不用卯酉，安在四正之皆爲用位也？必以西南、西北爲不用之位，則夏秋之交，秋冬之交，氣化豈其惑息乎？康節又曰：『乾坤縱而六子橫，《易》之本也。先天之位，震兑横而六卦縱，《易》之用也。』由前之説，則後自坎離以外皆横也；由後之説，則前自坎離以外皆縱也。圖同而説異，不自知其遷就歟？是故離南坎北之位，本無可疑。自康節以爲從先天改出，牽前曳後，始不勝其支離。朱子求其所以改之之故而不可得，遂至不信經文。吁，可怪也！」

附黄晦木宗炎《周易象辭・先天卦圖辯》略曰：「伏皇以前，初無著之方册，代見物理之事。伏皇欲以文字教天下，傳後世，創爲奇耦之畫，使天地雷風水火山澤八象之在兩間者，焕然移于方册之上，正所謂文字也。後聖師其大意，變成斜正縱横之狀，而文字日增。是卦畫者，文字之根原；文字者，卦畫之支流也。八卦者，六書之指事、象形；六十四卦者，六書之聲、意、轉、借也。爲陳、邵之説者視此爲圖，以爲不立言語文字，使人静觀以悟其神妙，何異云孔、孟惡諛墓不爲碑版，慎毁譽不爲序記，《雅》《頌》不爲樂府，風人不爲長律短句也？造爲文、周、孔子只從中半説起。人至三聖，恐無可復加矣，何獨于演《易》贊《易》，不識向上精微，僅從中半説起，自戾伏皇作《易》之大道乎？有周之時，編簡未繁，無堆牀插架之部帙，吾夫子學《易》，韋絶窮思，極其擬議，必曰『昔者聖人之作《易》也』，推原上古，探所由來，漸及于中古，攷其窮變，一一著明，昭然旦晝，獨近摘糟魄，遺向上根原而不顧乎？後此二三千年，去古愈遠，注經解傳，汗牛充棟，乃忽遇夫天根月窟，與伏皇揖遜于一堂，印心于密室。就使事事合符，吾尚未敢信其必然，況乎自相衡決，彼此乖舛，惟以大言壓人邪！試平心静觀，文《彖》、周《爻》、孔《翼》，治亂聖狂，經國修身，吉凶悔吝，揭日月于中天。無論智愚、賢不肖，俱可持可效。循道而行，外之則治國平天下，致斯世于雍熙；內之則窮神知化，盡性以至于命。陳、邵《先天方位》，變亂無稽，徒取對待。《横圖》乾一、兑二、離三、震四、巽五、坎六、艮七、坤八，奇耦疊加，有何義理？有何次序？又屈而圓之，矯揉造作，卦義無取，時令不合。又交股而方之，裝湊安排，全昧大道。帝王之修齊治平安在？聖賢之知天知人安在？庸衆之趨吉避凶安在？反謂文、周、孔子所不能窺，亦是老者曰『孔子，吾師之弟子』之意耳！古人命名立意，有典有則，可觀玩，可諷詠。今用横圓方制爲名號，亦覺俚俗鄙野，大非修辭辭文之旨。五百年來譸張戛聒，令紫色鼃聲奪玄黄鐘鼓之席，推倒周公、孔子，壓于其上，率天下之人而疑三聖人者，非二氏之徒，實儒者之徒也。作《先天諸圖辯》。」

《辯先天八卦方位圖》曰：「邵堯夫引『天地定位』一章，造爲《先天八卦方位圖》，其説云：『「天地定位」，乾南坤北也；「水火不相射」，離東坎西也；「雷風相薄」，震東北、巽西南也；「山澤通氣」，艮西北、兑東南也。』夫聖人所謂定位，即如首章『天高地卑，乾坤定矣』之義，未可贅以南北也。天地之間，山澤最著，故次及之，言山峻水深，形體隔絶，其氣則通，山能灌澤成川，澤能蒸山作雲，未可指爲西北、東南也。雷以宣陽，風以盪陰，兩相逼薄，其勢尤盛，未可指爲東北、西南也。水寒火熱，水溼火燥，物性違背，非克必争，然相遇又有和合之用，不相射害，未可誣以東西也。八象既出，或聯或間，何莫非消息往來之運行，豈必取于對待乎？故總言『八卦相錯』，謂不止于天地之交、山澤之遇、雷風之合、水火之重也。八象遞加，轉展變動，則成二篇之《易》矣。明白斬截，毫無藤蔓，容我裝湊者。其云『乾南坤北』也，實養生家之大旨。謂人身本具天地，倶因水潤火炎，陰陽交易，變其本體，故令☰乾之中畫損而成☲離，☷坤之中畫塞而成☵坎，是後天使然。今有取坎填離之法，挹坎水一畫之奇，歸離火一畫之耦。如鍊精化氣、鍊氣化神之類，益其所不足，離得故有也；如鑿竅喪魄、五色五聲五味之類，損其所有餘，坎去本無也。離復反爲乾，坎復反爲坤，乃先天之南北也。養生所重，專在水火，比之爲天地。既以南北置乾坤，坎離不得不就東西。坎，月也，水也，生于西方；離，日也，火也，出自東方。丹家砂火能伏澒水鉛水，結成金液，所謂火中水，水中金，混和結聚。此之先後，即承上文之變易而言，已不若乾坤之確矣。兑居東南，艮居西北，巽居西南，震居東北，直是無可差排，勉强塞責，竟無義理可尋，緣此四卦不過爲丹鼎備員，非要道也。又水火木金已盡現伏于四正位，止云兑澤連接于正南之乾天，兩金相倚；艮山根種于正北之坤地，兩土相附；雷發于地，風起于天云爾。安見其必然，而欲以此奪三聖之大道與？附會先天方位者，反疑夫子震東兑西爲少長相合于正方，巽東南艮東北爲少長相合于偏方。少長之合非其耦，必若伏羲八卦，以長合長、少合少爲得其耦。豈直以卦畫爲男女邪？父、母、長、中、少，亦象爾，合與耦亦象爾。如必曰男女也，則震坎艮不宜重，巽離兑不宜錯，乾坤烏可加諸六子邪？固哉其爲《易》也！」

《辯先天横圖》曰：「夫子明訓，八卦既立，『因而重之』，又曰『八卦相盪』，又曰『八卦相錯』。自有乾坤六子，以一卦爲主，各以八卦加之，得三畫即成六畫，得八卦即有六十四卦，何曾有所謂四畫、五畫之象，十六、三十二之次第也？四畫、五畫，成何法象？雖謂陰陽剛柔，不可擬爲三才。十六、三十二，何者在先，何者在後？其于天地雷風水火山澤，貞卦不全其八，悔卦無可指名。視之若枯枝敗荄，無理無義，以遂其遞生一奇一耦之説，縱其所如，成乾一、兑二、離三、震四、巽五、坎六、艮七、坤八之位置，初無成見于胸中，絶無關轄于象數。有疑之者，則大言以震撼之，辭色俱厲以拒絶之，使天下盡出于詖淫邪遁之一轍，以反攻其父母。甚矣，儒者之好怪也！苟掩卷而思之，學《易》者何不以三乘三，以八加八，一舉而得六爻，再舉而得六十四卦，明白且簡易，直截且神速乎？惡用是牽纏羈絆，挽之不來，卻之不去者爲哉！聖人作《易》，仰觀俯察，近身遠物，無不勘破其情狀，體悉其至理，若巨若細，盡備于胸臆，然後宣發于文字。豈有漫無成見，隨手畫去，如小兒之搬棋砌瓦，原非心思所主宰，又非外緣所感觸，待其自成何物，然後從而名之？夫子所云『擬議以成其變化』，豈欺我哉！夫焦氏《易》學，傳數而不傳理，響應于一時，聲施于後世者，自有變通之妙用。分爲四千九十六卦，實統諸六十四，是一卦具六十四卦之占。乾坤還其爲乾坤，六子還其爲六子，别卦還其爲别卦，非層累而上，有七畫、八畫以至十二畫之卦也。《易林》一卦中錯綜雜出，變動不拘，豈一畫止生一奇一耦，歷千百而不改，如是其頑冥不靈者歟？兩間氣化，自有羸縮，或陰盛陽衰，或陽多陰少，惡得均分齊一，無輕重、大小、往來、消長之異同乎？若然，則天無氣盈朔虚，無晝夜寒燠，人無仁暴，地無險夷矣。若然，則人皆一男一女，鳥皆一雌一雄，獸皆一牝一牡矣。若然，則續鳧斷鶴，黔鵠浴烏，五行運氣，無偏重之性矣。夫物之不齊，物之情也。造化之參差，理義之所由以立也。聽一奇一耦之自爲盤旋，于教化乎何有？于裁成輔相乎何有？于《易》不可爲典要乎何有？是一定也，非易也。吾直曰：邵氏之《易》，欲求爲京、焦，而力有弗逮也。一奇一耦，層累疊加，是作《易》聖人不因天高地厚而定乾坤，無取雷風動入而成震巽，坎陷離麗未有水火之象，艮止兑説不見山澤之形，但信手堆砌，然後相度揣摩，贈以名號。自乾至復三十二卦爲無母，自坤至姤三十二卦爲無父；山澤未嘗通，雷風未嘗薄，水火未嘗濟；父與少女、中女、長男同時而産，母與少男、中男、長女同時而育；無三畫爲卦之限，無内外貞悔之序；足重半天下，首偏鋭一耦，三十二物聯攣合體，上下大小殊絶，牽纏桎梏，天地不能自有其身，雷風水火山澤不能自完其性。第一畫貫三十二爻，可云廣矣；奇遺姤至坤之半，耦遺復至乾之半，則挂漏之極也。第二畫貫十六爻，第三畫貫八爻，始有八象，吾不知天何私于澤火雷而獨與之同氣，何惡于風水山而杳不相蒙也；地何親于山水風，何疏于雷火澤，親者膠固而無彼此，疏者隔塞而不相應求也。古今事理，惟簡能御繁，一可役萬，故卦止八象，爻止六位，變變化化，運用無窮。如必物物皆備，始稱大觀，則七畫以至十一畫乃魑魅現形，無有人道；及成十二畫，則頭上安頭，牀上置牀，徒覺狀貌之臃腫，取義之贅疣。若其所云日月星辰，水火土石，寒暑晝夜，雷露風雨，情性形體，草木飛走，耳目口鼻，聲色氣味，元會運世，歲月日辰，皇帝王霸，《易》《書》《詩》《春秋》，似校《説卦》爲詳密，而其偏僻疏罔特甚。何天無霜雪雷雹虹霾也？地無城隍田井海岳都鄙也？時無温和旱潦也？人無臟腑手足髮膚也？無盜賊蠻方也？經無《禮》《樂》也？物無蟲魚也？『形體』之與『耳目口鼻』又何其重出也？即萬舉萬當，于神明、化裁、引伸、觸類之謂何！使吾夫子《十翼》退舍而卻行者，其宗陳、邵之流與！」

《辯圓圖》曰：「邵氏以震歷離兑乾爲順，以巽歷坎艮坤爲逆，順爲數往，逆爲知來。則震離兑乾僅能數往，不能知來；巽坎艮坤職在知來，無煩數往。夫乾知大始，乃統天，于知來乎何有，豈可但局之數往！坤以藏之，承天順天，成物代終，于數往冬何有，豈可反以爲知來！亦不類矣。數往順天左旋，乾一、兑二、離三、震四爲已生之卦，知來逆天右旋，巽

五、坎六、艮七、坤八爲未生之卦，已屬鑿空。又云《易》數由逆而成，若逆知四時之謂，豈震離兑乾無當于《易》數，而漫列宂員者與？聖人知來數往，萬理萬物無不兼該，非專爲四時而設，四時節候有治曆之法，千歲日至可坐而定，絕無取乎卦氣也。今屈《横圖》而圓之，云乾生子中，盡午中，坤生午中，盡子中，離盡卯中，坎盡酉中，皆緣冬至一陽爲復，遂充類至義之盡，以六十四卦分配二十四節候，然亦須一候得二卦有奇，乃爲恰合，何以倏多倏少，遠不相謀？復之『至日閉關』，夫子特舉象之一節。若姤爲夏至，未見明訓，未敢信爲必然。臨、泰、大壯、夬、乾與遯、否、觀、剥、坤之配歲周，不免案圖索驥，近于顓愚，矧可牽引六十四卦，矯揉誣罔，一切不符乎？今云冬至復卦一陽生子半，閲頤、屯、益、震、噬嗑、隨、无妄、明夷、賁、既濟、家人、豐、離、革、同人、臨凡十七卦，始得二陽，爲十二月，已是卯半，爲春分矣。損、節、中孚、歸妹、睽、兑、履、泰凡八卦，乃得三陽，爲正月，已是巳初，爲立夏矣。大畜、需、小畜、大壯凡四卦，乃得四陽，爲二月，已是巳半，爲小滿矣。大有、夬止二卦，即得五陽，爲三月，已是午初，爲芒種矣。至乾止一卦，即得純陽，爲四月，已是午半，爲夏至矣。至姤亦止一卦，一陰生午半，閲大過、鼎、恒、巽、井、蠱、升、訟、困、未濟、解、涣、坎、蒙、師、遯凡十七卦，始得二陰，爲六月，已是酉半，爲秋分矣。咸、旅、小過、蹇、漸、艮、謙、否凡八卦，乃得三陰，爲七月，已是亥初，爲立冬矣。萃、晉、豫、觀凡四卦，乃得四陰，爲八月，已是亥半，爲小雪矣。比、剥止二卦，即得五陰，爲九月，已是子初，爲大雪矣。至坤止一卦，即得純陰，爲十月，已是子半，爲冬至矣。將六十四卦破碎割裂，苦死支吾，猶然背畔若此，胡見其自然哉！若卦畫各義，毫無統屬，則精微之正論，反可姑置者也！○何謂已生、未生？八卦如此分屬，尚有全用乎？既有乾一、兑二、離三、震四、巽五、坎六、艮七、坤八之序，則皆已生矣。就彼而言，震巽居中，有長男代父、長女代母爲政之象。震順天左行，自復、頤至夬、乾，行三十二卦，遇姤而息。巽逆天右行，自姤、大過至剥、坤，行三十二卦，遇復而息。夫兩間氣化，轉轂循環，無有端緒。其來也非突然而來，即其去而來已在内；其去也非決然而去，即其來而去已下伏。焉得分疆畫界，釐然中判，其去其來，若左右不相連貫者！震巽東西背馳，亦如人之行路，畢竟先有方向，然後可揚帆策馬，行縢履屩。焉得東行者，山川原隰，歷歷可指，而云已生；西行者，悉莽瀁無憑，而待行者自爲開闢，乃云未生歟？春夏何其逸，秋冬何其勞也？一二三四五六七八之數自，有則俱有，焉得震獨據一二三四，數往而順；巽獨擅五六七八，知來而逆？且數自一而二三四爲順，今反以四三二一爲順；自八而七六五爲逆，今反以五六七八爲逆；亦難錯説矣！震長男，陽也，陽主創，近乎未生，或可云逆，而反云順。陽而順，是不能制義者也。巽長女，陰也，陰主隨，近乎已生，本可云順，而反云逆。陰而逆，是牝雞司晨者也。陰陽順逆，一切顛倒矣！細心體驗，種種可疑。」

《辯方圖》曰：「邵氏又作《方圖》，謂天圓地方，置之《圓圖》之中，謂天包地外。其説曰『天地定位』，以西北角置乾，東南角置坤爲定位，又非南北故武矣；曰『否、泰反類』，東北角置泰，西南角置否，爲反類；曰『山澤通氣』，兑二斜依乾一，艮七斜依坤八，爲通氣；曰『咸、損見意』，斜依否之咸，斜依泰之損，爲見意；曰『雷風相薄』，以震四斜依離三，巽五斜依坎六，震、巽當中，斜依交會，爲相薄；曰『恒、益起意』，恒自咸而未濟斜來，益自損而既濟斜來，亦交會于子中，爲起意；曰『水火相射』，以坎六自艮七斜接巽五，離三自兑二斜接震四，爲相射；曰『既濟、未濟』，既濟自損來斜連于益，未濟自咸來斜連于恒也。曰『四象相交，成十六事』。夫《横圖》既云陰陽老少爲四象，此則明明用其六畫之卦，何以又稱四象乎？云『十六事』者，乾、坤、否、泰，艮、兑、咸、損，震、巽、恒、益，坎、離、既濟、未濟，俱取老、長、中、少、陰、陽正對，似乎稍有可觀。《易》卦陽爻一百九十二畫，陰爻一百九十二畫，奇耦停匀，隨人牽引，俱可布位整齊。使確守乾父坤母一再三索而搬演之，何嘗不繡錯絲編，爛然秩然，而理則較勝也？《大易》全篇，何莫非神化變通，而僅取否、泰、咸、損、恒、益、二濟爲綱領，將謂此外皆附庸之國乎？總之，先天卦畫，奇耦相加，亂左陽右陰之常經。《方》《圓圖》次第撮湊小巧，紊四時之敍，變八方之位，去君父母子之名分，倒老長中少之行列。曲護其説者，甚至謂乾坤無生六子之理。夫子所云乾父坤母，乾坤《易》之門，乾坤《易》之藴，一筆塗抹；《説卦》三傳，無一可宗。可乎哉！」

百家謹案：《先天卦圖》傳自方壺，謂創自伏皇。此即《雲笈七籤》中云某經創自玉皇，某符傳自九天玄女，固道家術士假托以高其説之常也。先生得之而不改其名，亦無足異，顧但可自成一説，聽其或存或没于天地之間。乃朱子過于篤信，謂程演周經，邵傳犧畫，掇入《本義》中，竟壓置于文《彖》、周《爻》、孔《翼》之首，則未免奉螟蛉爲高曾矣！歸震川疑之，謂因《傳》而有圖，圖未必出于伏聖也。豈知《傳》中所謂「天地定位」，與先天八卦并初無干涉邪！況邵伯温《經世辨惑》云：「希夷易學，不煩文字解説，止有圖以寓陰陽消長之數與卦之生變。圖亦非創意以作，孔子《繫辭》述之明矣。」則以此圖明明直云出自希夷也。惜朱子固不之考，震川亦不之疑耳。

經世衍易圖

蔡西山曰：「一動一靜之間者，《易》之所謂太極也。動、靜者，《易》所謂兩儀也。陰、陽、剛、柔者，《易》所謂四象也。太陽、太陰、少陽、少陰、少剛、少柔、太剛、太柔，《易》所謂八卦也。」

經世天地四象圖

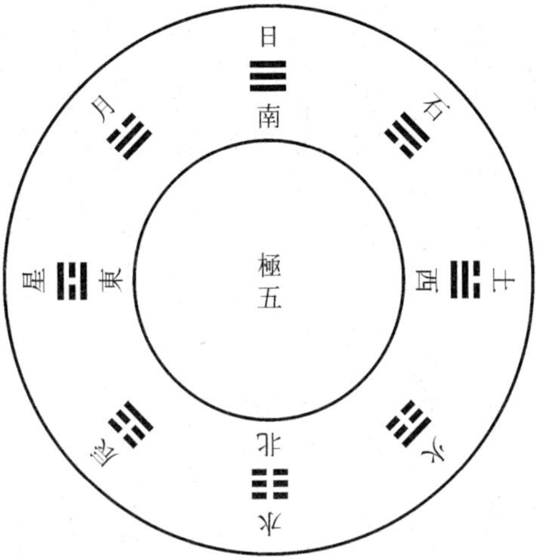

太陽	日	暑	性	目	元	皇
太陰	月	寒	情	耳	會	帝
少陽	星	晝	形	鼻	運	王
少陰	辰	夜	體	口	世	霸
少剛	石	雷	木	氣	歲	易
少柔	土	露	草	味	月	書
太剛	火	風	飛	色	日	詩
太柔	水	雨	走	聲	時	春秋

蔡西山曰：「動者爲天，天有陰陽，陽者動之始，陰者動之極。陰陽之中又各有陰陽，故有太陽、太陰、少陽、少陰。太陽爲日，太陰爲月，少陽爲星，少陰爲辰，是爲天之四象。日爲暑，月爲寒，星爲晝，辰爲夜，四者天之所變也。暑變物之性，寒變物之情，晝變物之形，夜變物之體，萬物之所以感于天之變也。靜者爲地，地有柔剛，柔者靜之始，剛者靜之極。剛柔之中又各有剛柔，故有太剛、太柔、少剛、少柔。太柔爲水，太剛爲火，少柔爲土，少剛爲石，是爲地之四象。水爲雨，火爲風，土爲露，石爲雷，四者地之所以化也。雨化物之走，風化物之飛，露化物之草，雷化物之木，萬物之所以應于地之化也。暑變走飛草木之性，寒變走飛草木之情，晝變走飛草木之形，夜變走飛草木之體；雨化性情形體之走，風化性情形體之飛，露化性情形體之草，雷化性情形體之木。天地變化，參伍錯綜而生萬物也。萬物之感于天之變，性者善目，情者善耳，形者善鼻，體者善口；萬物應于地之化，飛者善色，走者善聲，木者善氣，草者善味。蓋其所感應有不同，故其所善亦有異。至于人，則得天地之全，暑寒晝夜無不變，雨風露雷無不化，性情形體無不感，走飛草木無不應。目善萬物之色，耳善萬物之聲，鼻善萬物之氣，口善萬物之味。蓋天地萬物皆陰陽剛柔之分，人則兼備乎陰陽剛柔，故靈于萬物，而能與天地參也。人而能與天地參，故天地之變有元會運世，而人事之變亦有皇帝王霸。元會運世有春夏秋冬，爲生長收藏；皇帝王霸有《易》《書》《詩》《春秋》，爲道德功力。是故元會運世，春夏秋冬，生長收藏，各相因而爲十六；皇帝王霸，《易》《書》

《詩》《春秋》，道德功力，亦各相因而爲十六。十六者，四象相因之數也。凡天地之變化，萬物之感應，古今之因革損益，皆不出乎十六。十六而天地之道畢矣，故物之巨細，人之聖愚，亦以一、十、百、千四者相因而爲十六。千千之物爲細物，千千之民爲至愚；一一之物爲巨物，一一之民爲聖人。蓋人者，萬物之最靈；聖人者，又人倫之至也。自天地觀萬物，則萬物爲物；自太極觀天地，則天地亦物也。人而盡太極之道，則能範圍天地，曲成萬物，而造化在我矣。故其説曰：『一動一静，天地之至妙歟！一動一静之間，天地人之至妙歟！』一動一静之間者，非動非静而主乎動静，所謂太極也。又曰：『思慮未起，鬼神莫知。不由乎我，更由乎誰！』所謂範圍天地，曲成萬物，造化在我者也。蓋超乎形器，非數之能及矣。雖然，是亦數也。伊川先生曰：『數學至康節方及理。』康節之數，先生未之學，至其本原，則亦不出乎先生之説矣。」補。

百家謹案：先儒云《經世》全書六十二篇，及弟子所記《外篇》上下，通六十四篇。内元會運世三十四篇，横列甲子，起堯元年甲辰，終五代周顯德九年己未，繫歲紀事，以驗天時人事之得失；十六篇以聲音律吕更唱迭和，爲圖三千八百四十，以窮萬物之數；又有《皇極體要》、内外《觀象》數十篇。子文又著《一元消息》等圖。書甚浩繁，近世不能得其全書，無傳其學者，兹載入先遺獻《象數論》中所論《皇極》五篇，并《掛一》《既濟》陰、陽三圖，及《聲音論》數篇。其文雖約，大體已備，觸類引伸，一隅可三反矣。

經世掛一圖

元之元				元之會
元之元之元之元 泰 冬至	元之元之會之元 需	元之元之運之元 大壯	元之元之世之元 夬	元之會之元之元 咸
元之元之元之會 損	元之元之會之會 中孚	元之元之運之會 睽	元之元之世之會 履	元之會之元之會 未濟
元之元之元之運 大畜	元之元之會之運 小畜	元之元之運之運 大有 小寒	元之元之世之運 乾	元之會之元之運 旅
元之元之元之世 節	元之元之會之世 歸妹	元之元之運之世 兑	元之元之世之世 困	元之會之元之世 解

續表

	元之會之會之元　小過	元之會之會之會　渙　大寒	元之會之會之運　漸	元之會之會之世　坎
	元之會之運之元　蹇	元之會之運之會　蒙	元之會之運之運　艮	元之會之運之世　師
	元之會之世之元　臨	元之會之世之會　謙	元之會之世之運　坤	元之會之世之世　遯
元之運	元之運之元之元　晉　立春	元之運之元之會　觀	元之運之元之運　比	元之運之元之世　剥
	元之運之會之元　巽	元之運之會之會　升	元之運之會之運　否	元之運之會之世　豫
	元之運之運之元　井	元之運之運之會　豐	元之運之運之運　屯　雨水	元之運之運之世　革

續表

	元之運之世之元　恒	元之運之世之會　蠱	元之運之世之運　訟	元之運之世之世　益
元之世	元之世之元之元　離	元之世之元之會　大過	元之世之元之運　姤	元之世之元之世　隨
	元之世之會之元　家人	元之世之會之會　震　驚蟄	元之世之會之運　鼎	元之世之會之世　噬嗑
	元之世之運之元　既濟	元之世之運之會　頤	元之世之運之運　萃	元之世之運之世　明夷
	元之世之世之元　復	元之世之世之會　同人	元之世之世之運　无妄	元之世之世之世　賁
會之元	會之元之元之元　損　春分	會之元之元之會　大畜	會之元之元之運　節	會之元之元之世　需

續表

			會之會		
會之元之會之元 中孚	會之元之運之元 大有	會之元之世之元 乾	會之會之元之元 旅	會之會之會之元 漸	會之會之運之元 艮
會之元之會之會 小畜	會之元之運之會 兌	會之元之世之會 困	會之會之元之會 解	會之會之會之會 坎 穀雨	會之會之運之會 師
會之元之會之運 大壯	會之元之運之運 夬 清明	會之元之世之運 咸	會之會之元之運 歸妹	會之會之會之運 蹇	會之會之運之運 泰
會之元之會之世 睽	會之元之運之世 履	會之元之世之世 未濟	會之會之元之世 渙	會之會之會之世 蒙	會之會之運之世 臨

續表

	會之會之世之元 謙	會之會之世之會 小過	會之會之世之運 觀	會之會之世之世 剥
會之運	會之運之元之元 蠱 立夏	會之運之元之會 井	會之運之元之運 屯	會之運之元之世 遯
	會之運之會之元 姤	會之運之會之會 訟	會之運之會之運 无妄	會之運之會之世 大過
	會之運之運之元 豫	會之運之運之會 鼎	會之運之運之運 比 小滿	會之運之運之世 巽
	會之運之世之元 坤	會之運之世之會 升	會之運之世之運 萃	會之運之世之世 隨
會之世	會之世之元之元 晉	會之世之元之會 噬嗑	會之世之元之運 否	會之世之元之世 離

	會之世之會之元 革	會之世之會之會 頤 芒種	會之世之會之運 復	會之世之會之世 恒
	會之世之運之元 豐	會之世之運之會 震	會之世之運之運 家人	會之世之運之世 益
	會之世之世之元 既濟	會之世之世之會 賁	會之世之世之運 明夷	會之世之世之世 同人
運之元	運之元之元之元 大畜 夏至	運之元之元之會 節	運之元之元之會 需	運之元之元之世 中孚
	運之元之會之元 小畜	運之元之會之會 歸妹	運之元之會之運 睽	運之元之會之世 大有
	運之元之運之元 兌	運之元之運之會 夬	運之元之運之運 履 小暑	運之元之運之世 乾

續表

	運之元之世之元 困	運之元之世之會 未濟	運之元之世之運 解	運之元之世之世 大壯
運之會	運之會之元之元 恒	運之會之元之會 鼎	運之會之元之運 大過	運之會之元之世 訟
	運之會之會之元 姤	運之會之會之會 隨 大暑	運之會之會之運 旅	運之會之會之世 噬嗑
	運之會之運之元 小過	運之會之運之會 震	運之會之運之運 渙	運之會之運之世 巽
	運之會之世之元 益	運之會之世之會 井	運之會之世之運 屯	運之會之世之世 坎
運之運	運之運之元之元 漸 立秋	運之運之元之會 晉	運之運之元之運 萃	運之運之元之世 泰

續表

	運之運之會之元 蹇	運之運之會之會 豫	運之運之會之運 遯	運之運之會之世 咸
	運之運之運之元 師	運之運之運之會 艮	運之運之運之運 剥 處暑	運之運之運之世 觀
	運之運之世之元 无妄	運之運之世之會 離	運之運之世之運 豐	運之運之世之世 復
運之世	運之世之元之元 蠱	運之世之元之會 革	運之世之元之運 家人	運之世之元之世 否
	運之世之會之元 比	運之世之會之會 升 白露	運之世之會之運 頤	運之世之會之世 賁
	運之世之運之元 蒙	運之世之運之會 謙	運之世之運之運 坤	運之世之運之世 同人

續表

	世之元				世之會
運之世之世之元 明夷	世之元之元之元 升 秋分	世之元之會之元 坎	世之元之運之元 恒	世之元之世之元 大過	世之會之元之元 兑
運之世之世之會 臨	世之元之元之會 蒙	世之元之會之會 巽	世之元之運之會 未濟	世之元之世之會 姤	世之會之元之會 乾
運之世之世之運 損	世之元之元之運 蠱	世之元之會之運 渙	世之元之運之運 鼎 寒露	世之元之世之運 訟	世之會之元之運 萃
運之世之世之世 既濟	世之元之元之世 井	世之元之會之世 解	世之元之運之世 困	世之元之世之世 隨	世之會之元之世 噬嗑

續表

			世之運		
世之會之會之元 夬	世之會之運之元 咸	世之會之世之元 履	世之運之元之元 益 立冬	世之運之會之元 小過	世之運之運之元 既濟
世之會之會之會 否 霜降	世之會之運之會 革	世之會之世之會 泰	世之運之元之會 豐	世之運之會之會 臨	世之運之運之會 晉
世之會之會之運 无妄	世之會之運之運 遯	世之會之世之運 剥	世之運之元之運 歸妹	世之運之會之運 賁	世之運之運之運 損 小雪
世之會之會之世 睽	世之會之運之世 大有	世之會之世之世 頤	世之運之元之世 大壯	世之運之會之世 中孚	世之運之運之世 節

續表

	世之運之世之元 家人	世之運之世之會 需	世之運之世之運 大畜	世之運之世之世 小畜
世之世	世之世之元之元 坤	世之世之元之會 謙	世之世之元之運 漸	世之世之元之世 艮
	世之世之會之元 離	世之世之會之會 比 大雪	世之世之會之運 蹇	世之世之會之世 豫
	世之世之運之元 師	世之世之運之會 同人	世之世之運之運 旅	世之世之運之世 屯
	世之世之世之元 觀	世之世之世之會 震	世之世之世之運 復	世之世之世之世 明夷

世，三十。

運，三百六十。

會，一萬八百。

元，十二萬九千六百。

世之世，九百。

世之運，一萬八百。

世之會，三十二萬四千。

世之元，三百八十八萬八千。

運之世，一萬八百。

運之運，十二萬九千六百。

運之會，三百八十八萬八千。

運之元，四千六百六十五萬六千。

會之世，三十二萬四千。

會之運，三百八十八萬八千。

會之會，一億一千六百六十四萬。

會之元，十三億九千九百六十八萬。

元之世，三百八十八萬八千。

元之運，四千六百六十五萬六千。

元之會，十三億九千九百六十八萬。

元之元，一百六十七億九千六百十六萬。

元會運世本數四，互相乘，則變爲十六。

世之世之世之世，八十一萬。以九百乘九百而得。

世之世之世之運，九百七十二萬。以九百乘一萬八百。

世之運之世之運，一億一千六百六十四萬。以一萬八百乘一萬八百。

世之世之世之會，二億九千一百六十萬。以九百乘三十二萬四千。

世之運之運之運，一十三億九千九百六十八萬。以一萬八百乘十二萬九千六百。

世之世之世之元，三十四億九千九百二十萬。以九百乘三百八十八萬八千。

運之運之運之運，一百六十七億九千六百一十六萬。以十二萬九千六百自乘。

世之世之運之元，四百一十九億九千四十萬。以九百乘四千六百六十五萬六千。

世之世之會之會，一千四十九億七千六百萬。以九百乘一億一千六百六十四萬。

世之運之運之元，五千三十八億八千四百八十萬。以一萬八百乘四千六百六十五萬六千。

世之世之會之元，一萬二千五百九十七億一千二百萬。以九百乘十三億九千九百六十八萬。

運之運之運之元，六萬四百六十六億一千七百六十萬。以十二萬九千六百乘四千六百六十五萬六千。

世之世之元之元，一十五萬一千一百六十五億四千四百萬。以九百乘一百六十七億九千六百十六萬。

世之會之會之會，三十七萬七千九百十三億六千萬。以三十二萬四千乘一億一千六百六十四萬。

世之運之元之元，一百八十一萬三千九百八十五億二千八百萬。以一萬八百乘一百六十七億九千六百十六萬。

世之會之會之元，四百五十三萬四千九百六十三億二千萬。以三十二萬四千乘十三億九千九百六十八萬。

運之運之元之元，二千一百七十六萬七千八百二十三億三千六百萬。以十二萬九千六百乘一百六十七億九千六百十六萬。

世之會之元之元，五千四百四十一萬九千五百五十八億四千萬。以三十二萬四千乘一百六十七億九千六百十六萬。

會之會之會之會，一兆三千六百四萬八千八百九十六億。以一億一千六百六十四萬自乘。

運之會之元之元，六兆五千三百三萬四千七百億八千萬。以三百八十八萬八千乘一百六十七億九千六百十六萬。

會之會之會之元，十六兆三千二百五十八萬六千七百五十二億。以一億一千六百六十四萬乘十三億九千九百六十八萬。

運之元之元之元，七十八兆三千六百四十一萬六千四百九億六千萬。以四千六百六十五萬六千乘一百六十七億九千六百十六萬。

會之會之元之元，一百九十五兆九千一百四萬一千二十四億。以一億一千六百六十四萬乘一百六十七億九千六百十六萬。

會之元之元之元，二千三百五十兆九千二百四十九萬二千二百八十八億。以十三億九千九百六十八萬乘一百六十七億九千六百十六萬。

元之元之元之元，二萬八千二百十一兆九百九十萬七千四百五十六億。以一百六十七億九千六百十六萬自乘。

又以十六數互相乘，如元之會爲一數，其下之運之世爲一數，乘之，變爲二百五十六數，分配二百五十六卦。自《泰》起，元之元之元之元，得二萬八千二百十一兆九百九十萬七千四百五十六億。至《明夷》卦終，爲世之世之世之世，得八十一萬。今舉二十五條爲例。

經世既濟陽圖

元之元

元之元否否泰 水水音八八坤 日日聲一一乾	會之元否遯否需 火水音七八剥 日日聲一一乾	運之元否訟否大壯 土水音六八比 日日聲一一乾	世之元否姤否夬 石水音五八觀 日日聲一一乾

續表

元之會否遯損 水火音八七謙 日日聲一一乾	會之會遯遯中孚 火火音七七艮 日日聲一一乾	運之會訟遯睽 土火音六七蹇 日日聲一一乾	世之會姤遯履 石火音五七漸 日日聲一一乾
元之運否訟大畜 水土音八六師 日日聲一一乾	會之運遯訟小畜 火土音七六蒙 日日聲一一乾	運之運訟訟大有 土土音六六坎 日日聲一一乾	世之運姤訟乾 石土音五六渙 日日聲一一乾
元之世否姤節 水石音八五升 日日聲一一乾	會之世遯姤歸妹 火石音七五蠱 日日聲一一乾	運之世訟姤兌 土石音六五井 日日聲一一乾	世之世姤姤困 石石音五五巽 日日聲一一乾

元之會

元之元否萃咸 水水音八八坤 日月聲一二履	會之元遯萃小過 火水音七八剥 日月聲一二履	運之元訟萃蹇 土水音六八比 日月聲一二履	世之元姤萃臨 石水音五八觀 日月聲一二履
元之會否咸未濟 水火音八七謙 日月聲一二履	會之會遯咸渙 火火音七七艮 日月聲一二履	運之會訟咸蒙 土火音六七蹇 日月聲一二履	世之會姤咸謙 石火音五七漸 日月聲一二履

續表

元之運否困旅 水土音八六師 日月聲一二履	會之運遯困漸 火土音七六蒙 日月聲一二履	運之運訟困艮 土土音六六坎 日月聲一二履	世之運姤困坤 石土音五六渙 日月聲一二履
元之世否大過解 水石音八五升 日月聲一二履	會之世遯大過坎 火石音七五蠱 日月聲一二履	運之世訟大過師 土石音六五井 日月聲一二履	世之世姤大過遯 石石音五五巽 日月聲一二履

元之運

元之元否晉晉 水水音八八坤 日星聲一三同人	會之元遯晉巽 火水音七八剥 日星聲一三同人	運之元訟晉井 土水音六八比 日星聲一三同人	世之元姤晉恒 石水音五八觀 日星聲一三同人
元之會否旅觀 水火音八七謙 日星聲一三同人	會之會遯旅升 火火音七七艮 日星聲一三同人	運之會訟旅豐 土火音六七蹇 日星聲一三同人	世之會姤旅蠱 石火音五七漸 日星聲一三同人
元之運否未濟比 水土音八六師 日星聲一三同人	會之運遯未濟否 火土音七六蒙 日星聲一三同人	運之運訟未濟屯 土土音六六坎 日星聲一三同人	世之運姤未濟訟 石土音五六渙 日星聲一三同人

續表

元之世否鼎剥 水石音八五升 日星聲一三同人
會之世遯鼎豫 火石音七五蠱 日星聲一三同人
運之世訟鼎革 土石音六五井 日星聲一三同人
世之世姤鼎益 石石音五五巽 日星聲一三同人

元之世

元之元否豫離 水水音八八坤 日辰聲一四无妄	元之會否小過大過 水火音八七謙 日辰聲一四无妄	元之運否解姤 水土音八六師 日辰聲一四无妄	元之世否恒隨 水石音八五升 日辰聲一四无妄
會之元遯豫家人 火水音七八剥 日辰聲一四无妄	會之會遯小過震 火火音七七艮 日辰聲一四无妄	會之運遯解鼎 火土音七六蒙 日辰聲一四无妄	會之世遯恒噬嗑 火石音七五蠱 日辰聲一四无妄
運之元訟豫既濟 土水音六八比 日辰聲一四无妄	運之會訟小過頤 土火音六七蹇 日辰聲一四无妄	運之運訟解萃 土土音六六坎 日辰聲一四无妄	運之世訟恒明夷 土石音六五井 日辰聲一四无妄
世之元姤豫復 石水音五八觀 日辰聲一四无妄	世之會姤小過同人 石火音五七漸 日辰聲一四无妄	世之運姤解无妄 石土音五六渙 日辰聲一四无妄	世之世姤恒賁 石石音五五巽 日辰聲一四无妄

會之元

元之元萃否損 水水音八八坤 月日聲二一夬	元之會萃遯大畜 水火音八七謙 月日聲二一夬	元之運萃訟節 水土音八六師 月日聲二一夬	元之世萃姤需 水石音八五升 月日聲二一夬
會之元咸否中孚 火水音七八剥 月日聲二一夬	會之會咸遯小畜 火火音七七艮 月日聲二一夬	會之運咸訟大壯 火土音七六蒙 月日聲二一夬	會之世咸姤睽 火石音七五蠱 月日聲二一夬
運之元困否大有 土水音六八比 月日聲二一夬	運之會困遯兑 土火音六七蹇 月日聲二一夬	運之運困訟夬 土土音六六坎 月日聲二一夬	運之世困姤履 土石音六五井 月日聲二一夬
世之元大過否乾 石水音五八觀 月日聲二一夬	世之會大過遯困 石火音五七漸 月日聲二一夬	世之運大過訟咸 石土音五六涣 月日聲二一夬	世之世大過姤未濟 石石音五五巽 月日聲二一夬

會之會

元之元萃萃旅 水水音八八坤 月月聲二二兑
會之元咸萃漸 火水音七八剥 月月聲二二兑
運之元困萃艮 土水音六八比 月月聲二二兑
世之元大過萃謙 石水音五八觀 月月聲二二兑

續表

元之會萃咸解 水火音八七謙 月月聲二二兌	元之運萃困歸妹 水土音八六師 月月聲二二兌	元之世萃大過渙 水石音八五升 月月聲二二兌
會之會咸咸坎 火火音七七艮 月月聲二二兌	會之運咸困蹇 火土音七六蒙 月月聲二二兌	會之世咸大過蒙 火石音七五蠱 月月聲二二兌
運之會困咸師 土火音六七蹇 月月聲二二兌	運之運困困泰 土土音六六坎 月月聲二二兌	運之世困大過臨 土石音六五井 月月聲二二兌
世之會大過咸小過 石火音五七漸 月月聲二二兌	世之運大過困觀 石土音五六渙 月月聲二二兌	世之世大過大過剝 石石音五五巽 月月聲二二兌

會之運

元之元萃晉蠱 水水音八八坤 月星聲二三革	元之會萃旅井 水火音八七謙 月星聲二三革
會之元咸晉姤 火水音七八剝 月星聲二三革	會之會咸旅訟 火火音七七艮 月星聲二三革
運之元困晉豫 土水音六八比 月星聲二三革	運之會困旅鼎 土火音六七蹇 月星聲二三革
世之元大過晉坤 石水音五八觀 月星聲二三革	世之會大過旅升 石火音五七漸 月星聲二三革

續表

元之運萃未濟屯 水土音八六師 月星聲二三革	會之運咸未濟无妄 火土音七六蒙 月星聲二三革	運之運困未濟比 土土音六六坎 月星聲二三革	世之運大過未濟萃 石土音五六渙 月星聲二三革
元之世萃鼎遯 水石音八五升 月星聲二三革	會之世咸鼎大過 火石音七五蠱 月星聲二三革	運之世困鼎巽 土石音六五井 月星聲二三革	世之世大過鼎隨 石石音五五巽 月星聲二三革

會之世

元之元萃豫晉 水水音八八坤 月辰聲二四隨	會之元咸豫革 火水音七八剥 月辰聲二四隨	運之元困豫豐 土水音六八比 月辰聲二四隨	世之元大過豫既濟 石水音五八觀 月辰聲二四隨
元之會萃小過蠱 水火音八七謙 月辰聲二四隨	會之會咸小過頤 火火音七七艮 月辰聲二四隨	運之會困小過震 土火音六七蹇 月辰聲二四隨	世之會大過小過賁 石火音五七漸 月辰聲二四隨
元之運萃解否 水土音八六師 月辰聲二四隨	會之運咸解復 火土音七六蒙 月辰聲二四隨	運之運困解家人 土土音六六坎 月辰聲二四隨	世之運大過解巽 石土音五六渙 月辰聲二四隨

元之世萃恒離 水石音八五升 月辰聲二四隨
會之世咸恒恒 火石音七五蠱 月辰聲二四隨
運之世困恒益 土石音六五井 月辰聲二四隨
世之世大過恒同人 石石音五五巽 月辰聲二四隨

運之元

元之元晉否大畜 水水音八八坤 星日聲三一大有	元之會晉遯節 水火音八七謙 星日聲三一大有	元之運晉訟需 水土音八六師 星日聲三一大有	元之世晉姤中孚 水石音八五升 星日聲三一大有
會之元旅否小畜 火水音七八剥 星日聲三一大有	會之會旅遯歸妹 火火音七七艮 星日聲三一大有	會之運旅訟睽 火土音七六蒙 星日聲三一大有	會之世旅姤大有 火石音七五蠱 星日聲三一大有
運之元未濟否兑 土水音六八比 星日聲三一大有	運之會未濟遯夬 土火音六七蹇 星日聲三一大有	運之運未濟訟履 土土音六六坎 星日聲三一大有	運之世未濟姤乾 土石音六五井 星日聲三一大有
世之元鼎否困 石水音五八觀 星日聲三一大有	世之會鼎遯未濟 石火音五七漸 星日聲三一大有	世之運鼎訟解 石土音五六涣 星日聲三一大有	世之世鼎姤大壯 石石音五五巽 星日聲三一大有

運之會

元之元晉萃恒 水水音八八坤 星月聲三二睽	會之元旅萃姤 火水音七八剥 星月聲三二睽	運之元未濟萃小過 土水音六八比 星月聲三二睽	世之元鼎萃益 石水音五八觀 星月聲三二睽
元之會晉咸鼎 水火音八七謙 星月聲三二睽	會之會旅咸隨 火火音七七艮 星月聲三二睽	運之會未濟咸震 土火音六七蹇 星月聲三二睽	世之會鼎咸井 石火音五七漸 星月聲三二睽
元之運晉困大過 水土音八六師 星月聲三二睽	會之運旅困旅 火土音七六蒙 星月聲三二睽	運之運未濟困渙 土土音六六坎 星月聲三二睽	世之運鼎困屯 石土音五六渙 星月聲三二睽
元之世晉大過訟 水石音八五升 星月聲三二睽	會之世旅大過噬嗑 火石音七五蠱 星月聲三二睽	運之世未濟大過巽 土石音六五井 星月聲三二睽	世之世鼎大過坎 石石音五五巽 星月聲三二睽

運之運

元之元晉晉漸 水水音八八坤 星星聲三三離	會之元晉旅蹇 火水音七八剥 星星聲三三離	運之元晉未濟師 土水音六八比 星星聲三三離	世之元晉鼎无妄 石水音五八觀 星星聲三三離

續　表

元之會晉旅晉 水火音八七謙 星星聲三三離	會之會旅旅豫 火火音七七艮 星星聲三三離	運之會旅未濟艮 土火音六七蹇 星星聲三三離	世之會鼎旅離 石火音五七漸 星星聲三三離
元之運晉未濟萃 水土音八六師 星星聲三三離	會之運旅未濟遯 火土音七六蒙 星星聲三三離	運之運未濟未濟剥 土土音六六坎 星星聲三三離	世之運鼎未濟豐 石土音五六渙 星星聲三三離
元之世晉鼎泰 水石音八五升 星星聲三三離	會之世鼎旅咸 火石音七五蠱 星星聲三三離	運之世未濟鼎觀 土石音六五井 星星聲三三離	世之世鼎鼎復 石石音五五巽 星星聲三三離

運之世

元之元晉豫蠱 水水音八八坤 星辰聲三四噬嗑	會之元旅豫比 火水音七八剥 星辰聲三四噬嗑	運之元未濟豫蒙 土水音六八比 星辰聲三四噬嗑	世之元鼎豫明夷 石水音五八觀 星辰聲三四噬嗑
元之會晉小過革 水火音八七謙 星辰聲三四噬嗑	會之會旅小過升 火火音七七艮 星辰聲三四噬嗑	運之會小過未濟謙 土火音六七蹇 星辰聲三四噬嗑	世之會鼎小過臨 石火音五七漸 星辰聲三四噬嗑

續表

元之運晉解家人 水土音八六師 星辰聲三四噬嗑	元之世晉恒否 水石音八五升 星辰聲三四噬嗑
會之運旅解頤 火土音七六蒙 星辰聲三四噬嗑	會之世旅恒賁 火石音七五蠱 星辰聲三四噬嗑
運之運未濟解坤 土土音六六坎 星辰聲三四噬嗑	運之世未濟恒同人 土石音六五井 星辰聲三四噬嗑
世之運鼎解損 石土音五六渙 星辰聲三四噬嗑	世之世鼎恒既 石石音五五巽 星辰聲三四噬嗑

世之元

元之元豫否升 水水音八八坤 辰日聲四一大壯	元之會豫遯蒙 水火音八七謙 辰日聲四一大壯	元之運豫訟蠱 水土音八六師 辰日聲四一大壯
會之元小過否坎 火水音七八剥 辰日聲四一大壯	會之會小過遯巽 火火音七七艮 辰日聲四一大壯	會之運小過訟渙 火土音七六蒙 辰日聲四一大壯
運之元解否恒 土水音六八比 辰日聲四一大壯	運之會解遯未濟 土火音六七蹇 辰日聲四一大壯	運之運解訟鼎 土土音六六坎 辰日聲四一大壯
世之元恒否大過 石水音五八觀 辰日聲四一大壯	世之會恒遯姤 石火音五七漸 辰日聲四一大壯	世之運恒訟訟 石土音五六渙 辰日聲四一大壯

續表

元之世豫姤井 水石音八五升 辰日聲四一大壯	會之世小過姤解 火石音七五蠱 辰日聲四一大壯	運之世解姤困 土石音六五井 辰日聲四一大壯	世之世恒姤隨 石石音五五巽 辰日聲四一大壯

世之會

元之元豫萃兌 水水音八八坤 辰月聲四二歸妹	會之元小過萃夬 火水音七八剝 辰月聲四二歸妹	運之元解萃咸 土水音六八比 辰月聲四二歸妹	世之元恒萃履 石水音五八觀 辰月聲四二歸妹
元之會豫咸乾 水火音八七謙 辰月聲四二歸妹	會之會小過咸否 火火音七七艮 辰月聲四二歸妹	運之會解咸革 土火音六七蒙 辰月聲四二歸妹	世之會恒咸泰 石火音五七漸 辰月聲四二歸妹
元之運豫困萃 水土音八六師 辰月聲四二歸妹	會之運小過困无妄 火土音七六蒙 辰月聲四二歸妹	運之運解困遁 土土音六六坎 辰月聲四二歸妹	世之運恒困剝 石土音五六渙 辰月聲四二歸妹
元之世豫大過噬嗑 水石音八五升 辰月聲四二歸妹	會之世小過大過睽 火石音七五蠱 辰月聲四二歸妹	運之世解大過大有 土石音六五井 辰月聲四二歸妹	世之世恒大過頤 石石音五五巽 辰月聲四二歸妹

世之運

元之元豫晉益 水水音八八坤 辰星聲四三豐	元之會豫旅豐 水火音八七謙 辰星聲四三豐	元之運豫未濟歸妹 水土音八六師 辰星聲四三豐	元之世豫鼎大壯 水石音八五升 辰星聲四三豐
會之元小過晉小過 火水音七八剥 辰星聲四三豐	會之會小過旅臨 火火音七七艮 辰星聲四三豐	會之運小過未濟賁 火土音七六蒙 辰星聲四三豐	會之世小過鼎中孚 火石音七五蠱 辰星聲四三豐
運之元解晉既濟 土水音六八比 辰星聲四三豐	運之會解旅晉 土火音六七蹇 辰星聲四三豐	運之運解未濟損 土土音六六坎 辰星聲四三豐	運之世解鼎節 土石音六五井 辰星聲四三豐
世之元恒晉家人 石水音五八觀 辰星聲四三豐	世之會恒旅需 石火音五七漸 辰星聲四三豐	世之運恒未濟大畜 石土音五六渙 辰星聲四三豐	世之世恒鼎小畜 石石音五五巽 辰星聲四三豐

世之世

元之元豫豫坤 水水音八八坤 辰辰聲四四震
會之元小過豫離 火水音七八剥 辰辰聲四四震
運之元解豫師 土水音六八比 辰辰聲四四震
世之元恒豫觀 石水音五八觀 辰辰聲四四震

續表

元之會豫小過謙 水火音八七謙 辰辰聲四四震	元之運豫解漸 水土音八六師 辰辰聲四四震	元之世豫恒艮 水石音八五升 辰辰聲四四震
會之會小過小過比 火火音七七艮 辰辰聲四四震	會之運小過解蹇 火土音七六蒙 辰辰聲四四震	會之世小過恒豫 火石音七五蠱 辰辰聲四四震
運之會解小過同人 土火音六七蹇 辰辰聲四四震	運之運解解旅 土土音六六坎 辰辰聲四四震	運之世解恒屯 土石音六五井 辰辰聲四四震
世之會恒小過震 石火音五七漸 辰辰聲四四震	世之運恒解復 石土音五六渙 辰辰聲四四震	世之世恒恒巽 石石音五五巽 辰辰聲四四震

經世既濟陰圖

歲之歲

水水音一一坤 日日聲八八乾 歲之歲泰泰
水水音一一坤 月日聲七八夬 月之歲泰臨
水水音一一坤 星日聲六八大有 日之歲泰明夷
水水音一一坤 辰日聲五八大壯 時之歲泰復

續　表

水水音一一坤 日月聲八七履 歲之月臨泰	水水音一一坤 月月聲七七兌 月之月臨臨	水水音一一坤 星月聲六七睽 日之月臨明夷	水水音一一坤 辰月聲五七歸妹 時之月臨復
水水音一一坤 日星聲八六同人 歲之日明夷泰	水水音一一坤 月星聲七六革 月之日明夷臨	水水音一一坤 星星聲六六離 日之日明夷明夷	水水音一一坤 辰星聲五六豐 時之日明夷復
水水音一一坤 日辰聲八五无妄 歲之時復泰	水水音一一坤 月辰聲七五隨 月之時復臨	水水音一一坤 星辰聲六五噬嗑 日之時復明夷	水水音一一坤 辰辰聲五五震 時之時復復

歲之月

水火音一二謙 日日聲八八乾 歲之歲大畜泰	水火音一二謙 月日聲七八夬 月之歲大畜臨	水火音一二謙 星日聲六八大有 日之歲大畜明夷	水火音一二謙 辰日聲五八大壯 時之歲大畜復
水火音一二謙 日月聲八七履 歲之月損泰	水火音一二謙 月月聲七七兌 月之月損臨	水火音一二謙 星月聲六七睽 日之月損明夷	水火音一二謙 辰月聲五七歸妹 時之月損復

續表

水火音一二謙 日星聲八六同人 歲之日泰賁	水火音一二謙 月星聲七六革 月之日臨賁	水火音一二謙 星星聲六六離 日之日明夷賁	水火音一二謙 辰星聲五六豐 時之日復賁
水火音一二謙 日辰聲八五无妄 歲之時泰頤	水火音一二謙 月辰聲七五隨 月之時臨頤	水火音一二謙 星辰聲六五噬嗑 日之時明夷頤	水火音一二謙 辰辰聲五五震 時之時復頤

歲之日

水土音一三師 日日聲八八乾 歲之歲泰需	水土音一三師 月日聲七八夬 月之歲臨需	水土音一三師 星日聲六八大有 日之歲明夷需	水土音一三師 辰日聲五八大壯 時之歲復需
水土音一三師 日月聲八七履 歲之月泰節	水土音一三師 月月聲七七兌 月之月臨節	水土音一三師 星月聲六七睽 日之月明夷節	水土音一三師 辰月聲五七歸妹 時之月復節
水土音一三師 日星聲八六同人 歲之日泰既濟	水土音一三師 月星聲七六革 月之日臨既濟	水土音一三師 星星聲六六離 日之日明夷既濟	水土音一三師 辰星聲五六豐 時之日復既濟

續表

水土音一三師 日辰聲八五无妄 歲之時泰屯	水土音一三師 月辰聲七五隨 月之時臨屯	水土音一三師 星辰聲六五噬嗑 日之時明夷屯	水土音一三師 辰辰聲五五震 時之時復屯

歲之時

水石音一四升 日日聲八八乾 歲之歲泰小畜	水石音一四升 月日聲七八夬 月之歲臨小畜	水石音一四升 星日聲六八大有 日之歲明夷小畜	水石音一四升 辰日聲五八大壯 時之歲復小畜
水石音一四升 日月聲八七履 歲之月泰中孚	水石音一四升 月月聲七七兑 月之月臨中孚	水石音一四升 星月聲六七睽 日之月明夷中孚	水石音一四升 辰月聲五七歸妹 時之月復中孚
水石音一四升 日星聲八六同人 歲之日泰家人	水石音一四升 月星聲七六革 月之日臨家人	水石音一四升 星星聲六六離 日之日明夷家人	水石音一四升 辰星聲五六豐 時之日復家人
水石音一四升 日辰聲八五无妄 歲之時泰益	水石音一四升 月辰聲七五隨 月之時臨益	水石音一四升 星辰聲六五噬嗑 日之時明夷益	水石音一四升 辰辰聲五五震 時之時復益

月之歲

火水音二一剥 日日聲八八乾 歲之歲大畜泰	火水音二一剥 月日聲七八夬 月之歲損泰	火水音二一剥 星日聲六八大有 日之歲賁泰	火水音二一剥 辰日聲五八大壯 時之歲頤泰
火水音二一剥 日月聲八七履 歲之月大畜臨	火水音二一剥 月月聲七七兑 月之月損臨	火水音二一剥 星月聲六七睽 日之月賁臨	火水音二一剥 辰月聲五七歸妹 時之月頤臨
火水音二一剥 日星聲八六同人 歲之日大畜明夷	火水音二一剥 月星聲七六革 月之日損明夷	火水音二一剥 星星聲六六離 日之日賁明夷	火水音二一剥 辰星聲五六豐 時之日頤明夷
火水音二一剥 日辰聲八五无妄 歲之時大畜復	火水音二一剥 月辰聲七五隨 月之時損復	火水音二一剥 星辰聲六五噬嗑 日之時賁復	火水音二一剥 辰辰聲五五震 時之時頤復

月之月

火火音二二艮 日日聲八八乾 歲之歲大畜大畜	火火音二二艮 月日聲七八夬 月之歲損大畜	火火音二二艮 星日聲六八大有 日之歲賁大畜	火火音二二艮 辰日聲五八大壯 時之歲頤大畜

續表

火火音二二艮 日月聲八七履 歲之月大畜損	火火音二二艮 月月聲七七兑 月之月損損	火火音二二艮 星月聲六七睽 日之月賁損	火火音二二艮 辰月聲五七歸妹 時之月頤損
火火音二二艮 日星聲八六同人 歲之日大畜賁	火火音二二艮 月星聲七六革 月之日損賁	火火音二二艮 星星聲六六離 日之日賁賁	火火音二二艮 辰星聲五六豐 時之日頤賁
火火音二二艮 日辰聲八五无妄 歲之時大畜頤	火火音二二艮 月辰聲七五隨 月之時損頤	火火音二二艮 星辰聲六五噬嗑 日之時賁頤	火火音二二艮 辰辰聲五五震 時之時頤頤

月之日

火土音二三蒙 日日聲八八乾 歲之歲大畜需	火土音二三蒙 月日聲七八夬 月之歲損需	火土音二三蒙 星日聲六八大有 日之歲賁需	火土音二三蒙 辰日聲五八大壯 時之歲頤需
火土音二三蒙 日月聲八七履 歲之月大畜節	火土音二三蒙 月月聲七七兑 月之月損節	火土音二三蒙 星月聲六七睽 日之月賁節	火土音二三蒙 辰月聲五七歸妹 時之月頤節

續表

火土音二三蒙 日星聲八六同人 歲之日大畜既濟	火土音二三蒙 月星聲七六革 月之日損既濟	火土音二三蒙 星星聲六六離 日之日賁既濟	火土音二三蒙 辰星聲五六豐 時之日頤既濟
火土音二三蒙 日辰聲八五无妄 歲之時大畜屯	火土音二三蒙 月辰聲七五隨 月之時損屯	火土音二三蒙 星辰聲六五噬嗑 日之時賁屯	火土音二三蒙 辰辰聲五五震 時之時頤屯

月之時

火石音二四蠱 日日聲八八乾 歲之歲大畜小畜	火石音二四蠱 月日聲七八夬 月之歲損小畜	火石音二四蠱 星日聲六八大有 日之歲賁小畜	火石音二四蠱 辰日聲五八大壯 時之歲頤小畜
火石音二四蠱 日月聲八七履 歲之月大畜中孚	火石音二四蠱 月月聲七七兑 月之月損中孚	火石音二四蠱 星月聲六七睽 日之月賁中孚	火石音二四蠱 辰月聲五七歸妹 時之月頤中孚
火石音二四蠱 日星聲八六同人 歲之日大畜家人	火石音二四蠱 月星聲七六革 月之日損家人	火石音二四蠱 星星聲六六離 日之日賁家人	火石音二四蠱 辰星聲五六豐 時之日頤家人

續表

火石音二四蠱 日辰聲八五无妄 歲之時益大畜
火石音二四蠱 月辰聲七五隨 月之時益損
火石音二四蠱 星辰聲六五噬嗑 日之時益賁
火石音二四蠱 辰辰聲五五震 時之時益頤

日之歲

土水音三一比 日日聲八八乾 歲之歲泰需	土水音三一比 日月聲八七履 歲之月臨需	土水音三一比 日星聲八六同人 歲之日明夷需	土水音三一比 日辰聲八五无妄 歲之時復需
土水音三一比 月日聲七八夬 月之歲泰節	土水音三一比 月月聲七七兌 月之月臨節	土水音三一比 月星聲七六革 月之日明夷節	土水音三一比 月辰聲七五隨 月之時復節
土水音三一比 星日聲六八大有 日之歲泰既濟	土水音三一比 星月聲六七睽 日之月臨既濟	土水音三一比 星星聲六六離 日之日明夷既濟	土水音三一比 星辰聲六五噬嗑 日之時復既濟
土水音三一比 辰日聲五八大壯 時之歲泰屯	土水音三一比 辰月聲五七歸妹 時之月臨屯	土水音三一比 辰星聲五六豐 時之日明夷屯	土水音三一比 辰辰聲五五震 時之時復屯

日之月

土火音三二蹇 日日聲八八乾 歲之歲大畜需	土火音三二蹇 月日聲七八夬 月之歲大畜節	土火音三二蹇 星日聲六八大有 日之歲大畜既濟	土火音三二蹇 辰日聲五八大壯 時之歲大畜屯
土火音三二蹇 日月聲八七履 歲之月損需	土火音三二蹇 月月聲七七兌 月之月損節	土火音三二蹇 星月聲六七睽 日之月損既濟	土火音三二蹇 辰月聲五七歸妹 時之月損屯
土火音三二蹇 日星聲八六同人 歲之日賁需	土火音三二蹇 月星聲七六革 月之日賁節	土火音三二蹇 星星聲六六離 日之日賁既濟	土火音三二蹇 辰星聲五六豐 時之日賁屯
土火音三二蹇 日辰聲八五无妄 歲之時頤需	土火音三二蹇 月辰聲七五隨 月之時頤節	土火音三二蹇 星辰聲六五噬嗑 日之時頤既濟	土火音三二蹇 辰辰聲五五震 時之時頤屯

日之日

土土音三三坎 日日聲八八乾 歲之歲需需	土土音三三坎 月日聲七八夬 月之歲需節	土土音三三坎 月日聲六八大有 日之歲需既濟	土土音三三坎 辰日聲五八大壯 時之歲需屯

續表

土土音三三坎 日月聲八七履 歲之月需節	土土音三三坎 日星聲八六同人 歲之日需既濟	土土音三三坎 日辰聲八五无妄 歲之時需屯
土土音三三坎 月月聲七七兑 月之月節節	土土音三三坎 月星聲七六革 月之日節既濟	土土音三三坎 月辰聲七五隨 月之時節屯
土土音三三坎 星月聲六七睽 日之月既濟節	土土音三三坎 星星聲六六離 日之日既濟既濟	土土音三三坎 星辰聲六五噬嗑 日之時既濟屯
土土音三三坎 辰月聲五七歸妹 時之月屯節	土土音三三坎 辰星聲五六豐 時之日屯既濟	土土音三三坎 辰辰聲五五震 時之時屯屯

日之時

土石音三四井 日日聲八八乾 歲之歲需小畜	土石音三四井 日月聲八七履 歲之月需中孚
土石音三四井 月日聲七八夬 月之歲節小畜	土石音三四井 月月聲七七兑 月之月節中孚
土石音三四井 星日聲六八大有 日之歲既濟小畜	土石音三四井 星月聲六七睽 日之月既濟中孚
土石音三四井 辰日聲五八大壯 時之歲屯小畜	土石音三四井 辰月聲五七歸妹 時之月屯中孚

續表

土石音三四井 日星聲八六同人 歲之日需家人	土石音三四井 日辰聲八五无妄 歲之時需益
土石音三四井 月星聲七六革 月之日節家人	土石音三四井 月辰聲七五隨 月之時節益
土石音三四井 星星聲六六離 日之日既濟家人	土石音三四井 星辰聲六五噬嗑 日之時既濟益
土石音三四井 辰星聲五六豐 時之日屯家人	土石音三四井 辰辰聲五五震 時之時屯益

時之歲

石水音四一觀 日日聲八八乾 歲之歲小畜泰	石水音四一觀 日月聲八七履 歲之月小畜臨	石水音四一觀 日星聲八六同人 歲之日小畜明夷
石水音四一觀 月日聲七八夬 月之歲中孚泰	石水音四一觀 月月聲七七兌 月之月中孚臨	石水音四一觀 月星聲七六革 月之日中孚明夷
石水音四一觀 星日聲六八大有 日之歲家人泰	石水音四一觀 星月聲六七睽 日之月家人臨	石水音四一觀 星星聲六六離 日之日家人明夷
石水音四一觀 辰日聲五八大壯 時之歲益泰	石水音四一觀 辰月聲五七歸妹 時之月益臨	石水音四一觀 辰星聲五六豐 時之日益明夷

續　表

石水音四一觀 日辰聲八五无妄 歲之時小畜復	
石水音四一觀 月辰聲七五隨 月之時中孚復	
石水音四一觀 星辰聲六五噬嗑 日之時家人復	
石水音四一觀 辰辰聲五五震 時之時益復	

時之月

石火音四二漸 日日聲八八乾 歲之歲小畜大畜	石火音四二漸 日月聲八七履 歲之月小畜損	石火音四二漸 日星聲八六同人 歲之日小畜賁	石火音四二漸 日辰聲八五无妄 歲之時小畜頤
石火音四二漸 月日聲七八夬 月之歲中孚大畜	石火音四二漸 月月聲七七兑 月之月中孚損	石火音四二漸 月星聲七六革 月之日中孚賁	石火音四二漸 月辰聲七五隨 月之時中孚頤
石火音四二漸 星日聲六八大有 日之歲家人大畜	石火音四二漸 星月聲六七睽 日之月家人損	石火音四二漸 星星聲六六離 日之日家人賁	石火音四二漸 星辰聲六五噬嗑 日之時家人頤
石火音四二漸 辰日聲五八大壯 時之歲益大畜	石火音四二漸 辰月聲五七歸妹 時之月益損	石火音四二漸 辰星聲五六豐 時之日益賁	石火音四二漸 辰辰聲五五震 時之時益頤

時之日

石土音四三渙 日日聲八八乾 歲之歲小畜需	石土音四三渙 月日聲七八夬 月之歲中孚需	石土音四三渙 星日聲六八大有 日之歲家人需	石土音四三渙 辰日聲五八大壯 時之歲益需
石土音四三渙 日月聲八七履 歲之月小畜節	石土音四三渙 月月聲七七兌 月之月中孚節	石土音四三渙 星月聲六七睽 日之月家人節	石土音四三渙 辰月聲五七歸妹 時之月益節
石土音四三渙 日星聲八六同人 歲之日小畜既濟	石土音四三渙 月星聲七六革 月之日中孚既濟	石土音四三渙 星星聲六六離 日之日家人既濟	石土音四三渙 辰星聲五六豐 時之日益既濟
石土音四三渙 日辰聲八五无妄 歲之時小畜屯	石土音四三渙 月辰聲七五隨 月之時中孚屯	石土音四三渙 星辰聲六五噬嗑 日之時家人屯	石土音四三渙 辰辰聲五五震 時之時益屯

時之時

石石音四四巽 日日聲八八乾 歲之歲小畜	石石音四四巽 月日聲七八夬 月之歲中孚小畜	石石音四四巽 星日聲六八大有 日之歲家人小畜	石石音四四巽 辰日聲五八大壯 時之歲益小畜

續　表

石石音四四巽 日月聲八七履 歲之月小畜中孚	石石音四四巽 月月聲七七兌 月之月中孚中孚	石石音四四巽 星月聲六七睽 日之月家人中孚	石石音四四巽 辰月聲五七歸妹 時之月益中孚
石石音四四巽 日星聲八六同人 歲之日小畜家人	石石音四四巽 月星聲七六革 月之日中孚家人	石石音四四巽 星星聲六六離 日之日家人家人	石石音四四巽 辰星聲五六豐 時之日益家人
石石音四四巽 日辰聲八五无妄 歲之時小畜益	石石音四四巽 月辰聲七五隨 月之時中孚益	石石音四四巽 星辰聲六五噬嗑 日之時家人益	石石音四四巽 辰辰聲五五震 時之時益益

以《方圖》裂爲四片，每片十六卦。西北十六卦爲天門，乾主之；東南十六卦爲地户，坤主之；東北十六卦爲鬼方，泰主之；西南十六卦爲人路，否主之。《陽圖》以天門十六卦爲律，每一位各唱地户吕卦十六位，謂之動數，律左吕右，從右横觀，上體與上體互，下體與下體互，又成兩卦，每一位變西南之卦三十二，共成一千二十四卦。《陰圖》以地户十六卦爲吕，每一位各唱天門律卦十六位，謂之植數，吕右律左，從左横觀，又成兩卦，每一位變東北之卦三十二，共成一千二十四卦。

經世聲音圖

正聲

	平	上	去	入
	日	月	星	辰
一聲	多	可	个	舌
	禾	火	化	八
	開	宰	愛	○
	回	每	退	○
二聲	良	兩	向	○
	光	廣	況	○
	丁	井	亘	○
	兄	永	瑩	○
三聲	千	典	旦	○
	元	犬	半	○

正音

	開	發	收	閉
	水	火	土	石
音一	古	甲	九	癸
	□	□	近	揆
	坤	巧	丘	弃
	□	□	乾	虯
音二	黑	花	香	血
	黃	華	雄	賢
	五	瓦	仰	□
	吾	牙	月	堯
音三	安	亞	乙	一
	□	爻	王	寅

四聲

臣引艮○
君允巽○
刀早孝岳
毛寶報霍

五聲

牛斗奏六
○○○玉
妻子四日
衰○帥骨

六聲

○○○德
龜水貴北
宮孔衆○
龍甬用○

七聲

魚鼠去○
烏虎兔○
心審禁○
○○○十

音四

母馬美米
目皃眉民
夫法□飛
父凡□吠

音五

武晚□尾
文萬□未
卜百丙必
步白葡鼻

音六

普扑品匹
旁排平瓶
東丹帝■
兑大弟■

音七

土貪天■
同覃田■
乃妳女■
内南年■

男坎欠〇
〇〇〇妾

八聲

●●●●
●●●●
●●●●
●●●●

九聲

●●●●
●●●●
●●●●
●●●●

十聲

●●●●
●●●●
●●●●
●●●●

老冷吕■
鹿犖離■

音八

走哉足■
自在匠■
草采七■
曹才全■

音九

思三星■
寺□象■
□□□■
□□□■

音十

■山手■
■士石■
■□耳■
■□二■

音十一

■莊震■
■乍□■

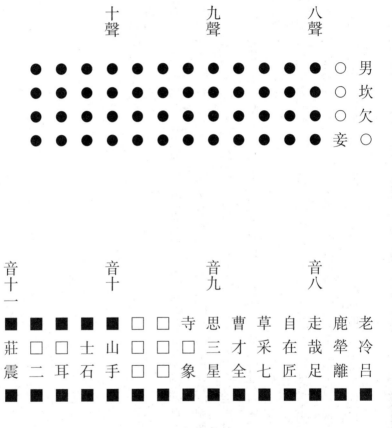

音十二

■叉赤■
■崇辰■
■卓中■
■宅直■
■拆丑■
■茶呈■

附聲音論

邵伯温曰：「物有聲色氣味，可考而見，唯聲爲甚。有一物則有一聲，有聲則有音，有律則有吕。故窮聲音律吕，以窮萬物之數。數亦以四爲本，本乎四象故也。自四象而爲八卦，自八卦而爲六十四，天下萬物之數備于其間矣。此與前元會運世其法同。日日聲即元之元、日之日也，日月聲即元之會、日之月也，日星聲即元之運、日之星也，日辰聲即元之世、日之辰也。其餘皆可類推。」

鍾過曰：「天之體數四十，地之體數四十八。天數以日月星辰相因爲一百六十，地數以水火土石相因爲一百九十二。于天數内去地之體數四十八，得一百一十二，是爲天之用聲；于地數内去天之體數四十，得一百五十二，是爲地之用音。凡日月星辰四象爲聲，水火土石四象爲音。聲有清濁，音有闢翕。遇奇數則聲爲清，音爲闢；遇耦數則聲爲濁，音爲翕。聲皆爲律，音皆爲呂，以律唱呂，以呂和律。天之用聲别以平上去入者一百一十二，皆以開發收閉之音和之；地之用音别以開發收閉者一百五十二，皆以平上去入之聲唱之。」

又曰：「東方之音在齒舌，南方之音在脣舌，西方之音在齶舌，北方之音在喉舌。便于喉者不利于脣，便于齒者不利于齶，由是訛正牽乎僻論，是非出乎曲説，繁然殽亂于天下矣！不有正聲正音，烏能正之哉！」

又曰：「天有陰陽，地有剛柔，律有闢翕，呂有唱和。一陰一陽交而日月星辰備焉，一柔一剛交而金土火水備焉，一闢一翕交而平上去入備焉，一唱一和交而開發收閉備焉。日月星辰備而萬情生焉，金土火水備而萬形成焉，平上去入備而萬聲出焉，開發收閉備而萬音生焉。律隨天而變，呂隨地而化，闢隨陽而出，翕隨陰而入，唱隨剛而上，和隨柔而下，然後律呂隨音，宫徵角羽之道各得其正矣。陽生日，陰生月，剛生星，柔生辰；剛生金，柔生土，陽生火，陰生水。日月星辰、金土火水正而天地正焉，是知律呂聲音之道可以行天地矣。日生目，月生耳，星生鼻，辰生口；金生氣，土生味，火生色，水生聲。目耳鼻口、氣味色聲正而人道正焉，是知律呂聲音之道可以行人事矣。目之體數十，耳之體數十二；色之體數十，聲之體數十二。進目鼻氣色之體數，退耳口味聲之體數，是爲正律之用數。進耳口味聲之體數，退目鼻氣色之體數，是爲正呂之用數。以正律之用數協正呂之用數，是爲正音之用數。以正呂之用數和正律之用數，是爲正聲之用數。正律之用數一百一十二，正呂之用數一百五十二，正聲之用數萬有七千二十四，正音之用數萬有七千二十四。律感呂而聲生焉，呂感律而音生焉。律呂與天地同和，聲音與律呂同順。是故古之聖王見天地萬物之情暢，然後作樂以崇之，命工以和之，以詩言志，以歌永言，以聲依永，以律和聲，此所謂八音克諧而百獸率舞，人神以和而鳳凰來儀。則是學也，豈直言釋音文義而已哉！」

祝子涇曰：「宫商角徵羽分太少，爲十聲，管以十干；六律六呂合爲十二音，管以十二支。攝之以聲音之字母二百六十四。聲分平上去入，音分開發收閉，鋪布悉備，以爲三千八百四十圖，各十六聲十六音，總三萬四千四十八音聲，蓋取天聲有字無字與無聲字一百六十位，地音有字無字與無音字一百九十二位，衍忒而成之。聲之位去不用之四十八，止百十二，所以括《唐韻》之内外八轉，而分平上去入也；音之位去不用之四十，止百五十二，所以括切字母脣舌牙齒喉，而分開發收閉也。何謂無聲？百六十位中有位而調不出者。何謂無音？百九十二位中有位而切不出者。以聲音統攝萬物之變，及于無聲無音，則備矣。其間有聲有音，雖無字，皆洪纖高下，遂其生育者也。若有聲而無音，有音而無聲，則天地不相唱和，獨陽不生，獨陰不成，徒有其位，實無其物也。聲音字母二百六十四，相交而互變，始于一萬七千二十四，極于二萬八千九百八十一萬六千五百七十六，以取掛一之二百五十六卦，以觀天地萬物之進退盈虚消長也。」

上官萬里曰：「自胡僧了義以三十六字爲翻切母，奪造化之功。司馬公《指掌圖》爲四聲等字，蒙古韻以一聲該四聲，皆不出了義區域。蓋但欲爲翻切用，而未及于物理也。惟《皇極》用聲音之法，超越前古。以聲起數，以數合卦，而萬物可得而推矣。詳見祝氏《鈐》，而祝氏又或與康節有異同處。」

彭長庚曰：「鄭夾漈云：『四聲爲經，七音爲緯。』江右之儒爲韻書，知縱有四聲，而不知衡有七音。縱成經，衡成緯，經緯不交，所以失立韻之原。今考《經世書》，聲爲律，音爲吕，律爲唱，吕爲和，一經一緯，一縱一横，而聲音之全數具矣。聲有十，音有十二者，如甲至癸十，子至亥十二也。于聲之用數中去音之體數四十八，于音之用數中去聲之體數四十者，如天數無十，地數無一也。以聲配音而切韻生焉，翕闢清濁辨焉，三萬四千四十八音聲在其中矣。天下之聲既具，而天下之若色若臭若味皆在其中矣，此所以爲萬物之數也。」

袁清容《答高舜元問邵子聲音之學及字母淵源》曰：「縱爲四聲，横爲七音，鄭漁仲之説備矣。邵子聲音之學，出于其父，名古，號伊川丈人，有圖譜行于世，温公《切韻》皆源于此。然此學由西域來，今所謂三十六字母亦從彼出。中國四聲甚拙，至沈約始明七音。先儒嘗言中聲合于天籟，若如近世祝泌《觀物解》中韻譜，卻又入樂工清濁之拘。莊子謂『樂出虛』，乃邵子心法，但得伊川丈人圖子一觀，方得髣髴。後漢風角鳥占，亦不出此。然非至静工夫，未易能通也。」

附梨洲皇極經世論

《皇極》之數，一元十二會，爲三百六十運；一會三十運，爲三百六十世；一運十二世，爲三百六十年；一世三十年，爲三百六十月；一年十二月，爲三百六十日；一月三十日，爲三百六十時；一日十二時，爲三百六十分；一時三十分，爲三百六十秒。蓋自大以至于小，總不出十二與三十之反覆相承而已。以《掛一圖》之二百五十六卦分配，凡一運、一世、一年、一月、一日、一時，各得四爻，其爲三百六十者盡二百四十卦。餘十六卦，分于二十四氣，亦每氣得四爻，以寓閏法于其間。不論運世年月日時，皆有閏也。然推求其説，多有可疑。夫自一年成數言之，爲三百六十日；自十二月言之，爲三百五十四日；自二十四氣言之，爲三百六十五日三時；自閏歲言之，爲三百八十四日。今以康節之術，案之于曆，辰法三百六十，其數皆以秒言。日法四千三百二十，月法十二萬九千六百，歲法一百五十五萬五千二百，世法四千六百六十五萬六千，運法五千九百八十七萬二千，會法一百六十七億九千六百十六萬，元法二千一十五億五千三百九十二萬，皆成數也。在一月爲三十日，于朔策强二千一百六十，于氣策弱一千八百九十。在一年爲三百六十日，于歲實弱二萬二千六百八十，于十二朔實强二萬五千九百二十。既不可施之曆矣，乃于二氣相接之際，各增一日以爲閏，以準一年三百八十四之數，可謂巧矣。然三百八十四日，有閏之歲也。閏雖每歲有之，亦必積之三歲兩歲，而後滿于朔實，故有三百八十四日之歲。若一歲之閏策只四萬八千六百，今概之三百八十四日，是歲歲有閏月也，豈可通乎！且所謂閏者，見之于年月日時者也。就如其說，增此四爻，亦當增于三百六十之中，徒增之于卦，其爲三百六十者如故，是有閏之名，而無閏之實矣。是故運世歲無閏，而月日時有閏，六者不可一例。一年之日三百五十四，以運準之，則少六日；一月之時三百五十四，以世準之，則少六時。康節必欲以十二與三十整齊之，其奇零豈可抹殺乎？如以康節之數而立法，歲實一百五十七萬七千八百八十，朔策一十二萬七千四百四十，氣策六萬五千七百四十五，閏法四萬八千六百，由此推而上之爲元會運世，庶乎可通耳！康節之爲此書，其意總括古今之曆學，書歸于《易》。奈《易》之于曆，本不相通，硬相牽合，所以其説愈煩，其法愈巧，終成一部鶻突曆書而不可用也。《皇極一□□》。

乾、兑、離、震爲天之四卦，四卦自交成十六卦，十六而十六之，得二百五十六卦，謂之《掛一圖》，以之分配元會運世年月日時。然在一元，會止十二，止以辟卦配之。一元之中有三百六十運，一會之中有三百六十世，一運之中有三百六十年，一世之中有三百六十月，一年之中有三百六十日，一月之中有三百六十時，凡此六者，則以《掛一圖》配之，皆用四爻直一，三百六十盡二百四十卦。餘十六卦，每氣之首各用四爻，二十四氣恰盡餘卦。顧六者起卦，各有不同。一曰運卦：張文饒得牛無邪之傳，以爲堯當賁之六五，堯即位在日甲、月巳、星癸、辰未之甲辰年，已歷一百八十運。若起元之元之元之元泰卦，至此在會之世之世之世，其卦爲同人，與無邪之傳異矣。惟起于世之元之元之元升卦，則至此是元之世之世之世，始合于無邪之賁直。三四五上爻，一爻直三世，其世在己未，則是五爻以來四十一年也，故文饒據此遂起升卦。番陽祝氏謂起泰者未然之卦，運世用之，起升者已然之卦，歲月日時用之，直以堯當同人。然無邪有所授受，祝氏以意逆之，故不舍無邪而從祝氏也。二曰世卦：起于會首所當之卦。子會起升，丑會起否，寅會起損，卯會起泰，辰會起涣，巳會起屯，午會起損，未會起坎，申會起比，酉會起大畜，戌會起隨，亥會起剥。夏禹八年入午會。祝氏起卦用泰，午會之首在大畜，故以大畜六五至節九二爲世之始，其卦雖異損，其起于午會同也。但以堯之己未世直賁，歷明夷、同人，與午會之大畜相接續，不知逆推而上，則巳會甲子世一千八百一，亦起于大畜矣。以巳會而用午會之起卦，何所取義？蓋祝氏聞堯運在賁之説，用元之元以推運卦，既不能合，而午會世起大畜，其上適與賁接，遂謂無邪所言爲堯之世卦，非運卦也，亦未嘗逆推，知其乖戾耳！文饒言世卦隨大運消長，遇奇卦則取後卦，遇耦卦則取前卦，并二卦以當十二世。據之，是世卦不煩别起，只在運卦左右，如己未世之運卦是賁，爲耦卦，則取前卦之无妄合之，分配癸亥運内之十二世可也。三曰年卦：所謂小運也。以世當月，以年當日，視其世所當之辰而起。子起冬至，丑起大寒，寅起雨水，卯起春分，辰起穀雨，巳起小滿，午起夏至，未起大暑，申起處暑，酉起秋分，戌起霜降，亥起小雪。所謂中朔同起。三十日分二氣，一氣分三候，一月六候。甲己孟季仲各值五日，子午卯酉爲仲，辰戌丑未爲季，寅申巳亥爲孟。仲、孟逆生，先候五日；季順行，後候五日。即如唐堯以己未世爲月，甲辰年爲日，甲辰是大暑，以甲己季日，當後五日起卦，直師之三四五上，至十一年甲寅，得蠱之初六，爲立秋節。己未世之季氣，即庚申世之初氣也。若漢高小運以己未爲月，甲午爲日，亦是大暑。以甲己仲日，當先五日起卦，直歸妹初九。祝氏用《元之元卦圖》，其起卦皆氣後月十五日，非也。四曰月卦：以甲子、甲午年之正月起升、蒙，三十年而一周。文饒文言月卦隨小運進退，如世卦之法。如堯時師爲甲辰年，耦卦，則取前卦艮合之，一爻配一月也。五曰日卦：從氣不從月，以立春起升、蒙，一年而周。六曰時卦：以朔日之子起升、蒙，一月而周。康節當時有數鈐，私相授受，後之爲學者多失其傳，余爲攷定如此。即如十二會之辟卦，朱子曰：「《經世書》以十二辟卦管十二會，綳定時節，卻就中推吉凶消長。堯時正是乾卦九五。」案一會得一卦，會有三十運，是五運得一爻也。巳會當星之己一百七十六，已入乾上九。唐堯在星之癸一百八十，是上爻將終，安得云九五哉！于其易明者且然，況科條煩碎，孰肯究心于此乎！《皇極二・起運》。

《卦氣圖》二百五十六位之序，雖曰乾、兑、離、震四卦自交而成，然案之《方圖》又錯雜，時有出入，則別立取卦之法，于通數中除極數，以謂即見聖人畫卦之旨。通數，二萬八千九百八十一萬六千五百七十六。陽剛太少，其數十，凡四位，爲四十。以四因之，得一百六十。陰柔太少，其數十二，凡四位，爲四十八。以四因之，得一百九十二。以二數相唱和，各得三萬七百二十，謂之動植體數。于一百六十陽數之中除去陰數四十八，得一百十二；于一百九十二陰數之中除去陽數四十，得一百五十二。以一百五十二與一百十二相唱和，各得一萬七千二十四，謂之動植用數。以用數自乘，得通數。極數，元之元一，元之會十二，元之運三百六十，元之世四千三百二十；會之元十二，會之會一百四十四，會之運四千三百二十，會之世五萬一千八百四十；運之元三百六十，運之會四千三百二十，運之運一十二萬九千六百，運之世一百五十五萬五千二百；世之元四千三百二十，世之會五萬一千八百四十，世之運一百五十五萬五千二百，世之世一千八百六十六萬二千四百。假令元之元置通數，從左起，至右六，凡九位。以其中位之一萬分列，于右四位爲九千九百九十九。其通數萬下之六千五百七十六除去不用，以此列之。除卦身八算，在千位除之。又除元之元極數一，餘二萬八千九百八十萬九千九百九十九。以中位萬爲中位。左見八，八屬坤；右見一，一屬乾；左爲外卦，右爲内卦，成地天泰。其第二卦即以第一卦餘算除卦身，除極數。滿六十四卦，方去餘算，再置通數。如在元之會，即以十二餘起。凡除卦身，動中萬除右卦身，進動百萬除左卦身。然取卦往往不能相合，則別有五法：一法退陰，于右卦減一算或二算。二法進陽，于左卦增一算或二算。進退不過三。三法虛張，奇畫虛張五則爲乾六畫。四法分布，耦畫分布十則爲坤十二畫。五法消息，移右算補左謂之消陰息陽，移左算補右謂之消陽息陰，數不過。牛無邪亦傳如此，又謂退陰而不合則又進陽，進陽而又不合則又虚張，以至于消息而止，皆必先右而後左。以某推之則不然。有不合者方用五法，若右合而左不合，當竟用其法于左，安得先陰而後陽乎？左爲陽，右爲陰。右不合者，進退可合則用進退，虚張、分布可合則用虚張、分布，消息可合則用消息，不須從進退以至于消息也。此無邪之説，胡庭芳所以謂之繁晦歟？然用此五法以增減，則無卦不可附會，故必知卦而後可算卦。若欲從卦以定算，則五法俱不可用，而通、極二數有時而窮也。圖之爲序，當必有説，張、祝二家皆影響矣。《皇極三·卦氣序》。

七十二蓍合一曰太極，分爲二以象兩，置左不用，揲右以四，視其餘數，一爲元，二爲會，三爲運，四爲世。既得象矣，元、會、運、世爲四象。復合而分之，取左之四并于右，既分之後，從左手取四策入于右手。置左不用，揲右以八，視其餘數，爲上卦之體。復合而分之，取右之四并于左，取右手四策入于左手。置右不用，揲左以八，視其餘數，爲下卦之體。二體相附，既得卦矣，復合而分之，置右不用，揲左以六，視其餘數，自一爲初，訖六爲上，以定直事之爻。假令初揲餘一，于象爲元；再揲餘五，上體爲巽；三揲餘七，下體爲艮；巽艮合爲漸，在《卦氣圖》得元之漸卦。終揲餘六，則上九爲直事之爻，漸當元之會之會之運。以《律吕圖》求之，元之會爲日月聲，卦當履；會之運爲火土音，卦當蒙；合而爲物數，則卦當遯，因以《觀物》之象準之，爲皇之帝之帝之王，皇帝王霸。飛之走之走之木，飛走草木。士之農之農之工，士農工商。一之二之七之六之類是也。上九爻變陰則爲蹇，爻自下而上，奇位爲陽，耦位爲陰，當位則不變，不當位則變。以九處上爲不當位，故變。上體巽變震則爲小過。乾兑離震居上，坤艮坎巽居下，爲當位。反是，爲不當位。當位則不變，不當位則變。以巽居上體，故變。卦、爻皆以當位爲吉，不當位爲凶。漸者艮歸魂之卦，以九三爲世爻，上九爲應爻。今上九爲當世直事之爻，則應復爲世，與本爻相敵。此占之大畧也。康節本無蓍法，張文饒立之以配《易》《玄》《包》《虛》。《易》《玄》《包》《虛》有辭，而《經世》無辭。有辭者以辭占，無辭者占其陰陽之進退，卦爻之當否，時日之早暮，五行之盛衰。爻者時用也，卦者定體也。爻之變不變以觀其隨時，卦之變不變以觀其大定。變不變者數也，利不利者命也。辨其邪正則有理，制其從違則有義。若愛惡之思不忘于胸中，則吉凶亦情遷矣。雖專心致志，不可謂之誠也。《皇極四·蓍法》。

致用之法，以一定之卦推治亂，以聲音數取卦占事物。凡占一卦，視其卦之當位與否，當位則不變，不當位則變。卦既變矣，視其所直之爻當位與否，當位則不變，不當位則變。以終變之卦爲準，終變之卦即不當位亦不變。本卦爲貞，變卦爲悔。當位則吉，不當位則凶。視其卦爲奇爲耦，于《方圖》中奇卦在右爲陽中陽，在左爲陰中陽；耦卦在左爲陰中陰，在右爲陽中陰。陽爲順，陰爲逆。視其卦在某會某運某世，大運以會當月，以運當日，以世當辰，如堯之巳會、癸亥運、己未世，即一歲之五月三十日未時也；小運以世當月，以年當日，以月當時，如堯之己未世、甲辰年，即一歲之六月十一日也。視其卦之納甲與所當之年月日時有無生剋，視其卦之世應與所值之爻有無倫奪，又以《律圖》求之。運在四大象中某所，得天門唱卦，居左；世在四大象中某所，得地户和卦，居右。合兩卦並觀，在《既濟圖》第幾位，合《掛一圖》何卦，然後以其卦變化進退之，而推其時運之吉凶。若用年配世，則以世求天門唱卦，居左，以年求地户和卦，居右，與上一例。取卦之時，視算位中餘數，以六位配六爻，元自一起，世至九終。無問十百千萬，皆以當一爲甲，二爲辛，三爲丙，四爲癸，五爲戊，六爲乙，七爲庚，八爲丁，九爲壬，十爲己。甲乙爲木，爲饑饉，爲曲直之物。庚辛爲金，爲兵戈，爲刃物。丙丁爲火，爲大旱，爲鋭物。壬癸爲水，爲淫潦，爲流溼之物。戊己爲土，爲中興，爲重滯之物。此致用之大凡也。《皇極》包羅甚富，百家之學無不可資以爲用，而其要領在推數之無窮。宋景濂作《溟涬生贊》，記蜀道士杜可大之言曰：「宇宙，太虚一塵耳！人生其間，爲塵幾何，是茫茫者尚了然心目間。」此一言已盡《皇極》之祕，能者自有冥契，則予言亦説鈐也。《皇極五·致用》。

百家謹案：以上均先遺獻《皇極經世論》，見《易學象數論》中。

康節語補。

山川風俗，人情物理，有益吾學者，必取諸。語鄭夬。

道滿天下，何物不有，豈容人關鍵邪？語秦玠。

附録

二程嘗侍太中公訪先生于天津之廬。先生移酒飲月坡上，歡甚，語其平生學術出處之大致。明日，明道謂周純明曰：「昨從堯夫先生遊，聽其議論，振古之豪傑也。惜其無所用于世。」周曰：「所言何如？」曰：「内聖外王之道也。」

居洛四十年，安貧樂道，自云未嘗攢眉。所居寢息處，名「安樂窩」，自號「安樂先生」。又爲甕牖，讀書燕居其下。旦則焚香獨坐，晡時飲酒三四甌，微醺便止，不使至醉。嘗有詩云：「斟有淺深存燮理，飲無多少係經綸。莫道山翁拙于用，也能康濟自家身！」

先生與富鄭公早相知。富初爲相，屬大卿田棐挽之出，先生不答，以詩謝之。文潞公尹洛，以兩府禮召見先生，先生不往。既王拱辰尹洛，以先生與常秩同薦，俱不起。至熙寧二年，詔舉遺逸，吕誨、吴充、祖無擇交薦先生，歐陽文忠薦常秩，除先生祕書省校書郎、潁川團練推官。辭，不許。既受命，即引疾，以詩答鄉人曰：「平生不作皺眉事，天下應無切齒人。斷送落花安用雨，裝添舊物豈須春！幸逢堯、舜爲真主，且放巢、由作老臣。六十病夫宜揣分，監司無用苦開陳。」常秩就官，依附安石，盛言新法之便，天下薄之。較之先生，一龍一豬矣。

先生爲隱者之服，烏帽縚褐，見卿相不易也。

司馬温公見先生，曰：「明日僧修顒開堂説法，富公、晦叔欲偕往聽之。晦叔貪佛，已不可勸，富公果往，于理未便。光後進不敢言，先生曷不止之？」先生曰：「恨聞之晚矣。」明日，富果往。後先生見富，謂曰：「聞上欲用裴晉公禮起公。」富笑曰：「先生以爲某衰病能起否？」先生曰：「固也。或人言：上命公，公不起；一僧開堂，公乃出。無乃不可乎！」富驚曰：「某未之思也！」富以先生年高，勸學修養，先生曰：「不能學人胡亂走也！」

圖數之學，由陳圖南摶、种明逸放、穆伯長修、李挺之之才遞傳于先生。伯長剛躁多怒罵，挺之事之甚謹。先生居百源，挺之知先生事父孝謹，勵志精勤，一日叩門，勞苦之曰：「好學篤志何如？」先生曰：「簡策之外，未有適也。」挺之曰：「君非迹簡策者，其如物理之學何？」他日，又曰：「不有性命之學乎？」先生再拜，願受業。其事挺之也，亦猶挺之之事伯長，雖野店，飯必襴，坐必拜。

一日雷起，先生謂伊川曰：「子知雷起處乎？」伊川曰：「某知之，堯夫不知也。」先生愕然曰：「何謂也？」曰：「既知之，安用數推之？以其不知，故待推而知。」先生曰：「子云知，以爲何處起？」曰：「起于起處。」先生咥然。

晁以道問先生之數于伊川，答云：「某與堯夫同里巷居三十餘年，世間事無所不問，惟未嘗一字及數。」

明道云：「堯夫欲傳數學于某兄弟，某兄弟那得工夫。要學，須是二十年工夫。堯夫初學于李挺之，師禮甚嚴，雖在野店，飯必襴，坐必拜。欲學堯夫，亦必如此。」

明道聞先生之數既久，甚熟。一日，因監試無事，以其説推算之，皆合。出謂先生曰：「堯夫之數，只是加一倍法。以此知《太玄》都不濟事！」

先生與商州趙守有舊，時章惇作商州令。一日，守請先生與惇會，惇縱横議論，不知敬先生也。因語及洛中牡丹之盛，守因謂惇曰：「先生，洛人也，知花甚詳。」先生因言：「洛人以見根撥而知花之高下者爲上，見枝葉而知者次之，見蓓蕾而知者下也。」惇默然。後從先生遊，欲傳數學，先生謂「須十年不仕乃可」，蓋不之許也。

邵子文云：「邢和叔亦欲從先君學，先君略爲開其端倪，和叔援引古今不已。先君曰：『姑置是！此先天學，未有許多言語。且當虚必滌慮，然後可學。』此和叔《留别》詩有『圯下每慚呼孺子，牀前時得拜龐公』之句。先君和云：『觀君自比諸葛亮，顧我殊非黄石公。』斷章云：『出人才業尤須惜，慎弗輕爲西晋風！』」

百家謹案：先生數學，不待二程求而欲與之。及章惇、邢恕，則求而不與。蓋兢兢乎慎重其學，必慎重其人也。上蔡云：「堯夫之數，邢七要學，堯夫不肯，曰『徒長奸雄』」，章惇不必言矣！」

伊川云：「邵堯夫臨終時，只是諧謔，須臾而去。以聖人觀之，則亦未是，蓋猶有意也。比之常人，甚懸絶矣。他疾革，頤往視之，因警之曰：『堯夫平生所學，今日無事否？』他氣微不能答。次日見之，卻有聲如絲髮來，大答云：『你道生薑樹上生，我亦只得依你説。』是時諸公都在廳上議後事，他在房間便聞得。諸公恐喧他，盡之外説話，他皆聞得。一人云『有新報』云云，堯夫問有甚事，曰有某事，堯夫曰：『我將謂收卻幽州也。』以他人觀之，便以爲怪。此只是心虛而明，故聽得。問：『堯夫未病時不如此，何也？』曰：『此只是病後氣將絶，心無念，慮不昏，便如此。』又問：『釋氏亦先知死，何也？』曰：『只是一箇不動心。釋氏平生只學這箇事，將這箇做一件大事。學者不必學他，但燭理明，自能之。』只如堯夫事，他自如此，亦豈嘗學也。」

張峄述行略曰：「先生治《易》《書》《詩》《春秋》之學，窮意言象數之藴，明皇帝王霸之道，著書十餘萬言，研精極思三十年。觀天地之消長，推日月之盈縮，攷陰陽之度數，察剛柔之形體，故經之以元，紀之以會，始之以運，終之以世。又斷自唐、虞，訖于五代，本諸天道，質以人事，興廢治亂，靡所不載。其辭約，其義廣，其書著，其旨隱。嗚呼！美矣，至矣，天下之能事畢矣！」

明道銘其墓曰：「嗚呼先生！志豪力雄。闊步長趨，淩高厲空。探幽索隱，曲暢旁通。在古或難，先生從容。有《問》有《觀》，以沃以豐。天不慭遺，哲人之凶。嗚皐在南，伊流在東。有寧一宫，先生所終。」

百家謹案：《晁氏客語》：「《邵堯夫墓誌後題》云：『前葬之月，河南尹賈昌衡言于朝。既刻石，詔至，以著作佐郎告先生第，賻粟帛。熙寧丁巳歲也。』」

元祐中，韓康公尹洛，請謚于朝，常博歐陽棐議曰：「君少篤學，有大志。久而後知道德之歸，且以爲學者之患，在于好惡先成乎心，而挾其私智以求于道，則蔽于所好，而不得其真。故求之至于四方萬里之遠，天地陰陽屈伸消長之變，無所不可，而必折衷于聖人。雖深于象數，先見默識，未嘗以自名也。其學純一而不雜，居之而安，行之而成，平夷渾大，不見圭角，其自得深矣」云云。案《謚法》：「温良好樂曰康，能固所守曰節。」

百家謹案：棐字叔弼，文忠公之子，官至大理評事。梓材案：叔弼歷官吏部、右司二郎中，不僅至大理評事。考晁説之集，叔弼謂以道曰：「棐從母王宣徽夫人得疾洛陽，先妣夫人亟以棐入洛。時先公參大政，臨行告戒曰：『洛中有邵堯夫，吾獨不識，汝爲吾見之。』棐既至洛，求教，先生特爲棐徐道其立身本末甚詳。出門揖送，猶曰：『足下其無忘鄙野之人于異日。』棐伏念先生未嘗辱教一言，雖欲不忘，亦何事邪！歸白大人，則喜曰：『幸矣，堯夫有以處吾兒也。』後二十年，棐入太常爲博士，次當作謚議，乃恍然回省先生當時之言，落筆若先生之自序，無待其家所上文字也。」

楊龜山曰：《皇極》之書，皆孔子所未言者。然其論古今治亂成敗之變，若合符節，故不敢詈之，恨未得其門而入耳！

謝上蔡曰：「堯夫直是豪才。在風塵時節，便是偏霸手段。」

又曰：「堯夫詩『天向一中分體用』，此句有病。」補。

又曰：「堯夫見得天地萬物進退消長之理，便敢做大。于下學上達底事，更不施功。」補。

又曰：「堯夫精《易》，然二程不貴其術。」補。

或問：「邵堯夫詩云：『廓然心境大無倫，盡此規模有幾人？我性即天天即我，莫于微處起經綸！』此理説得盡。」横浦曰：「孟子已説了。已説了，則無説。其第一句云『廓然心境大無倫』，料得堯夫于體認中忽然有見，故輒爲此語。不然，又是尋影子，畢竟于活處難摸索。『起經綸』之語，決亦不是摸索不著者，然亦須自家體認得可也。他人語言，不可準擬。」《横浦心傳》。

朱子曰：「康節爲人須極會處置事。爲他神閒氣定，不動聲色，須處置得别。蓋他氣質本來清明，又養得純厚，又不曾枉用了心，他用心都在緊要上。爲他静極了，看得天下事理精明。」

又曰：「康節本是要出來有爲底人，然又不肯深犯手做。凡事直待可做處，方試爲之。纔覺難，便拽身退。正張子房之流。」

又曰：「伊川之學，于大體上瑩徹，于小小節目上猶有疏處。康節能盡得事物之變，卻于大體上有未瑩處。」

又曰：「程、邵之學固不同，然二程所以推尊康節者至矣。蓋以其信道不惑，不雜異端，班于温公、横渠之間。則亦未可以其道不同而遽貶之也。」

葉水心《習學記言》曰：「初分大道非常道，纔有先天未後天。大道、常道，孔安國語；先天、後天，《易》師傳之辭也。《三墳》今不傳，且不經孔氏，莫知其爲何道。而師傳先後天，乃義理之見于形容者，非有其實。山人隱士輒以意附益，别爲先天之學。且天不以言命人，卦畫爻象皆古聖知所爲，寓之于物以濟世用，未知其于天道孰先孰後，而先後二字亦何繫損益。山人隱士以此玩世自足，則可矣；而儒者信之，遂有參用先後天之論。夫天地之道，常與人接，柰何舍實事而希影象也？」補。

又曰：「邵某以玩物爲道，非是。孔子之門惟曾皙。此亦山人隱士所以自樂，而儒者信之，故有雲淡風輕、傍花隨柳之趣。」補。

又曰：「獨立孔門無一事，惟傳顏氏得心齋。案顏氏立孔門，其傳具在，『博我以文，約我以禮』，『欲罷不能，既竭吾才』，非無事也。心齋，莊、列之寓言也。無聽以耳而聽以心，無聽以心而聽以氣，蓋寓言之無理者，非所以言顏子也。」補。

又曰：「邵某《無名公傳》，尊己自譽，失古人爲學之本意，山林玩世之異迹也。」補。

魏鶴山曰：「邵子平生之書，其心術之精微，在《皇極經世》；其宣寄情意，在《擊壤集》。凡歷乎吾前皇帝王霸之興替，春秋冬夏之代謝，陰陽五行之變化，風雷雨露之霽曀，山川草木之榮悴，惟意所驅，周流貫徹，融液擺落，蓋左右逢源，畧無毫髪凝滯倚著之意。嗚呼，真所謂風流人豪者歟！或曰：揆以聖人之中，若勿合也。『天何言哉！四時行焉，百物生焉』，聖人之動静語默，無非至教，雖常以示人，而平易坦明，不若是之多言也。『老者安之，朋友信之，少者懷之』，聖人之心量，直與天地萬物上下同流，雖無時不樂，而寬舒和平，不若是之多言也。曰：是則然矣！宇宙之間，飛潛動植，晦明流峙，夫孰非吾事！若有以察之，參前倚衡，造次顛沛，觸處呈露，凡皆精義妙道之發焉者，脱斯須之不在，則芸芸並驅，日夜雜糅，相代乎前，顧于吾何有焉！若邵子者，使猶得從遊于舞雩之下，浴沂詠歸，毋寧使曾皙獨見稱于聖人也歟！洙泗已矣！秦、漢以來諸儒，無此氣象。讀者當自得之。」

熊勿軒《祀典議》曰：「或謂涑水之學，不由師傳，其德言功烈之所就，亦不過盡其天資之所到而已。若康節，則《先天》一圖，《皇極》一書，謂之無聞于斯道則不可，又何以不進之于五賢乎？曰：康節之高明，涑水之平實，蓋各具是道之一體。要其所見，則涑水之于康節，固不可以同日語也。康節《先天圖》心法與濂溪《太極圖》實相表裏。至于《皇極》一書，則其志直欲以道經世，而自處蓋欲作雍熙、泰和以上人物。此豈易以世俗窺測！但其制行，不免近于高曠。若使進之聖門，則曾皙非不高明，子貢非不穎悟，終不可謂與顔、曾同得其傳。百世以俟，不易吾言矣！」

又曰：「間嘗以此求正于鄉先生福清林若存，謂：此論直可質無疑而俟不惑。且謂康節作《長曆》，書『建成、元吉作亂，秦王世民誅之』，可與温公作《通鑑》書『諸葛入寇』同科，此亦一證。寧德陳子芳謂：此説已是。程子亦曰『堯夫直是不恭』，又曰『堯夫根本不帖帖地』，其不滿温公處亦多，更以此參之，當益明矣。並識于此，以俟來者。」

胡敬齋曰：「程子言康節空中樓閣，朱子言其四通八達，須實地上安脚更好。」

又曰：「明道作康節墓誌，言七十子『同尊聖人，所因以入者，門户亦衆矣』，是未嘗以聖學正門庭許他。言『先生之道，可謂安且成矣』，是康節自成一家。」

問高忠憲：「明道許康節内聖外王之學，何以後儒論學只説程、朱？」忠憲曰：「伊川言之矣。康節如空中樓閣，他天資高，胸中無事，日日有無雩之趣，未免有玩世意。」

宗羲案：康節反爲數學所掩。而康節數學，《觀物外篇》發明大旨。今載之《性理》中者，註者既不能得其説，而所存千百億兆之數目，或脱或訛，遂至無條可理。蓋此學得其傳者，有張行成、祝泌、廖應淮，今寥寥無繼者。余嘗于《易學象數論》中爲之理其頭緒，抉其根柢。

百源講友

文忠富彦國先生弼別見《高平學案》。

太中程先生珦別見《濂溪學案》。

百源學侣

獻公張横渠先生載別爲《横渠學案》。

純公程明道先生顥別爲《明道學案》。

正公程伊川先生頤別爲《伊川學案》。

百源家學

布衣邵先生睦

邵睦，康節先生異母弟也，少于康節二十餘歲。力學孝謹，其事康節如父。三十三歲暴卒。嘗賦《東籬》之詩，竟殯後圃東籬下，論者以爲其有前知之鑒焉。補。

修撰邵子文先生伯温

邵伯温，字子文，康節之子也。二程、司馬温公、吕申公俱屈名位輩行，與再世交。先生入聞庭訓，出友長者，故學益博，尤熟當世之務。元祐中，以薦授大名助教，調潞州長子縣尉。蔡確之罷相也，邢恕亦被黜知河陽，問道謁確于鄧，謀定策事。恕出司馬温公之門，又與其子康同登第。及是，康免父喪赴闕，恕邀康至河陽。先生力止之，曰：「恕傾巧，必有事要兒，將爲異日之悔。」既恕果勸公休作書，稱確有定策功。後爲梁燾、劉安世所論，始歎先生之前知，悔不用其言也。逮公休卒，子植幼，宣仁后憫之。吕汲公曰：「康素謂伯温可託，請以爲西京教授教之。」先生至，誨植曰：「温公之孫，大諫之子，賢愚在天下，可畏也！」植因力學，有成立。章惇嘗師事康節，及爲相，欲引先生，百計避之。

徽宗初，以日食上書，懇切言：「當復祖宗制度，辯宣仁誣謗，解元祐黨錮，别君子小人，戒勞民用兵。」又爲書曰《辯誣》，爲小人所忌。後置先生于「邪等」中，以此書也。元符末，有旨復元祐后位號，或曰：「上于后，叔嫂也。叔無復嫂之禮。」伊川亦疑之，曰：「論者未爲末説。」先生曰：「不然。《禮》曰：『子不宜其妻，父母以爲善，子不敢言也。』今皇太后同聽政，于哲宗，母也；于后，姑也。母之命，姑之命，何爲不可？非以叔復嫂也。」伊川喜曰：「子之言得之矣！」

歷主管永興軍耀州三白渠公事。聞童貫爲宣撫，出他州避之。除知果州，擢提點成都路刑獄，除利路轉運副使。紹興四年，卒，年七十八。初，康節言世將亂，惟蜀安，可避居。宣和末，先生載家徙蜀，得免于難。丞相趙忠簡公少嘗從先生遊，追贈祕閣修撰，又表其墓曰：「以學行起元祐，以名節居紹聖，以言廢于崇寧。」世以三語足盡其出處。

先生嘗曰：「二程先生教某最厚。某初除服，宗丞謂曰：『人之爲學忌標準。若循循不已，自有所立。』及某入仕，侍講謂曰：『凡作官，雖所部公吏，有罪，立案而後決。或出于私怒，莫倉卒。每決人，有未經杖責者，宜慎之，恐其或有所立也。』某終身行之。」著有《易辯惑》一卷、《河南集》、《聞見録》、《皇極系述》、《皇極經世序》、《觀物内外篇解》。三子：溥、博、傅。

語録

道生一，一爲太極；一生二，二爲兩儀；二生四，四爲四象；四生八，八爲八卦；八生六十四，六十四具而後天地萬物之道備矣。天地萬物莫不以一爲本，原于一而衍之以爲萬，窮天下之數而復歸于一。一者何也？天地之心也，造化之原也。

備天地，兼萬物，而合德于太極者，其唯人乎！日用而不知者，百姓也；反身而誠之者，君子也；因性而由之者，聖人也。故聖人以天地爲一體，萬物爲一身。

一動一靜者，天地之妙用也；一動一靜之間者，天地人之妙用也。陽闢而爲動，陰合而爲靜，所謂一動一靜者也；不役乎動，不滯乎靜，非動非靜，而主乎動靜者，一動一靜之間者也。自靜而觀動，自動而觀靜，則有所謂動靜；方靜而動，方動而靜，不拘于動靜，則非動非靜者也。《易》曰：「復，其見天地之心乎！」天地之心，蓋于動靜之間有以見之。夫天地之心于此而見之；聖人之心即天地之心也，亦于此而見之。雖顛沛造次，未嘗離乎此也。《中庸》曰：「道，不可須臾離也。可離，非道也。」「退藏于密」，則以此洗心也；「吉凶與民同患」，則以此齋戒也。夫所謂密，所謂齋戒者，其在動靜之間乎！此天地之至妙至妙者也。聖人作《易》，蓋本乎此。世儒昧于《易》本，不見天地之心，見其一陽初復，遂以動爲天地之心，乃謂天地以生物爲心。噫，天地之心何止于動而生物哉！見其五陰在上，遂以靜爲天地之心，乃謂動復則靜，行復則止。噫，天地之心何止于靜而止哉！爲虛無之論者，則曰天地以無心爲心。噫，天地之心一歸于無，則造化息矣。蓋天地之心，不可以有無言，而未嘗有無，亦未嘗離乎有無者也；不可以動靜言，而未嘗動靜，亦未嘗離乎動靜者也。故于動静之間，有以見之。然動静之間，間不容髮，豈有間乎！惟其無間，所以爲動静之間也。

夫太極者，在天地之先而不爲先，在天地之後而不爲後，終天地而未嘗終，始天地而未嘗始，與天地萬物圓融和會而未嘗有先後始終者也。有太極，則兩儀、四象、八卦，以至于天地萬物，固已備矣。非謂今日有太極，而明日方有兩儀，後日乃有四象、八卦也。雖謂之曰「太極生兩儀，兩儀生四象，四象生八卦」，其實一時具足，如有形則有影，有一則有二，有三，以至于無窮皆然。是故知太極者，有物之先本已混成，有物之後未嘗虧損，自古及今，無時不存，無時不在。萬物無所不稟，則謂之曰命；萬物無所不本，則謂之曰性；萬物無所不主，則謂之曰天；萬物無所不生，則謂之曰心。其實一也。古之聖人窮理盡性以至于命，盡心知性以知天，存心養性以事天，皆本乎此也。

待制邵澤民溥別見《劉李諸儒學案》。

百源門人

王天悦先生豫

常簿張先生峕並爲《王張諸儒學案》。

侍講吕原明先生希哲別爲《滎陽學案》。

庶官吕先生希績

侍制吕先生希純並見《范吕諸儒學案》。

校書李端伯先生籲别爲《劉李諸儒學案》。

進士周先生純明别見《劉李諸儒學案》。

簽判田先生述古别見《安定學案》。

學官尹先生材

教授張先生雲卿並見《涑水學案》。

梓材謹案：百源弟子，自别見諸《學案》外，並見《王張諸儒學案》。

百源私淑

詹事晁景迂先生説之别爲《景迂學案》。

忠肅陳了齋先生瓘别爲《陳鄒諸儒學案》。

牛先生師德附子思純。

牛師德者，不知何許人也。雲濠案：先生字祖仁。晁公武曰：「師德自言從温公傳康節之學，未知其信然否。」所著有《先天易鈐》、《太極寶局》二卷。陳直齋曰：「蓋爲邵子而專于術數者。」子思純，傳其學。或曰：《易鈐》師德所著，《寶局》則思純所著也。補。

謝山跋《槁簡贅筆》曰：「章淵乃惇子援之後，此一卷其所著也。其曰：『邵堯夫精《易》數，嘗云惟先丞相申公與司馬温公可傳，申公以敏，温公以專。』此言可爲失笑。淵欲躋其先人于温公之列，不知幽、厲之難掩也。且温公、康節老友，非傳學也。當時如牛師德之徒，妄託言康節傳之温公，温公傳之師德，淵信之耳。惇求附于康節弟子而不得，乃謂與温公並蒙許可，至謂康節之母自江鄰幾家得此書，出爲民妾而生康節，則猶誣妄之言。蓋憤伯温《聞見録》中有詆惇語，故爲此以報之也。惇之後如傑，附會秦檜，興獄于趙豐公鼎謫死之後，汪玉山幾爲所陷，而范炳文以淳夫之孫，至避地避之，世濟凶德。淵薄有文采，亦復謬誕至此！」

子文門人百源再傳。

忠簡趙得全先生鼎別爲《趙張諸儒學案》。

司馬先生植

司馬植，字子立，温公孫，公休子也。公休卒，方數歲。公休素以屬邵伯温，如范純夫内翰輩皆曰，將以成温公之後者，非伯温不可。朝廷知之，伯温自長子縣尉移西京國子監教授，俾得以卒業。既長，其賢如公休，天下謂真温公門户中人也。亦早卒。參《邵氏聞見録》。

百源續傳

庶官劉先生衡

劉衡，字兼道，崇安人。建炎初，以勤王補官。從韓世忠敗敵于濠，累功遷秩。晚年，棄官歸，依郭爲樓，扁曰大隱，閉門謝客，潛心康節之學。久乃徙武夷，爲小隱堂，又爲奪秀亭，與胡致堂遊涉其中。先生吹鐵笛，或慷慨舞劍，浩如也。補。

蔡牧堂先生發附見《西山蔡氏學案》。

王先生湜

王湜，同州人也。潛心康節之學。其《易學》一卷，自序曰：「康節有云：『理有未見，不可强求使通。』故愚于《觀物篇》之所得，既推其所不疑，又存其所可疑。亦以先生之言自慎，不敢輕有去取故也。」補。

郎中張觀物先生行成別爲《張祝諸儒學案》。